Tempos de reflexão

Nadine Gordimer

Tempos de reflexão

De 1954 a 1989

Tradução: Rosaura Eichenberg

BIBLIOTECA AZUL

Copyright © 2012 by Editora Globo S. A. para a presente edição
Copyright © 2010 by Nadine Gordimer

Todos os direitos reservados. Nenhuma parte desta edição pode ser utilizada ou reproduzida – em qualquer meio ou forma, seja mecânico ou eletrônico, fotocópia, gravação etc. – nem apropriada ou estocada em sistema de banco de dados, sem a expressa autorização da editora.

Texto fixado conforme as regras do Novo Acordo Ortográfico da Língua Portuguesa (Decreto Legislativo nº 54, de 1995).

Título original: Telling times
Editor responsável: Aida Veiga
Assistente editorial: Elisa Martins
Preparação de texto: Ana Maria Barbosa
Revisão: Araci dos Reis, Ana Tereza Clemente e Carmen T. S. Costa
Diagramação: Crayon Editorial
Design de capa: Andrea Vilela de Almeida
Imagem de capa: Ian Berry/Magnum Photos/Latinstock

1ª edição, 2012

Dados Internacionais de Catalogação na Publicação (CIP)
(Câmara Brasileira do Livro, SP, Brasil)

Gordimer, Nadine
    Tempos de reflexão : de 1954 a 1989 / Nadine
Gordimer ; tradução Rosaura Eichenberg. -- São
Paulo : Globo, 2012.

    Título original: Telling times.
    Bibliografia.
    ISBN 978-85-250-5184-4

    1. Escritoras sul-africanas - Século 20 -
Biografia 2. Gordimer, Nadine I. Título.

12-05895   CDD-829.91408

Índices para catálogo sistemático:
1. Escritoras sul-africanas : Biografia 829.91408

Direitos de edição em língua portuguesa
adquiridos por Editora Globo S. A.
Av. Jaguaré, 1485 – 05346-902 – São Paulo – SP
www.globolivros.com.br

Reinhold Cassirer

12 de março de 1908 — 17 de outubro de 2001
1º de março de 1953 — 17 de outubro de 2001

Sumário

Os Anos 1950
Uma Infância Sul-Africana
    Alusões numa paisagem *13*
Hassan na América. *39*
Egito Revisitado *53*
Chefe Luthuli. . . . . : . .*63*
Apartheid *77*

Os Anos 1960
O Congo. *89*
Partido de um Só Homem *121*
Uma Desertora e o Verão Invencível *132*
Censurados, Proibidos, Amordaçados. *143*
Grandes Problemas na Rua *153*
Notas de uma Expropriadora *159*
Levando em Consideração
    A força das coisas, de Simone de Beauvoir *166*
Um Homem Enfrentando a Vida *173*
Por que Bram Fischer Escolheu a Prisão? *181*
O Conto na África do Sul. *192*
Madagascar. *199*

Os Anos 1970

Merci Dieu, Vejo Mudanças

Acra e Abidjan *215*

Arrume as Malas, Homem Negro. *226*

Poetas Libertadores *230*

Os Novos Poetas Negros *233*

A Liberdade de um Escritor. *262*

A Literatura de Língua Inglesa e a Política na África do Sul *269*

Carta de Soweto. *297*

O que Significa para mim Ser Sul-Africana

Palestra na Universidade da Cidade do Cabo. *312*

Transkei

Uma visão de dois sóis vermelhos de sangue *323*

Relevância e Compromisso. *344*

Pula!

Botsuana. *354*

Os Anos 1980

A Prisão do Colonialismo

Olive Schreiner de Ruth First e Ann Scott *371*

Carta do 153º Estado *378*

O Censor Sul-Africano: Nenhuma Mudança. *391*

História Inconfessada

Ah, but your land is beautiful, de Alan Paton *402*

Incesto Misterioso

Flaws in the glass: a self-portrait, de Patrick White *407*

A Criança É o Homem

Aké: the years of childhood, de Wole Soyinka *414*

Vivendo no Interregno *420*

A Ideia de Jardinagem

The life and times of Michael K, de J. M. Coetzee *444*

Novas Notas dos Subterrâneos

Mouroir, de Breyten Breytenbach. *452*

O Gesto Essencial 458
Carta de Johannesburgo 474
Huddleston: um Signo 484
A Lacuna Entre o Escritor e o Leitor 489
Censura — A Solução Final
    O caso de Salman Rushdie. 499
O Pote Africano 502

Reconhecimento da origem dos ensaios 507
Sobre a autora. *511*

Os Anos 1950

Uma Infância Sul-Africana

Alusões numa paisagem

Crescer numa região de um país imenso e jovem pode ser muito diferente de crescer em outra, e na África do Sul essa diferença não é mera questão de geografia. A divisão do povo em duas grandes raças — a negra e a branca — e a subdivisão dos brancos em grupos que falam o africânder e grupos que falam o inglês propiciam uma diversidade de herança cultural que pode levar duas crianças sul-africanas a parecer quase estranhas uma para a outra como se tivessem vindo de países diferentes. O fato de seus pais, se anglófonos, terem vindo frequentemente de países diversos complica ainda mais suas origens. O meu pai veio para a África do Sul ao abandonar uma vila na Rússia; minha mãe nasceu e cresceu em Londres. Lembro-me, quando eu tinha oito anos, de passar com minha irmã, minha mãe e meu pai um longo fim de semana com um primo de meu pai que vivia no Estado Livre de Orange. Depois de quilômetros e quilômetros de terra arada castanho-avermelhada, depois de quilômetros e quilômetros de milhos de franjas sedosas que chegavam à altura dos olhos em cada lado da estrada e de casas de fazenda feias onde mulheres de vestidos de algodão bojudos e gorros de sol fitavam nosso carro passar (anos mais tarde, quando vi *Oklahoma!* num teatro de Johannesburgo, me lembrei dessa cena), chegamos à vila onde o primo morava numa pequena casa branca com seus lados manchados de poeira, como se tivessem um revestimento oscilante, semelhante a ferrugem, de trinta e poucos centímetros acima do chão. Ali nós, as duas meninas, dormimos em camas de uma maciez sufocante que nunca tínhamos experimentado — camas de penas trazidas da Europa Oriental — e bebemos chá tirado de um aparelho encantador, um samovar. Ali — para horror de nossa mãe e nosso — nos deram pato defumado, temperado com alho, no café da manhã. As duas crianças da casa falavam apenas o africânder, como os filhos dos bôeres que brincavam nos pátios das casinhas humildes de cada lado, e minha irmã e eu, enjoadas com a comida estranha e sabendo falar só inglês, observamos seus folguedos com uma mistura de hostilidade e tristeza.

Como tudo era diferente da visita à irmã de nossa mãe em Natal! Lá, com o lado "inglês" da família, nos morros verdes de contornos suaves e nos prados aprazíveis de capim doce perto de Balgowan, era quase como se estivéssemos na própria Inglaterra. Lá, nossos primos Roy e Humphrey andavam a cavalo como jovens senhores pela bela fazenda do pai e falavam o inglês "puro", elevado, polido, aprendido nas escolas particulares caras de Natal que tinham no seu corpo docente professores importados das universidades inglesas. E como essas duas visitas eram diferentes de nossa vida numa das cidades mineradoras de ouro de Witwatsrand, perto de Johannesburgo, no Transvaal.

HÁ NOVE DESSAS CIDADES, espalhadas por uma distância de aproximadamente 225 quilômetros a leste e a oeste de Johannesburgo. Aquela em que vivíamos ficava no lado leste — o East Rand, como é chamado — e tinha muitas distinções, conforme se medem as distinções nessa região do mundo. Em primeiro lugar, era uma das cidades mais antigas, tendo assegurado para si uma descoberta de ouro, um armazém geral, algumas tendas e um nome antes de 1890. Nos dias pioneiros, meu pai montara um pequeno negócio de um homem só como relojoeiro e joalheiro, e durante as décadas de 1920 e 1930, quando a cidade se tornou a de mais rápida expansão em Witwatsrand, ele continuou a viver ali com sua família. Na área mineradora mais rica do mundo, a cidade quase se tornou o quilômetro quadrado mais rico. Em toda parte ao nosso redor, os poços desceram e o ouro subiu; nosso horizonte era um friso de aparência egípcia formado por morros de areia com cianureto criados pelo homem, chamados "despejos", porque é exatamente isso o que são — grandes montes de resíduos despejados sobre a superfície da terra depois de o minério contendo ouro ser detonado lá embaixo, içado, malhado e lavado até render seu tesouro. No mês seco antes da primavera — isto é, em agosto —, a areia dos despejos soprada pelo vento entrava por debaixo das portas calafetadas de toda casa na cidade e envelopava os topos dos próprios despejos numa névoa rodopiante, emprestando-lhes um pouco da dignidade de montanhas cobertas de nuvens. É característico de Witwatersrand que os traços da paisagem só atraiam o olhar por lembrarem alguma outra coisa; considerada por seus próprios méritos, a paisagem é totalmente desinteressante — monótona, seca e árida.

Em nossa parte de East Rand, o padrão branco-amarelado dos despejos de cianureto era quebrado aqui e ali pela ponta de um monte preto que despontava da savana. Esses morros também haviam sido criados pelo homem, mas não tinham a rigidez geométrica e piramidal dos despejos de cianureto e eram tão antigos que sobre eles havia sido soprada bastante terra real para garantir o crescimento de uma grama esparsa e talvez até de um retorcido pessegueiro ou de uma aroeira-folha-de-salso, brotados, sem dúvida, de refugos de jardim ali abandonados por alguém da cidade vizinha. Esses morros também consistiam em despejos, mas entre sua escassa cobertura natural aparecia claramente uma negridão — até um pouco azulada, assim como brilha o cabelo preto —, pois eram despejos de carvão, compostos de pó de carvão.

Os despejos de carvão assumiam, pela sua aparência e pelas histórias e advertências que escutávamos sobre eles, uma natureza um tanto diabólica. Em nossa sossegada pequena tribo colonial, com seu ritual de chás e partidas de tênis, podia-se dizer que o despejo de carvão era a nossa Montanha do Mal; emprego aqui o singular, porque, quando penso nesses montes de despejos, penso num em particular — o maior de todos, aquele que ficava cinquenta metros além da última fila de casas na cidade onde morávamos. Lembro-me dele especialmente bem porque em seu outro lado, ocultado por seu volume, ficava o sanatório local, aonde, quando minha irmã e eu éramos jovens e a cidade pequena, todas as mães iam para ter seus bebês e todas as crianças iam para que se lhes retirassem as amígdalas — onde, de fato, quase todo mundo nascia, padecia de uma doença ou morria. A nossa mãe passou vários longos interlúdios no lugar, durante um período de dois ou três anos, e nessas suas estadas nossa avó nos levava diariamente pelo *veld*[1] para vê-la. Logo após o almoço, ela passava uma hora nos vestindo, e depois, escovadas, enfeitadas com fitas e cachos, partíamos. Tomávamos uma trilha que contornava o morro de carvão, e assim ele ficava ao nosso lado na maior parte do caminho — uma velha montanha suja e cheia de cicatrizes, desabando na dobra de uma pequena ravina aqui, sustentando um pessegueiro retorcido ali e revelando trechos sem vegetação e negros por entre a grama irregular. Uma cerca composta de dois fios de arame farpado presos aqui e acolá em postes baixos enferrujados, que em tempos passados circundara completamente o monte, existia agora apenas em certos lugares, antes transmitindo a ideia de um tabu que providenciava um meio eficaz de isolamento. Todo o monte de carvão parecia bem morto, abandonado e inofensivo, mas minha irmã e eu seguíamos com passos cautelosos e o olhávamos pelo canto dos olhos, meio fascinadas, meio temerosas, porque sabíamos que era outra coisa — inerte. Não estava absolutamente morto, mas inerte. Pois tínhamos *visto*. Voltando do sanatório num anoitecer de início do inverno, tínhamos visto o brilho estranho nos trechos nus que a grama não cobria, e nos regos criados pela erosão do vento e da chuva do verão havíamos divisado o tremeluzir incandescente da chama. O monte de carvão estava vivo. Como um animal de rapina, era no escuro que acordava para a vida.

A verdade prosaica era que esses despejos de carvão, relíquias da era pré-descoberta do ouro, quando as minas de carvão operavam no distrito, estavam queimando. Junto com as escavações abandonadas da mina no subterrâneo, eles tinham pegado fogo em algum momento de seus anos de desuso, e desde então haviam continuado a queimar, noite e dia. Nem a chuva, nem o tempo conseguiam apagar os fogos, e em alguns lugares, mesmo nos dias mais frios do inverno, ficávamos surpresos por sentir o *veld* quente embaixo das solas de nossos sapatos e, se cortássemos um torrão, a terra vinha

[1] Estepe sul-africana. (N. T.)

levemente fumegante. Esse monte de despejos nos arredores da cidade onde vivíamos ainda está ardendo atualmente. Perguntei a pessoas que estudam essas coisas quanto tempo ainda se estima que vai continuar a arder antes de se consumir. Ninguém parece saber; esses despejos compartilham com a ideia do Hades seu calor e vaga eternidade.

Mas talvez seu núcleo ardente esteja sendo dominado aos poucos. Aparentemente, ninguém sequer lembra, nos dias de hoje, os incidentes graves relacionados com o monte de despejos de carvão, incidentes vívidos na memória durante nossa infância. Talvez ninguém sinta necessidade de lembrar, pois a cidade tem agora emoções mais vicárias e menos perigosas para oferecer às crianças do que a comoção de atravessar correndo uma pilha de pó preto que pode a qualquer momento desmoronar e mergulhar o aventureiro num leito de carvões incandescentes. Na nossa época, conhecemos uma menina a quem isso tinha acontecido, e nossa mãe se lembrava de um menino pequeno que havia desaparecido completamente debaixo de um repentino deslizamento de terra impregnada de um terrível calor incandescente. Nem mesmo seus ossos tinham sido recuperados, mas a menina nossa conhecida sobreviveu para se tornar uma espécie de curiosidade na cidade. Ela estivera brincando no monte de despejo com os amigos e de repente sentiu que afundava até a altura das coxas em carvões em brasa e cinzas quentes. Os amigos tinham logrado arrancá-la dessa areia movediça abrasadora, mas ela ficou horrivelmente queimada. Quando a víamos na rua, não conseguíamos afastar o olhar da pele muito repuxada e enrugada de suas panturrilhas, nem da pele ainda mais esticada de suas mãos, que fazia os dedos arquearem como garras. Apesar ou por causa desses avisos terríveis, minha irmã e eu sentíamos vontade de cruzar correndo, sozinhas, as encostas mais baixas do monte de despejos, e várias vezes conseguimos burlar a vigilância o tempo suficiente para realizar nosso desejo. Certo dia, mal suportando o terror e a alegria da emoção, nos agarramos ansiosas no *veld* ali embaixo, enquanto, com as pernas num louco vaivém, nosso primo Roy, que viera de Natal para passar os feriados conosco, subia de bicicleta até o topo do monte e descia pelo outro lado, triunfante e ileso.

Na região da África do Sul onde vivíamos, não tínhamos apenas fogo embaixo dos pés; tínhamos também uma rede complicada de túneis, tão intricados quanto um daqueles delicados nacos de dejetos de vermes que são encontrados na praia. Todas as cidades ao longo de Witwatersrand, bem como as partes mais antigas da própria Johannesburgo, têm o subsolo escavado pelas minas. Morando ali, pensa-se tão pouco nisso quanto no fato de que, seja qual for o trabalho e a vida, a razão para trabalhar e viver naquele lugar é a existência de minas de ouro. Entretanto, nunca é dado esquecer inteiramente que o terreno não é sólido embaixo dos pés. Em Johannesburgo, no oitavo ou décimo andar de um prédio, no escritório de seu corretor da Bolsa ou na sala de espera de seu dentista, sente-se o forte abalo de um tremor de terra; o vaso de flores desliza em direção às revistas sobre a mesa, o rumor bisbilhoteiro da fita do teletipo é abafado. Esses tremores, jamais suficientemente fortes para causar danos sérios, são comuns. Atribuindo-os ao fato de que Witwatersrand tem extensas minas subterrâneas, estou inadvertidamente tomando partido numa longa e circunspecta controvérsia entre os sismólogos e a Câmara das Minas. Os sismólogos dizem que os tremores, em termos geológicos, não são absolutamente tremores de terra, mas causados por rochas que caem dos tetos de minas abandonadas ou em funcionamento. A Câmara das Minas insiste que são fenômenos naturais, e não causados pelo homem. E construtores negligentes tiram vantagem da disputa, admitindo a evidência de paredes rachadas nas casas com um dar de ombros que deixa a responsabilidade recair sobre Deus ou sobre a Câmara das Minas, como se queira.

Nossa vida na cidade mineradora, numa das regiões mais feias de um continente geralmente belo, era restrita e cordial — um modo de vida que, embora costume provocar uma reação violenta de rebeldia na adolescência, convém bastante às crianças pequenas. A cidade nascera por causa das minas, crescera em torno das minas. Os comerciantes tinham vindo — primeiro com suas tendas, depois com suas cabanas e por fim com suas lojas na esquina e letreiros em neon — para preencher as necessidades dos mineiros e lucrar com isso. No princípio, os mineiros queriam apenas as necessidades da vida — fogões, roupas de trabalho e carne. Logo mais queriam tudo — cinemas, móveis de madeira envernizada para guardar bebidas alcoólicas e aspargos enlatados. O pequeno negócio de meu pai era um bom exemplo de como o comércio cresceu passando de seus magros primórdios de produtos utilitários para a fina flor do luxo provinciano. Quando chegou à cidade, pouco antes da Guerra dos Bôeres, ele costumava perambular de mina em mina carregando uma pasta de papelão cheia de relógios de bolso. Os relógios eram vendidos por menos de um dólar cada. Tiquetaqueavam tão alto quanto o crocodilo que persegue o Capitão Gancho em *Peter Pan* e eram tão fortes quanto o seu som. Constituíam uma necessidade para os trabalhadores, que achavam que os relógios comuns enferrujavam e estragavam muito rápido na umidade e no calor subterrâneos. Assim meu pai, um pequeno e garboso jovem de feições miúdas, com pés que não chegavam a ser maiores que os de uma mulher, ganhava a vida vendendo e consertando relógios para africâneres grandes e pesadões e para escoceses e irlandeses rudes que produziam ouro. Ele tinha uma pequena cabana, onde vivia com um cão retriever preto chamado Springbok, dois canários roller alemães e sua mesa de trabalho de relojoeiro.

Na época em que se casou com minha mãe, meu pai estava morando no hotel local recém-construído, possuía uma carruagem de duas rodas e havia alugado uma loja com vitrine, onde vendia anéis de diamantes para noivado. Quando minha irmã e eu já éramos bem crescidas a ponto de notar essas coisas, sua loja tinha mostruários cheios de copas esportivas de prata, relógios de nogueira para consolo, cutelos de aço inoxidável e bijuterias da América e da Tchecoslováquia. Um parente surdo como uma porta tinha sido trazido de Leningrado para fazer o conserto dos relógios; ficava sentado atrás de uma divisória de vidro gravado, fora da vista dos clientes, que eram então gente da cidade — as famílias de outros comerciantes, empregados municipais, funcionários públicos — e também os trabalhadores brancos das minas. Os mineiros brancos usavam os novos relógios suíços à prova de água e choque. Os únicos clientes potenciais para relógios de bolso baratos eram então os africanos tribais — trabalhadores migrantes empregados para fazer o trabalho realmente duro nas minas — e esses homens desnorteados, que ainda usavam brincos e se vestiam com mantas tingidas de ocre, faziam suas compras principalmente em lojas montadas em terrenos pertencentes à mina por uma concessão do governo, não se arriscando a entrar numa relojoaria na cidade.

O pessoal da mina e as pessoas da cidade não constituíam absolutamente uma população homogênea; continuavam a ser dois grupos bem definidos.

Socialmente, o pessoal da mina levava ligeira vantagem sobre as pessoas da cidade. Sua hierarquia social fora estabelecida primeiro, e era mais rígida e poderosa. O gerente-geral (G.G.) tinha aparecido antes do prefeito. Porém, mesmo quando a cidade criou autoridades civis para si mesma, mesmo quando ganhamos um country clube, havia aqueles dentre nós que não estavam familiarizados, nem se importavam com o andaime social que ia sendo erguido ao seu redor, ao passo que em cada mina o G.G. não era apenas o líder da sociedade, mas também o chefe, e se alguém não o reverenciasse como líder, tinha de respeitá-lo como chefe. As autoridades em ambos os lados — os G.Gs. e seus funcionários, e os fundadores da cidade, os presidentes dos clubes na cidade e assim por diante — convidavam-se mutuamente para jantares e recepções, e as equipes dos clubes esportivos da mina e da cidade competiam entre si, mas havia pouca mistura nos níveis mais íntimos da sociabilidade. Os funcionários da mina com suas esposas e famílias viviam na "propriedade"; isto é, a área do terreno, às vezes muito grande, que pertencia a cada mina e que incluía, além das cabeças dos poços, dos escritórios da mina e do hospital, um pátio de desportos, uma piscina, um clube recreativo e as casas dos funcionários — tudo construído ao lado da mina. O G.G. morava na casa maior, em geral muito espaçosa e agradável, situada num jardim tão grande que se poderia quase chamá-lo de parque. O jardim era mantido em plena floração o ano todo, mesmo durante o inverno forte e seco do Transvaal, pelos operários africanos deslocados das minas, e o estoque de bebida alcoólica dentro da casa era abundante e generosamente distribuído. A casa do assistente do gerente era menor, mas bastante decente; depois vinha a do gerente da mina subterrânea, e a seguir a do gerente do cercado (ele era encarregado da caserna quadrada, com todas as janelas abrindo para um pátio e apenas uma passagem, sempre guardada, para o mundo lá fora, onde os trabalhadores africanos eram alimentados e alojados em regime de celibato, tendo deixado suas famílias em distantes *kraals*,[2] e depois a do secretário da mina, e assim por diante na escala social e de salário, as casas tornando-se menores, os jardins tornando-se menos elaborados. A maioria das

---

[2] Vilarejos de nativos sul-africanos. (N. T.)

famílias das minas vivia a poucos quilômetros da cidade, mas sua autossufi-
ciência as circundava como um fosso. Os filhos podiam ir do berço até o túmulo sem ter contatos com a cidade, exceto frequentar sua escola secundária,
deixar encomendas semanais no açougueiro e no merceeiro, e fazer três visitas à igreja — para o batismo, para o casamento e para o enterro.

Nós, é claro, éramos da cidade. Durante toda a minha infância, moramos na casinha, num dos primeiros subúrbios da cidade, que meus pais tinham comprado antes de eu nascer. Outras pessoas se mudaram para subúrbios mais novos de vilas com terraços, casas pseudo-Tudor e, mais tarde,
casas inspiradas pelas revistas americanas, com janelas panorâmicas abrindo-
-se para o *veld* vazio. Mas nós permanecemos. A nossa era do tipo bangalô,
com duas janelas abauladas e um telhado de zinco, como quase todas as outras casas construídas nas cidades mineradoras de Witwatersrand durante os
anos 1920 e o início dos 1930. Ficava num pequeno jardim, uma entre várias
casas semelhantes numa rua onde cresciam ao longo da calçada árvores de
folhas grossas, que no verão davam cachos de flores cremosas em formato
de sino. Quando minha irmã e eu éramos pequenas, costumávamos enfiar
essas flores sobre as pontas dos dedos, como chapéus minúsculos; quando já
tínhamos idade para possuir bicicletas, circulávamos de um lado para o outro
embaixo das árvores, antes sentindo que escutando o fru-fru de suas folhas
acima de nossa cabeça. As árvores eram sempre podadas na forma de balas
de pistola, para que não interferissem com os fios do telefone, e assim não
eram bonitas. Não havia nenhuma beleza em toda a cidade. Nós, crianças,
apenas aceitávamos como natural que a beleza — morros, árvores, construções elegantes — não era algo a ser esperado da vida comum de todos os dias.

A cidade já tinha crescido e se consolidado, por assim dizer, na sua
forma permanente, antes que seus líderes se tornassem bastante sofisticados
para considerar um planejamento municipal ortodoxo, e assim, embora continuasse a se expandir em todas as direções, continuou essencialmente uma
aglomeração humana de uma só rua. Como acontece com frequência nesses
casos, essa rua era estreita demais, e os terrenos nos dois lados valiosos demais para tornar viável seu alargamento. A rua tinha a autêntica confusão e
barulho de um centro comercial próspero, e nós, crianças, gostávamos de

caminhar "no centro" nas manhãs de domingo com nossa mãe. Era uma excursão social e um bom motivo para fazer compras. Durante nossos primeiros anos, os únicos lugares de lanches na cidade eram dois ou três bares de hotel (na África do Sul, fechados para mulheres de qualquer modo) e os cafés gregos, onde Minos ou Mavrodatos de cabelos negros vendiam cigarros, doces, mortadela e frutas, e onde se podia sentar a uma mesa de toalha manchada e esperar que servissem um chá ou café terrivelmente fraco, adulterado com chicória. Mas, em meados dos anos 1930, havia uma ou duas casas de chá elegantes, onde as mulheres locais se encontravam para fazer um lanche no meio da manhã, e os gregos haviam instalado bares brilhantes para vender refrigerantes e sorvetes, que nós crianças costumávamos frequentar aos magotes depois das matinês de domingo no cinema local.

A maioria das lojas era de negócios de família, mas com a prosperidade chegaram a Johannesburgo a Woolworth's — e de seu balcão de discos para gramofone, um jazz antiquado jorrava impetuoso para a rua principal — e filiais de várias grandes lojas de departamento. Os donos dos negócios de família tornaram-se os pais fundadores da cidade, e suas famílias passaram a ser as "antigas famílias" da cidade. Éramos uma dessas "antigas famílias", e todos nos conheciam na cidade e até nas minas — mais de vista que por um contato. Meu pai não participava de atividades cívicas e continuava a ser o que sempre fora, um homem simples e um comerciante, mas minha mãe, uma mulher de considerável energia e pouco campo de ação, trabalhava em incessantes comitês. Em alguns anos, ela foi presidente de várias organizações ao mesmo tempo, trabalhando em uma ou duas secretarias ainda de lambuja. Assava bolos e preparava relatórios; era caixa honorária em concertos beneficentes e ensinava primeiros socorros a crianças. Sua posição era curiosa. Ao contrário da maioria das outras mulheres, ela não se confinava na seção particular da comunidade a que pertencia. O fato era que não parecia pertencer a nenhuma seção particular. Embora meu pai mantivesse uma espécie de lealdade simbólica com a comunidade judaica, contribuindo para a manutenção da pequena e feia sinagoga e até indo rezar ali uma vez por ano, no Dia do Perdão, minha mãe não se acertava muito bem com as damas da congregação. Ela se dava muito melhor com as damas escocesas da cidade, e

22 *Nadine Gordimer*

me lembro de ela trabalhar (ou, melhor, assar quitutes no forno) como uma moura para a venda anual de bolos e doces em prol da Igreja Presbiteriana.

A nossa vida era, em grande parte, a vida de nossa mãe, e assim nossos prazeres, nos quais mergulhávamos com gosto, não conhecendo outros, consistiam em bazares de caridade, nos *eisteddfods*[3] locais que eram realizados na prefeitura pelos membros da comunidade galesa e em espetáculos de dança dos alunos de professores locais (minha irmã e eu participávamos frequentemente das apresentações), junto com o cinema — um estímulo básico para toda a população. No verão, íamos tomar banho nas piscinas municipais. Passeios ou perambulações pelos arredores da cidade eram desconhecidos para nós, à exceção daquelas excursões furtivas na direção do monte de despejo abrasador. Mais além dos subúrbios, não havia nada para ver senão o "local" — uma favela urbana onde os criados e os operários industriais africanos eram amontoados em regime de segregação, apartados de seus patrões brancos — e um lago represado, criado por água servida bombeada de uma das minas, no qual se refletia um monte amarelo de despejo de cianureto, imagem que era quebrada por juncos e pela passagem ocasional de um pequeno pato selvagem.

Havia escolas estatais primárias e secundárias na cidade, onde a educação para as crianças brancas era grátis, mas minha irmã e eu fomos enviadas como alunas do turno diurno para o convento local; as freiras dominicanas tinham vindo, como tudo o mais, com a prosperidade da cidade. Muitas das pessoas da cidade, dilaceradas entre a ideia, natural a comerciantes, de conseguir alguma coisa por nada e o medo de que seus filhos fossem convertidos ao catolicismo (a cidade era em grande parte protestante), resolviam a questão não mandando os filhos nem para a escola estatal nem para o convento, mas para o internato em Johannesburgo. Minha mãe, uma nômade destemida quando se tratava de barreiras sociais e religiosas, não tinha esses receios. Minha irmã e eu passamos nosso período escolar no convento, e aprendemos inglês com uma freira de cara bochechuda que tinha um forte sotaque alemão. Na escola, manifestei um pouco do menosprezo brando de minha mãe

---

[3] Palavra galesa para festivais de poesia e música. (N. T.)

pela consciência coletiva de rebanho existente na cidade e encetei uma longa e íntima amizade com a filha de um funcionário de uma das minas mais antigas e mais importantes. Foi assim que vim a cruzar a divisória tácita entre as minas e a cidade e a conhecer o *habitat*, a vida doméstica e o protocolo do "pessoal da mina".

COMO TODAS AS CRIANÇAS DE CLASSE MÉDIA que vivem a uma distância razoável do oceano, éramos levadas ao mar todo ano. Os meses quentes de dezembro e janeiro são a temporada popular para as férias familiares na África do Sul, o oceano Índico é o mais próximo para os habitantes do Transvaal, e Durban — a 644 quilômetros de Johannesburgo — é a cidade mais próxima no litoral do oceano Índico. Assim quase todo verão passávamos nossas três semanas em Durban ou numa vila na Costa Sul, não muito longe de Durban. Poderíamos ter ido a Lourenço Marques, o alegre pequeno porto em território português, que fica quase à mesma distância de Johannesburgo, mas nunca fomos, porque esse era um lugar a que os adultos iam sem os filhos (e de preferência sem esposa ou marido) e apenas na temporada de inverno de julho e agosto. Quando éramos bem pequenas, adorávamos Durban, onde ficávamos num dos hotéis sólidos, frescos e com pé-direito alto ao longo da rua Marine Parade e, inclinando-nos para fora do banheiro saturado de vapores à noite, depois de termos sido mandadas para a cama, podíamos ver as luzes coloridas, enfileiradas como contas num ábaco, de poste de luz a poste de luz ao longo da costa, enquanto os bondes passavam estrondeando, e tornava-se audível um estranho grito — uma mistura de riso, chiado, música de realejo e vitrola automática — que diminuía e aumentava entre o avanço estrepitoso e o recuo sibilante do mar, vindo do parque de diversões.

Quando ficamos um pouco mais velhas e entramos naquele estado sonhador, remoto, sentimental que acontece às vezes no início da adolescência, descobrimos a praia apinhada de gente, a areia encaroçada de pipocas e a beira-mar iluminada com vulgaridade, quando todos os fios e cabos de um país de fadas eletricamente tecido apareciam nos postes de iluminação à luz do dia, absolutamente detestáveis. Nada nos teria persuadido a entrar no parque de diversões do qual tinham vindo certa vez maravilhosos ursinhos e até um Mickey Mouse de feltro, ganhos pela nossa mãe à custa de nem sei quantos ingressos para os espetáculos secundários e colocados ao pé de nossas camas para ser descobertos de manhã. Nada nos teria provocado mais tédio que os passeios lentos e marcados pelo ronco do motor ao redor da baía, numa lancha recreativa chamada *Sarie Marais*, que poucos anos antes experimentara a emoção solene da partida para um novo continente. E acima de tudo nos revoltávamos contra a amolação dos vendedores indianos na praia, com suas "Mangas? Lichias? Banana? P-ruta muito boa? *Grandailla* perfeita? Sorvete?". Era só afastar um deles com um gesto zangado, e outro, suando, franzindo as sobrancelhas, descalço sobre a areia escaldante, mas vestido da cabeça aos pés com um uniforme branco bordado com algum nome improvável — Joe's Place ou O Cartola —, aproximava-se como um moscardo persistente. Você tinha de querer *alguma coisa*. "Não, não, não, não!", minha irmã gritava furiosa, e o vendedor não desviava os olhos dela, esperando que mudasse de ideia.

O que desejávamos nessa fase de nossa vida, e o que conseguíamos, pois, como muitos pais, os nossos contraíam os gostos dos filhos, antes sendo formados que formandos, eram umas férias numa vila da Costa Sul fora do alcance até da pequena ferrovia de via única. Nessa vila, o hotel era uma reunião de cabanas redondas com telhados cônicos de palha, a água não tinha sujeira e a praia — ah, a praia brilhava, silenciosa, quilômetro após quilômetro, dando voltas em torno de pedras matizadas de flores; havia muitas praias, e sempre alguma onde durante todo o dia não se veriam outras pegadas na areia senão as minhas e as de minha irmã. Com tempo bom, a vila era, imagino, uma espécie de paraíso. Na frente do pequeno hotel estendia-se o mar brilhante e quente, e, desenhando uma curva por trás, aparecia uma enfiada de morros cobertos com o brilho verde improvável da cana-de-açúcar, que, movendo-se na brisa, suavizava todo o contorno como uma rica penugem ou como o viço encorpado do pólen que torna imprecisas as convoluções internas de certas flores. Correntes vertiam dos morros e só podiam ser descobertas pelo ouvido, porque estavam completamente cobertas por árvores baixas em forma de guarda-chuva (essas são vistas com mais clareza nos morros ao redor de Durban, onde sua beleza peculiarmente japonesa não é obstruída pela vegetação rasteira), entrelaçadas, tecidas e amarradas em uma cama de gato de cipós e trepadeiras. Empurrando e deslizando, minha irmã e eu penetrávamos nesses lugares sombrios e secretos, vislumbrando, assim que nos inclinávamos para frente, a imagem esverdeada e surpreendente de nossos rostos na água, que incessantemente tornava a refletir nas samambaias a imagem narcisista de suas próprias folhagens.

De modo mais alegre, nos arbustos ao longo da estrada, ouvíamos às vezes aquela tagarelice incrivelmente leviana e mexeriqueira que significa presença de macacos por perto. Os macaquinhos da costa de Natal são criaturas encantadoras, parecidos com o tipo de macaco que os fabricantes de brinquedos escolhem; são o que se desejaria que um macaco fosse sem tirar nem pôr. Eles vivem pulando pelos topos das árvores, displicentes e excitáveis ao mesmo tempo, e, não sendo meio domesticados, como se tornaram perto de algumas hospedarias nos arredores de Durban, saltam quase rápido demais para ser claramente vistos; acaba-se fitando ramos de árvores que balançam de volta ao seu lugar e escutando a alegria que desaparece do alcance do ouvido, e tudo traz a sensação de uma festa a que não se foi convidado. Se os macacos, como parentes distantes que desejam deixar bem claro que não existe *nenhum* vínculo com eles, nos ignoravam, havia criaturas que, por seus movimentos estarem afinados com alguma outra era de limo ou rocha, não podiam escapar de nós. Nas plantas rastejantes perto das pedras, camaleões sonolentos andavam vacilando ou apegavam-se a qualquer apoio balançando-se, os olhos fechados e as garras, como mãos humanas frias e diminutas, segurando firme para não perder a vida. Se viam alguém em seu encalço, saíam nervosos, dando passos altos pela areia, mas com certa desesperança, como se soubessem que bastava a pessoa se inclinar para pegá-los. E então, incapazes de morder, arranhar, picar ou até de fazer qualquer outro protesto que não sibilar rouca e fracamente, enrolavam as mãozinhas frias ao redor de seu dedo como uma criança cansada e tornavam-se tão pálidos quanto possível — um bege cremoso um pouco manchado que era aparentemente a sua ideia de aproximar-se da cor da pele humana. A minha irmã gostava particularmente dessas criaturas resignadas e melancólicas. Duas vezes levamos um camaleão conosco no trem para a casa do Transvaal, e duas

26 *Nadine Gordimer*

vezes observamos e choramos de aflição quando, depois de dois ou três meses felizes na planta caseira da sala da minha mãe, o pobre perdia primeiro sua capacidade de mudar de cor, esvaecendo-se numa palidez cada dia mais fantasmagórica, e depois, literalmente, sua força de agarrar, de modo que vivia caindo no chão. O inverno do Transvaal, mesmo dentro de casa, era demais para os camaleões.

Na água verde-escura da lagoa na vila da Costa Sul onde costumávamos ficar, não parecia haver nada vivo, embora algumas pessoas dissessem que embaixo das pedras, bem lá no fundo, havia caranguejos gigantes. Quando o tempo fechava por uns dias, e a combinação de maré alta com a cheia da lagoa levava embora os bancos de areia entre a lagoa e o mar, a água escura do rio na lagoa jorrava dentro de um canal fundo até as ondas, e as ondas montavam na água do rio, espumando sobre o redemoinho. Folhas de palmeira meio deterioradas, cordas podres de cipós quebrados e frutos caídos do marfim- -vegetal, tão duros e redondos como bolas de críquete, eram arrastados do leito estagnado da lagoa e roçavam em quem nadava no mar provocando uma sensação esquisita. Certa vez, num final de tarde, minha mãe e eu estávamos deitadas na areia observando um nadador solitário que evidentemente não se importava com o mar sujo. De repente, vimos o fustigar rítmico dos braços contra a água ser violentamente interrompido, e depois ele se ergueu bem claro no ar, agarrando ou estando nas garras de uma forma preta de seu tamanho. Minha mãe estava convencida de que ele fora atacado por um tubarão, e saiu tropeçando e voando sobre a areia para conseguir auxílio do hotel. Com aquele instinto de procurar solidariedade diante de qualquer perigo para a humanidade, fui me juntar a algumas crianças excitadas que estiveram brincando com botes de brinquedo na beira da água. Eu tinha quatro ou cinco anos mais que a maior delas, e fiquei impedindo que chegassem perto da água com a barreira de meus braços abertos, como um policial numa parada. Que perigo eu achava que poderia haver em cinco ou oito centímetros de água não consigo imaginar, mas a ideia de que havia um monstro ali por perto parecia transformar em ameaça até o contato da beira da água.

Em minutos, toda a vila estava na praia e ali fora, mas, chegando mais perto a cada onda, aproximavam-se o nadador e a forma escura, ora juntos, ora separados, ora sumidos, ora novamente visíveis. Quando a corda salva-vidas foi desenrolada e os salva-vidas voluntários mergulharam no mar, as suposições eram estridentes, mas rapidamente silenciadas pelo grito ocasional de "Olha, ali está ele!". Estranhamente, havia uma sensação bem especial de horror, porque era óbvio que a criatura estava longe de ser um tubarão; com um tubarão, sabia-se exatamente o que é que se tinha de temer. E então ergueu-se o grito: "É um crocodilo! É um crocodilo!". Até os salva-vidas o escutaram e voltaram o olhar para a praia, confusos. Antes que pudessem chegar ao nadador, o crocodilo já estava em águas em que dava pé, e podíamos vê-lo com bastante clareza, o rosto feroz e desvairado com a água e o esforço, as mãos trancadas ao redor do longo focinho de um grande réptil, que parecia reunir as forças do resto do corpo na tentativa de chutar seu inimigo, em vez de espancá-lo com o rabo, como dizem que os crocodilos fazem. "Um crocodilo!", o grito subiu de novo. "Enorme!" Os homens correram para as águas rasas com canivetes e armas improvisadas com paus flutuantes. Mas o homem cambaleou sozinho com seu monstro até a praia. Era um homem baixo e atarracado, sendo verdade que o bicho era de seu tamanho. O animal parecia atordoado, e o homem continuava a socar o focinho com o punho, como se dissesse: "Vai ver o que é bom!". Entre gritos e guinchos, mais a confusão dos salva-vidas, corda, paus em riste e facas de escoteiro, ele próprio matou o crocodilo a golpes: era claro que, apesar de exausto, ele queria o privilégio de ser o vencedor. Depois sentou-se na areia, fungando profundamente, o peito se erguendo, um frasco de conhaque tremendo na mão; lembro bem quando disse, com uma voz incrédula e áspera: "Um crocodilo desse tamanho poderia ter rasgado ao meio uma dessas crianças!".

O homem foi um grande herói por meia hora. Depois um velho major da reserva, que tinha vivido no distrito por muitos anos e era botânico e naturalista, apareceu pela areia, apoiando-se em sua pequena bengala, e deu uma estocada no monstro que ali jazia desfigurado pelos golpes e pela areia. "Iguana", disse o major. "Uma velha iguana — pobre do velho lagarto, não faria mal a uma mosca. Devia estar tentando voltar para a lagoa." O major tinha toda a razão. O animal não era um crocodilo, porém um desses lagartos gigantescos, iguanas, que ainda são bastante comuns por toda a África do Sul, mas cuidam para se manter fora do alcance do homem — tão tímidos e, realmente, não fosse seu tamanho assustador e a semelhança com a família do crocodilo, tão indefesos quanto o camaleão. Ele não teria mordido o nadador, e era demasiado estúpido e desajeitado até para usar seu peso como defesa. O homem combatera o mais relutante dos dragões. Assim, com a manha dos seres humanos, que detestam admitir que foram enganados e devem dar um jeito de tirar partido de sua credulidade, as pessoas na vila e no hotel foram rápidas em ridicularizar o nadador; se antes as palavras "Poderia ter rasgado ao meio uma dessas crianças!" fizeram com que parecesse o salvador de seus filhos, agora elas viam algo absurdo no modo dramático como ele lutara para trazer a criatura para a praia, em vez de voltar e cuidar de sua própria segurança. No resto de suas férias, ele andou pelo hotel bem sozinho e talvez um pouco tristonho.

QUANDO EU E MINHA IRMÃ estávamos na metade da adolescência, já tínhamos perdido o gosto pela solidão e pelos lugares selvagens amenos. O nosso amor por Durban retornou — por razões diferentes, claro —, e acho que foi então que começamos a amar o lugar pelo que realmente é: sob muitos aspectos uma cidade fascinante, ainda que um tanto lerda e presunçosa, intelectualmente. Um de nossos prazeres nessa época foi a descoberta do bairro indiano da cidade, com seu mercado indiano. Gostávamos de nos afastar da arquitetura pseudoamericana e neo-Tudor e descer pela larga Grey Street, onde as lojas eram pequenas, amontoadas, e as sacadas se salientavam com arabescos berrantes, e aqui e ali brilhava um minarete ou uma cúpula de prata. Entre as lojas mais convencionais, que vendiam roupas masculinas numa feroz concorrência, viam-se lojas cheias de tecidos leves de brilho falso para sáris e joalherias indianas cujas vitrines abarrotadas pareciam quase cintilar com filas e filas de longos brincos de ouro e pingentes pendurados em fios de linha. Aquelas lojas, que tinham a intenção especial de atrair visitantes europeus como nós, queimavam incenso. O seu aroma doce e seco era agradável depois da rua quente, onde salpicos de noz-de-areca mascada pareciam sangue sobre o pavimento. No mercado indiano havia pilhas de confeitos coloridos rosa-shocking e amarelo podre, que tinham um cheiro tão repugnante quanto sua aparência. Voltávamos dessas pequenas expedições com um tipo particular de sandália, presa por uma tira de couro sobre o dedão, ou um par de brincos que pareciam ter sido modelados a partir de uma fina folha de estanho dourada e que pendiam do lobo da orelha até o ombro. As sandálias eram chamadas, se não me engano, *chappals*, e sei que eram importadas da Índia, mas não me lembro de ter visto nenhuma indiana usar esse tipo de calçado em Durban. Os brincos, sem as dobras de um sári para escorá-los, pareciam baratos e tolos nas orelhas ocidentais.

COMO A MAIORIA DOS SUL-AFRICANOS, uma vez tendo visto a Cidade do Cabo, eu me perguntava como é que tinha achado Durban bonita algum dia. Antes de me tornar totalmente adulta, fui sozinha com meu pai à Cidade do Cabo e pegamos um teleférico que nos levou até o topo da Montanha da Mesa. Ali passamos um dia claro, calmo e perfeito, e, sinceramente, para uma menina pequena, esse local era o olho de Deus sobre o mundo. Num dia assim, pode-se ver toda a península do Cabo desde Fish Hoek num lado, bem ao redor das cristas de montanha que se elevam do mar, até Camps Bay no outro lado. Algumas pessoas afirmam que estão olhando para dois oceanos — o Atlântico num lado e o Índico no outro. Mas isso é discutível, pois é difícil dizer onde um oceano começa e o outro termina. De qualquer maneira, a imensidão de água que se estende à nossa frente é o bastante para dois oceanos. Nenhuma cauda de pavão jamais mostrou os azuis e os verdes que os mares apresentam vistos daquela altura; todas as gradações de profundidade são milagrosamente reveladas, e, olhando ao longe, bem ao longe, onde a cor se encrespa e se fragmenta num tom branco perto da costa, veem-se áreas claras translúcidas em que as rochas aparecem nítidas como se estivéssemos olhando pelo fundo de vidro de um barco situado bem acima delas.

É esplêndido, uma experiência quase sobre-humana, ver a ponta de um continente, viva, a nossos pés. Sei que voltei aos tropeções para a estação do bonde teleférico naquele dia, sorrindo constantemente para o meu pai, mas sentindo as lágrimas por trás dos olhos, num estado confuso de exaltação que me impedia de falar, e, por ser tão jovem, logo passei da exaltação à raiva, quando vi que muitas das pessoas que tinham subido conosco no teleférico haviam aproveitado sua meia hora, antes de o veículo nos levar de volta, escrevendo cartões-postais com o carimbo postal "Montanha da Mesa". Esses visitantes absortos mal espiavam fora das janelas o que tinham vindo ver.

Por ALGUMA RAZÃO, nossa família só visitou o Parque Nacional Kruger quando eu tinha dezesseis anos e estava no meu último ano da escola secundária. É difícil explicar para alguém que não é sul-africano o inusitado dessa abstinência. Pois o que quer que o sul-africano em geral, e o habitante do Transvaal em particular, faça ou deixe de fazer pela sua família, ele vai dar um jeito de levá-la ao Parque Kruger, a grande reserva de vida selvagem no Transvaal. Se não tiver carro, vai tomar algum emprestado e, se isso não for possível, vai convencer algum amigo de que duas famílias podem viajar confortavelmente num só carro e pedir uma carona. O parque abre no início do inverno, no final de abril ou no começo de maio e, no amanhecer do dia da abertura, carros e caminhões, carregados de equipamento para acampar e comida enlatada, ficam alinhados em filas de quilômetros fora dos vários acampamentos que servem de pontos de entrada para a reserva.

Eu tinha escutado tantas histórias e visto tantos filmes caseiros sobre o Parque Kruger ("Minha querida, e então a leoa veio direto para o nosso carro e farejou os pneus!") que quase sentia pavor de visitá-lo. Considerava indiferente a perspectiva de acampamentos apinhados de gente, *boerewors* (uma salsicha rústica muito condimentada que mantém um apelo sentimental tanto para os sul-africanos que falam africânder como para os que falam inglês) cozidas sobre uma fogueira, e extensas procissões de carros arrastando-se ao longo de estradas empoeiradas na competição dura de ver quem será o primeiro a avistar mais leões. Mas, quando nós fomos, a visita foi muito diferente disso tudo. Estivemos lá em outubro, durante os últimos dias antes de o parque fechar para as chuvas de verão e para a quietude concedida aos animais em sua fase de reprodução. Ficamos num acampamento com um belo nome — Shingwedsi — e tínhamos a sombra de suas árvores e as flores vermelhas dos cactos quase que só para nós. A paz do cerrado mal era perturbada pelos poucos carros nas estradas.

Ainda faltava um mês para a estação das chuvas, mas na nossa primeira noite em Shingwedsi o rugido fantástico de uma tempestade anormal nos acordou à meia-noite e alagou o acampamento, isolando-nos quase por 24 horas. Durante o dia seguinte, enquanto estávamos presos pela chuva tamborilante, meu tio Robert, o irmão mais moço de nossa mãe, tomou cerveja com um engenheiro que vivia e trabalhava no parque o ano inteiro, vigiando as perfurações que garantem o suprimento de água dos animais, e escutou suas confidências. Nessa época, eu tinha começado a ler Hemingway, e achei, pela primeira vez na vida, que algo real estava à altura da ficção. O engenheiro era apenas um homem que o pobre Francis Macomber poderia ter escolhido como companheiro numa caçada. (E, pensando bem, apenas um homem que a sra. Macomber teria desejado que fosse o escolhido.) Tinha um ar taciturno, cansado do mundo, e no isolamento aconchegante da chuva, a tomarem cerveja, ele fez Robert (como tinha só dez anos mais que eu, nós, meninas, não chamávamos Robert de "tio") sentir que ele, Robert, era a primeira pessoa em anos a quem podia falar como estava falando, o primeiro homem cujo espírito esportivo e sensibilidade se igualava ao do engenheiro, um homem — por fim! por fim! — que instintivamente compreendia o tédio e a insipidez, para uma pessoa de fibra, dessa vida num santuário, sem ninguém para conversar a não ser turistas embasbacados. Na realidade, o engenheiro era uma dessas pessoas que fazem os outros se sentir escolhidos. Às cinco da tarde, quando a chuva já tinha parado, ele se levantou, dobrou os joelhos bronzeados e musculosos e disse, com uma alegria severa, sardônica: "Esta é a época para ver elefantes, se estão interessados em elefantes. Toda essa água vai manter os guardas-florestais fora do meu caminho por alguns dias".

Robert e eu ficamos alvoroçados, como era sua intenção. Enquanto Robert o questionava, adotando inconscientemente a forma de falar concisa do engenheiro ao tentar mostrar que "pertencia" ao grupo, eu permaneci bem ao seu lado, determinada a não ser deixada de fora nessa história. A maneira de ver elefantes, chegar bem perto deles e quase sentir o sopro de sua respiração ao fotografá-los, disse o engenheiro, era pegar uma camionete e sair correndo em seu encalço, ignorando o rigoroso limite de velocidade de quarenta quilômetros por hora obrigatório na reserva, e depois, quando fossem avistados, sair do carro e avançar a pé em sua direção, ignorando a regra ainda mais rigorosa de que nenhum visitante pode sair de seu carro. Robert e eu sorríamos de animação. "Mas só dá para fazer isso quando esses patifes estão com os pés afundados em água barrenta", disse o engenheiro, referindo-se aos guardas-florestais. Bem, então era agora.

Robert e eu nos afastamos furtivamente do restante da família — eu queria muito ter essa aventura sem a minha irmã —, e em meia hora o engenheiro tinha Robert, eu e a filmadora de Robert em sua camionete. Embora a louca passagem da camionete pela água e pela lama abalasse todos os nervos de nossos corpos, ele nos disse que o que íamos fazer era perfeitamente seguro, e depois, quase ao mesmo tempo, que era terrivelmente perigoso, mas que não precisávamos nos preocupar, pois ele sabia muito bem o que fazer para sair incólume. Eu queria fechar os olhos de tanta velocidade e excitação, mas os pulos de um bando de impalas, que tínhamos sobressaltado e forçado a um recuo cheio de graça alarmada à Nijinski, arrancaram-me da minha tensa passividade quase tão abruptamente quanto os antílopes haviam sido arrancados da sua. Depois de vinte minutos, chegamos a um leito de rio e ali, com suas grandes colunas de patas na água recém-corrente, estavam três magníficos elefantes.

O motor estrepitoso da camionete sofreu uma parada abrupta. O engenheiro disse "Aí estão!" e mandou que Robert e eu saíssemos a pé. Era como se nosso silêncio intenso houvesse lembrado ao engenheiro seu tédio com esse tipo de aventura; olhou ao redor procurando uma pedra seca onde pudesse sentar e fumar seu cachimbo enquanto esperava. A camionete estava, acho, a duzentos metros do rio. Quando Robert e eu chegamos muito perto dos elefantes, e o zumbido de asas de besouro da filmadora soou no ar, um dos grandes animais levantou lentamente a cabeça em nossa direção. Depois saiu da água rasa, arrastando as imensas patas como uma criança desajeitada, e avançou até ficar a nove metros da câmera, de Robert e de mim. E ali parou, batendo lentamente aquelas orelhas largas, semelhantes a folhas de palmito, que os elefantes africanos possuem. Não acho que ele nos parecia real; pensávamos apenas na câmera, e víamos o elefante mais como avultado na tela do que como realmente era, um esplêndido volume de pele bamba, ali de pé diante de nós. Então, tudo no mesmo instante, senti o aroma de tabaco com alcaçuz e alguém agarrando violentamente meu braço. O mesmo deve ter

TEMPOS DE REFLEXÃO 33

acontecido a Robert, pois logo fomos obrigados por solavancos furiosos a nos virar, deparamos com a cara impaciente e alarmada do engenheiro, e aí já estávamos correndo, empurrados rudemente por ele, na direção da camionete. Suponho que fosse o bater de meu próprio coração o que eu achava ser as pancadas do elefante vindo atrás de nós.

Voltando ao acampamento Shingwedsi, o engenheiro sorria fascinantemente — era difícil dizer quem estava mais enfeitiçado por aquele sorriso, se Robert ou eu — e observou: "Essas fotos já estão bastante boas. Vocês não querem assustar seus amigos, não?". E Robert e eu rimos, para mostrar que também sabíamos que jamais houve um perigo real. Foi só no dia seguinte, quando nosso grupo seguiu para o acampamento Pretorius Kop a fim de ver leões, que de repente lembrei que o engenheiro não precisara ligar a camionete quando pulamos dentro do veículo; ele tinha deixado o motor ligado o tempo todo. Alguns anos mais tarde, contaram-me que há razões para acreditar que, quando abana as orelhas, um elefante procura trazer o cheiro do inimigo com mais força para suas narinas, um prelúdio de ataque.

Num país em que as pessoas de uma cor diferente da sua não são nem a maioria nem a classe dominante, você pode evitar completamente certas complicações que do contrário poderiam surgir na formação de seu entendimento dos valores humanos. Se os chineses, digamos, continuam a ser uma pequena comunidade exilada em Chinatown, e os peles-vermelhas se encerram na sua reserva, você pode crescer e adquirir um padrão razoável de ética pessoal sem levar em consideração sua presença. É quase puramente acadêmico o problema de como você se comportaria em relação a eles, se os encontrasse; não precisa encontrá-los, se não desejar. Na África do Sul, isso não é possível. Há pessoas que tentam, que organizam sua vida com esse fim, mas sempre fracassam, pois isso não é exequível. Mesmo que você seja o reacionário mais intransigente, não vai poder esquivar-se desse problema num país onde há 3 milhões de brancos e 9 milhões de negros e mestiços.

Para mim, uma das coisas mais confusas sobre crescer na África do Sul era a estranha mudança — a cada ano ou a cada dois anos quando eu era pequena, e depois semanalmente, quase diariamente, quando eu era adolescente — na minha percepção dos africanos ao meu redor e na minha atitude em relação a eles. Vim a ter consciência da presença deles com uma lentidão incrível, parece-me agora, como se por meio de uma faculdade que naturalmente — assim como a capacidade de focalizar e reconhecer vozes surge no bebê em questão de semanas depois do nascimento — deveria ter feito parte do meu equipamento humano desde o início. A experiência do seio negro quente da mamã (na África do Sul, ela seria conhecida como babá) tem sido tão sentimentalizada que devo dizer que me alegro de não tê-la vivenciado, embora não pela razão por que não a vivenciei. A razão foi simplesmente que minha mãe, como muitas boas mães sul-africanas vindas da Inglaterra e da Europa, nem teria sonhado permitir que um filho seu se aninhasse no seio de uma nativa suja. (Essa era exatamente a expressão — uma expressão de reflexão desdenhosa sobre aquelas mães que permitiam tal coisa.) E se, com cinco ou seis anos, alguém tivesse sugerido à minha irmã ou a mim que deveríamos dar um abraço em nossa criada nativa, teríamos nos esquivado. Aceitávamos o fato de que os nativos não eram tão limpos como nós, assim como aceitávamos o fato de que nosso spaniel tinha pulgas. Foi só anos mais tarde que me ocorreu que, se nossos criados não tomavam banhos tão bons e frequentes quanto nós, a circunstância de que não havia banheiro nem chuveiro para eles poderia ter muito a ver com isso. E foi ainda bem mais tarde que se deu o colapso final dessa noção preconcebida. Continuei aprendendo por muito tempo, e cada fase de esclarecimento trazia seu próprio impulso de culpa pela ignorância anterior.

Nossas atitudes sucessivas em relação aos indianos é outro exemplo da mudança perturbadora de valores que tende a assediar qualquer criança que cresce na África do Sul. Os indianos são uma minoria aqui, mas, mesmo antes que seu tratamento se tornasse uma questão em debate nas Nações Unidas, influindo na atitude do restante do mundo em relação à África do Sul, eles não podiam ser ignorados sem problemas, porque pertenciam à grande massa do Outro Lado — os mestiços. Os indianos foram importados como mão de obra contratada para os campos de cana-de-açúcar de Natal em meados do século XIX, e agora, à exceção de um número considerável de comerciantes em Natal — alguns negociantes em quase toda cidade do

Transvaal e a quantidade considerável dos que são empregados em hotéis e restaurantes —, eles parecem trabalhar principalmente como vendedores de frutas, verduras e flores. Em nossa cidade mineradora de East Rand, os negociantes indianos estavam concentrados num amontoado de lojas num único quarteirão, que adquiriram antes da aprovação do que é conhecido como a Lei do Gueto de 1946, a qual, com efeito, proíbe que eles possuam ou arrendem propriedades em qualquer outro local que não as áreas restritas, não europeias. Essas lojas eram alfaiatarias ou "bazares" em que se vendiam mercadorias baratas de toda sorte e constituíam o objeto da aversão e a inimizade dos lojistas brancos. Uma mulher que era vista saindo de um bazar indiano com uma cesta de víveres ganhava imediatamente um estigma: ou era da classe baixa ou, se a posição de seu marido como funcionário de uma das minas de ouro deixasse o nível de sua classe fora de questão, devia ser sovina. "Ela é tão mesquinha que até vai fazer compras nos indianos" era a alegação mais convincente da avareza em nossa cidade. Já era bastante ruim viver contando as moedas, imagina rebaixar-se a ponto de comprar de um negociante indiano a fim de economizar!

Por alguma razão que nunca compreendi, era perfeitamente respeitável e convencional comprar frutas e verduras dos indianos que apregoavam as mercadorias de porta em porta com seus grandes caminhões vermelhos ou amarelos. A nossa casa, como a maioria das outras, tinha o seu vendedor regular, que passava duas ou três vezes por semana. Qualquer que fosse o nome do vendedor (e estava sempre pintado no caminhão com letras grandes e elaboradas, uma espécie de compromisso entre os caracteres indianos e ingleses), era invariavelmente conhecido como Sammy. Ele até chamava a si mesmo de Sammy, batendo nas portas das cozinhas e anunciando-se com esse nome genérico. Havia uma rima, parodiando o inglês quebrado dos vendedores, que as crianças costumavam recitar ao redor dos caminhões:

Sammy, Sammy, what you got?
Missus, Missus, apricot.[4]

---

[4] Sammy, Sammy, que tem no paletó?/Madame, Madame, abricó. (N. T.)

Havia muitos outros versos com o mesmo esquema de rimas, tornando-se cada vez mais ousados em sua inclusão do que soava às crianças como obscenidades causadoras de risadinhas, como "urinol", e algumas antigas palavras ofensivas anglo-saxônicas que elas pronunciavam com toda a calma.

Se você não fizesse serenatas para os indianos com canções grosseiras, e sua mãe fosse uma boa cliente que pagava em dia, ele podia lhe dar um pêssego ou um cacho de uva de seu caminhão, mas se você fosse um diabrete sem família que o apoiasse, ele gritava e o enxotava, temendo que com mão rápida você lhe surrupiasse alguma coisa pelas costas. Agora é também interessante lembrar como mais uma vez o espectro da sujeira logo aparecia com o pêssego presenteado por Sammy; minha mãe, demasiado polida para ofendê-lo dizendo qualquer coisa, enviava tal advertência com os olhos que eu não ousava abocanhar aquele pêssego antes de o levar para ser lavado dentro da casa. Sammy o tinha "manuseado". Sammy era indiano. De fato, Sammy era não branco. Sei lá, suponho que o homem não era *limpo*. Mas por que ninguém jamais explicou que a cor não tinha nada a ver com asseio?

Assim minha irmã e eu começamos pensando que o indiano era sujo e uma peste; os vendedores que descrevi nos incomodando na praia em Durban eram o protótipo do indiano. Depois o consideramos romântico; nossos passeios no mercado indiano em Durban eram, acho, expressão de um anseio juvenil comum pelo exótico. E finalmente, quando já éramos bem crescidas, esclarecidas e tínhamos lido bastante para ter uma noção abstrata e objetiva do ser humano, bem como uma porção de emoções pessoais embaralhadas a seu respeito, o indiano tornou-se uma pessoa como nós mesmas.

Acho uma pena não termos conhecido na infância o que as pessoas gostam de mencionar como "a África real" — a África dos orgulhosos guerreiros negros, dos grandes rios na selva e das imensas noites silenciosas, esse anacronismo de país pertencente a seus próprios pássaros, animais e selvagens que desperta tanta nostalgia no coração urbanizado e acotovelado por tanta gente e que tem sido a fonte de uma mística criada por escritores e cineastas. A realidade é que esse nobre paraíso da "África real" é, no que diz respeito à União da África do Sul, um anacronismo. Pedaços dele continuam a existir;

quem mora em Johannesburgo ainda pode ir ao *bushveld*[5] em algumas horas para desfrutar a solidão e caçar. E pedaços dele têm sido cuidadosamente preservados, com o mínimo de contaminação da civilização condizente com o anseio do civilizado por algum conforto, como no Parque Kruger. Mas a África do Sul *real* deve ser encontrada, então e agora, em Johannesburgo e nas cidades atrevidas e prósperas de Witwatersrand. Tudo o que está acontecendo em todo o continente emergente pode ser encontrado nesse microcosmo. Aqui estão os africanos, em todas as fases de uma revolução social e industrial — o homem seminu recém-saído do *kraal*,[6] agarrando sua manta enquanto fita com olhos expressivos o trânsito; o trabalhador destribalizado, vivendo no limbo entre seus costumes tribais descartados e os costumes do mundo do homem branco; o intelectual negro infeliz, não conseguindo dar vazão a seus talentos. E aqui estão também os brancos, em todas as fases de compreender e interpretar equivocadamente esse inevitável processo histórico — alguns temerosos e ressentidos, outros fingindo que não está acontecendo, uns poucos tentando ajudar que se desenrole com menos dor. Uma região triste e confusa do mundo onde crescer e viver. Ainda assim emocionante.

1 9 5 4

---

[5] Estepe sul-africana. (N. T.)
[6] Vilarejo de nativos sul-africanos. (N. T.)

Hassan na América

Temos um amigo no Cairo que trabalha com pré-fabricação de mesquitas. Não apresento essa informação como um item de *Ripley's believe it or not* nem como uma insinuação de que nosso amigo deveria estar em alguma lista exibicionista de ocupações inusitadas, junto com engolidores de espada e mulheres barbadas. Ao contrário. Ele é um esteta magro e rijo de grande charme, membro de uma famosa família de banqueiros continentais por nascimento, árabe por inclinação, e a beleza de sua profissão (para mim, em todo caso) é que não há nada intrinsecamente bizarro ou extravagante em seu ofício; é apenas uma combinação de duas ocupações perfeitamente comuns que por acaso pertencem, no tempo e no espaço, a mundos separados. As mesquitas têm sido erigidas no Oriente desde o século XVII, a técnica da pré--fabricação pode ser datada com segurança por volta da Segunda Guerra Mundial. O que Wally (que não é o seu nome) tem feito é combinar o Oriente com o Ocidente, o passado com o presente. Tem logrado uma síntese que é também uma solução de compromisso com o mundo em que se encontra; e isso, qualquer psiquiatra lhe dirá, é mais ou menos o melhor que qualquer um de nós pode almejar fazer.

Wally é bastante bom nesse tipo de ofício, ao que parece. Ele é todo in-compatibilidades. Seu sangue é aquela mistura muito castigada, meio judeu-

-alemão, meio gentio-alemão. Dentro de si mesmo, não há incidentes de fronteira entre o sangue judeu da mãe e sua afinidade com o islã. Ele é um judeu que ama os árabes, um alemão gentio bem-nascido que é meio judeu.

Meu marido morou com ele durante quatro anos na época da guerra, mas eu só o conheci quando visitamos o Cairo na primavera do ano passado. Nos encontramos pela primeira vez num almoço em seu apartamento no Cairo. Ele era parecido com Humphrey Bogart (ele vai abrir um enorme sorriso quando ler isto, porque, apesar de trabalhar com pré-fabricação, não é tão inteiramente do século XX a ponto de considerar as estrelas do cinema como protótipos) e corria resoluto do pequeno quarto no mezanino para a sala de estar, da sala de estar para a cozinha e vice-versa, trazendo-nos os pequenos tesouros que tem para mostrar — pedaços de tecido copta, um anel antigo de uma tumba, um minúsculo Anúbis de pedra, o cão sagrado do antigo Egito.

Depois do almoço saiu furtivo com meu marido, e foi só após retornarem que o restante de nós, eu, a esposa de Wally e os outros convidados, notamos que tinham se ausentado. Quando sua esposa perguntou para onde ele tinha arrastado meu marido antes mesmo de tomarem café, respondeu vagamente algo como "mostrar-lhe os arredores". Mas Wally devia nos levar de volta ao hotel às quatro horas, e a porta do apartamento mal se fechara atrás de nós quando ele abriu aquele sorriso e sussurrou: "Agora vou lhes mostrar uma coisa". Espremidos no seu Dodge conversível 1928 de dois assentos, refizemos o pequeno passeio que ele fizera antes, sozinho com meu marido, pelo subúrbio de Bab al-Louq, até uma rua larga ladeada pelo que foram outrora belas casas árabes. O carro parou chocalhando diante de uma casa que estava sendo demolida. Dois árabes bigodudos com gorros de lã sorriram para nós de cima do andaime, como piratas do alto do mastro. Estavam removendo a fachada de pedra rosada da casa, bloco por bloco. Quando cada segmento era liberado, eles o içavam para uma carroça puxada por burro que estava parada ali perto. Wally espiou extasiado para o alto por debaixo da capota esfarrapada de seu carro, a língua dando um estalido cheio de astúcia. "O que você acha disso, Nadine?", murmurou, no tom de um homem oferecendo um privilégio.

"Do quê, da casa?"

"Da minha fachada", disse Wally.

"Ele a comprou", disse meu marido orgulhosamente.

Olhei de um para o outro.

"Verdade", disse meu marido.

"Mas, pelo amor de Deus, para quê?", perguntei. "O que ele vai fazer com isso?"

Foi então que Wally me contou sobre o que ele chamava suas mesquitas pré-fabricadas.

WALLY TEM UM AMOR reverente pelo antigo Cairo. Vive ali, precariamente, sem cidadania, sem documentos ou passaporte, desde que desembarcou em Port Said num iate há 25 anos. Era um rapaz aventureiro, louco por velejar, e ainda se lembra do desespero de seus pais em Hamburgo. Aquela foi uma viagem de prazer depois da qual ele nunca retornou à Europa, pois, enquanto esteve distante, a perseguição de Hitler destruiu parcialmente sua família e depois a fez dispersar. Ele perdeu o dinheiro, as posses e a cultura europeia que recebera ao nascer.

Wally leva essa vida no Cairo há 25 anos, não pertence ao Egito, mas talvez tenha vivido lá antes disso. Quando se capta um vislumbre dele descendo uma das ruas atravancadas do Cairo para realizar uma tarefa misteriosa toda sua, levantando de repente os olhos e saindo de sua profunda preocupação para gritar, como os árabes fazem, a alguém que cruzou seu caminho, observa-se algo que não pode ter apenas 25 anos. Talvez tenha se ausentado do Cairo por um ou dois séculos, mas ele ali esteve no passado e agora está de volta. Percebe e sente na medula dos ossos que o Cairo é uma das cidades mais maravilhosas do mundo e que está desmoronando à sua frente. Olha calado para os blocos semelhantes a cubos de açúcar, edifícios brancos de qualidade inferior, que se erguem onde palácios foram abandonados para se tornar entulho embaixo dos pés dos homens e dos cascos dos bodes; para de respirar ao ver um vão de porta em formato de buraco de fechadura ainda de pé, uma pequena casa com um pátio fresco que ainda poderia ser salva. Ele quer comprar tudo. Dando uma volta de carro com ele pelas travessas da cidade antiga, vi que seus olhos pretos não estavam fixos no trânsito moroso e berrante — não havia buzina em seu carro, e, balançando uma das mãos para fora da janela, ele batia na carroceria

TEMPOS DE REFLEXÃO *41*

como sinal de que estava se aproximando —, mas fitavam o tempo todo as janelas, as portas, as sacadas e os portões, mesquitas desmoronadas como penhascos, casas como favos quebrados. Ele quer comprar tudo, salvar o que jamais poderá ser reconstruído. Não está consternado com a sujeira, com a pobreza, com a degeneração dos humanos que se abrigam e se reproduzem no mesmo ritmo dessa deterioração. Essa preocupação cabe a Alá. Ele só quer manter íntegra por mais algum tempo a beleza que resiste firme há tantos anos.

ERA ESSA SUA PAIXÃO QUE O LEVAVA a experimentar uma súbita raiva fatalista quando escutava que algum conhecido estava construindo uma casa em "estilo árabe", com portas de aço modernas sob um portal de forma tradicional. *Ele* sabia onde podia encontrar uma porta entalhada magnífica datada do século XVIII. Podia comprá-la por cinco — não, menos —, três libras. Estava ali quase ao alcance de todos. Só o que precisava era ser lixada e receber um novo pedaço de madeira no ponto em que o ferrolho encaixava. E ele também conhecia alguém que sabia fazer esse reparo de forma adequada.

O seu desespero era ainda maior quando via uma mesquita "moderna" ser construída com um *mimbar*, ou púlpito, feito de madeira compensada laqueada em lugar dos painéis entalhados e marchetados e do lavor *meshrebiya* — uma delicada treliça de madeira feita à mão —, que é tradicional. Ele disse aos que haviam perpetrado essa ofensa que mesmo que o microfone tivesse substituído o *muezzin*, não havia necessidade de o *mimbar* ser uma imitação vulgar. Ele poderia ter-lhes conseguido um *mimbar* feito de marfim e madeira seculares, e restaurado pelo último homem no Cairo que compreendia verdadeiramente a técnica desse lavor...

Eles não só acataram a repreensão, mas ficaram interessados. Pouco tempo depois, ele recebeu um telefonema de dois cavalheiros de fora da cidade. Aceitaria um contrato para fornecer, já pronto, um *mimbar* tradicional para uma nova mesquita em construção em Alexandria?

Entrava para o ramo de negócios da mesquita pré-fabricada.

QUANDO ESTIVEMOS NO EGITO em março do ano passado, as obras para a mesquita em Alexandria estavam terminadas. Wally fizera uma pequena viagem até lá para ver seu contrato honrado, bem como seu belo *mimbar* entregue e montado contra a parede à direita do nicho, o *mihrab*, que indica a direção de Meca. "Mas agora estou trabalhando em algo grande, algo muito maior", murmurou quando o congratulamos pelo sucesso de seu primeiro empreendimento. Seus olhos negros, tristes e alegres ao mesmo tempo, aguardavam perguntas. Mas ele não conseguiu esperar que as fizéssemos. Continuou: "Uma mesquita, oh sim. Mas não aqui. Bem longe. Vocês vão rir... Uma mesquita em Washington".

"Wally, estamos indo para Washington", alertou meu marido.

"É verdade. Vocês podem ir ver. *Quero* que vejam por mim."

Eu não era tão cética quanto meu marido. Nunca havia viajado. Se o Cairo existia na ponta de um continente que tem Johannesburgo, onde eu vivo, eu estava pronta a acreditar que na outra ponta poderia encontrar uma mesquita, bem como a Casa Branca em Washington.

"Estou fazendo, ao menos meu artífice Hassan está fazendo, um *mimbar* para uma mesquita que está sendo construída em Washington. Amanhã vou levá-los para ver o trabalho que ele está realizando. É belo." Inglês é uma quarta língua pouco usada por Wally, cuja verdadeira fluência pertence ao francês, ao alemão e ao árabe, e em sua boca o adjetivo ainda é um superlativo incomparável.

Nós o importunamos com muitas perguntas, em que ele não estava realmente interessado. Quem estava construindo uma mesquita em Washington? E para quê? Quem renderia culto ali? Suas respostas eram vagas. Pessoal diplomático, supunha. De qualquer maneira, que importava? O importante era que essa mesquita, em Washington ou Timbuctoo, teria um belo *mimbar*, feito por Hassan exatamente da mesma maneira como tinha sido feito durante séculos. O velho Hassan e seu filho eram, que ele soubesse, os últimos homens no Cairo que ainda realizavam esse antigo ofício. Amanhã veríamos por nós mesmos quão perfeito seria o *mimbar*.

Na manhã seguinte, Wally veio ao hotel nos buscar depois de um café da manhã tardio. Era uma semana de tumulto e crise no Egito, quando Nasser depôs Naguib e mais tarde Naguib depôs Nasser, e entramos no velho

Dodge sob o olhar de um soldado egípcio entediado que se agachava, meio escondido pelos arbustos empoeirados, sobre um dos fuzis-metralhadoras Bren que apontavam para as armas montadas nos Jardins do Ezbekieh. Seguimos, suponho, por um longo caminho até a oficina de Hassan, o carpinteiro, porque, como descobri rapidamente, Wally nunca resistia a fazer desvios para passar pelos lugares que amava, ou dar mais uma olhada em alguma velha casa com janelas que ele admirava e esperava comprar ou tomar emprestadas. Naquele dia, ele nos levou pelo sítio da casa de verão, na margem do Nilo em frente ao nilômetro, onde meu marido tinha morado quando trabalhava para a Inteligência britânica durante a guerra. Eu tinha visto essa pequena casa em muitas fotografias, sabia exatamente a disposição de seus quartos e sua relação com as três grandes palmeiras no pátio. Agora restavam apenas as três grandes palmeiras, num trecho de areia deserta que dominava o rio. O próprio Wally havia construído aquela pequena casa — sem permissão, num pedaço de terra que pertencia a outro.

Meu marido percorreu compassadamente o trajeto familiar de uma palmeira a outra, parecendo perdido. Mas Wally não parecia se importar com o desaparecimento da pequena casa, seu confisco e sua demolição. "É uma pena, não é?", disse alegre. "Tenho um lugar em mente", sua voz tinha diminuído para um tom confidencial, "mais além ao longo do Nilo, bem fora da cidade. Vou lhes mostrar em breve. Aquela fachada que lhes mostrei no domingo, vocês gostaram? Se não precisar dela para um dos meus trabalhos de pré-fabricação, quero usá-la para mim mesmo."

Antes de chegarmos à oficina de Hassan, demos outra parada, dessa vez na mesquita Ibn Tulun. Wally não nos deixou entrar na famosa mesquita na Cidadela, ali perto. "Lixo", disse. "Estilo impuro. Esta", falou introduzindo-nos em Ibn Tulun, "esta é, acho, minha mesquita favorita. Século XII." Dentro da grande mesquita, no pátio iluminado pelo sol e aberto para o céu, não falamos nada. Cruzamos o pátio e depois caminhamos lentamente ao redor de todos os quatro lados debaixo da visão repetitiva das colunatas, que caíam e desapareciam atrás de nós com a bela monotonia de ondulações na água. Estava escuro sob o telhado elevado, depois do sol brilhante: o escuro era repetido, ao sol do pátio, nos corpos escuros dos milhafres que, se olhávamos para fora, passavam entre nossos olhos e a luz como aquelas nuvens proverbiais que não são maiores que a mão do homem. A mesquita estava vazia, à exceção de dois velhos que dormiam pacificamente sobre colchões de palha.

ASSIM QUE DEIXAMOS A MESQUITA, o velho carro arremeteu e deu solavancos em ruas tão estreitas que mal dava para passar um burro carregado. Reforçamos as batidas de Wally na carroceria com berros e gritos. Pirralhos descalços saíam de nosso caminho espremendo-se contra paredes imundas. Por fim, saímos do carro e subimos uma rua íngreme, sinuosa e cheia de corcovas, mofada de tempo, repleta de pobreza. As crianças levavam a vida em público, aparecendo assim como os ratos surgem sem fazer barulho perto de seu monte de dejetos. Principalmente as meninas não se pareciam muito com crianças; de olhos pintados, mais lembravam mulheres frágeis, encolhidas por uma longa doença. Uma delas era bela, sob os traços grotescos do *kohl*,[7] uma atriz que havia se esquecido de tirar a maquiagem — até se perceber que apenas a cabeça parecia jovem e viva; o resto do corpo tinha se enrugado antes de ter crescido, como uma anêmona que certa vez transplantei quando já estava brotando. Essa criança estava servindo de babá para o bebê da família, um daqueles apavorantes bebês egípcios que me faziam estremecer e depois sentir vergonha do meu horror. Com seis ou oito meses, não são maiores que um recém-nascido, mas sua cabeça do tamanho de um relógio de bolso, coberta de cabelos pretos lisos, é veterana em sobreviver à poeira em que frágil se reclina e que teria matado o tipo gordo de bochechas rosadas nos seus primeiros dias de vida. Passando o bebê, a rua terminava na entrada de um tipo de quintal. Outrora, suponho, fora um jardim. Agora a grama, as flores ou o pavimento tinham sido substituídos por uma superfície de escombros do edifício em ruínas a que o pátio pertencia. No meio estava um carro Peugeot cinza muito usado.

Wally sorria. "Vamos", disse ele e pegou meu braço. "Este é o lugar de Hassan. Ele está aqui."

---

[7] Preparado para delinear e enfumaçar os olhos, aplicado rente aos cílios. (N. T.)

NÃO HAVIA PORTA. Caminhamos à luz calma do dia — o pátio ainda preservava sua velha função de criar um espaço de quietude entre a morada e a rua — sobre pedras e galhos caídos. Uma escada levava a lugar nenhum; a luz parecia terrivelmente brilhante ali dentro; um árabe gordo de meia-idade e rosto agradável, em mangas de camisa, gritou um alô para Wally e veio nos receber. Fomos apresentados a Hassan, e vi uma ou duas lascas finas de aparas, enroscadas em suas roupas e seus cabelos. Um pouco desajeitadamente, com um ar de desculpas ainda que sem palavras (seu inglês era escasso), ele afastou Wally para uma conversa em árabe. Eles discutiram, consideraram, explicaram-se à maneira de homens que fazem negócios juntos. Meu marido e eu víamos que estávamos numa grande sala sem assoalho — talvez duas ou três salas cujas paredes intermediárias tinham sido retiradas ou haviam caído. Pranchas de madeira nova estavam encostadas nas velhas paredes de um jeito maluco, no chão a serragem se misturava com entulho e bem no fundo havia uma bancada, um torno mecânico e outras ferramentas de carpinteiro. As paredes eram muito altas. Ainda mais no alto estava o céu. Não havia telhado.

Caminhando com cuidado, passei por um belo vão de porta arqueado e me vi em outra sala. Onde antes havia assoalho viam-se pilhas do que à primeira vista parecia ser lixo e refugos, mas que, quando olhei de novo, imaginei que deviam ser os depósitos de Wally. Quatro colunas greco-romanas quebradas estavam empilhadas ao lado de um vaso sanitário de porcelana que tinha o nome de uma firma de bombeiros ingleses. Uma imensa porta esculpida, meio destruída por apodrecimento, estava deitada de lado. Uma pilha bem-arrumada de blocos de pedra rosada, numerados com giz, achava-se perto do lugar por onde eu tinha entrado. Enquanto olhava, algo se moveu atrás das colunas, e uma pata branca veio em minha direção, piscando os olhos vivos e balançando um pedaço de casca podre de legume que levava preso no bico.

Esse esqueleto de edificação era um lugar de proporções elegantes; mesmo agora, com a estranha variedade de objetos e a pata revirando o lixo como dona do pedaço, era o tipo de local em que se deve ficar parado um momento ao entrar, para sentir como é agradável o recinto em que se está confinado. Metade do teto permanecia intata acima da ruína; as paredes curvavam para encontrá-lo, e essa cornija curvada e o próprio teto estavam pintados com uma trama densa, delicada e formal de vermelho, azul e dourado. As cores ainda estavam perfeitamente claras, mas o teto terminava em pontas, na metade do espaço da sala. Na abertura do céu, milhafres giravam lentamente, como sobre a mesquita Ibn Tulun. Era magnífico.

Wally entrou depois de mim, dizendo "xô" para a pata, que o conhecia e não deu bola.

"O que era isto?", perguntei. Meu rosto devia mostrar meu espanto, minha admiração quase reverente, a tensão do impacto de um mundo que havia florescido e apodrecido antes de eu chegar, alheia e impudente como a pata, para admirá-lo.

"Um palácio do início do século xviii. Deve ter pertencido a algum príncipe. Aqui era o salão." Ele se deteve com as mãos no quadril fino, admirando o teto.

"Mas a quem pertence?"

"A ninguém."

"Como assim a ninguém?"

"Esses palácios eram sedes de família. Passavam de pai para filho. Mas eles perderam poder, dinheiro. Anos atrás, os descendentes tornaram-se pobres demais para mantê-los. Três, quatro ou cinco famílias juntas moravam neles. Acabaram em pedaços. Ninguém jamais restaura alguma coisa aqui. Tudo se arruína, se perde. No final, a herança é dividida entre tantos que ninguém a possui. Ninguém pode viver no palácio, ninguém tem dinheiro para mantê-lo — qual é a palavra? — habitável. Mas vamos, ainda não viram o que me fez trazê-los até aqui. Não querem ver o *mimbar* para Washington?"

A pata correu uma ou duas vezes na nossa frente como alguém se apressando contra a corrente numa calçada apinhada de gente. "Fora", disse Wally, ou talvez tenha sido uma palavra árabe que soava da mesma maneira. A pata sumiu do nosso caminho.

Quando Wally e eu voltamos pelo vão de porta arqueado, Hassan e meu marido estavam falando em francês ao lado da bancada do carpinteiro. Hassan esfregava um pequeno objeto numa das mãos com a palma da outra e sorriu para mim com a cabeça enrugando o pescoço gordo para um lado, como uma daquelas fotos de crianças estrangeiras que somos tentados a tirar no cais, registrando uma atitude ao mesmo tempo tímida e ainda assim divertidamente tolerante. Wally lhe falou algo em árabe, e ele desapareceu por um momento atrás de uma pilha de tábuas e madeira entalhada. Dentre o pó que cobria a bancada, peguei o pedaço de madeira em forma de bobina, com cerca de quatro centímetros de comprimento, que ele havia deixado ali. Virei a peça e vi que haviam cortado uma ranhura em todo o lado de trás. Meu marido inclinou-se sobre meu ombro e colocou na minha mão uma ripa fina de madeira, um pouco maior que a bobina. Entrou bem ajustada na ranhura.

Hassan voltou com um punhado dessas ripas e pequenos moldes de madeira esculpidos — alguns eram bobinas, como a que eu estava segurando, mas a maioria parecia segmentos cortados de uma moldura. Alguns eram de madeira preta, outros castanhos, outros ainda de mogno rosa. Havia duas ou três peças muito pequenas em formato de diamante que eram feitas de marfim amarelado. Sem pressa, mas com o ritmo calmo de dedos que fazem um trabalho a que estão há muito acostumados, Hassan encaixou os moldes, as ripas e o marfim. Os segmentos da moldura formaram diamantes, os moldes de diamante em marfim se ajustaram dentro daqueles criados com madeira preta, e uma bobina uniu cada um dos quatro ângulos de cada diamante de madeira a um dos ângulos de outro. Sulcos nas próprias peças, e as finas ripas de madeira que se inseriam por trás, mantinham todo o padrão ajustado de forma bem rígida e suave sem nenhum prego. Mais tarde Wally me mostraria telas imensas feitas dessa maneira, as sacadas que nas casas árabes antigas cobrem as janelas e têm uma minúscula abertura pela qual as mulheres cobertas de véu têm permissão para observar a rua, e, o mais belo de tudo, um *mimbar* secular numa antiga mesquita do Cairo, do qual nem o menor fragmento de madeira havia se soltado. Hassan tornou a sair e trouxe de volta com ele uma caixa de papelão com um monte de seus confetes de madeira.

"Assim!", disse ele, montando novo padrão.

"Isso é em parte um material muito antigo." Wally interpretou o carpinteiro. "Eu lhe trouxe um biombo... belo, uma obra muito refinada", ele pegou um triângulo minúsculo, "mas em mau estado, meio destruído. Agora ele está fazendo novas peças para substituir as que foram perdidas."

O mosaico quadrado denteado que Hassan me entregou tinha uma pátina uniforme. "Como é que não se pode distinguir o antigo do novo?", perguntei.

"Ele limpa e esmerila as peças antigas, e suas substituições ficam idênticas a elas", disse Wally.

"Trabalho paciente!", disse eu.

Wally deu de ombros. "Ele é o último", disse, "é uma arte moribunda. Mesmo no Egito, ninguém tem mais tempo."

Hassan saiu com seu caminhar indolente e trôpego e voltou carregando uma grande parte de mosaico de madeira. Ele a colocou diante de nós sobre a bancada, arrumando espaço com o antebraço. Era parte do *mimbar*, o púlpito para a mesquita em Washington.

"Aí está!", disse Wally.

Hassan soltou alguns segmentos, tornou a ajustá-los no padrão. Colocou duas peças na minha mão e me fez um sinal para que tentasse. Era mais difícil do que eu imaginava, porque as peças eram feitas para se encaixar de forma muito compacta. Hassan me observava orgulhosamente, como se eu fosse uma aluna.

"Ele próprio está fazendo cada peça para o púlpito de Washington?", perguntei a Wally.

"O filho dele ajuda", disse Wally.

Olhei ao redor para o velho palácio, aberto para o céu. "E quando ficar pronto", disse eu. "Quando for daqui para... lá. Será despachado completo? Vai ser um volume imenso."

"Vamos provavelmente desmontá-lo para ser transportado", disse Wally. "Hassan talvez vá junto a Washington para montá-lo de novo, peça por peça. É pré-fabricação."

"Hassan na América", disse eu.

Hassan escutou os dois nomes, adivinhou do que estávamos falando e sorriu, seus mamilos roliços erguendo-se contra a velha camisa com um encolher dos ombros. Notei que o carpinteiro brincava, embora sossegadamente, sem nervosismo, com seus pedacinhos de madeira: criando e desfazendo padrões que ele nem olhava.

Daqui para lá.

Hassan caminhou conosco, respeitosamente, até o pátio. Ele e Wally gracejaram juntos em árabe, num tom de conspiração. Hassan soltou uma risadinha lá do fundo do peito. "Este é o carro dele?", meu marido perguntou a Wally, olhando para o Peugeot cinza. Hassan colocou um braço sobre o carro, inclinando-se sobre a carroceria como sobre uma velha esposa. "Como é que se entra neste carro, pelo amor de Deus?", meu marido lhe perguntou em inglês. Não sei se o carpinteiro compreendeu ou não; ele ergueu as grandes sobrancelhas curvas, rindo, numa espécie de pantomima de uma das respostas prediletas de Wally: "Temos nossos métodos". Quando fomos embora, abanando as mãos para Hassan, olhei ao redor do pátio mais uma vez e vi uma camisa tremulando numa janela. No que talvez tivesse sido outrora os alojamentos dos criados do palácio, no lado do pátio que dava para a rua, um quarto ainda estava de pé, um quarto com um telhado. Qualquer comunicação interna que tivesse existido para esse recinto já desaparecera; a ele se chegava por uma escada de madeira. Era nesse quarto que Hassan morava, talvez com toda a sua família. Mas ele tinha o seu Peugeot. Ele simplesmente acampava no século XVIII.

PERGUNTO SE REALMENTE CHEGAMOS a acreditar na mesquita de Washington.

Estávamos em Nova York em abril e decidimos passar o fim de semana da Páscoa em Washington. "Ah, as cerejeiras em flor", disseram os amigos com conhecimento de causa. "Bem, na verdade, a National Gallery", disse meu marido. "E devemos nos lembrar de perguntar sobre a mesquita", murmurei, mas ninguém me escutou.

Foi só no fim de nossa última tarde na capital que nos lembramos, ou melhor, que não pensamos em nenhuma outra coisa que *devíamos* fazer antes. Tínhamos visitado a Casa Branca e o Lincoln Memorial, e percorrido a via tranquila até Mount Vernon. Pedi que tirassem uma foto minha contra a glicínia na frente da National Gallery, e mais uma vez diante de uma pereira crescida junto ao muro na deliciosa horta de Washington. (As flores das cerejeiras tinham florescido, ao que parecia, na semana anterior, e estavam tão esfarrapadas e manchadas quanto um velho vestido de baile.) Uma chuva amena impregnou de vapor a grama e as árvores dos jardins públicos e dos bulevares o dia todo, e sobre toda a encantadora cidade pairava a atmosfera branda e esmaecida de uma estufa, o aroma de calor e água. Tivemos de levar um amigo para sua casa num subúrbio bem distante e, quando decidimos começar a procurar a mesquita, já era quase o fim da tarde.

"Acho que devemos seguir direto para Nova York", disse meu marido.

"Não, vou ver essa mesquita."

Nós a encontramos, é claro, na Massachusetts Avenue, ao longo da larga via com a fileira de embaixadas estrangeiras de cada lado. Faz parte do novo Centro Islâmico, construído pelos países pertencentes à Liga Árabe, e fica contígua ao salão de conferências e outras salas públicas. Quando a vimos, estava quase terminada, embora os cartazes do construtor e do arquiteto ainda estivessem erguidos. Paramos e olhamos ainda dentro do carro no outro lado da rua. Perto da calçada, cinco arcadas sustentadas por pilares conduziam ao pátio da mesquita, flanqueado por janelas arqueadas em forma de fechadura que repetiam o padrão nas salas seculares à esquerda e à direita. A edificação, de pedra clara, tem dois andares e termina numa balaustrada de silhueta bem delineada com seu desenho delicado, quase exatamente como a do Palácio do Doge em Veneza. Em outro nível, acima da balaustrada, há uma larga torre quadrada com a mesma decoração, e da parede frontal dessa larga torre eleva-se uma torre quadrada fina que culmina numa espécie de sacada da qual aponta o minarete. Perto de seu pico, o minarete tem sua própria sacada redonda, acima da qual se estreita formando uma cintura fina; a partir dessa parte mais fina, o pico gracioso em forma de cebola se abre em curvas e depois se fecha de novo. O crescente do islã se equilibra em sua ponta. Ali no crepúsculo enevoado, com as luzes da rua se superpondo, como riscos numa pintura, as árvores e os brotos da primavera numa calçada americana, estava a mesquita de Wally.

Lutamos para sair do carro e atravessamos depressa e temerariamente a avenida pelas pistas que estremeciam com a luz dos grandes faróis dos carros americanos. A terra entre a calçada e a entrada para o Centro Islâmico era irregular por causa do entulho; um entulho novo, dessa vez o entulho do construtor, adulterando o aroma de primavera do solo molhado com o odor frio do cimento. Passamos por uma das cinco arcadas sustentadas por pilares e entramos no pátio. Mas ainda não estava pavimentado, e tivemos de contornar largas poças de água da chuva para atravessá-lo. Estava sendo decorado com um azul-claro brilhante. O caminho para entrar na mesquita estava barrado com tábuas do construtor. Não conseguimos sequer ver o interior.

Saímos do pátio e caminhamos por todo o Centro Islâmico. Todas as portas estavam trancadas. "Olha", disse meu marido. Ele tinha notado que haviam preenchido as elaboradas janelas em forma de fechadura com marcos modernos de aço e vidraças. O aço estava pintado de azul. Lá dentro, eu podia imaginar salas de aula, projetadas com perfeição acústica, banheiros com ladrilhos limpos e uma secadora de mãos com uma corrente de ar higiênico, aquecido e desinfetado. Saímos no outro lado do edifício e nos vimos na entrada do lado direito para o pátio. Entrei mais uma vez, para dar uma última olhada. Ali, os construtores deviam ter se acomodado para comer sua refeição — havia latas vazias de cerveja ao pé de um dos arcos. "A cerveja que criou a fama de Milwaukee", li, chutando uma das latas.

Quando partimos, virei o pescoço para captar uma última visão da mesquita nova em folha para a qual estava vindo o púlpito pré-fabricado de Wally. Em poucos momentos, de toda a mesquita só podia ver o crescente islâmico, preso nos topos das árvores de Washington como a própria lua.

1955

EGITO REVISITADO

O AMIGO QUE TINHA VINDO ME BUSCAR no aeroporto disse com satisfação: "Está pior que nunca aqui, está delicioso". Era um estrangeiro, expressando em sete palavras um ponto de vista duplamente estrangeiro: nenhum cidadão da República Árabe Unida admitiria que a corrupção estava prosperando no Egito com mais exuberância que nunca, e nenhum outro membro do restante da comunidade estrangeira que eu conhecia concordaria que a vida ali era deliciosa. Mas o ponto de vista excêntrico apresentado pelo meu amigo, que passou todos os trinta anos da metade de sua vida no Egito, não chega a ser uma zombaria de teor sério. Talvez se tenha de vir, como eu, da África, e não da Europa, para captar a verdade no meio do riso. Em todo o mundo afro--asiático deve haver europeus isolados que se alegram na amargura de seu próprio desterro, porque amam a vida e o temperamento do seu país de adoção com tanta veemência e tolerância que se deleitam até com a intensificação dos malogros nacionais que parecem suceder tantas vezes à independência da dominação estrangeira.

Estive pela última vez no Cairo há quase cinco anos, em março de 1954, durante a semana em que Nasser depôs Naguib. Havia metralhadoras apontando para os transeuntes pelas folhas empoeiradas dos arbustos nos Jardins de Ezbekieh, e os caminhões militares despejavam sua carga de soldados nas esquinas toda manhã, onde em estado de prontidão bebericavam café durante o dia. Agora desapareceu a atmosfera improvisada, de todos prontos a disparar. Suez paira no ar, uma confiança que infla até o peito do vagabundo mais humilde. Nasser teve o bom-senso e a imaginação de fazer uma ou duas coisas que chamam a atenção: um belo calçadão que serpenteia a costa íngreme varreu a mixórdia de pequenas vilas que costumavam obscurecer a margem da cidade no Nilo, há novas pontes e novas estradas largas, além de blocos brancos de apartamentos populares recém-construídos que, espaçados no terreno esvaziado, se parecem tanto com edifícios oficiais quanto os apartamentos populares em todos os lugares do mundo. Uma das novas estradas, que sobe até os morros Mokattam, abre uma larga faixa alcatroada através da Cidade Morta, e em outra parte da cidade as grandes dunas de cascalho, que são o antigo Cairo desfeito em pó, estão sendo cortadas e aplainadas num novo nível para as residências da mais recente onda de civilização. (Observando os guindastes e as máquinas de terraplenagem, pode-se ver uma descoberta arqueológica do futuro no momento de sua realização.) Tudo isso, junto com o colosso que foi criado nas areias de Memphis e erguido fora da principal estação ferroviária, mais as imagens de Nasser com sorriso de menino que cobrem os quadrados desbotados onde outrora a imagem de Farouk pendia nas paredes das lojas, é a maquiagem num velho rosto que já teve tantas faces. Mas é uma realização impressionante e que nos estimula a acreditar que houve também uma cirurgia óssea, um melhoramento da estrutura embaixo da pintura.

Logo descobri que há duas versões quase completamente diferentes do alcance e efeito dessa cirurgia, e que, embora tivesse plena oportunidade de escutar uma delas, deveria ter de captar a outra, tão importante, aguçando sobretudo meus próprios olhos e ouvidos e o arrepio de sensibilidade na minha pele. Como visitante branca sem saber árabe, me vi socialmente presa entre os remanescentes da comunidade "estrangeira" europeia; não podia esperar cruzar as poucas pontes antigas e pessoais entre a sociedade europeia e a egípcia que sobreviveram, com sucesso, à Guerra Palestina, à Revolução dos Oficiais e a Suez, nem podia esperar, sem saber uma palavra da língua, escutar uma confissão das esperanças, medos e orgulhos das pessoas nas ruas. Enquanto estive no Cairo, nunca deixei de lembrar que a voz nos meus

54   *Nadine Gordimer*

ouvidos — uma voz comedida, inteligente e quase sem amargura — não era a do povo, esse tom rouco e abafado que teria de captar por mim mesma.

Cairo visto pelos poucos membros da antiga comunidade que ainda conseguem viver ali é um lugar deprimente; uma pessoa íntima que está perdendo a visão e de cuja mente está desaparecendo aos poucos a mobilidade da memória. Não é inteiramente uma nostalgia reacionária dos bons velhos tempos. A cidade antiga, que apenas alguns anos atrás era um dos centros elegantes do mundo moderno, esqueceu sua sofisticação. A falta de moeda estrangeira esvaziou as lojas Kasr-el-Nil de quase todos os importados; estão cheias de tecidos decentes de estampas pouco inspiradas feitos nas fiações têxteis egípcias e de sapatos feios manufaturados bastante bem nas fábricas egípcias. Até a famosa mostra de *delicatessen* de Groppi diminuiu; agora *há* uma ou duas *delicatessen* nas quais já não se pode comprar ali. Naqueles restaurantes da moda que ainda estão abertos, o *chef* principal sumiu (banido para aquele "lar" na França do qual talvez tenha vindo há duas gerações?) e o suplente está seguindo as receitas, mas não o seu instinto. Os grandes artistas e músicos do mundo já não vêm ao Egito, e pouca gente procuraria escutá-los, se viessem. A única evidência que vi da vida cultural desse ano no Cairo foram os restos descascados de enormes cartazes anunciando uma companhia soviética de teatro e balé (de terceira categoria, me disseram) que havia chegado e partido. O *luxe* da Europa foi banido, mas o que restou, claro, foi a sandice pandêmica de Hollywood. A vida de entretenimento do Cairo tornou-se a de um complexo de vilas, cada uma com sua face de papel de Marilyn Monroe nos cartazes de três metros de altura.

No silêncio eloquente de uma presença passada, que a Europa deixou para trás no Cairo — um silêncio que se percebe sob os barulhos e ruídos inalterados da rua —, forma-se um som. O roçar rouco das palmeiras dos jardins desertos em Maadi é o pigarro nervoso; o leve deslocamento de ar nos múltiplos matizes das folhas caídas na frente da porta da embaixada britânica é a tomada de fôlego preparatória — e pronto, já acabou. "Sequestrado." Sibilante e fatal, essa é a última palavra sobre o destino de quase todo europeu que encontramos e de toda loja ou banco de segunda categoria pelo qual passamos. É a desculpa, a explicação e a apoteose da vida da cidade.

Com o passado imediato da cidade sob sequestro, o presente parece passar para as mãos dos oficiais do Exército e suas esposas. Eles são a nova elite; as esposas dos oficiais são as mulheres que gastam tempo e dinheiro nos salões de beleza, e (diz-se com um tom de malícia) fazem piqueniques no campo de golfe do Gezirah Club porque ainda não chegaram a aprender o próprio jogo. Há um novo e magnífico clube dos oficiais, onde eles assumem a ociosidade dos chefões. Sem dúvida, essas são as pessoas para quem o novo subúrbio, chamado de Mokattam City, foi criado. O condomínio tem o carimbo autêntico, triste, do *nouveau riche*; audacioso, atrevido, de gosto inseguro, mas seguro do seu *direito* — nesse caso, o direito de planejar vilas feias na paisagem lunar das colinas Mokattam. Esse é certamente um dos lugares mais belos do mundo para viver, se sentimos que podemos suportar seu caráter fantasmagórico. Afastados da presença suavizante do Nilo, esses morros não têm memória geológica de vegetação, raízes ou plantas; como algumas montanhas estão acima do cinturão de árvores, elas estão, por assim dizer, acima do cinturão da vida. Caem a pique de nível para nível, as mais elevadas entalhadas em profundos paredões de rocha e areia, e as mais baixas escavadas e escarpadas pela atividade das pedreiras que têm construído o Cairo por anos. Do pé das montanhas vê-se um desmoronamento de açúcar demerara endurecido, fatiado aqui, escavado ali, acanalado e estratificado. Do topo, com suas migalhas estranhas e grosseiras de uma substância que não parece ser a superfície da terra embaixo dos pés, vê-se bem lá embaixo a paz da Cidade dos Mortos, um lugar ao qual, visto aqui de cima, parece faltar apenas a trilha sonora; e mais além toda a cidade maravilhosa, desde os minaretes e domos medievais até as formas cubistas de luz e som formadas pelos blocos modernos; e, por fim, o próprio deserto. Entrei numa tumba fatímida que tem permanecido sozinha, lá em cima, através dos séculos; e almocei no novo cassino, um imenso edifício em formato de piano de cauda cujas "linhas livres" começaram a descascar antes de ele estar inteiramente terminado.

No outro dia, passei de carro pelo Mena House vazio — aberto, acredito, mas apático — e fui comer *tahina* e *kebab* em outro restaurante novo, dessa vez ao pé, ou melhor, sob o nariz, da Esfinge. Chama-se Sahara City e é administrado por um sudanês que parece o Pai Tomás e quando menino era um pajem na corte de Franz Joseph da Áustria. Tanto o restaurante do cassino como o "Sahara City" estavam vazios; "ninguém vai a parte alguma", disseram meus amigos. Mas naquela noite, num restaurante de que me lembrava da minha última visita, as mesas estavam cheias e havia umas dez pessoas ao redor do bar — mulheres de aspecto avarento, homens que observavam todo mundo que entrava.

"E quem são estes?", perguntei.

"Os representantes locais dos crápulas internacionais", disse meu companheiro com tédio.

A CIDADE COSMOPOLITA DO CAIRO está morta como a própria Cidade dos Mortos. Mas isso importa? Realmente conta? Quando me sentei no trem, esperando a partida para o Alto Egito, tive a sensação de me livrar de uma atmosfera emocional predominante que tinha pouco ou nada a ver comigo; minha identificação enfática com a comunidade estrangeira desapossada me abandonou, e muito apropriadamente assumi de novo meu próprio papel, que era o de uma estrangeira numa terra estrangeira. O trem levou muito tempo para começar a se mover; um menino com roscas de pão com gergelim enfiadas nos braços como braceletes, desde a axila até o punho, corria de lá para cá pela plataforma; carrinhos cheios de aves em gaiolas de bambu passavam rodando; a multidão, predominantemente masculina, como de costume, despedia-se elaboradamente dos passageiros. Eu tinha muito tempo para pensar e observar. A cena na plataforma era exatamente o que teria sido cinco anos atrás. As ruas do Cairo também não haviam mudado, à exceção das ruas "estrangeiras". Ao pôr do sol daquela tarde, eu permanecera na sacada do apartamento onde estava hospedada, e havia observado as pessoas lá embaixo, jamais semelhantes a formiguinhas como nas grandes cidades do Ocidente, mas vagarosas, barulhentas, puxando carretas, vendendo amendoins e espigas de milho assadas, equilibrando xícaras de café, arriscando ziguezaguear entre os carros que buzinavam e os pequenos tanques vermelhos de petróleo (dos quais os moradores compram o combustível para seus fogões) puxados por burros ruidosos e tilintantes. Quando saí do edifício para

TEMPOS DE REFLEXÃO 57

me dirigir à estação, passei pelo zelador, sentado com as costas reclinadas no muro contra explosões que tinha sido erguido durante a guerra e jamais demolido; estava comendo sua sopa de feijão e preparando-se para o trabalho noturno, que consiste em subir na cama que é introduzida no salão de entrada toda noite e adormecer embaixo de sua coberta amarela.

Aqui, entre a população real, as próprias pessoas, a mudança não parecia ter sido grande. Os planos industriais recém-nascidos de Nasser ainda não estavam suficientemente em andamento para atenuar as condições sociais de milhares que vivem de biscates, que esperam tomar parte em trabalhos desse tipo, ou simplesmente aguardam a oportunidade de transformar um serviço absurdo e indesejável num trabalho — a manifestação urbana de um país superpovoado que está aumentando seu número de habitantes ao ritmo desastroso de 1 milhão a cada dois anos. E embora a casta militar esteja elevando rapidamente seu padrão de vida junto com sua posição social, os funcionários públicos estão lutando para manter aparências decentes com níveis de salário que teriam sido adequados antes da última guerra. Muitas pessoas me disseram que esses salários totalmente irrealistas eram em grande parte responsáveis pela corrupção; as famílias não tinham como equilibrar o orçamento doméstico sem o "pequeno extra" ganho com subornos.

Mas embora esses fatos fossem decepcionantes — eram ao menos negativos —, não tinham sido provocados, de modo geral, pelo novo regime. O novo regime, até então, só não conseguira mudá-los.

Uma das coisas que me agradavam no Cairo cinco anos depois da revolução, decidi, era o que cautelosamente chamo confiança nacional — algo que acredito não tenha nada a ver com as fanfarronadas da "Voz do Cairo"[8] ou do pan-arabismo, nem que seja mais ambicioso ou agressivo que a auto-confiança interior de quem sabe que é valorizado em relação a seu próprio povo, e não como uma cifra deficiente em relação aos padrões daqueles que nascem em outros países e com outras oportunidades. Da mesma natureza era a satisfação que sentia quando observava que o novo governo cuidava

---

[8] "Voice of Cairo" e "Voice of the Arabs" foram dois meios de radiodifusão utilizados pelo presidente egípcio Gamal Abdel Nasser para divulgar sua ideologia, insuflar o patriotismo e promover a unidade árabe. (N. T.)

para preservar muitos daqueles grandes fragmentos do passado que se projetam aqui e ali por todo o Cairo — muros e portões da cidade, bem como monumentos mais óbvios e espetaculares. Quando fui ao Museu do Cairo, naquela mesma manhã do meu último dia na cidade, não me surpreendi ao ver que, embora os turistas estivessem reduzidos à minha pessoa, a duas jovens indianas que sussurravam e a um casal americano sentado exausto num vão de janela, o museu estava cheio de grupos de meninos e meninas das escolas egípcias; parecia-me natural que uma nação jovem e pobre estivesse ansiosa por ensinar a suas crianças que, afinal, não era tão jovem nem tão pobre assim.

Mas o estado do museu é que *foi* uma surpresa aterrorizadora. Estava empoeirado e sujo como uma venda de segunda categoria; muitos objetos expostos tinham perdido a etiqueta de identificação, e as de outros eram quase indecifráveis. Assistentes de aparência militar perambulavam vagamente por ali, seus copos de chá pegajosos enfiados em cantos escuros. Até nas salas de Tutancâmon as joias estavam caindo em pedaços, e o ouro descamava obscurecendo o esplendor incomparável do túmulo. Esse descaso com uma obra primorosa do lavor humano que tem sobrevivido quase que o suficiente para atingir a imortalidade provoca uma sensação de angústia verdadeira; voltei correndo à cidade para encontrar alguém que pudesse me explicar por que estavam permitindo que isso acontecesse. E então escutei sobre a outra faceta do orgulho nacional, uma faceta tola e infantil, que prefere ver sua maravilhosa herança artística apodrecer a deixar que o estrangeiro — qualquer estrangeiro — forneça a ajuda e o conhecimento especializado que é necessário para preservá-la.

O TREM FINALMENTE PARTIU, e acordei na manhã seguinte num Egito que não é o Cairo. Nos dias seguintes, acompanhei a vida do Nilo. Em que lugar do mundo se encontra uma afirmação da condição humana tão simples e completa quanto esta? É só olhar para fora da janela do trem ou do carro, e todo o contexto da vida do povo está ali — o rio, a lama, o verde das plantações e das palmeiras que ele nutre, o deserto. Não há vida fora da beneficência do rio, do alcance da lama, da disciplina do deserto. Essa afirmação simples evoca paz, depois da complexidade e do caráter fragmentário da vida, assim como a conhecemos.

A terra tem a mesma aparência de sempre — "sempre" é, para mim, uns insolentes cinco anos dentre os muitos milênios. Embora as grandes propriedades tenham sido divididas por uma reforma agrária bastante vigorosa e, muitas pessoas concordam, bem-sucedida, elas são exploradas pelo mesmo povo da mesma maneira. Fiquei novamente impressionada com a imagem injusta desse povo que os soldados que estiveram no Egito durante a guerra levaram para seus países ocidentais. Sei que os sul-africanos construíram para mim a caricatura de um Egito de camisola, olhar de soslaio, bajulador — "esses velhos *gyppos*". O fato é que muitos dos camponeses, que continuavam a fazer seu trabalho com uma dignidade teimosa, ao passarmos por eles na nossa caminhada, são bonitos, enquanto os jovens, especialmente os nubianos em torno de Assuã, são tão belos quanto as faces encantadoras nos entalhes das tumbas. Isso é extraordinário, quando lembramos que essas pessoas são subnutridas e debilitadas pela esquistossomose e pela malária há muitas gerações e que, desde o estabelecimento da irrigação durante todo o ano, têm sofrido também por sobrecarga de trabalho.

Enfileiradas ao longo do Nilo, as vilas aparecem como unidades separadas — sem casas dispersas, um abrigo de palmeiras reunido ao seu redor, fortificadas contra o sol. À distância parecem ser aqueles oásis que surgem nos desertos dos contos de fadas. A beleza dessa pobreza tem de ser desconsiderada. Só então se pode ver que essas pessoas são comoventemente pobres, até pelos padrões de pobreza africana que conheço na África do Sul. Como, nos perguntamos — procurando limitar mentalmente as comparações àquelas coisas que parecem razoavelmente essenciais à vida —, como podem viver tão sem nada, tão privados de tudo? À parte uma distribuição mais equitativa da terra — a ninguém é permitida a posse de mais de trezentos *feddans* (315 acres) e cinquenta *feddans* para cada um dos dois primeiros filhos, e as imensas propriedades de donos ausentes foram distribuídas entre os sem-terra —, o regime gerou um óbvio enriquecimento para a vida da vila. Quase toda vila tem agora uma bela escola moderna, na beirada de seus confins, e foi bom ver de manhã as crianças saírem correndo das paredes escuras de barro maciço para os novos e formidáveis edifícios brancos de grandes janelas. Estranho que a arquitetura contemporânea não parece fora de lugar ao lado dos tijolos de barro e dos domos em forma de xícara de chá; eu matutava sobre isso até que me lembrei do modelo de uma antiga vila egípcia que tinha visto numa estante empoeirada no Museu do Cairo — empregava a mesma justaposição de retângulos simples que se vê nos edifícios contemporâneos.

POR FIM, ESTIVE NA BARRAGEM de Assuã e senti a força da água do Nilo batendo surdamente através do concreto embaixo das minhas mãos, ao ser forçada a passar pelas comportas. "Assuã" tornou-se um nome de lugar de imensas conotações para qualquer leitor de jornal; desde 1956, a proclamação de uma barragem colossal a ser criada no Nilo tem provocado antes sentimentos — lealdades, ressentimentos, medos, satisfações, culpas — que evocado a imagem vívida de uma cidade. Foi uma grande surpresa descobrir — como se eu tivesse esquecido — que Assuã era um lugar onde pessoas moravam; uma movimentada cidade árabe, uma visão do Nilo fluindo em grandes novelos de água calma ao redor das ilhas de granito, atrás das quais os faluchos apareciam e desapareciam como foices brancas. A alguns quilômetros da cidade, sobre a própria barragem, é difícil não se render ao sentimento dramático de que toda a vida do Egito está empilhada ali atrás na grande represa, e na outra represa ainda maior cujo plano, jogado de um lado para o outro nas abstrações da política e das finanças internacionais, mas marcado claramente sobre a paisagem, não fica muitos quilômetros atrás da primeira. Caminhei ao longo da barragem até a usina hidrelétrica que está em construção, penetrando na costa oeste. Ali funcionavam os gigantes de aço desgraciosos da Europa; grandes turbinas, cabos e gruas da Suíça, Alemanha e Áustria. Um operário abanou a mão respondendo ao meu aceno; e riu como um menino por causa de uma bomba, quando pulei ao escutar o estrondo oco da explosão. Nós nos inclinamos juntos sobre a balaustrada de ferro e observamos o pó de granito assentar, bem lá embaixo na imensa bacia de rocha detonada.

Não gosto de espiar pelas vigias tão atenciosamente providenciadas pelos construtores, quando estão trabalhando; a visão de homens aglomerados realizando suas tarefas, em algum projeto que vai tragar o trabalho anônimo de suas mãos na imensidão da obra, tende mais a me deprimir que a me emocionar. Mas me vi observando os operários egípcios trabalhando lá embaixo na usina elétrica e senti que poderia ficar observando por muito tempo. Havia algo esperançoso e até emocionante na visão desses homens com suas energias envolvidas nas demandas de um imenso trabalho imaginativo — não o trabalho do campo do algodão e do feijão cujos frutos são consumidos todo santo dia, e não há nada a mostrar pelo que foi feito. Quando a usina elétrica estiver terminada, eles poderão usá-la; ela não só os alimenta agora, mas vai mudar sua vida. Sem dúvida, essas pessoas precisam como nunca ser mais bem alimentadas e viver melhor, mas, depois de tantos séculos de humildade, não sentem também necessidade de realizar alguma coisa, como fazem os outros povos? Espero que Nasser não os esqueça em seus sonhos de poder mundial, assim como todos os governantes no passado os esqueceram ou traíram por uma ou outra razão. As pessoas que "conhecem o Egito" e deploram o regime de Nasser me dizem que "os reis e os governos vêm e vão, sem que isso faça a menor diferença para o *fellah*", o trabalhador rural do Oriente Médio e Norte da África. Muito trágico o conformismo arrogante desse comentário, se ele se mostrar mais uma vez verdadeiro.

1959

CHEFE LUTHULI

HÁ 3 MILHÕES DE BRANCOS e mais de 9 milhões de negros na União da África do Sul. Apenas um punhado dos brancos chegou a conhecer Albert John Luthuli. Ele nunca foi convidado a falar no rádio, e sua foto raramente aparece na imprensa diária dos brancos na África do Sul. Mas esse chefe africano deposto pelo governo — que, longe de perder seu título honorífico depois de sua destituição oficial, é geralmente conhecido apenas como "Chefe" — é o único homem a quem milhões de africanos ("africano" está se tornando o termo aceito para negro sul-africano) prestam algum tipo de fidelidade por ele ser um líder popular. Na política dos negros na África do Sul, sua personalidade é um símbolo de dignidade humana que os africanos em geral, não importa quais sejam suas filiações individuais ou políticas, e não importa em que fase de esclarecimento ou ignorância possam estar, reconhecem como dignidade *deles*.

Luthuli é um zulu de sessenta anos e um aristocrata africano. Sua mãe era uma gumede — um dos mais honrados clãs dos zulus — e sua avó foi cedida, como costumava acontecer com a filha de um proeminente chefe tribal, à corte do famoso chefe supremo da Zululândia inconquistada nos anos 1870, Cetshwayo. Luthuli tem várias daquelas características físicas consideradas típicas do guerreiro zulu e que até o partidário mais ardoroso do *apartheid* admiraria com inveja. Sua cabeça é grande e assentada majestosamente para trás num pescoço robusto; ele tem uma voz profunda e suave; e, embora não seja alto, parece sempre tão alto quanto qualquer outra pessoa na sala.

Entre suas características menos óbvias está uma aura de repouso, às vezes uma quietude monumental. Se mais sul-africanos brancos pudessem conhecê-lo pessoalmente, ou até escutá-lo falar num palanque público, ficariam espantados (e talvez até um pouco envergonhados — ele dá esse tipo de impressão) ao confrontar o homem real com a imagem de demagogo sanguinário que possuem do líder africano. Antes de mais nada, ele fala inglês com uma nítida entoação americana, adquirida com sua educação em escolas administradas por missionários americanos.

O lar ancestral de Luthuli é a Missão Groutville, na Reserva da Missão de Umvoti na costa de Natal, perto de Durban, e sua personalidade está firmemente assentada nesse pequeno recanto da África. Ele nunca morou, nem mesmo quando criança, no conjunto de choças de barro e sapé em que os africanos tribais geralmente vivem, porque o reverendo Grout, um missionário americano que veio para a África do Sul em 1835, havia planejado a vila da sua missão segundo o padrão europeu, composta de casas; e se, quando criança, o jovem Luthuli cumpriu sua parte de tomar conta do rebanho, ele o fazia depois da escola, porque Grout cuidara para que houvesse um campo cercado que deixaria as crianças livres para frequentar a escola. Como a Reserva de Umvoti é uma missão, e não uma reserva tribal, os chefes são eleitos, e não há dinastia no sentido hereditário. Entretanto, o talento tendeu a criar uma dinastia própria; vários dos chefes eleitos têm sido membros da família Luthuli. Quando Luthuli era criança, seu tio era o chefe, mas depois de 1921 o cargo de chefe saiu das mãos da família até 1936, quando o próprio Luthuli, então professor em Adams College (um dos mais respeitados estabelecimentos educacionais para africanos nas missões), foi eleito.

Luthuli foi educado em várias escolas das missões e em Adams College, e em 1921 se qualificou como instrutor no curso de treinamento de professores e ingressou no corpo docente de Adams. Ele tinha boas recordações de uma infância suave e quase resguardada à sombra protetora da casa de seu tio e da missão em Groutville. Uma lhe havia dado a confiança natural nas crianças que pertencem a uma família honrada; a outra, que propiciou seu primeiro contato com o mundo dos brancos, não impôs cedo demais à sua jovem mente o impacto duro da discriminação racial. Talvez como resultado disso, mesmo hoje, quando o governo dos brancos na África do Sul o depôs da chefia de seu povo, privou-o várias vezes da liberdade de ir e vir no seu país, e prendeu-o — como presidente-geral do Congresso Nacional Africano e líder do movimento de libertação dos africanos na África do Sul — sob acusação de traição, que o manteve preso ao tribunal durante quase um ano de investigação, ele não tem ódio dentro de si. Nunca foi contra os brancos e acredita que nunca será. Começou sua vida vendo seres humanos, e não cores de pele. A questão é muito diferente hoje para os meninos africanos urbanos que nascem e crescem nas favelas das grandes cidades na África do Sul, bem próximos aos brancos no paradoxo da discriminação racial; eles se dão conta, desde o início, de que sua negritude é uma mortalha, mutilando--os, preparando-os para ser — como os africanos frequentemente dizem se sentir — "homens pela metade".

Luthuli parece ter chegado à política por um ideal de servir estimulado antes pela religião que por qualquer forte ambição. Já no seu tempo de escola primária, o que ele chama o "ideal cristão" de servir cativou sua fé e sua imaginação. Muitos africanos de mentalidade política deploram a influência que as missões — que introduziram a educação na África e que têm continuado a dominar a educação africana, porque o governo não tem cumprido sua obrigação nessa área — tiveram entre seus povos no passado. A queixa é que as missões têm usado sua influência para levar as pessoas a se conformar com a dominação dos brancos em vez de encorajá-las a exigir seus direitos naturais de seres humanos livres. Mas a experiência de Luthuli é que os ensinamentos das missões lhe deram uma noção da dignidade do homem, aos olhos de Deus, que ele quer ver concretizada para todas as cores e credos.

A verdade está provavelmente no fato de que para aqueles, como Luthuli, que tinham olhos para ver havia um vislumbre de liberdade na lição de submissão humilde a uma disciplina maior que a inventada pelo homem. A partir desse vislumbre, mais do que a partir de qualquer raciocínio da política ou da experiência, um homem pode vir a dizer, como Luthuli disse ao renunciar a seu posto de chefia por pressão do governo em 1952: "As leis e condições que tendem a degradar a personalidade humana — uma força concedida por Deus —, sejam elas provocadas pelo Estado ou por quaisquer outros indivíduos, devem ser implacavelmente combatidas com o espírito de desafio demonstrado por São Pedro, quando disse aos governantes de seu tempo que 'Devemos obedecer a Deus ou ao homem?'".

A CONSCIÊNCIA DAS LIMITAÇÕES do povo africano brotou em Luthuli, assim que ele começou a ensinar. "Antes disso", ele explica,

> quando os homens como eu eram crianças na escola e estudantes na faculdade, não tínhamos muitas chances de comparar nosso destino ao dos brancos. Vivendo numa reserva e frequentando uma escola ou faculdade da missão, muito longe das grandes cidades dos brancos, nosso único contato real com os brancos era com o diretor da escola e o missionário, e assim, se sofríamos qualquer tratamento discriminatório por parte dos brancos, tendíamos a confundir nosso ressentimento com o ressentimento natural do colegial em relação àquelas autoridades que o maltratam.

Mas assim que se tornou adulto e professor, as limitações normais de ser negro na África do Sul, mais as de ser um professor negro, além da sensibilidade especial a ambas as condições desenvolvida por ser uma pessoa culta e esclarecida, atingiram-no em cheio. Pelo trabalho na igreja e pelas atividades da associação dos professores, dedicou-se a tentar melhorar o mundo de seu povo dentro da estrutura existente imposta aos negros pelo mundo dos brancos; ele era demasiado jovem e, em certo sentido, demasiado ignorante para compreender então, como veio a entender mais tárde, que o desejo e o contexto em que esse desejo existia eram contraditórios.

Em 1936, depois de alguma deliberação e receio, pois ele gostava muito de lecionar, Luthuli abandonou o Adams College e o ensino para sempre, e voltou para Groutville como chefe. Os deveres e responsabilidades da chefia estavam no seu sangue e na tradição de sua família, por isso, de certo ponto de vista, a mudança não foi dramática. Mas sob outro aspecto a mudança seria total e drástica. Os seus 38 anos de homem não político estavam terminados; ele se viu, como diz, "arrastado para a política sul-africana — e pelo próprio governo sul-africano".

O ano dos projetos de lei Hertzog foi 1936. Eram dois: o Projeto de Lei da Representação dos Nativos (Representation of Natives Bill) e o Projeto de Lei das Terras Nativas (Native Trust and Land Bill). O Projeto de Lei da Representação dos Nativos tirou de todos os não brancos da África do Sul a esperança de um eventual direito de voto universal, que lhes haviam garantido desde 1853 que algum dia conquistariam. Oferecia aos africanos na província do Cabo uma representação por meio da eleição, numa lista separada de votantes, de três membros brancos do Parlamento. Oferecia aos africanos do resto da União a oportunidade de eleger — não pelo voto individual, mas por meio de chefes, conselhos locais e comitês consultivos, todos agindo como colégios eleitorais — quatro senadores brancos. Finalmente, deveria ser instituído um Conselho Representativo dos Nativos, a ser constituído de dois representantes africanos eleitos, quatro representantes africanos indicados pelo governo e cinco funcionários brancos, tendo o secretário de Assuntos Nativos como presidente. Sua função seria meramente consultiva, para manter o governo ciente das necessidades e opiniões do povo africano.

O Projeto de Lei das Terras Nativas firmou de uma vez por todas a Lei das Terras dos Nativos de 1913, pela qual era proibido aos africanos possuir terra, exceto em reservas. O novo projeto de lei punha à disposição do povo 7,25 milhões *morgen*[9] de terra para ocupação africana e um fundo destinado a financiar compra de terras. (Vinte e dois anos mais tarde, essa cláusula ainda não foi completamente cumprida.)

Assim que os projetos de lei se tornaram leis, Luthuli havia imprimido em sua autoridade de chefe da Reserva da Missão de Umvoti o voto coletivo de seus 5 mil habitantes. Os brancos e os negros o assediavam ansiosamente em busca de votos. Ele, que mal falava de política antes, raramente se via falando de outra coisa. Para ele, a reserva e seus problemas haviam adquirido foco com toda a cena política sul-africana. Ao mesmo tempo, assumiu seus deveres tradicionais de chefe — essa combinação de administrador, legislador, padre-confessor e figura de proa. Considerava o seu tribunal de chefe ou *ibandla*, reunido sob uma árvore de boa sombra, "um excelente exercício de

---

[9] Unidade agrária sul-africana equivalente a 2,1 acres. (N. T.)

pensamento lógico", e os casos que ele julgava, segundo um equilíbrio sutil entre a sabedoria tribal e o Código da Lei Nativa oficial, variavam de disputas de fronteira a brigas sobre o pagamento do *lobolo* (o preço da noiva). Ele não podia fazer os lotes de terra circular entre seu povo — nem mesmo as unidades pouco econômicas de cinco acres sem posse absoluta, que eram só o que Groutville, uma reserva melhor que a maioria, tinha a oferecer —, mas tentava ajudá-los a tirar o maior proveito possível do que possuíam: até formou uma associação de cultivadores negros de cana-de-açúcar para proteger aqueles dentre seus companheiros de tribo que eram pequenos cultivadores de açúcar. "O verdadeiro significado de nossa pobreza tornou-se claro para mim", diz ele. "Eu via que o povo africano não tinha meios de ganhar a vida segundo padrões civilizados, ainda que pertencessem, como era o nosso caso em Groutville, a uma comunidade cristã civilizada, dentro dos padrões das comunidades africanas."

De 1945 a 1948, o próprio Luthuli participou do Conselho Representativo dos Nativos. O Conselho revelou-se um "telefone de brinquedo" (na expressão mais reveladora usada à época), e ninguém lamentou o seu fim quando o governo nacionalista do dr. Malan o aboliu ao assumir o poder em 1948. Ninguém também ficou muito surpreso quando não foi substituído por algo mais eficaz, pois aquele foi o primeiro governo realmente devotado ao *apartheid*, e não apenas comprometido com o falso paternalismo de Smuts. O que os africanos receberam em lugar do Conselho foi mais uma lei — a Lei das Autoridades Bantu, que, como muitas outras que afetavam seu povo, Luthuli sabe quase de cor, podendo recitá-la cláusula por cláusula. "Era uma lei de luva de pelica", diz ele, "destinada a dar aos africanos nas reservas uma sensação de autonomia, de um controle direto sobre seus próprios interesses, enquanto usava com efeito o engodo de seus próprios chefes para levá-los a aceitar tudo o que o governo do *apartheid* decidisse que era bom para eles. Sob essa lei, o chefe se torna uma espécie de funcionário público e deve cooperar com o governo vendendo os desejos do governo para o povo."

No final dos anos 1940, Luthuli foi aos Estados Unidos a convite do Conselho Missionário Americano para proferir conferências sobre as missões cristãs na África. (A Igreja já lhe dera outra chance de chegar a conhecer outros países e povos, quando em 1938 ele fora a Madras como delegado do Conselho Cristão para um encontro do Conselho Missionário Internacional.) Passou nove meses nos Estados Unidos e aproveitou bastante sua visita, apesar de um ou dois incidentes — uma porta fechada na sua cara, um restaurante onde lhe recusaram uma xícara de café —, aqueles momentos que abalam os negros fazendo-os compreender mais uma vez que, em quase todos os lugares por onde viajam, o preconceito racial não os deixará sentir-se em casa no mundo.

No mesmo ano em que tomou posse de seu assento no Conselho Representativo dos Nativos, Luthuli havia ingressado numa organização à qual, por algum tempo, nenhum governo seria capaz de fazer ouvidos de mercador. Era o Congresso Nacional Africano. O movimento do Congresso começou em 1912, pouco depois da Lei da União que uniu as quatro províncias da África do Sul num único país, quando os africanos compreenderam que o lema da união, "Unidade é Força", referia-se estritamente aos brancos. "Quando começou", diz Luthuli, "o CNA não pensava em lutar por uma mudança de princípios fundamentais. Dizia respeito às limitações imediatas dos africanos — conjunturas adversas, não questões essenciais. A questão da luta pelos direitos civis talvez estivesse implícita, mas não fazia absolutamente parte do programa."

Outros africanos não concordavam com ele a esse respeito. Seja como for — a história do Congresso, um movimento que se encolheu ou se multiplicou conforme a época ao longo dos anos, não é muito bem documentada, exceto talvez nos arquivos secretos do Departamento Especial da Polícia Sul-Africana —, o primeiro encontro do Congresso estabeleceu ao menos um princípio que tem caracterizado o movimento até os dias de hoje: deveria ser "um corpo nacional e político maior, unindo todos os pequenos grupos e diferentes tribos da África do Sul". Desde então tem-se empenhado em atingir a meta de uma sociedade multirracial na África do Sul com direitos iguais para todas as cores. "Mas foi só depois de 1936", diz Luthuli, "com o impulso tremendo desencadeado pelos projetos de Lei Hertzog, que o Congresso começou a dar sinais de tornar-se um movimento que tinha como objetivo pressionar o governo a realizar as mudanças políticas que dariam direitos iguais aos não brancos em todas as áreas." Ao mesmo tempo, a nova responsabilidade de Luthuli como chefe estava lhe revelando a futilidade de qualquer tentativa de garantir os direitos humanos sem direitos políticos; a experiência o estava moldando para o Congresso, assim como estava moldando o Congresso para seu futuro papel histórico.

Quando ingressou no Congresso em 1945, ele foi eleito imediatamente para a executiva da administração da província de Natal, e ali permaneceu ininterruptamente durante os seis anos em que o movimento abriu caminho para se tornar eficaz, abandonando os velhos métodos — delegações, petições, conferências que tornavam o governo capaz de "manter contato com o povo" sem ter de levar em consideração suas opiniões — que tinham fracassado em realizar alguma coisa para os africanos. Finalmente, em 1949 o Congresso delineou um Programa de Ação baseado na premissa de que na África do Sul a liberdade só poderá chegar para os não brancos por meio de métodos extraparlamentares. Um ano mais tarde, quando Luthuli acabara de ser eleito presidente da província de Natal, o Congresso decidiu lançar uma campanha de resistência passiva em grande escala desafiando as leis injustas da discriminação racial. "Essa decisão", ele comenta, "teve minha total aprovação."

O comentário de tom oficial e banal encerra o que foi resultado de um considerável exame de consciência por parte de Luthuli. Ele viu a resistência passiva e usou-a, para si mesmo, assim como Gandhi a concebeu — não só como uma técnica, mas como uma força da alma, *Satyagraha*.

Em 1952, o Congresso Nacional Africano, o Congresso Indiano Sul-Africano e outras associações afins organizaram grupos de protesto por todo o país. Milhares de africanos e, em menores números, indianos e mesmo alguns brancos desafiaram as leis da discriminação racial e provocaram prisões. Os africanos e os indianos entravam nas bibliotecas reservadas para os brancos, sentavam-se nos bancos da ferrovia reservados para os brancos, usavam balcões do correio reservados para os brancos e acampavam em terrenos baldios no meio da cidade dos brancos em Durban. Pretos e brancos, todos foram para a prisão. Luthuli estava em toda parte em Natal, discursando nos encontros, encorajando indivíduos, trazendo consigo nas situações mais deli-

70 *Nadine Gordimer*

cadas, bem debaixo da ira do governo e da hostilidade da polícia, um cerne extraordinário de confiança e entusiasmo. Todas as suas capacidades naturais de liderança se manifestaram de maneira simples e forte.

A Campanha do Desafio continuou com sucesso por alguns meses antes de ser esmagada pelas pesadas sentenças impostas aos desafiantes sob a nova legislação especialmente projetada pelo governo, que fixava elevadas penalidades (até três anos de prisão ou uma multa de trezentas libras) que podiam ser aplicadas a quem quer que protestasse contra qualquer uma das leis raciais ou que incitasse outros a fazê-lo.

LUTHULI ENTRARA NA CAMPANHA como chefe de uma região; saiu como figura pública. Em setembro de 1952, enquanto o Desafio ainda estava em andamento, ele recebeu um ultimato do Departamento de Assuntos Nativos: devia sair do Congresso e da Campanha do Desafio ou abandonar seu posto de chefe. "Não vejo contradição entre meu cargo de chefe e meu trabalho no Congresso", respondeu cortês, mas francamente. "Num deles, trabalho para servir aos interesses de meu povo dentro dos limites tribais; no outro, trabalho para meu povo em nível nacional, só isso. Não vou renunciar a nenhum dos dois."

Numa quarta-feira, 12 de novembro de 1952, o comissário nativo anunciou que o Chefe A. J. Luthuli fora demitido pelo governo de sua posição como chefe da Reserva da Missão de Umvoti. Em resposta, o Congresso Nacional Africano emitiu uma declaração redigida por Luthuli intitulada "Nosso Chefe fala". É uma declaração que tem sido muito citada, dentro e fora da África do Sul, tanto para apoiar aqueles que acreditam estar a razão ao lado dos africanos em sua luta contra a discriminação racial como para apoiar os que consideram a reivindicação dos negros de ter igualdade de oportunidades em relação aos brancos um temível nacionalismo negro que procura — para citar uma das mentiras favoritas da África do Sul branca — "atirar o homem branco no mar".

A comprida declaração está escrita no inglês formal, um tanto vitoriano, entretecido com uma cadência bíblica e expressões oficiais, que Luthuli usa — o inglês de um homem para quem essa língua é um idioma estrangeiro ou quando muito uma segunda língua, mas ainda assim fascinante. "Nestes últimos trinta e poucos anos", disse ele,

> tenho procurado trabalhar com enorme zelo e paciência pelo progresso e bem-estar de meu povo e por suas relações harmoniosas com outras seções de nossa sociedade multirracial na União da África do Sul. Nesse esforço, sempre persegui o que as pessoas de mentalidade liberal consideravam corretamente o caminho da moderação...
>
> Quanto a obter os direitos da cidadania e as oportunidades para o desenvolvimento sem restrições do povo africano, quem negará que trinta anos de minha vida foram consumidos batendo em vão, paciente, moderada e modestamente, numa porta fechada e trancada?
>
> ...Houve alguma tolerância ou moderação recíproca da parte do governo, fosse ele nacionalista ou do Partido Unido? Não! Ao contrário, os últimos trinta anos presenciaram o maior número de leis restringindo nossos direitos e progresso a ponto de hoje termos chegado a um estágio em que quase não temos mais direito nenhum: sem terra adequada para nossa ocupação, nosso único ativo — o gado — definhando, sem a segurança das casas, sem emprego decente e remunerado, mais restrições à liberdade de ir e vir por meio de passes, regras para toque de recolher, medidas de controle de afluxos; em suma, temos visto nestes anos uma intensificação de nossa sujeição para assegurar e proteger a supremacia branca.
>
> É com esse pano de fundo e com um pleno senso de responsabilidade que... me juntei a meu povo no... espírito que se revolta aberta e ousadamente contra a injustiça e se expressa num modo determinado e não violento... Considerando a Resistência Passiva Não Violenta uma técnica de pressão política não revolucionária e, portanto, muito legítima e humanitária para um povo a quem são negadas todas as formas eficazes de luta constitucional, não vejo nenhum conflito real na minha dupla liderança de meu povo.

Um mês depois de sua deposição como chefe, Luthuli foi eleito presidente-geral do Congresso Nacional Africano e tornou-se líder de todo o movimento do Congresso na África do Sul. Por onde passava, era saudado por multidões de africanos que o aplaudiam; por fim, eles tinham um líder que se revelara como tal em lugares menos confortáveis e mais próximos de suas vidas que conferências e convenções.

O GOVERNO CONSIDEROU QUE O EX-CHEFE Luthuli parecia mais chefe do que nunca. Uma interdição lhe foi imposta sob um daqueles novos poderes que haviam sido legislados para lidar com a Campanha do Desafio, uma interdição que proibia por um ano que ele visitasse todas as cidades importantes da África do Sul. No dia em que expirou, Luthuli abriu o Congresso Indiano

Sul-Africano em Durban e, pressentindo que seu tempo era curto, tomou imediatamente um avião para Johannesburgo a fim de comparecer a um encontro de protesto a respeito das remoções em Sophiatown. Era sua primeira visita a Johannesburgo desde que se tornara presidente-geral, e o povo de Sophiatown, obrigado por ordens arbitrárias a deixar suas casas e mudar-se para um assentamento bem mais distante da cidade dos brancos, estava animado com a ideia de tê-lo como paladino de seu protesto.

Quando saiu do avião em Johannesburgo, a polícia do Departamento Especial lhe impôs uma segunda interdição. E que interdição! Dessa vez ele ficaria confinado por dois anos num raio de ação de cerca de 32 quilômetros em torno de sua casa na vila Groutville. Durante o longo período de confinamento, ele sofreu um derrame leve e, enquanto estava acamado em sua casa em Groutville, sua esposa teve de pedir permissão da polícia para que fosse levado a um hospital em Durban, a uma distância de 97 quilômetros. A permissão foi concedida, e ele foi transportado a toda a pressa para Durban. Ali passou dois meses no hospital, e desde o segundo dia policiais do Departamento Especial rondavam sua ala numa vigilância constante. Apesar dessas presenças indesejadas, que, diz ele, dia após dia costumavam perguntar acanhadamente sobre sua saúde, o Chefe teve uma recuperação completa, exceto por uma ptose mal perceptível, que se manifesta em sua pálpebra esquerda quando está cansado.

Sua interdição expirou em julho de 1956. Estava novamente livre para ir e vir pelo país, mas não por muito tempo. Pelas quatro horas da manhã de 5 de dezembro, escutou-se alguém bater com força na porta da casa dos Luthulis em Groutville. Os Luthulis levaram algum tempo para acordar. Quatro policiais brancos do Departamento Especial estavam à porta; tinham vindo prender o Chefe sob acusação de traição. Levaram-no de avião a Johannesburgo e depois diretamente à prisão no Forte Johannesburgo. Ali ele se viu acusado de traição com outros 155. Alguns eram colegas respeitados de muitos anos; outros representavam ideologias que lhe eram muito ou em parte desagradáveis; de outros ainda nunca ouvira falar.

A audiência preliminar do Julgamento da Traição (o primeiro na história da África do Sul em tempo de paz) começou em janeiro de 1957, e o julgamento tem continuado de uma forma ou de outra — nove meses de audiência preliminar, várias sessões do próprio julgamento, com diversos adiamentos — por dois anos. "Traição" é uma palavra com associações feias. Tornaram-se ainda mais feias durante os anos depois da guerra, quando a palavra se tornou parte do vocabulário dos caçadores de bruxas do mundo. Como "comunista", o termo "traição" pode ser usado, em certos países e circunstâncias, para manchar o nome de qualquer um que propuser um tipo de oposição à discriminação racial e à negação da liberdade de ir e vir, de oportunidades e de educação.

Entre os 156 acusados originais havia uma pequena quantidade de ex-comunistas e companheiros de viagem — quase exclusivamente entre os 23 brancos —, mas a grande maioria era simplesmente de pessoas que abominavam a injustiça e a miséria do *apartheid* e queriam que todas as raças na África do Sul participassem livremente da vida do país. Em várias fases do julgamento, o número de acusados foi reduzido, e o governo ainda não conseguiu formular uma declaração satisfatória da acusação contra eles; mas o julgamento se arrasta e, no momento em que escrevo, o procurador-geral acabou de afirmar que pretende redigir uma nova acusação contra o restante dos acusados.

A primeira lista daqueles cuja acusação de traição fora retirada foi anunciada em dezembro de 1957, quando o inquérito preliminar estava em recesso. Entre os nomes estava o do Chefe A. J. Luthuli, presidente-geral do Congresso Nacional Africano. O Chefe estava em casa em Groutville, depois da provação de nove meses no tribunal, preparando-se para o casamento de sua filha, estudante de medicina, quando chegou a notícia, seguida por uma chuva de telegramas de congratulações. Seus sentimentos foram mistos; ele não entendia por que seria liberado, enquanto seus colegas do movimento de libertação continuavam detidos; e estava contente por ser capaz de continuar o trabalho do Congresso fora do Drill Hall. Algumas semanas mais tarde, foram retiradas as acusações contra mais alguns dos acusados, diminuindo para 91 o número daqueles que deviam ser julgados por alta traição em janeiro de 1958.

Os detalhes dos "atos hostis" que foram apresentados sob a acusação de alta traição incluíam "o de criar estorvos ou empecilhos para o dito governo [da

União da África do Sul] em sua administração legal, organizando ou participando de campanhas contra leis existentes". As leis citadas incluíam a Lei de Reassentamento dos Nativos e a Lei de Áreas de Grupo, que implicam o desenraizamento de comunidades de africanos, indianos e mestiços para retirá-los das áreas dos brancos; a Lei da Educação Bantu, que rebaixou o padrão de educação oferecido às crianças africanas; e a Lei das Autoridades Bantu.

A defesa pediu a libertação dos 91, afirmando que a Coroa, pelo modo como formulara as acusações, havia estabelecido "nada mais que o desejo de pôr fim a qualquer forma de oposição efetiva ao governo deste país — o desejo de declarar ilegal a livre expressão de pensamento e ideias que o povo de todos os países democráticos do Ocidente afirmam ter o direito de possuir e exprimir". O pedido de libertação foi recusado. Na galeria pública do Drill Hall (dividida ao meio por uma barreira simbólica de correntes e postes baixos para assegurar que os brancos se sentem num lado e os pretos no outro), Luthuli escutou a decisão do magistrado. A razão de não estar ainda entre os acusados no banco dos réus era um mistério tanto para ele quanto para os demais. Qualquer que fosse o motivo, o Chefe estava no Drill Hall como espectador e homem livre naquele dia, e muitas cabeças, pretas e brancas, voltaram-se para olhá-lo. Quando o tribunal suspendeu a sessão, saiu também entre os homens livres; livre para viajar pelo país, discursar em encontros e participar de reuniões onde desejasse. Por quanto tempo, é claro, não saberia dizer.

Até agora — um ano mais tarde — não lhe foi imposta nenhuma outra interdição, embora tivesse falado sem rodeios, quer discursando para o pequeno Partido Liberal, quer no Congresso. Num encontro perante um público de brancos, foi surrado por arruaceiros brancos. Em reuniões violentas do Ramo Transvaal do Congresso em Johannesburgo, os africanistas tentaram expulsar o Chefe e seus congêneres da liderança e obrigar o Congresso Nacional Africano a se comprometer com o que ele chama "um nacionalismo africano perigosamente estreito". Em abril de 1959, esse grupo se afastou para formar o Congresso Pan-Africano.

Mas naquele dia do início de 1958, quando saiu do Drill Hall, a repentina ordem de soltura ainda estava fresca em sua cabeça, meio tonta, como uma

Tempos de reflexão 75

fraqueza, embora o peso da provação do julgamento a que seus colegas estavam submetidos o oprimisse, e ele parecia até um pouco solitário. E tais são os paradoxos do comportamento humano que, quando Luthuli atravessou a rua, dois dos policiais brancos que haviam se tornado figuras familiares, porque estavam a serviço no Drill Hall durante todo o interrogatório preliminar, chegaram pela esquina e gritaram, esquecidos, por cima da barreira do *apartheid* que procura legislar contra todo contato humano entre pretos e brancos, e por cima da barreira de ódio que o passe e o bastão construíram entre a polícia e o negro na África do Sul: "Ora, ora! Olá! Você está ótimo! Que anda fazendo por aqui? Não consegue ficar muito tempo longe do velho Drill Hall, não é?". E, um tanto cautelosamente, o Chefe foi amável ao responder.

Pós-escrito: o Chefe Albert Luthuli recebeu o Prêmio Nobel da Paz em 1960. Morreu em 1967.

APARTHEID

OS HOMENS NÃO NASCEM IRMÃOS; têm de se descobrir uns aos outros, e essa descoberta é o que o *apartheid* procura impedir... O que é o *apartheid*?

Depende de quem responde. Se você perguntar a um membro do governo sul-africano, ele vai lhe dizer que é o desenvolvimento separado e paralelo dos brancos e negros — essa é a definição oficial, legal. Se perguntar a um branco comum que apoia essa política, ele vai lhe dizer que é o meio de manter a África do Sul branca. Se perguntar a um negro, ele pode lhe dar qualquer uma dentre várias respostas, dependendo do aspecto do *apartheid* contra o qual bateu de frente naquele dia, pois aos seus olhos não é um conceito ideológico nem uma política, mas um contexto em que toda a sua vida — aprendizado, trabalho, amor — está encerrada.

Ele poderia lhe dar uma lista das leis que o impedem de aspirar à maioria dos objetivos de qualquer pessoa civilizada, ou de desfrutar os prazeres que todo branco tem como certos. Mas é improvável que o faça. O que talvez tenha em mente no momento é o problema de como proteger o filho da "Educação Bantu" diluída, que é agora o padrão nas escolas para as crianças negras — uma educação inferior baseada num programa reduzido que insiste que a criança negra não consegue atingir o mesmo padrão de educação da branca, colocando a ênfase nas habilidades práticas e subalternas. Ou talvez você o tenha simplesmente encontrado numa manhã depois de ele ter passado a noite nas celas da delegacia de polícia porque estava na rua após o toque de recolher sem um pedaço de papel que tivesse a assinatura de um branco embaixo da devida permissão. Talvez (se for um homem que se preocupe com essas coisas) se sinta ressentido porque há um concerto na cidade a que ele não terá permissão de assistir, ou (se for esse tipo de homem, e quem não é?) está aborrecido por ter de pagar o preço do mercado negro pela garrafa de conhaque que não pode comprar de forma legítima. Isso é o *apartheid* para ele. Todas essas coisas, grandes e pequenas, e muitas mais.

Se você quiser saber como os africanos — os negros — vivem na África do Sul, vai obter como resposta à sua curiosidade uma exposição do *apartheid* em ação, pois em toda a vida de um negro — toda a sua vida — a rejeição do branco tem a última palavra. O *apartheid* começou com essa palavra de rejeição, muito antes de ter se consolidado em leis e legislação, muito antes de ter se tornado uma teoria de seletividade racial e a política de um governo. Os nacionalistas africâneres (um africâner é um branco de descendência holandesa cuja língua materna é o africânder; um nacionalista é um membro ou partidário do Partido Nacional, atualmente no poder) não o inventaram, apenas o desenvolveram, e o impulso de Caim que os incitava está vivo hoje em muitos sul-africanos brancos, tanto nos que falam inglês como nos que falam africânder.

Será que vou esquecer que na infância fui ensinada a jamais usar a xícara que nossa criada negra utilizara para beber alguma coisa?

Moro na cidade dos brancos em Johannesburgo, a maior cidade da África do Sul. Ao redor da cidade dos brancos, particularmente a oeste e ao norte, existe outra cidade, a Johannesburgo dos negros. Essa imagem nítida de preto e branco só está embaçada um pouco nas margens pela presença de comunidades de mestiços e indianos, também segregados, tanto uns dos outros como do restante. Veem-se africanos em toda casa na cidade dos brancos, é claro, pois os criados moram ali, e toda casa tem seu alojamento para os criados, numa edificação separada da casa dos brancos. Os africanos sofisticados chamam essa vida de quintal de "vida de cachorro" — mais próxima do canil e das privadas que dos humanos dentro da casa.

Mas nenhum negro tem o seu *lar* na cidade dos brancos; nem riqueza, nem honra, nem qualquer outro tipo de distinção poderia lhe dar o direito de se mudar para uma casa na rua onde eu ou qualquer outro branco moramos. Assim acontece facilmente que milhares de brancos passam a vida inteira sem jamais trocar uma palavra com um negro que está no mesmo patamar social e cultural deles; e, para eles, todo o povo africano é composto de criados e do grande exército de *boys* que fazem carretos ou entregam coisas — o *boy* do açougueiro, o *boy* do merceeiro, o *boy* do leite, o *boy* da limpeza. Com base nessa experiência, você verá que é simples para os homens e as mulheres brancos chegarem à conclusão de que os homens e as mulheres negros são uma raça inferior. A partir dessa experiência, todas as platitudes do *apartheid* soam interminavelmente, como um mar fictício nas convoluções de uma grande concha: *eles são como crianças... eles não pensam como nós... eles não estão preparados.*

Os negros fazem todo o trabalho braçal em nosso país, porque nenhum branco quer cavar uma estrada ou carregar um caminhão. Mas, em todo tipo de trabalho que um branco *quer* fazer, há sanções e reservas de mercado para excluir os negros. Na construção civil e na indústria, os africanos são os trabalhadores não qualificados e semiqualificados, e não podem, por lei, tornar-se nada mais. Não podem trabalhar atrás dos balcões nas lojas e não podem ser empregados ao lado dos escriturários brancos. Onde quer que trabalhem, não podem partilhar os banheiros ou as cantinas dos trabalhadores brancos. Mas podem comprar nas lojas. Oh, sim, uma vez que o balcão esteja entre o cliente negro e o lojista branco, o murmúrio oco da concha do *apartheid* é silenciado — eles *estão* preparados para suprir um esplêndido mercado, eles *realmente* pensam como os brancos o bastante para querer a maioria das coisas que os brancos querem, de discos de vinil a camisas que não precisam ser passadas a ferro.

A vida real de qualquer comunidade — restaurantes, bares, hotéis, clubes e cafés — não tem lugar para o homem ou a mulher africanos. Eles trabalham em todos esses recintos, mas não podem entrar e sentar-se. Galerias de arte, cinemas, teatros, campos de golfe e clubes esportivos, até bibliotecas, tudo está fechado para eles. Nos correios e em todos os outros órgãos do governo, são atendidos em balcões separados. Não têm voto.

O que significa viver desse jeito, desde o nascimento até a morte, não sei lhes dizer. Nenhum branco sabe. Acho que conheço a vida de meus amigos africanos, mas repetidas vezes vejo que supus — pois era uma parte tão banal da vida do branco comum — que tivessem conhecimento de uma experiência comum que jamais poderiam ter experimentado. Como lembrar que Danny, que está escrevendo sua tese de PhD. sobre psicologia industrial, nunca viu o interior de um museu? Como lembrar que John, que é jornalista num jornal movimentado, nunca poderá ver o filme que estou insistindo para que não perca, uma vez que os cinemas do distrito negro[10] são censurados e não exibem o que se poderia chamar de filmes adultos? Como lembrar que os filhos encantadores de Alice, brincando com o elefante de brinquedo de meu filho, nunca serão capazes de dar uma volta no elefante no zoo de Johannesburgo?

O trabalhador mais humilde terá uma vida ainda mais miserável por ser negro. Se fosse branco, não haveria ao menos nenhum limite para as ambições de seus filhos. Mas é no homem culto que as privações e necessidades são mais elevadas no lado errado da barreira da cor da pele. Seja qual for sua realização como erudito, *como homem* ainda tem tão pouco a dizer na comunidade quanto uma criança ou um lunático. Fora dos portões da universidade (em breve talvez não possa nem sequer cruzá-los; as duas universidades "abertas" estão sob a ameaça de uma legislação que deverá fechá-las a todos os que não são brancos), os brancos o saudarão como "moleque". Quando o primeiro advogado africano foi chamado ao tribunal de Johannesburgo, ainda em 1956, os funcionários do governo protestaram contra o fato de ele se paramentar e desparamentar na mesma sala com os advogados brancos. Seus colegas o aceitaram como homem da lei; mas as leis do *apartheid* o viam apenas como um negro. Nem por talento ou astúcia nem por santidade ou criminalidade, o negro encontra um meio de conquistar o direito de ser considerado como qualquer outro homem.

Claro, os africanos criaram um tipo de vida próprio. É uma vida de favela, uma vida de "quem não tem cão caça com gato", porque, embora eu fale de

---

[10] *Township*. (N. T.)

cidades dos negros fora das cidades dos brancos, essas cidades dos negros — conhecidas como "os distritos negros" — não são "harlems". São padrões retangulares tristes de casas populares soturnas, ou grandes proliferações enfumaçadas de cabanas meio malucas de tijolo lascado ou lata, com poucas luzes de rua, poucas lojas. A vida ali é enérgica, irreverente e franca. Todo intercâmbio humano do tipo extrovertido floresce; parados num beco miserável, sentimos a rajada emocionante de uma grande vitalidade. Aqui e ali, em pequenos quartos onde uma vela cria grandes sombras, há muita conversa. É atraente, em especial para os brancos; mas é também triste, desolado e terrível. Talvez não seja ruim ser um Villon[11] no distrito negro; mas é trágico, se nunca puder ser nada mais. A flauta barata irlandesa é uma peça encantadora de engenhosidade musical; mas não deveria ser uma necessidade constante que o homem faça sua música a partir do nada.

Alguns africanos nascem, em seus distritos negros, claros o bastante para passarem por mestiços. Fazem o papel de mestiços para obter os poucos privilégios — melhores empregos, melhores casas, mais liberdade de movimento — que essa condição proporciona, pois, quanto mais próximo se chega da cor branca, menos restrita é a vida. Algumas pessoas mestiças nascem, em seus distritos negros, claras o suficiente para passarem por brancos. Uma pele clara é o equivalente a uma colher de ouro na boca de uma criança; em outros países, os mestiços podem ser tentados a passar por brancos por razões sociais, mas na África do Sul uma face clara e cabelos lisos podem obter as coisas básicas — uma boa escola, aceitação em vez de rejeição ao longo da vida.

É uma ambição das pessoas mestiças ter um filho bastante claro para cruzar a barreira da cor da pele e viver a mentira precária de fingir ser branco; seu único medo é que a impostura seja descoberta. Mas outra noite me dei conta de um tipo diferente de medo e de uma nova distorção no velho jogo de passar por branco. Um conhecido indiano me confessou que estava preocupado porque seu filho de treze anos acabara tendo o tipo de rosto e tez que

---

[11] François Villon (c. 1431 – 1463) foi um poeta francês medieval. Era ladrão, boêmio e ébrio, sendo por isso tido como precursor dos poetas malditos do Romantismo. (N. T.)

poderia passar por branco. "Ele tem apenas de entrar sem dar na vista num cinema dos brancos ou em algum outro lugar, apenas uma vez, de brincadeira. Logo depois, a primeira coisa que eu e minha esposa vamos saber é que ele vai começar a representar o papel de branco. Uma vez tendo experimentado a sensação de ser branco, como é que vamos detê-lo? Aí começam as mentiras, não querer reconhecer as próprias famílias, e desgraça por toda parte. É uma das razões por que desejo sair da África do Sul, para que meus filhos não desejem se tornar o que não são."

FALEI SOBRE O LADO ERRADO da barreira da cor da pele, mas a verdade é que ambos os lados são errados. Não pensem que nós, no lado branco do privilégio, somos as pessoas que poderíamos ser numa sociedade que não tem lados. Não sofremos, mas nos tornamos ásperos. Até continuar a viver aqui é consentir de certa maneira no *apartheid* — num bloqueio das reações, a cauterização do coração humano. Nossas crianças crescem aceitando como natural o fato de que são bem vestidas e bem alimentadas, enquanto as crianças negras são esfarrapadas e magricelas. Não ocorre à criança branca que a negra tenha algum direito fora da caridade; você deve explicar ao seu filho, se sentir vontade, que os homens decidiram assim, que os brancos devem ter privilégios e os negros não, e que não é uma lei imutável como o nascer do sol pela manhã. Mesmo assim não é de todo possível contrariar com fatos um clima emocional de privilégio. Temos a melhor parte de tudo, e é difícil não sentir, em algum canto secreto de nós mesmos, que *somos* melhores.

Centenas de milhares de sul-africanos brancos só se interessam em agarrar-se ao privilégio branco. Acreditam que seria melhor morrer agarrados a essa prerrogativa que abrir mão até da parte mais ínfima de tal regalia; e acredito que morreriam. Não conseguem imaginar uma vida que não fosse nem a sua vida nem a vida dos negros, mas outra vida inteiramente diversa. Como podem imaginar a liberdade aqueles que por muitos anos foram tão cuidadosos em mantê-la só para si mesmos?

Nenhum de nós, preto ou branco, pode prometer que a dominação negra não será a alternativa à dominação branca, nem a vingança negra a resposta duradoura, ainda que não a última palavra, a tudo o que os brancos têm feito aos negros. Pois — tal é o impacto do *apartheid* — há muitos negros, assim como muitos brancos, que não podem imaginar uma vida que não seja nem a vida de um negro nem a vida de um branco.

Aqueles sul-africanos brancos que querem largar a primazia — afrouxar o controle —, ou têm medo de ter-se aferrado ao domínio por tempo demasiado, ou sentem repulsa e vergonha de continuar a viver como vivemos. Estes últimos tornaram-se daltônicos, talvez por uma daquelas anomalias pelas quais a natureza desesperada descobre uma nova espécie. Querem outra vida completamente diversa na África do Sul. Querem pessoas de todas as cores usando as mesmas portas, partilhando o mesmo aprendizado, e dando e recebendo o mesmo respeito uns dos outros. Não se importam se o governo que garante essas coisas é branco ou preto. Poucas dessas pessoas chegam a ir para a prisão, em nome de uma ou outra causa política, em tentativas que acreditam ajudarão a criar esse novo tipo de vida. O restante, num ou noutro grau, faz um esforço para viver, dentro da comunidade do *apartheid*, a vida decente que o *apartheid* proíbe.

Claro, sei que nenhum africano dá grande importância ao que o *apartheid* faz com o branco, e ninguém poderia censurá-lo por isso. O que significa para ele que nosso senso de justiça seja afrontado, nossa consciência perturbada e nossas amizades restringidas pela barreira da cor da pele? Tudo isso existe penosamente, em geral sem palavras expressas, entre amigos pretos e brancos. Meus próprios amigos entre os africanos são pessoas que aprecio, são meu tipo de pessoas, de cuja amizade não estou disposta a me privar por causa de uma teoria racial que considero sem sentido e absurda. Como a de muitos outros, minha oposição ao *apartheid* não é composta somente de um senso de justiça, mas também de uma aversão pessoal, egoísta e extrema a que a escolha dos amigos me seja ditada, e a variedade das relações humanas proibida.

Tenho consciência de que, por causa disso, às vezes espero que amigos africanos, no desenrolar comum da amizade, assumam riscos leves que simplesmente não valem a pena para eles, que têm tantas coisas mais básicas pelas quais se arriscar.

Lembro-me de um dia no ano passado quando amigos africanos e eu fomos ao aeroporto para a partida de uma amiga íntima nossa. Eu tinha levado um lanche de piquenique, e Alice, minha amiga, fizera o mesmo, porque sabíamos que não seríamos capazes de lanchar juntas no restaurante do aeroporto. O que não tínhamos levado em conta é que não havia lugar onde pudéssemos comer juntas. Eu queria arrostar as regras, sentar em algum lugar até que nos mandassem sair e observar a segregação; era fácil para mim; sou branca e não me tornei sensitiva por humilhações diárias. Mas Alice, que tem de encontrar palavras para explicar a seus filhos por que não podem dar uma volta no elefante no zoo, não queria provocar o tipo de repulsa que já experimenta o tempo todo, sem buscá-lo.

Os negros e os brancos chegam a se conhecer apesar de uma dezena de ilegalidades, e arcam com o estresse daí resultante. Nunca podemos nos encontrar na cidade, pois não há lugar em que possamos nos sentar e conversar. A posição legal sobre receber convidados africanos numa casa de brancos é pouco clara: recebemos nossos amigos em nossas casas, é claro, mas há sempre o risco de que um vizinho possa inventar uma queixa com a qual a polícia simpatizaria. Quando se oferece um drinque a um convidado africano, transgride-se a lei inequivocamente; a troca de uma cerveja entre a mão de um branco e a dele poderia levar os dois a um juizado especial para responder a uma acusação grave.

Oficialmente, não se deve entrar num "local" africano sem permissão, e, quando vamos visitar amigos num distrito negro da cidade, assumimos o risco de sermos parados pela polícia, que está procurando bandidos ou bebidas alcoólicas escondidas, mas aproveitará a ocasião para também cumprir seu dever em relação ao *apartheid*.

Perto do final do ano passado, eu estava no meio de um pequeno grupo de convidados brancos que teve de se levantar e deixar a mesa na festa de casamento de um estudante de medicina africano; um funcionário branco da companhia mineradora de ouro para quem o pai da noiva trabalhava, e em cuja propriedade ficava a casa em que a família morava, veio de carro nos informar que os convites para o casamento não eram suficientes para autorizar nossa presença em áreas onde viviam negros.

Nenhuma amizade entre negros e brancos está livre dessas coisas. É difícil manter qualquer relacionamento, tanto clandestino como natural. Por mais caloroso que seja o prazer da companhia uns dos outros, por mais profunda e tranquila a compreensão, há momentos de malogro criados pelo ressentimento do privilégio branco, de um lado, e pela culpa a respeito do privilégio branco, de outro.

Outra vida completamente diferente:

Ponha a concha perto do ouvido e escute o antigo aviso: você quer ser atropelado pelos negros?

Bati na motoneta de um africano ao estacionar meu carro, e antes que ele ou eu tivéssemos a chance de pedir desculpas ou acusar, há um branco ao meu lado pronto para jurar que tenho razão, e há três negros ao seu lado prontos para jurar que ele tem razão.

Outra vida completamente diferente:

Ponha a concha perto do ouvido e escute o antigo aviso: você está disposto a ver os padrões brancos destruídos?

Um amigo meu, um político africano digno e responsável além de idoso, é surrado por intrusos brancos ao discursar num encontro de brancos.

Vivendo separados, os negros e os brancos se destroem moralmente ao se esforçar para viver. Vivendo juntos, é talvez possível que possamos sobreviver à dominação branca, à dominação negra, a todas as outras capas que nos escondem uns dos outros, e descobrir que somos identicamente humanos.

Os Anos 1960

O CONGO

...um lugar de escuridão. Mas havia nele um rio em especial, um rio muito grande, que se podia ver no mapa, parecendo uma imensa serpente desenrolada, com a cabeça no mar, o corpo em repouso curvando-se ao longe num imenso campo e a cauda perdida nas profundezas da terra.

JOSEPH CONRAD, O coração das trevas

COMECEMOS COM UMA MANCHA NO OCEANO. Quatrocentos e oitenta e três quilômetros mar afora, perto da costa oeste da África, a marca de uma presença que a imensidão dos mares não foi capaz de tragar. Os navegadores a viam na era da exploração, quando toda viagem abrigava o medo de que um navio pudesse despencar da beirada do mundo. Eles sabiam que era uma mancha de terra; montanhas a tinham colorido, talvez o verdor em decomposição das florestas, a grama das planícies. Uma terra de bom tamanho, um continente, gerando e alimentando um rio grande o suficiente para criar um entalhe no mar.

O continente se divide; o rio abre um caminho terra adentro. Muitas viagens têm inícios insípidos e desprezíveis, mas não é o caso desta.

Passei um ou dois dias numa praia do litoral oeste da África situada na foz do rio. Embora a água fosse sal em minha língua e as marés crescessem e recuassem, não era o mar o que se via abaixo do penhasco ocre. Era o rio Congo. Todo o oceano Atlântico, até onde minha vista alcançava, era o rio Congo. Ao sol brilhante, a água resplandecia como a pele de uma foca; sob os céus nublados da estação das chuvas, era completamente negra. Quando nadei no rio, mesmo à noite, era mais quente que o ar morno. Eu tinha lido que o Congo, medido pelo seu fluxo ano após ano, é o segundo maior rio do mundo; agora, a concepção desse fato árido fluía ao meu redor, um imenso meio ambiente.

Estranhas criaturas vivem no rio Congo. De um pequeno bote que seguia o labirinto aquático dos mangues, com suas jaulas de raízes esbranquiçadas montadas sobre uma base de limo negro, vi o peixe saltador *Periophthalmus*. Pequenas criaturas assustadas de olhos saltados, eles subiam ágeis pelas raízes, mas cambaleavam e caíam no lodo. São da cor da lama, vivem na lama que não é nem terra nem água, e sua vida atravessa quietamente a transição arfante que a evolução efetuou milênios atrás, trazendo a vida para fora do mar. O peixe-boi, um mamífero marítimo com seios brancos (a criatura em que se baseia a ficção da sereia), é às vezes apanhado por aqui.

Uma espátula fina de terra emerge dos manguezais na fenda brilhante da foz aberta do rio. Sobre a terra aparece uma faixa de cidade tão estreita que se pode ver, pelas lacunas entre as filas de coqueiros e as pequenas casas elegantes, a água no outro lado. Não há blocos de edifícios; os únicos objetos com altura e volume são os navios cargueiros fundeados no quebra-mar. Essa cidade é Banana, um antigo porto negreiro e o mais antigo povoado branco no Congo. Parece um conjunto pré-fabricado brilhante; por aqui nenhuma lembrança dos navios que passavam pesados com sua carga humana, levando a África para o restante do mundo — um mundo que acabou vendo uma nova nação no Brasil, um "problema" negro nos Estados Unidos, tumultos em Notting Hill, em Londres. Não conseguia acreditar que aqueles primórdios extraordinários tivessem sido inteiramente apagados, mas só o que pude encontrar foi um cemitério abandonado perto do mar. Havia nas lápides nomes holandeses, franceses, portugueses, ingleses e alemães, e a mais antiga tinha a data de 1861. Ninguém ficava em Banana a não ser que ali morresse; ninguém construía uma casa que fosse duradoura; não havia monumentos sólidos ao orgulho da comunidade entre os traficantes de escravos.

Talvez, enquanto escrevo, o novo passado, tão recente que é quase o presente, esteja desaparecendo sem deixar vestígios, assim como o mais antigo já sumiu. O pessoal branco da base naval belga, e o hotel confortável em que os belgas chegados do interior sufocante costumavam nadar e descansar no garbo arlequinesco que as estações de veraneio ostentam em todo o mundo — restará em breve sinal de sua passagem?

Alguns quilômetros acima na mesma — e única — estrada costeira que passava pelo cemitério havia uma vila de pescadores que não só desconhecia o passado, mas até o instante presente. Sobre a areia varrida embaixo dos coqueiros e palmeiras oleíferas, as casas de bambu da vila tinham a elegância especial e agradável de um belo trabalho de vime trançado; grandes redes axadrezavam a praia, e uma flotilha de pirogas havia sido puxada para cima da areia. Monstros atarracados de baobás, bojudos e de ramos gordos, soavam notas de tuba aqui e ali entre o conjunto de cordas das palmeiras. No tronco oco de um dos baobás havia um galinheiro a que se tinha acesso por uma escada. Dois velhos estavam sentados tecendo redes à luz do sol entrecortada pelos troncos das palmeiras. Um enrolava a linha, usando a fibra avermelhada da casca de um baobá plantado a três metros de distância. Uma mulher saiu de uma casa e levou para dentro uma cesta cheia de cocos flamejantes, prontos para ser moídos e verter óleo. Sob o beiral de sua casa viam-se dependuradas as vasilhas da família, cachos de cuias gravadas com desenhos abstratos. Essas pessoas não tinham nem sombra da privação estética que associo com a pobreza. Caminhavam entre pilares clássicos de palmeiras, e os jornais de ontem não eram soprados ao redor de seus pés. Viviam num lugar tão ingênuo e limpo que era como um estado de graça.

Uma lancha de motor veloz me levou em cinco horas da costa ocidental da África às cataratas que não deixaram o branco entrar na África Central por trezentos anos. Os manguezais foram deixados para trás imediatamente, o rio continuou tão largo que as margens distantes pareciam escorregar pelo horizonte, e ilhas apareciam desmaiadas como miragens, chegando depois mais perto, formas apagadas debaixo de um tecido escuro de trepadeiras. Os lados inferiores das nuvens eram iluminados pela luz do sol que se espalhava resplandecente da água turbulenta marrom purpúrea que se elevava ao passar por nós. Quando tomamos a via fluvial contra a corrente principal, bem ao longe os africanos se moviam quietamente nas margens do rio, suas pirogas finas atravessando a escuridão das árvores pendentes.

Transatlânticos sobem o rio Congo por esse caminho até Matadi, a cidade ao pé das cataratas, e ela tem o ar de um porto marítimo do século XIX. As ruas íngremes e sinuosas que conduzem até as docas são ruas de marinheiros; há até um aviso no hotel: Proibido Papagaios. O Congo aqui se mostra como eu nunca o veria em nenhum outro lugar. Acaba de sair das corredeiras e mergulhos de 322 quilômetros pela escada de 32 cataratas, numa queda total cinco vezes maior que a das cataratas do Niágara. É todo energia, correndo profundo entre os altos confins dos morros de granito, e endireitando-se em faixas ao sair do terrível sorvedouro circular dos redemoinhos.

Vi a rocha de Diogo Cão, oficial naval e Cavaleiro da Casa Real de d. João II, rei de Portugal, que chegou à foz do Congo em 1482. Ele ergueu um pilar de pedra no ponto sul do boqueirão de 9,5 quilômetros de largura do estuário, e assim o rio recebeu seu primeiro nome europeu, rio de Padrão, o rio Pilar. Diogo Cão voltou duas vezes. Na sua terceira viagem, navegou 148 quilômetros até ser obrigado a voltar por causa das cataratas intransitáveis. Deixou uma inscrição esculpida na rocha para mostrar até que ponto havia chegado; durante mais de três séculos, esse foi o limite do conhecimento do rio para o mundo exterior.

Sobre a face da rocha vulcânica acima das águas extremamente turbulentas das primeiras cataratas, dois ou três quilômetros acima de Matadi, viam-se a cruz, o brasão de d. João II de Portugal e os nomes de Cão e seus companheiros, entalhados com as belas letras de um manuscrito iluminado. A inscrição tinha a clareza nítida de um trabalho recém-terminado, e não de um entalhe com quase cinco séculos de idade.

O lugar da rocha de onde Diogo Cão recuou é sombrio. Não se vê terra ali; apenas grandes corcovas de pedra cinza e preta, e, como pedras que adquiriram vida, tremendos baobás (essas formas de vida antropomórficas, zoomórficas, geomórficas, sempre menos árvores que homens, animais ou pedras) com sua carne enrugada que dá a impressão de que vai se contrair a qualquer toque, seu disfarce mínimo de folhas brilhantes e seus frutos mamários pendendo de longos cipós. Peguei um deles com as mãos; chegava a 45 centímetros de comprimento e devia pesar dois quilos. A pele de veludilho verde-claro era felpuda como um pêssego. Ali chegou até mim, pela minha mão, toda a extravagância do continente, na estranha sensação daquela pesada fruta pendente.

HÁ UMA ESTRADA, que se desvia das cataratas que outrora barravam a passagem para a África equatorial, e uma ferrovia. Sem essa ferrovia, disse Stanley,[1] toda a riqueza da África situada atrás das cataratas não valia "uma moeda de dois centavos". O próprio Stanley abriu caminho a pé com muito esforço, às vezes seguindo trilhas de hipopótamos, sobre morros e através de corredores de florestas — os túneis densos de vegetação que cobrem os cursos de água. Os negros o chamavam — com uma admiração soturna, pois muitos dentre seus grupos morreram servindo-lhe de guia — Bula Matari, "Quebrador de Rochas". Mas agora é fácil chegar à vista esplêndida do Stanley Pool (Pool Malebo), o lago-rio de 932 quilômetros quadrados acima das cataratas, e o início de 2,59 milhões de quilômetros quadrados de bacia fluvial acessível.

Na margem sul do lago-rio está Léopoldville (Kinshasa), uma das poucas cidades reais na África, ainda que a mais perturbada, onde as esplêndidas comemorações do Dia da Independência congolesa no ano passado logo acabaram em tumultos e caos político. Desde a primeira agitação em prol da independência, em 1959, há tumultos de tempos em tempos e, pior ainda, o medo de tumultos o tempo todo. Quando a confusão realmente acontece, as pessoas da cidade, brancas e negras, fogem aos milhares por Stanley Pool até Brazzaville, e ali esperam que tudo se acalme. Brazzaville fica na margem norte, a capital da outra República do Congo, um Estado negro independente, um pouco mais velho e inteiramente pacífico, que outrora fazia parte da África Equatorial Francesa.

---

[1] O jornalista americano Henry Morton Stanley notabilizou-se pelo desbravamento do interior do Congo, as terras desconhecidas em que não se podia penetrar por causa das cataratas do rio Congo. Um dos sonhos de Stanley era construir uma ferrovia sobre os montes Cristal, do mar até Stanley Pool, sonho que o rei da Bélgica, Leopoldo II, se mostrou disposto a financiar. (N. T.)

TEMPOS DE REFLEXÃO 93

Muitas grandes companhias aéreas pousam aqui, ao lado de Stanley Pool, em Léo ou Brazza; pássaros migrantes estão sempre a caminho de outro lugar; os aviões trazem o mundo até esse ponto remoto, e com seus finos filamentos de comunicação roçam de leve a imensa e indolente confiança do grande rio, que abre um fundo de luz deslumbrante abaixo deles no momento em que decolam e vão embora; o rio transporta com facilidade todo o comércio da África profunda, sendo a única via de comunicação a cruzar essa região.

O Pool sempre foi o ponto de convergência lógica para todo o comércio fluvial e o do interior que desce pelo rio, e a vida ali, desde tempos antigos, deve ter sido um pouco diferente do restante do rio. Nos dois lados do Pool, a vida é hoje dominada pela presença do novo africano — os rapazes com cortes de cabelo à Belafonte[2] e calças justas. Um trabalha atrás das barras de cromo de uma caixa de banco com ar-condicionado, outro talvez venda somente bilhetes da loteria nas ruas, mas todos são *évolués* — para sempre — do antigo africano que vendeu sua terra e, como se revelou, seu modo de vida para o homem branco por umas poucas garrafas de gim e algumas peças de tecido.

Na margem sul, as cidades congolesas de Léopoldville com 360 mil habitantes agitam-se num vaivém de grande vitalidade noite e dia, enquanto a cidade dos "brancos" — agora segregada apenas por velhos costumes, novos medos e a pobreza do negro — fica morta depois que as lojas fecham. Na véspera da independência, 21 mil brancos viviam ali; é difícil saber o número dos que vivem ali agora, pois daqueles que fugiram no ano passado alguns voltaram sem alarde, e claro há a população variável do pessoal das Nações Unidas.

A fundação sangrenta do novo Estado voltou naturalmente sua atenção para aquilo que os congoleses *não* possuem: um único médico ou advogado entre eles, e menos compreensão da democracia do que se poderia esperar encontrar numa eleição de oficiais num clube esportivo. Não são zombarias, mas fatos. Ao passear por Léopoldville entre os congoleses, somos lembrados de que, se não há médicos ou advogados congoleses, é ainda assim um fato

---

[2] Cortes de cabelo semelhantes ao de Harry Belafonte, cantor, compositor, ator e ativista social norte-americano. (N. T.)

diante de nossos olhos que os pescadores e guerreiros que Stanley encontrou 81 anos atrás tornaram-se empregados de escritório, técnicos de laboratório, capitães de navio e trabalhadores qualificados. Revelam também uma aptidão para ficar horas falando de política, lendo jornais do partido e bebendo cerveja — um modo de passar o tempo que é característico das cidades mais civilizadas do mundo e que tem sido o início da educação política de muitos homens. Eles tinham pouca chance de conseguir governar a si mesmos quando a independência caiu em suas mãos clamorosas; agora talvez tenham de abrir seu caminho ao longo de anos de quase anarquia, antes de derrotar o tribalismo, escapar ou sobreviver à dominação estrangeira e aprender de um modo tragicamente duro a governar um Estado moderno.

Os congoleses da cidade têm uma capacidade ruidosa de divertir-se, o que pelo jeito vai ser uma das características mais agradáveis dos novos Estados africanos. As danças começam nos cafés ao ar livre às duas horas, no auge de uma tarde de domingo, somente algumas horas depois que o último chá-chá-chá da noite de sábado terminou, e a influência do fim de semana paira até segunda-feira, mesmo nesses tempos magros.

Numa manhã de segunda-feira visitei o mercado de Léopoldville, aquela colossal troca de mercadorias, fofocas e às vezes palavras duras. Dois ou três mil vendedores, em sua maior parte mulheres, vendiam frutas, legumes, quilômetros de tecido batique tão deslumbrante quanto os padrões que vemos ao pressionar as pálpebras fechadas; remédios registrados e esmalte de unha, e também várias coisas que jamais imaginaríamos, como nacos de carne de hipopótamo defumada e pilhas de lagartas secas vendidas num cone de papel-jornal. Perdida entre eles, compreendi pela primeira vez o conceito dos valores do mercado. Pois era claro que aquelas pessoas não estavam apenas fazendo compras; estavam expressando a necessidade metropolitana de serem vistas no teatro, o instinto urbano de participação que enche as galerias dos parlamentos e os salões dos hotéis elegantes. Tinham vindo escutar o que estava acontecendo em seu mundo, e quanto valia a reputação de um homem pelos preços atuais.

Quando saí do meio dessa multidão confiante e vociferante, o motorista de táxi congolês que me levou embora observou: "Ah, é uma pena que viu o mercado num dia parado. Ninguém vem ao mercado na segunda — todos estão cansados demais do fim de semana. Deveria ter vindo numa sexta-feira, quando fica cheio de gente".

O CONGO CRUZA O EQUADOR duas vezes ao longo de seu comprimento de 4.667 quilômetros, e é o único sistema fluvial do mundo cuja corrente principal flui tanto pelo hemisfério norte como pelo sul. Alguns de seus tributários estão num lado do Equador, outros no outro lado. Isso significa que o rio se beneficia com ambas as estações chuvosas — abril a outubro no norte e outubro a abril no sul — e, em vez de subir e descer anualmente, tem duas enchentes moderadas e duas vazantes a cada ano. Não transborda, e, embora seja às vezes complicada na época da vazante, a navegação é sempre possível.

O Congo é mais curto que o Nilo, o Ob, o Yangtze e o sistema Mississippi-Missouri, mas apenas o Amazonas o supera em volume de água despejada no mar. Sua energia hidráulica é estimada em um sexto do potencial mundial, e há mil espécies de peixes conhecidas em suas águas.

A partir de Stanley Pool, o Congo abre um caminho de mais de 1.600 quilômetros, sem nenhuma eclusa construída pelo homem ou obstáculo natural, através do centro da África. Conduz ao que Joseph Conrad chamou o coração das trevas; as profundezas menos conhecidas e mais subjetivamente descritas do continente, nas quais os homens sempre temeram encontrar os recantos escuros de sua própria alma.

Nenhuma ponte cruza o rio em toda essa distância. Nenhuma estrada oferece um caminho alternativo por algo mais que trechos curtos, e esses sempre conduzem de volta ao rio. Apenas o rio divide as florestas e revela, em sua luz brilhante, a vida que ali existe. Às vezes, por horas, não há interrupção na parede de floresta. Às vezes, um pouco mais além de um trecho aberto de papiros, aparece um grupo de palmeiras como animais parados em atitude de alerta. Certa manhã, um bando de borboletas verde-claras, com orlas rendilhadas e nervuras pretas nas asas, veio pousar sobre o metal abrasador dos jipes amarrados à chata que seguia na frente de nosso barco.

Este barco — o *Gouverneur Moulaert* — empurrava toda uma caravana: duas chatas e outro barco, o *Ngwaka*, para passageiros de terceira classe —

em sua maior parte, negros. A velocidade, dia e noite, era de 9,5 quilômetros por hora, um pouco mais que a de um homem. Nunca ficamos sem contato com a vida na costa. Durante todo o dia, as pirogas saíam movidas a remo para se enganchar ao longo de nosso complexo volumoso, e as pessoas subiam a bordo para vender peixe seco e vinho de palma ou banana aos passageiros do *Ngwaka*. Dois imensos bagres, cada um com uma bocarra capaz de abocanhar a cabeça de um homem, foram arrastados para bordo a fim de ser vendidos à tripulação, e em determinado momento uma cesta de patas de crocodilo defumadas foi casualmente içada e oferecida. Pois a região selvagem estava habitada por toda parte, embora parecesse frequentemente vazia a nossos olhos acostumados a paisagens onde, mesmo sendo vistas poucas pessoas, há sempre vestígios da existência de homens pelas marcas que deixaram no terreno. Essas pessoas, escapulindo da floresta para a visão do rio, não interferiam na paisagem; suas cabanas frágeis, cobertas com as frondes que a floresta oferece tão abundantemente, ficavam lá embaixo entre restos de húmus ao pé da floresta; suas mandiocas e bananas eram apenas trechos de vegetação organizados de um modo um pouco diferente do restante da região selvagem.

Havia muitas pessoas, é claro. Todo dia víamos rostos diferentes virados para nós dentro das pirogas visitantes. Ao norte do Equador, a tatuagem já não era uma questão de marcas de vacina mal aplicadas. Havia padrões de cortes serrilhados que às vezes criavam um atrevido segundo par de sobrancelhas; e sinais redondos como pintas de beleza nas faces das mulheres. Em alguns rostos, a distorção era bela; as faces formalizavam-se como escultura viva. Nos rostos dos velhos, o artifício cedera à natureza, e a face imposta aparecia quebrada pelo triunfo paciente das rugas.

A nossa caravana pela água não parou nos primeiros noite e dia, mas na madrugada da segunda noite fui acordada pelo repentino silêncio dos motores. Havia gritos abafados no ar; levantei e fui para o convés. No meio das trevas e do calor escuro, os dois grandes holofotes de nosso barco enquadravam fugazmente um cenário teatral. Algumas palmeiras eram os únicos acessórios no palco. À sua frente, nos seis metros de água entre a nossa caravana e a costa, moviam-se pirogas pretas, em silêncio e grande azáfama. O navio de terceira classe à nossa frente brilhava de tanta luz, como se estivesse ardendo em fogo; todo mundo a bordo estava de pé, e a vida acontecendo com grande determinação. Eu via toda a cena como se tivesse entrado numa caverna com uma lanterna. Uma, duas vezes a terra não existente mostrou a visão incrível das luzes de um carro, cortando-a e desaparecendo. Os gritos de homens e mulheres negociantes, graciosos como sombras em algum nível aquoso de um Letes dantesco, chegavam até mim, quando a caravana começou a se afastar. As pirogas exibiam minúsculos halos de velas com luz laranja; havia silêncio. Depois um longo grito: *"Ivoire!" [Marfim!]*.

À luz do dia, esses portos de escala eram assinalados por dois ou três quilômetros de margens domesticadas pela ocupação; os edifícios de tijolos vermelhos de uma missão instalada numa encosta gramada, uma refinaria de óleo de palma ou a sede de uma plantação de café. Assim como o povo do rio e os operários da vila da refinaria, todos os brancos que viviam por ali sempre desciam até a costa para nos examinar lá do outro lado da água: um velho padre com uma barba recém-penteada e amarelada que chegava até sua cintura, um par de missionários de ar jovial com túnicas de algodão, a esposa de um comerciante português, com olhos tristes, magníficos e um bigode, que não abanou a mão em resposta a nossos acenos.

Em Coquilhatville (Mbandaka), exatamente no Equador, desci para a praia pela primeira vez. Era uma pequena cidade moderna, com sua rua principal traçada ao longo do rio e um ar de grande isolamento. Há um magnífico jardim botânico na cidade, com árvores e plantas das selvas do Amazonas, e também quase todas as variedades nativas da África tropical. O diretor belga ainda estava por ali naquela época, um misógino feliz que vivia com um gato. Abriu seu canivete e me cortou um ramo miúdo de três orquídeas catleias dos cestos floridos em sua varanda aberta. Quando voltei ao barco, descobri que a carga ainda estava sendo embarcada; assim, pus as orquídeas numa caneca e tornei a cruzar a estrada, das docas para a rua principal, onde havia visto o Musée de l'Équateur abrigado num edifício pequeno e velho. Vespas listadas zumbiam ali dentro, indicando a peculiar resistência da floresta equatorial à preservação das coisas materiais; mas se o calor e a umidade ameaçavam invadir as figuras de fetiche e os utensílios entalhados atrás do vidro, isso não importava, porque eles eram usados todos os dias na região, exceto, talvez, um caixão em forma humana com 3,5 metros de comprimento. Era uma expressão do *rigor mortis* em madeira — angular, austero e tingido de vermelho. O rosto estava tatuado, e na curva do braço esquerdo havia uma pequena figura representando a esposa do morto. Mas fui informada de que as pessoas naquela região do país enterram seus mortos geralmente em formigueiros, e de fato nunca vi um cemitério perto de qualquer uma das vilas ao longo do rio.

CONRAD ROMANTIZOU O CONGO; Stanley, apesar de todo o seu gênio aventureiro, tinha mente vulgar. Conrad projetou na aparência do próprio rio seu horror da ganância selvagem com que os agentes de Léopold II trouxeram a "civilização" para o rio nos anos 1880. A privacidade inviolada da floresta primeva tornou-se o símbolo de uma incubadora dos atos hediondos que ali se cometiam, os rostos tatuados tornaram-se a imagem subjetiva da vida sem as restrições morais e legais organizadas com que o branco mantém o animal dentro de si à distância. Stanley às vezes via o rio como uma potencial loja de roupas velhas; as pessoas tatuadas e nuas lhe sugeriam irresistivelmente um "mercado instantâneo" para as "roupas descartadas pelos heróis militares da Europa, pelos lacaios dos clubes, pelos criados de libré".

Nenhuma dessas visões se ajustava ao que eu via no Congo, embora algumas das atrocidades que têm sido cometidas desde a independência contra os brancos e entre as tribos tenham se igualado em horror ao que os brancos fizeram em nome da civilização menos de um século atrás, e a visão de Conrad sobre essa região da África como o coração das trevas do homem tenha assumido ares de profecia. Quanto a mim mesma, não estava havia muitos dias no rio quando parei de pensar nas pessoas ao meu redor como primitivas, em termos de habilidades e estética. Suas pirogas e todas as armas e ferramentas de seus meios de vida eram eficientes e tinham a beleza que é o resultado não buscado da função perfeita. As pirogas eram senhoras das águas, e, como seu equipamento, muitas delas exibiam desenhos entalhados de grande comedimento e disciplina. O arsenal de lanças de pesca, com sua variedade de pontas e farpas, representava uma longa tradição de talento na execução de peças forjadas à mão e trabalho em metal, e um olho de conhecedor para a beleza inerente à resistência dos metais. Qualquer remo ou concha para retirar água — artigos comuns de uso diário entre os povos ribeirinhos — poderiam entrar direto numa coleção de arte; como se alguém pudesse pegar uma colher de plástico na cozinha de um branco, uma pá num jardim suburbano e colocá-los sem receios numa exposição.

Depois de Coquilhatville, o rio armou dia e noite um tal ataque aos sentidos que não se podia ler. Na floresta que lentamente passava, viam-se salões e mansões da pré-história: grandes mognos, fícus, e, acima da palmeira mais alta, a gigantesca paineira com seu tronco lembrando pedra clara. Em certos momentos, a atração e o contraste entre os elementos da terra e da água pareciam desaparecer completamente. Sobre a água dourada flutuavam guirlandas de ilhas verdes. Quando a luz mudava, a água tornava-se lisa como gelo; nosso comprimento, nosso volume deslizavam sobre a superfície como um inseto da água. Depois as ilhas flutuantes, com seus reflexos que se alongavam indolentes, coloriam uma superfície similar à de um espelho em que o mercúrio está gasto; e os perfumes chegavam até nós vindos da floresta. Havia muitas trepadeiras floridas — uma de orquídeas rosas que se espalhava ao sol sobre uma árvore, uma ocasional laranja ou vermelha —, mas o perfume era o frio, doce e inequívoco aroma de flores brancas, e provinha de uma trilha brilhante de florescências, mortalmente venenosas, muito belas.

Uma tempestade à noite fez tombar sobre nós uma tremenda chuva. O céu se inchava e afinava com os raios, lembrando a pele demasiado distendida de um balão escuro. De manhã, a selva estava pingando e brilhante, e apareceu de repente, ao longo de uma hora inteira, uma floresta de árvores cobertas por um musgo etéreo de urchila, com suas barbas emaranhadas na água. Outras árvores tinham formigueiros que pareciam carretéis de linha enrolados bem no alto de seus ramos. Quando o barco se aproximava de uma ilha — há 4 mil ilhas nesse trecho do Congo — ou passava perto de uma das margens, escutava-se a tagarelice rouca dos papagaios-africanos cinza e vermelho. Os africanos pegam filhotes de papagaio deixando cair uma bola de látex, feita com lianas de borracha selvagens, no oco das árvores onde os papagaios fazem ninho; as patas dos filhotes ficam enredadas na bola pegajosa e, quando ela é içada, eles sobem junto. São apanhados para ser vendidos como animais de estimação dos brancos, ao contrário dos macacos, que são apreciados como alimento. Num trecho solitário da floresta, dois homens vestidos apenas com tangas feitas de casca de árvore me assustaram ao erguer um macaco que tinham acabado de descobrir e matar numa das armadilhas montadas ao longo do rio.

Pouco depois de a caravana ter deixado Bumba, sua parada mais ao norte na curva do rio e o ponto em que a estrada Congo-Nilo pela África encontra o Congo, chegamos perto de uma vila onde toda uma armada de pirogas veio ao nosso encontro. Da cozinha de nosso navio jorrou uma chuva de latas de geleia; homens, mulheres e crianças pulavam das pirogas na água para apanhá-las. Os homens estavam nus, as mulheres embrulhadas em panos estampados em batique, mas elas também não pareciam tolhidas. Alguns que subiam a bordo de nosso barco só o deixavam quilômetros depois, quando as pirogas já os tinham deixado para trás havia muito tempo; eles simplesmente caíam nos redemoinhos de nossa esteira e nadavam de volta para casa. As únicas pessoas que já vi para quem nadar era mais natural que caminhar ou correr.

Passamos por lugares — e às vezes paramos em alguns deles — que foram outrora as fortalezas árabes de Tippu Tip, um poderoso traficante de escravos cuja ajuda Stanley foi ironicamente forçado a procurar em suas viagens, embora um dos objetivos declarados da associação para a qual Stanley trabalhava fosse acabar com o tráfico negreiro. Um desses lugares era Yangambi, que Stanley encontrou em 1883 como uma vila populosa em ruínas, com sua população masculina assassinada e as mulheres e crianças agrilhoadas, pelo pescoço ou pela perna, num campo de escravos árabe construído com os escombros de suas casas.

Os belgas construíram uma excelente estação de pesquisa agrícola em Yangambi, a maior da África, uma cidade-jardim com suas próprias lojas, escola, hospital, clube e casas agradáveis, além de laboratórios e plantações experimentais. Pertencia, como tudo o mais, ao novo Estado congolês, e ainda tinha seu plantel de cientistas belgas quando estive por lá, mas a desordem que desde então acometeu a vizinha Stanleyville (Kisangani) talvez tenha neutralizado sua utilidade.

TEMPOS DE REFLEXÃO *101*

No outro lado do rio, saindo de uma grande vila que se estendia por vários quilômetros ao longo da margem, o povo topoke trouxe imensos abacaxis da floresta para nos vender. Os homens da tribo tinham tatuagens intrincadas e olhos atentos de mercadores, embora plantassem bananas e pescassem. Muitos deles são seguidores do que é conhecido como o Kitiwala — uma corruptela africana do nome e do caráter da Watch Tower Society (Sociedade Torre de Vigia), que (como várias outras seitas religiosas inofensivas num país onde o cristianismo, o animismo tradicional e o nacionalismo negro fornecem uma estonteante mistura de inspirações) se tornou uma sociedade secreta subversiva. Tanto que a administração colonial belga proibiu a distribuição desses panfletos apocalípticos, familiares em todas as esquinas do mundo.

EM STANLEYVILLE termina a grande passagem livre do rio por 2 mil quilômetros; as cataratas Stanley (cataratas Boyoma) a interrompem — são corredeiras, na verdade — e o Equador é novamente cruzado. No outro lado, no hemisfério sul, está o trecho do Congo que conduz à sua nascente perto do cinturão de cobre do Sul; tem outro nome, Lualaba. Livingstone[3] o "descobriu" (para a Europa), mas nem sonhava que pudesse ser o distante Congo, conhecido muito além na África Ocidental.

Stanleyville fica logo abaixo das cataratas Stanley, assim como Léopoldville está logo acima das corredeiras do baixo Congo. Mas o rio em Stanleyville é de um tamanho que o olho pode abarcar, e a cidade se encontra em ambos os lados dele. Eis um lugar situado na África profunda, afundado na África. Em Léopoldville, a vegetação tropical não é eclipsada pelos gigantescos edifícios modernos, sendo antes páreo para eles; as edificações coloniais modestas de Stanleyville nem desafiam a fecundidade altaneira dos trópicos. Há uma sensação altiva que provém das coisas vivas, e não dos edifícios; palmeiras, com os troncos cobertos por uma compressa fria de musgo, brilhantes como algas marinhas e enfeitadas com samambaias, pairam sobre as avenidas, e a árvore-do-viajante — uma parenta exaltada da

---

[3] David Livingstone foi um missionário escocês que desbravou o interior da África, contribuindo para a colonização europeia desse continente no século XIX. (N.T.)

bananeira que armazena água fresca para o passante na base de suas dispostas frondes franjadas como a cauda aberta de um pavão — é bastante comum.

Stanleyville é — ou era — a cidade do falecido Patrice Lumumba e tornou-se um local de terror para os brancos. Agora, de tempos em tempos, fica sem comunicação com o restante do país e do mundo; os aviões não podem aterrissar ali, e o serviço de comboio no rio a partir de Léopoldville, que transporta alimentos e outras provisões, está desativado por causa das agitações. Mas o *Gouverneur Moulaert* e sua caravana aquática chegaram ao fim de sua viagem em Stanleyville durante um intervalo de calma. Ali, fui até capaz de ter uma última experiência no rio, antes de deixá-lo para continuar minha viagem por terra.

Fui com os pescadores Wagenias visitar sua área de pesca nas corredeiras das cataratas Stanley. Encontrei-os em casa numa vila feia "arabizada" a dois ou três quilômetros da cidade. Era um aglomerado pobre de cabanas baixas de barro como um monte de castelos de areia que a maré desmantelara ao passar por cima; o tamanho de sua arabização parecia consistir na única cabana de barro, com reboco branco e uma linha de caracteres arábicos trêmulos, que servia de mesquita. Vilas africanas desse tipo na margem do rio são relíquias do proselitismo em favor do islã, uma pregação secundária dos negreiros árabes da Costa Oriental.

Eram apenas cinco horas da tarde quando cheguei à vila Wagenia, e tive de esperar enquanto a tripulação se reunia, livrando-se com esforço da decência remendada das roupas velhas do homem branco que eles usavam para trabalhar em Stanleyville e emergindo de seus escuros buracos de barro de calções e tangas. Havia 25 remadores e três músicos, e entramos na água numa grande piroga que nos acomodava confortavelmente. Um timoneiro se postou de pé na minha frente, eu estava sentada no meio, e outro, um homem bonito e magro, ficou de pé na popa. Ele era o líder da cantoria; ora essa acompanhava os tambores, ora seguia depois da batida dos tambores, ora silenciava diante do som dominante dos tambores. A piroga derrapava e atirava-se pelas corredeiras, os corpos dos remadores arremetendo e subindo, e, quando as águas se tornavam mais turbulentas, os tambores martelavam atiçando a energia dos homens, ensurdecedores e dramáticos.

Cruzamos o rio e atracamos entre juncos onde as rochas se projetavam meio escondidas pelas corredeiras muito rápidas e de ar maligno. Cornucópias gigantescas de armadilhas para peixes pendiam de um incrível passadiço de imensas toras e lianas enfileiradas sobre as águas temíveis. Apoiando-se nos pés e nas mãos, três dos pescadores subiram sobre as lianas e as toras, e, equilibrando-se como artistas na corda bamba, removeram as armadilhas cheias de peixes se debatendo. Eu me vi no meio de uma cena que reconheci como idêntica, em todos os detalhes, ao esboço reproduzido no relato de Stanley sobre os Wagenias, quando ele fundou a primeira estação fluvial nas cataratas em 1885; eles pescam nas águas turbulentas e agitadas exatamente como pescavam naquela época.

Retornando rio abaixo para Stanleyville, o percurso foi mais suave e os remadores deram um grande espetáculo de rapidez, ritmo e bater de tambores. Atravessamos o caminho da barca que faz a travessia entre a cidade "negra" numa das margens e a cidade "branca" na outra; os guindastes nas docas trabalhavam com seu lento movimento de devorar e vomitar. Era uma sensação estranha ser o centro de uma espécie de dança guerreira flutuante no meio de um porto moderno preocupado com o fervor político; enquanto apreciava a exibição dos Wagenias, eu sentia que havia algo fraudulento, sem poder decidir se era o porto moderno ou a antiga piroga. Mas o rio Congo não ficava diminuído em nenhum dos dois casos. Como aquela outra corrente, a do tempo, o Congo não é passado nem presente, e carrega a ambos com uma imensa indiferença, como se fossem a mesma coisa. Não há África antiga nem África nova para o grande rio; ele simplesmente transporta uma majestosa carga de vida, como sempre transportou.

ENQUANTO VIAJAVA PELO RIO CONGO, eu poderia esquecer por vários dias seguidos que estava numa terra que passava pela grande crise política de sua existência. Mas durante toda a viagem de 1.600 quilômetros pelo rio, de Léopoldville a Stanleyville, enquanto as margens do Congo revelavam uma vida regulada por outros costumes e até por deuses diferentes dos existentes no mundo contemporâneo da história, uma garatuja, desenhada a giz por um desocupado em Léopoldville numa das chatas da caravana aquática em que eu viajava, permaneceu: *"Vive le Roi M. Kasavubu et l'Indépendance"*. Em todo o percurso da caravana, a garatuja não foi apagada. E sempre que ela captava meu olhar, eu me lembrava de que a África, por mais perturbada que pudesse estar, nunca foi mais interessante do que nessa década; talvez nunca mais seja tão interessante. A África que os exploradores do século XIX encontraram — a selva e os rostos escarificados que eu própria estava vendo no rio — e a África que eu tinha visto emergindo na vida citadina de Stanley Pool coexistiam apesar de separadas por séculos de distância. São os dois grandes períodos do continente; a África colonial que aconteceu entre eles foi o mais sem graça, apesar de suas realizações e necessidade histórica.

Quando Stanley estava ocupado abrindo o rio Congo para o comércio em nome de Léopold II da Bélgica, encontrou na região selvagem Pierre Savorgnan de Brazza, que estava igualmente ocupado fazendo reivindicações em nome dos rivais franceses. Na frente de Léopoldville, que Stanley fundou, no outro lado da grande amplidão de Stanley Pool fica Brazzaville, que Brazza fundou. Há quatro anos, o Pool era francês numa das margens e belga na outra; agora Brazzaville é a capital de uma República do Congo, e Léopoldville é a capital de outra. As novas definições são apenas um pouco menos artificiais que as antigas coloniais; pois o povo em ambas as margens de Stanley Pool é o mesmo povo — os bakongos — que tinham um reino próprio no século XV. As definições são menos artificiais somente porque o povo da margem direita e o da margem esquerda entraram em comunhão com o mundo moderno sob duas influências diferentes — uma francesa, a outra belga —, e certas abordagens de vida, características dos franceses, e outras, características dos belgas, vão provavelmente distinguir os dois povos africanos para sempre, apesar de os congoleses do antigo Congo belga terem demonstrado uma aversão fanática aos belgas.

Numa noite de sábado, peguei a barca para atravessar Stanley Pool até o que costumava ser o lado francês e fui a um café ao ar livre no distrito Poto Poto, de Brazzaville, uma imensa favela de negros que é a cidade real, embora sua existência aglomerada em cabanas e ruas sem iluminação se passe completamente soterrada por um crescimento extravagante de trepadeiras e palmeiras, enquanto a agradável cidade colonial construída pelos franceses aparece mais proeminente através do verde tropical.

Chez Faignon ficava atrás de um beco sujo cheio de frequentadores amáveis, uma barraca de barbeiro de grande movimento e uma velha casa desocupada. Ainda assim virava o rosto para o céu como uma boa-noite; havia uma pista de dança num plano mais elevado, uma banda maravilhosa pulsando na noite o triunfo de seu retorno depois de um compromisso na Rive Gauche em Paris, uma pungente atmosfera de gatos e cerveja derramada, e um grupo de mulheres cuja formosura extravagante é o único estilo grandioso de beleza que conheço no mundo atual.

Essas damas da alegria — como muitas delas eram — sugeriam toda a torpeza das cortesãs da grande era; e também riam nervosas e sussurravam nos ouvidos umas das outras tal qual colegiais. Usavam — na enésima potência — a forma de vestido que as mulheres modernas da bacia do Congo desenvolveram para si mesmas, e que embora tenha recebido o humilde nome francês de *pagne* — tanga —, combina a graça do sári com as revelações do biquíni. Consiste num corpete justo, decotado e quase sem costas, uma saia muito justa da pelve ao tornozelo, e alguns metros de tecido drapejado para cobrir o espaço entre o corpete e a saia. As damas dançam o *pasodoble* nessa indumentária, e o gesto com que desatavam e rearranjavam o drapeado lembrava os movimentos da capa curta diante do touro e também revelava, em rápidos vislumbres, a barriga nua.

Sentei-me a uma mesa com amigos franceses e apontei para várias pessoas ao nosso redor: "Quem seriam?". Havia uns poucos casais de brancos entre as damas alegres e os solteiros da cidade.

"Apenas pessoas que gostam de dançar ao som de uma boa banda numa noite de sábado."

"E aquele homem ali?" Era um branco de cabelos brancos com um maxilar liso e rosado, impecavelmente vestido num modo inteiramente diferente do que se via entre os solteiros congoleses, que eram elegantes à maneira de jovens americanos tentando parecer jovens italianos. Fui informada de que se tratava de monsieur Christian Gayle, ministro da Informação à época — o único branco na África a ocupar um cargo de ministro num governo negro independente. Um pouco mais tarde, o ministro da Informação deixou seu grupo de amigos africanos — que incluía o ministro das Finanças e também uma espetacular dama senegalesa de 1,80 metro de altura com sua *pagne* de *chiffon* turquesa e diamantes — e juntou-se a nós. Era um homem calmo e encantador, que usava a fita da Légion d'Honneur e fora membro da Câmara de Deputados francesa. O verniz da Europa o cobria de modo invisível, mas efetivo; ignorava serenamente qualquer tentação de se africanizar. Contou--me que chegara a Brazzaville sete anos atrás numa escala entre aviões e ali vivera desde então.

"A única maneira de um branco manter a autoestima na África atual é trabalhar com os africanos independentes. No ano passado, quando eu era o presidente da Assembleia, o líder da oposição me atirou um rádio portátil na cabeça. Permaneci calmo. Essa é uma das coisas importantes que ainda podemos fazer na África — manter a paz entre os africanos, que não compreendem realmente o princípio da oposição leal, de dar a primazia aos interesses do país."

Algumas semanas mais tarde Léopoldville, no outro lado do rio, era novamente um lugar de brutalidade, com os congoleses martelando uma confusa afirmação de sua liberdade por meio de muitos golpes na cabeça uns dos outros, bem como na cabeça de brancos, e o tamanho da tarefa prevista pelo sr. Gayle tornou-se claro. Desde então, as Nações Unidas parecem estar menos à altura dessa missão importante ainda por ser realizada na África.

Depois de o rio me levar da metade do continente até Stanleyville, continuei por estrada para o norte e o leste passando por outras regiões do centro da África, uma extensão de mais de 2.330.989 quilômetros quadrados que foi colonizada pelos belgas. É oitenta vezes maior que a própria Bélgica — na verdade, toda a Europa ocidental poderia estar contida dentro de suas fronteiras. Quase toda a bacia do rio Congo se encontra nessa área, as Montanhas da Lua, muitos milhares de quilômetros de floresta tropical e, mais além da floresta, ricos depósitos de cobre, diamante e outros minerais. Homens e animais extintos ou desconhecidos em qualquer outra região ainda vivem na selva equatorial, e o urânio para as bombas de Hiroshima e Nagasaki vieram de uma mina num lugar minúsculo, chamado Shinkolobwe, na savana.

Vive l'Indépendance. Não havia cabana de barro tão isolada nem estrada tão perdida nessa região selvagem que a mensagem daquela garatuja na chata do rio não alcançara. A caminho do norte, num hotel campestre na margem de uma estrada solitária, onde os homens carregam arcos e flechas assim como carregamos guarda-chuvas e jornais e mulheres pigmeias correm como veados tímidos vinte metros floresta adentro, antes de se virar para fazer uma pausa e encarar quem está olhando para elas, um imenso carro americano amarelo trouxe um par de políticos partidários para passar a noite no quarto ao lado do meu. Eram jovens negros urbanos que, depois de tomar vinho francês no jantar, saíram para discursar numa reunião na vila. O povo ao redor era o mangbetu, cujo senso artístico induzira à distorção elegante de seus próprios crânios; eles alongam artificialmente a cabeça pelo costume de atá--la na primeira infância, e a pele retesada de sua fronte empresta aos homens e às mulheres o aspecto das mulheres que fizeram cirurgia plástica.

Eu tinha visto um de seus tribunais belamente decorados naquele dia. Suas paredes de barro estavam cobertas, por dentro e por fora, com desenhos abstratos incorporando as figuras de animais e armas em terracota, preta e branca. O tribunal estava reunido em sessão, e algumas mulheres escutavam a lenga-lenga das queixas de alguém, enquanto passavam silenciosamente entre elas um narguilé de bambu, também decorado. Eram mulheres sem sorrisos que usavam o *negbwe*, um escudo côncavo de casca de árvore sobre as nádegas, e quase nada mais. Mas sua seminudez tinha a expressão proibitiva que minha limitada experiência só vislumbrara em rostos. Entre elas, eu tinha a curiosa impressão de que não estava ali.

Cedo na manhã seguinte, passei pela porta aberta de meus vizinhos de quarto e vi os dois políticos, em mangas de camisa e gravatas-borboletas, sentados na cama contando uma grande pilha de dinheiro, doado aos fundos do partido pelos mangbetus, que tinham acorrido em massa à reunião da noite anterior.

E não havia região do país, por remota que fosse, em que não fôssemos surpreendidos pela aparição repentina de um grupo de crianças maltrapilhas, gritando para o carro que passava. A velocidade afastava o grito, mas dava para reconhecer que era sempre o mesmo: *"dépendance!"*. Talvez, lá no fundo da floresta que eles nunca haviam abandonado, ainda não soubessem que tinham conquistado a independência; somente quando a safra de algodão fosse colhida e não houvesse ninguém para comprá-la, e eles ficassem com fome, é que talvez percebessem que a mudança havia chegado.

Certa vez, meus companheiros e eu encontramos uma forma mais antiga de confiança africana, uma confiança que pertencia a um tipo diferente de independência — uma forma segura contra desilusões. Tínhamos parado para matar a sede com água gasosa morna numa estrada que passava por um grupo abandonado de palmeiras, antigo e tomado pela selva. Um congolês com um garrafão empalhado de vinho de palma subiu a elevação do terreno vindo em nossa direção, seu avanço cambaleante auxiliado por empurrões da gravidade. Uma grande quantidade do vinho estava dentro dele, e não dentro do garrafão, e quando chegou ao mesmo nível do carro, ele parou, cumprimentou e fez um minuto de pausa, observando-nos com uma amabilidade embriagada que depois se transformou num ar condescendente divertido. Apontou para a água gasosa. "Esse é o seu drinque", disse. Depois levantou o garrafão empalhado. "Este é o nosso."

POR MUITOS ANOS OS MAPAS de viagem têm mostrado o continente da África aparentemente povoado só por leões e elefantes, mas esses mapas estão obsoletos agora e terão de ser substituídos por algo etnográfico e também zoogeográfico. Pois as pessoas têm voltado a aparecer; já não são desconsideradas pelo mundo como foram por tanto tempo. Elas têm voltado para assumir uma vida independente, não importa quão dilaceradas pelas lutas possam estar; e os animais ainda não desapareceram. Se conseguir se esquivar dos tumultos e evitar os choques da derrubada de governos, essa é uma combinação fascinante de circunstâncias para um viajante.

Gangala-na-Bodio — o morro do Chefe Bodio — fica no alto do distrito Uele, o canto nordeste do Congo, fora da floresta equatorial e perdido nos matagais perto da fronteira com o Sudão. Sobre o morro, no meio do *habitat* das últimas grandes manadas de elefantes africanos, havia o único centro de treinamento de elefante africano do mundo. Escrevo "havia" porque devo ter sido uma das últimas visitantes a chegar até lá, pois mais tarde, em questão de semanas, cessaram todas as notícias desse canto remoto do Congo. Os poucos brancos no distrito fugiram para o Sudão, e imagino que o comandante belga do centro — o único branco no local — estaria entre eles. É duvidoso se os congoleses — mesmo aqueles que tratavam com uma atenção tão amorosa os elefantes que estavam aos seus cuidados — serão capazes de encarar os elefantes agora como algo mais que alimento em potencial, dado o estado de colapso da economia do país e a fome generalizada.

Cheguei a Gangala-na-Bodio duas semanas depois da captura de dois filhotes de elefantes selvagens. Cada um era assistido por um par de elefantes monitores, velhos, sábios e imensamente pacientes, que os empurravam com suavidade, mas firmeza, pela rotina do dia; havia, porém, uma crise noturna, quando eram afastados a fim de ser acomodados em suas paliçadas para dormir. Na minha primeira tarde no centro, fui atacada por Sophie, a mais selvagem dos dois. Eu estava de pé com dois outros visitantes, observando-a ser acalmada e levada à paliçada pelas trombas e presas de seus monitores e pelos gritos e estocadas dos *cornacs* — treinadores — armados de forcados. De repente, ela irrompeu pelas patas de um de seus monitores e investiu diretamente contra mim, os olhos malvados cheios de raiva infantil, a tromba levantada para a batalha e as orelhas alargando-se. Perdi a cabeça e corri — para o lado errado, bem entre as imensas colunas das patas dos monitores. Eles barriram, mas, embora o som fosse alarmante, era por assim dizer mera expressão de impaciência — uma reprovação madura do comportamento de Sophie e do meu. Subi como pude numa carroça de forragem, totalmente a salvo.

O charme majestoso dos elefantes cria uma atmosfera maravilhosa de vida. De manhã, no matagal de onde saíam para pastar, suas grandes formas se desprendiam constantemente das formas da moita embaciadas pelo calor e depois com elas se mesclavam, ou eles apareciam, com o ímpeto pausado de seu passo, bloqueando de repente o fim brilhante de um caminho frondoso no centro de treinamento. Atrelados a carroças desajeitadas, faziam todo o trabalho duro do campo. Às quatro da tarde, todos os 31 eram levados ao rio para seu banho diário. Diariamente, eu os observava passar correndo por mim, descer pela margem do rio e entrar na água marrom. Alguns tinham *cornacs* nos lombos e cuidavam para não lançá-los na água; os homens esfregavam voluptuosamente punhados de grama atrás das orelhas dos animais. Alguns dos elefantes uniam as trombas e brincavam dentro do rio, e derrubavam um ao outro com estrondo fazendo quatro grandes patas grossas balançar no ar. Quando saíam, em grupos andarilhos de dois ou três, besuntavam as testas numa pilha de areia, ali despejada especialmente para eles. Os *cornacs* gritavam, os retardatários começavam a trotar pesado para alcançar os outros, e toda a procissão (a selvagem Sophie com o rabo igual a uma antena de alarme bem retesada) seguia para casa em meio às árvores, enquanto os *cornacs* entoavam grosseiramente, depois com mais segurança, "Alalise" ou "Dina Dina", duas canções de elefante em híndi que os *mahouts*[4] indianos deixaram por ali havia muito tempo.

De Gangala-na-Bodio, saí para o matagal no lombo de um dos elefantes do centro. Um *cornac* com um chapéu maneiro de soldado da cavalaria ia na frente, e eu sentada atrás sobre um pequeno assento duro amarrado ao lombo do elefante. Tínhamos a companhia de outro elefante e seu *cornac*. Os *cornacs* e eu não tínhamos uma língua comum (eles pertenciam a uma das tribos sudanesas do nordeste do Congo), mas eles pareciam ter uma língua em comum com os elefantes, e, quando avançávamos em balanços regulares pelo ar da manhã, primeiro atravessando com dificuldade o rio (nosso elefante enchia a boca de água pelo caminho, como um carro abastecendo-se de gasolina), o meu *cornac* manteve um monólogo de resmungos, ralhos e incitamentos na enorme orelha de seu elefante. Uma família de girafas cruzou nosso caminho, e, embora eu as admirasse, agora que olhava de meu posto de observação no lombo de um elefante, fiquei menos impressionada do que o costume com sua altura. Depois paramos a poucos metros de um rebanho de porcos selvagens, que não davam sinal de querer sair correndo, e passamos diante dos olhos serenos de um *cob* de Thomas — um antílope encantador — sem o assustar.

Vimos uma manada de elefantes à distância no leste, e lentamente seguimos balançando nessa direção em meio às árvores. Prendi a respiração quando nossos dois elefantes seguiram reto para se misturar na franja do rebanho de cinco fêmeas, três filhotes e um macho monumental. Mas os elefantes selvagens não pareciam notar os dois que levavam homens em seus

---

[4] Tratadores de elefantes. (N. T.)

TEMPOS DE REFLEXÃO *111*

lombos, e os elefantes domesticados não demonstravam ter nenhuma lembrança da liberdade que outrora gozavam. Tenho visto com frequência os animais selvagens da África, dentro de um carro ou até a pé, nas reservas de vida selvagem, mas nunca esperei me sentir apenas uma intrusa entre eles, como então realmente me sentia. No lombo de um elefante, eles me aceitavam como um deles; era uma espécie de libertação do estado natural de pária que os homens têm no mundo dos animais — uma hora que para mim, naquela manhã bem cedo, foi o contrário da meia-noite de uma véspera de Natal, quando se diz que os animais podem falar como os homens.

DE STANLEYVILLE, no fim do principal trecho navegável de 1.600 quilômetros do rio Congo, uma estrada segue a antiga trilha das caravanas que buscavam escravos e marfim pela floresta Ituri, a selva primeva que Stanley atravessou a pé durante 160 dias, quase sem ver a luz do sol.

A vida da floresta é uma existência de guerra intestina; completamente fechada, cada passo, cada minuto isolado do próximo por uma conspiração de folhas, lianas e musgos embrutecedores. As árvores hospedam todos os tipos de outras formas de vida. Algumas são presas por lianas num abraço mortal que acaba lhes tirando a existência, de modo que apenas as lianas permanecem, entrelaçadas e pairando verticais lá no alto; através delas pode-se ver o espaço onde a árvore costumava estar. Ninhos de vespa em forma de concha aparecem como plataformas sobre os troncos das árvores. Feixes de samambaia-espada e fungos obstruem toda fissura. No solo da floresta, lírios lisos e rígidos são incubados no húmus antigo.

A floresta estala como uma enorme casa. No silêncio do dia, chuvas de pequenas folhas caem de tão alto que não se pode ver de onde. Mas as coisas que jazem por terra são, em sua maioria, tremendas; vagens do pé de feijão que João talvez tenha escalado, enormes favas sedosas, verdes num lado, pele prateada no outro.

À noite, a floresta é tão barulhenta como uma cidade. Entre os latidos, resmungos e gritos havia um brado grego e imortal em sua paixão desesperada, reunindo ecos de todos os muros de lamentações privados da alma humana. Descobriu-se que vinha de uma criatura parecida com um porquinho-da-índia de tamanho anormal, chamada hírax-da-árvore; vi um deles em cativeiro numa das vilas onde, como papagaios, macacos e pítons, são animais de estimação populares dos poucos habitantes brancos.

A maioria dos animais da floresta não se mostra, mas no rio Epulu, nas profundezas da selva, visitei um centro de captura e reprodução de animais, no qual tive a oportunidade de ver o bicho mais raro e mais tímido, o *okapi*, a girafa da floresta. O centro era simplesmente uma parte cercada da floresta, e encontrei o *okapi* na luz de catedral que condicionou a evolução de seu ser. Eram os animais de aparência mais suntuosa imaginável, grandes como cavalos, com patas de listas trêmulas num preto e branco claro como se estivessem parados em água ondulante e um intenso brilho negro nas ancas com matizes de castanho esbraseado que mudavam com o movimento, como o cabelo de uma mulher tingido com cores diferentes e em níveis diferentes.

Os pigmeus, que pertencem à floresta tanto quanto os *okapis*, não se aventuravam a sair mais que os animais. São o único povo autóctone da floresta, e em certas regiões levam uma vida nômade caçando, sentindo-se em casa sempre que entrelaçam uns poucos ramos e folhas que lhes fornecem abrigo por pouco tempo. (Essas cabanas não são muito mais elaboradas que o ninho de gorilas que vi mais tarde sobre um vulcão extinto.) Mas muitos grupos de pigmeus têm se ligado a outras comunidades africanas, que vivem onde a floresta foi desmatada para cultivo, e eles adotaram um modo de vida mais permanente e moram em vilas. Os pigmeus também se cruzaram com povos de tamanho normal, e em muitas vilas há uma variedade confusa de tamanhos que não correspondem necessariamente às idades. Um menino de sete anos pode ser tão grande quanto seu avô, e aquela que parece a filha pequena de um homem vem a ser uma de suas esposas.

Certa manhã, percorrendo de carro uma estrada onde a floresta fora desmatada para dar lugar a plantações de café e banana, escutamos tambores numa dessas vilas. Uma criança acabara de nascer; para celebrar o ocorrido, estava em andamento uma festa com um pouco de tambores e bastante cerveja. Dois belos jovens batiam tambores longos, suspensos acima de toras que ardiam a fogo lento para manter as peles dos instrumentos retesadas. Ao redor deles um grupo de homens, mulheres e crianças arrastava os pés dançando e

TEMPOS DE REFLEXÃO *113*

cantando. Havia vários homens gnomos com os olhos imensos que os pigmeus possuem, semelhantes aos de uma criatura inofensiva que ronda à noite.

Havia um homem alto, belo e de feições pequenas, que usava obliquamente sobre a cabeça, numa paródia embriagada de sua própria dignidade natural, um adereço de palha e penas de papagaio exatamente igual ao que se vê num esboço que Stanley reproduziu, como exemplo de indumentária da região, num de seus livros de exploração do Congo. Havia pessoas com dentes limados e outras com umbigos tatuados. Jovens mulheres e velhas enrugadas, que estavam apenas com aventais de casca de árvore batida, eram as dançarinas mais entusiasmadas, as velhas inspiradas pela bebida, as moças talvez pela maravilhosa complexidade de seus penteados — ondulados, assentados como capacetes, profundamente sulcados como se o próprio crânio tivesse sido dividido em dois.

Os pigmeus e outros congoleses da floresta usam a estrada para caminhar, mas não fazem ideia de que ela os liga a qualquer coisa. Eles são seres completos, que vivem na e da floresta. As mulheres espiam por debaixo da tira sobre a testa que serve de apoio a uma imensa cesta, em forma de mochila, cheia de bananas, avelãs e cocos; vê-se frequentemente um bebê sentado em cima das frutas. Os homens carregam seus arcos e flechas, machetes e lanças de caça, bem como as grandes redes de fibra de casca de árvore com que capturam animais. Às vezes levam com eles os pequenos cachorros *basenji*, que parecem *fox terriers* vira-latas com orelhas largas e pontudas e não conseguem latir. É comum as pessoas tocarem instrumentos musicais enquanto caminham; harpas com ressoadores de pele de cervo retesada e o *likembe*, uma pequena caixa com línguas de metal cujo choro plangente é possível escutar por toda a África.

Os marcos divisórios aqui são gigantescos castelos de areia vermelha formados por formigueiros, cuidadosamente cobertos com folhas de palmeira sobre uma estrutura de galhos; a cobertura impede as larvas aladas de saírem voando, ao sugerir uma noite que só termina quando os africanos abrem o formigueiro para comê-las. Os carros que estragam pelo caminho fornecem, por certo tempo, outros marcos; carrocerias de modelos americanos e continentais recentes jazem abandonadas aqui e ali, as trepadeiras começando a cobri-las um ou dois anos depois de seu anúncio como uma inovação nos motores. Logo desaparecem sob a vegetação.

Stanley quase perdeu a esperança de sair da floresta para a luz do dia, mas, depois de cinco meses, o dia chegou. "Em vez de rastejar como poderosos bípedes no crepúsculo, trinta braças abaixo do nível da luz branca do dia, compelidos a reconhecer nossa pequeneza em comparação com as colunas gigantescas e as altas hastes semelhantes a pilares que se erguiam aos milhões ao nosso redor, estávamos agora na crista de um monte sem mata." O fim da floresta é igualmente dramático hoje, a partir da estrada que conduz para o leste. Talvez mais dramático, pois é possível num único dia passar da floresta equatorial para a visão da neve.

Às quatro da tarde, as árvores desapareceram diante de nós, a terra verde sumiu ainda além desse ponto, e um grande fantasma azul de montanha apareceu suspenso no horizonte. Era uma infinidade; uma ou duas palmeiras destacavam-se claras no primeiro plano contra o azul flutuante. Depois a nuvem no topo da forma azul se deslocou um pouco, as linhas se aproximaram e consolidaram; vimos o resplandecer branco, o contorno suave da neve sobre os picos recortados de toda uma cordilheira. Era o Ruwenzori — as Montanhas da Lua de Ptolomeu. E nós as encontramos, remotas como a lua, fora da fechada floresta quente e dos pigmeus que ali se entocam.

Pela planície Semliki, prosseguimos na direção das montanhas em meio a capim-elefante, acácias espigadas e grupos de palmeiras-reais. Havia também plantações de banana e mamões, ali embaixo onde estávamos; e, lá em cima, as montanhas. Ao pé das montanhas, um hotel parecia flutuar na radiância que subia da planície. Um jardim aquático de três lagos em que era possível nadar mantinha, de cabeça para baixo, o clarão da neve do mais alto pico das montanhas, o Margherita de 5.119,12 metros; e entre o hotel e o pico havia para os intrépidos uma subida de cinco dias, passando por todo tipo de vegetação, da equatorial à montanhosa.

Essa região do Congo — a província Kivu — e o território vizinho de Ruanda-Urundi (ainda sob administração belga) são diferentes de qualquer outra região, não só do Congo mas de toda a África. No percurso de três dias das Montanhas da Lua até o lago Tanganica, o carro parecia ser puxado de lado a lado pelas montanhas e lagos, que reduziam trajetos muito famosos à estatura e duração de uma volta na miniatura de ferrovia na lona pintada de um parque de diversões.

Os panfletos de turistas, com sua paixão por tornar todo lugar parecido com outro qualquer, costumavam dar a essa região o apelido de Suíça da África, e vão tornar a chamá-la dessa maneira quando a região for mais uma vez aberta às viagens de lazer, mas ela não é assim tão semelhante à Suíça e, caso fosse, quem se daria ao trabalho de procurar na África o que está tão à mão na Europa? A região é diferente do restante da África porque é o reservatório elevado — bacia hidrográfica tanto do rio Congo como do Nilo — de um continente que, atravessado pelo Equador, é em grande parte seco e crestado onde há qualquer altitude digna de menção, e úmido e fumegante onde não há altitude. É diferente da Suíça porque muitas de suas montanhas verdes são vulcões (dois ainda estão ativos); seus estranhos lagos claros têm leitos de lava; seu gado (minha primeira visão de uma vaca em todo o Congo) são animais de chifres longos como o deus-vaca Hathor nas pinturas das tumbas egípcias; e nas estradas atrás das vilas que os belgas construíram sobre o lago Kivu veem-se gigantes e pigmeus marrons. Os gigantes são os watusis hamíticos de Ruanda--Urundi, e os pigmeus, não sendo a estirpe pura da floresta, são os batwas.

No meio dessa terra de montanha e lago, incluindo três quartos das praias do lago Edward (lago Rutanzige) e chegando até o lago Kivu está o Parque Albert, uma maravilhosa reserva de caça no fundo do Grande Vale do Rift. Passei direto por esse parque porque estava a caminho da fronteira do Congo para entrar em Uganda — a fronteira passa sobre as Montanhas da Lua, pelo lago Edward e sobre três vulcões — por causa de um animal que só pode ser visto fora de uma reserva de caça — o gorila da montanha. Há muitos no lado congolês dos vulcões que cruzam o Grande Vale do Rift de oeste para leste, mas, ao menos sob a administração belga, ninguém tinha permissão de subir em seu encalço. No posto de Kisoro na fronteira de Uganda há um minúsculo hotel campestre cujo proprietário tinha permissão, e ele próprio providenciava o guia, de levar as pessoas até o lado do vulcão extinto Muhavura, onde vivem os gorilas.

116 Nadine Gordimer

Parti rumo ao Muhavura de manhã cedo e escalei 3.048 metros do vulcão, até bem dentro do cinturão de bambu. Os gorilas se aventuram a subir todos os 4.267 metros do vulcão, mas os bambus lhes propiciam camas — uma cama fresca a cada noite — e um alimento que apreciam, e o guia achava que, se quiséssemos vê-los, nossa chance estaria lá entre os bambus que nos rodeavam como as barras de uma prisão vegetal. O avanço era uma questão de se espremer entre os bambus, em geral de quatro, porque a terra úmida e gelada não oferecia uma base segura. Estávamos a um grau de distância do Equador — mas estava frio e úmido ali em cima; onde não se viam bambus, havia árvores sem folhas e cobertas de líquenes entrelaçados por toda parte, com uma penugem de musgo que batia contra nossos rostos como uma esponja molhada.

Uma haste quebrada de aipo-silvestre, um imenso cogumelo cheio de calombos, mordiscado e descartado, criavam uma trilha interpretada pelo guia. Logo ele me mostrou cinco camas frescas de gorila, que haviam servido de local de repouso na noite anterior. Pareciam antes ninhos gigantescos que camas; as varas resistentes de bambu foram vergadas juntas um metro e meio ou dois metros acima do chão, e depois cobertas grosseiramente com folhas. Havia estrume fresco e, na terra molhada, imensas marcas de nós de dedos — como nós, os gorilas usam as mãos e os pés para subir a montanha. Esse quarto de dormir deserto tinha um odor que correspondia curiosamente ao próprio lugar do gorila na criação; não totalmente homem, não inteiramente animal, a mistura de um quarto de fundos numa hospedaria e um cercado num zoo.

Não vi nenhum gorila, embora tivéssemos percorrido suas trilhas por quatro horas. Ao que parece, é repentinamente que as pessoas conseguem vê-los; o macho, que pode chegar a mais de 1,80 metro e quase trezentos quilos, não recua de sua posição, batendo no peito e nos braços e dando um grito de batalha de gelar o coração, enquanto as fêmeas e os filhotes fogem. Como eu teria enfrentado a mistura hilariante de curiosidade e puro medo com que buscava essa experiência, só saberei quando voltar algum dia e tentar de novo; dessa vez, a minha sensação de frustração foi esquecida pela surpresa ao virar as costas para o Muhavura a fim de começar a descida, quando vi diante de mim uma planície maravilhosa lá embaixo, com pequenos vulcões que lembravam bolinhos emborcados, o pelo e o contrapelo dos arranhões da agricultura, outros vulcões cingidos da base ao cume por plantações delineadas num padrão tão ordenado quanto o trançado nas cabeças africanas, e o lampejo pálido da pedra da lua vindo de mais um vulcão que continha, em lugar de fogo e enxofre, um lago.

Descendo a montanha, afundávamos lentamente, como pássaros vindo pousar, até o nível da planície.

O HOMEM BRANCO, como poder, está se tornando rapidamente extinto na África; talvez os animais selvagens tenham igual destino. Os africanos e os animais viveram juntos por tanto tempo que somos inclinados a pensar que pertençam a uma ordem natural, mas a verdade é que o território dos animais foi por muito tempo um reino de marionetes, sustentado por governos de brancos não só por meio de reservas de caça e santuários, mas, bem mais importante, por leis de caça rigorosas fora desses locais. Assim que a maior parte do continente for governada independentemente pelos próprios africanos, é improvável que eles sejam capazes de considerar os animais algo mais que suprimento de carne e obstáculo à expansão das fazendas. Quando os africanos adquirirem confiança em seu papel no século xx, será talvez tarde demais para remediar o sacrifício dos animais. É apenas possível que esse sacrifício seja evitado se os Estados africanos concordarem em deixar que as reservas de caça fiquem sob a responsabilidade de uma autoridade internacional, como as Nações Unidas.

Aconteça o que acontecer, a hora do homem soou na África. Temos enxameado sobre toda a criação; seria uma fraude fingir que não escutamos o bater dessa hora apenas porque os elefantes parecem frequentemente mais nobres que os homens, os cervos mais belos e até os leões menos ameaçadores.

Saí do Congo com as vozes dos homens em meus ouvidos. Estava em Katanga (Shaba), a província rica que foi a primeira a se separar do governo central. Katanga, com seu cobre, urânio, diamante, ouro, cobalto e latão, é mais rica em minerais que qualquer outra região da África (exceto talvez a União da África do Sul) e no passado supria mais da metade da renda nacional do antigo Congo belga. Os belgas em particular, e os interesses dos mineradores internacionais em geral, conseguiram reter uma influência poderosa nesse território valioso, e seu presidente congolês, Moise Tshombe, é visto na maioria dos outros Estados africanos independentes como uma marionete do homem branco — um boneco animado pelos antigos cordões coloniais.

Durante os primeiros meses depois da independência, em junho de 1960, o Estado dissidente de Katanga foi a única região do antigo Congo belga que permaneceu em paz. Mas as lutas tribais começaram mais tarde ali, e em certos centros mineradores e industriais os brancos ficaram sujeitos a um reino de terror tão maligno quanto o que atingiu a Stanleyville do falecido Lumumba ou a Léopoldville de Kasavubu.

Numa manhã de domingo, a praça central da próspera cidade do cobre e capital de Katanga, Elisabethville (Lubumbashi), estava preparada para receber o presidente Tshombe, que retornava da Conferência de Bruxelas, na qual fora concedida independência ao Congo. No dia anterior, eu tinha visto chefes com as insígnias reais de pele de leopardo almoçando no Léopold Deux, um hotel muito elegante; tinham chegado do interior para recebê-lo. E bem cedo na manhã de domingo fui acordada pelo som de gritos ululantes nas ruas, quando seguidores menos enaltecidos do presidente entraram na cidade de caminhão e a pé.

A cena na praça estava tomada por uma alegria de feriado estonteante e excitante. Vinte mil faces olhavam dos ramos das árvores floridas, do topo dos edifícios, de uma sólida falange nas ruas. Havia escoteiros e seitas religiosas com mantos azuis e brancos, chefes com peles, penas e contas e jovens com bonés militares e uniformes do partido. Havia várias centenas de mulheres com os rostos e os braços pintados de branco e com os cabelos espetados, como limpadores de cachimbo, em minúsculas tranças sobre toda a cabeça. Havia tocadores de tambor e dançarinas com máscaras tribais sobre os rostos, e nos pés as botas de trabalho que usam nas minas de cobre. Enquanto batiam os pés e cantavam, um homem branco de calções erguia impassivelmente um microfone na frente deles.

Depois de uma espera de duas horas, um funcionário do partido saltou sobre o palanque oficial com listras vermelhas e brancas, acalmou os tambores e o alarido, e ergueu um casacão de cavalheiro, de cor discreta e corte

TEMPOS DE REFLEXÃO *119*

impecável. Como uma pancada num gongo, um tremendo grito explodiu no meio da multidão e ficou pairando no ar: o casaco era um sinal, trazido do aeroporto por um despachante, de que seu líder havia realmente chegado.

Logo Tshombe surgiu em pessoa, um homem radiante de ar muito jovem, como muitos estadistas africanos tendem a ser, de pé num carro aberto, um enorme carro rosa, como os de muitos estadistas africanos tendem a ser. Havia sido anunciado que seria proibido tirar fotos de sua pessoa: a razão — não anunciada — era que ninguém ainda estava muito seguro de que não houvesse alguma verdade na antiga crença africana de que, pregando alfinetes ou lançando um feitiço sobre uma imagem, era possível causar danos à pessoa representada.

Ele não parecia ter medo de nada, absolutamente nada, esse jovem no seu terno azul. Entretanto, enquanto o observava no seu palanque de boas--vindas, eu via que ele estava rodeado por tudo o que a África tem a recear. Os rostos dos brancos — homens de rapina ou boa vontade, quem saberia dizer? — estavam ali, poucos e ameaçadores, bem ao seu lado diante da multidão negra. E, logo atrás dele, havia um chefe tremendamente gordo, segurando um mata-moscas com a autoridade de um cetro.

1961

Partido de um Só Homem

Os americanos inventaram a palavra "imagem" no sentido de que ela é agora associada aos bens de consumo por toda parte. Estranhamente, foram escritores americanos que começaram a criação de imagens. Nos primeiros dias da independência, o fato de o inglês continuar sendo a língua dos americanos, ainda que os americanos tivessem vencido a guerra, era um ponto vulnerável na couraça da nova nação. A prosa elegante da Nova Inglaterra estava intimamente associada com a Inglaterra; mas a vitalidade coloquial de Artemus Ward e Mark Twain parecia demasiado crua para criar um idioma americano. Por algumas gerações, os escritores americanos procuraram constrangidos palavras próprias; muito depois de as terem encontrado, a ideia de um idioma americano foi adotada e embaçada, alterada, confundida com a ideia da imagem americana. Num dos casos, era uma busca; no outro, um artifício. Acredito que a participação do escritor americano nisso tudo foi inocente; certamente — tomando emprestado seu idioma — ele não quer ter parte nisso hoje.

A diferença entre a América dos filmes, das revistas e das mercadorias empacotadas e a América de Faulkner, Hawthorne, Saul Bellow, Carson McCullers, James Baldwin, Melville — cravo os nomes no papel, colhendo tanto no passado como no presente, porque em todo e qualquer país o *então* está contido em seu *agora* — é extraordinária. (É interessante que essa maravilhosa invenção americana, o humor negro, está baseada nessa própria diferença: a vida como disseram ao americano que devia desejá-la e a vida como ela é.) Não se pode driblar a brecha em termos da diferença entre arte e mercantilismo. Pois, embora utilizada desavergonhadamente pelo comércio, a imagem americana é também erguida pelos americanos em lugares elevados e sérios, por exemplo, na política. A imagem exalta a juventude, o sucesso, o patriotismo incondicional, o amor de um homem/mulher bom/boa, a confiança da liberdade e de estar com a razão. A nata dos escritores americanos se preocupa com a dificuldade de realização; a corrupção da integridade; a luta por padrões morais tanto na vida pública como na privada; a verdade do amor, qualquer que seja a sua forma, hétero ou homossexual; a batalha do indivíduo contra o poder da sociedade; e a dúvida de que se tenha razão.

Não quero dizer com isso que aquilo que os estrangeiros recebem dos escritores americanos seja uma revelação comprometedora da América. É um mundo de seres humanos reais numa luta corpo a corpo com a vida real, fazendo perguntas em vez de aceitar que sabem todas as respostas. Por que aceitamos a verdade desse mundo ao passo que rejeitamos a da América no verso do nosso pacote de cereais? Pela simples razão de que, estando vivos, nós próprios sabemos que a vida não é um jogo "Famílias Felizes"[5] de casar tristeza com morte, alegria com amor, liberdade com declaração de independência. Trata-se de questionar essas coisas de novo, toda vez que surgem nas vidas individuais; de fato, no que diz respeito à liberdade, é uma questão de medi-la pelo nosso direito e impulso de questioná-la sempre.

Melville escreveu: "Amo todos os homens que *mergulham*... todo o corpo de mergulhadores intelectuais do pensamento que têm afundado e vindo à tona com olhos injetados desde que o mundo começou".

Claro, estou falando dos mergulhadores com olhos injetados — os verdadeiros escritores americanos. No contexto da literatura, os que escrevem por dinheiro não nos interessam, a não ser como um aparte: por que é que o romance literário competente, decentemente escrito, um bom enredo ou uma bela história de amor, tem um padrão muito mais elevado na Inglaterra

---

[5] Jogo de cartas americano. (N. T.)

que nos Estados Unidos? De fato, para os não americanos, o romance americano comum é ilegível. (De ...*E o vento levou* a *Tempestade sobre Washington* esse romance tem aparecido também em calhamaços de mil páginas.) Vemos o filme, mas não conseguimos ler o livro.

Acho que a razão é que, embora se possa esperar que esse tipo de livro preencha frouxamente a lacuna entre as convenções cômodas e a realidade, avançando com timidez na direção desta última enquanto retorna, no final da página, às primeiras, nos Estados Unidos a natureza das convenções — os Estados Unidos do pacote de cereais — é tão distante da realidade que até isso não é possível. Se um escritor não é suficientemente bom para ir até o fundo da questão, ele tem de continuar a sonhar entre os lençóis de percal genuíno. Se a lacuna for preenchida, será de um modo diferente e por pessoas que não são escritores pagos a soldo, mas sociólogos com o talento de se fazer compreensíveis para o leigo. Não acho que o interesse de estrangeiros por livros como *The lonely crowd*[6] e *A sociedade afluente*[7] tenha sequer uma fração da intensidade com que os americanos os devoram em busca da revelação de sua própria vida; mas, ao analisar a lacuna, esses livros realmente a preenchem, tanto quanto se pode dizer que o conhecimento das medidas exatas da altura, profundidade e capacidade cúbica de um buraco é capaz de tampá-lo.

À parte fornecer informações sobre os tipos e o caráter da vida nos Estados Unidos, o que a escrita americana significa para o estrangeiro? Não têm surgido filósofos-romancistas americanos, nenhum Camus, por exemplo, mostrando o homem lidando com o absurdo de sua posição de ente finito possuído por infinitas possibilidades. Tampouco humanistas-romancistas: nenhum E. M. Forster mostrando que às vezes é estabelecida a conexão entre os indivíduos, ainda que carregada dos silêncios enfurecidos de uma linha telefônica ruim. O que os escritores americanos realmente apresentam é a qualidade da vida. As visões, os aromas, os sabores, as sensações, os sons da vida; de Thoreau a Hemingway e Fitzgerald, de Katherine Anne Porter a Henry Miller e Kerouac, os americanos são escritores dos cinco sentidos.

[6] David Riesman. (N. T.)
[7] J. K. Galbraith. (N. T.)

Muitos deles têm sido jornalistas e escritores, e trouxeram para a escrita criativa a queda pelo imediatismo da experiência que o jornalismo exige — ponha tudo no papel e sem rodeios. Se conseguir fazer isso, o escritor não vai precisar de nenhum palavreado para explicá-lo; tudo se explicará por si mesmo. Esse *método* do jornalista, usado com a inteligência criativa, a precisão e o tempo que o jornalista não tem, tornou-se uma das fortes influências da escrita americana sobre a literatura de outros países. Não só Hemingway — seu maior expoente, se não seu inventor — é o escritor americano mais famoso da literatura mundial, mas quase não há um escritor contemporâneo na França, Itália ou Alemanha, sem falar no mundo anglófono, que não mostre vestígios dessa influência, ainda que defenda a atual reavaliação sóbria e amarga do valentão que acabou como Papá.

Se Hemingway é o escritor americano mais famoso, para os não americanos Henry James é certamente o maior. James é quem chega mais perto de ser um filósofo-romancista americano, mas o lemos menos por sua estrutura moral em geral maravilhosamente complexa que pela profundidade de sua compreensão da relação dos Estados Unidos com a Europa. Por que suas Millys e Daisys[8] são mais americanas que o Tio Sam?; e nos falam dos Estados Unidos mais profundamente que qualquer outra pessoa que chegamos a conhecer, até aquele encontro inesperado com o capitão Yossarian em *Ardil 22* no ano passado?

James, que a princípio não parece ter nada em comum com seus escritores conterrâneos, partilha com efeito vários traços literários, familiares. Um deles é a qualidade curiosamente *enlouquecedora* de alguns escritores americanos que se revelam os mais compensadores, até os mais maravilhosos. Não me refiro apenas à grandiloquência que Faulkner, à sua maneira diferente, partilha com James e, em última análise, com Saul Bellow, Ralph Ellison e outros; não me refiro à pura luta com trepadeiras espinhosas e lianas de palavras, à qual renunciamos de vez em quando num estado arfante de desespero. Refiro-me à atração obstinada destilada por essa escrita que nos faz

---

[8] Millys e Daisys referem-se às personagens dos romances de Henry James em geral. Daisy é o nome da protagonista de *Daisy Miller*, e Milly Theale é a jovem central na trama de *As asas da pomba*. (N.T.)

recuperar atordoados o prumo mental, decididos a entrar no mundo denso e fechado que o escritor criou, no qual os marcos só podem ser seguidos quando conhecemos o caminho por dentro desse mundo de olhos vendados e já não precisamos deles. O condado Yoknapatawpha de Faulkner é o exemplo óbvio, mas que dizer do apartamento em Nova York em que mora a família Glass de J. D. Salinger? A prosa de Salinger é como uma vidraça muito limpa, mas para entrar no quarto do outro lado da vidraça torna-se necessário um esforço contínuo de suspender a consciência de todos os termos de referência que não sejam aqueles que regem a vida dos Glass.

Certos tipos, e ao menos um período, da literatura do mundo anglófono parecem pertencer à América. Quando um inglês pensa nos anos 1920, ele pensará em Fitzgerald. Se (foi o que me informaram) você pede a um russo que cite um romancista "coletivista" no Ocidente, ele citará John Dos Passos. E peça a qualquer um que liste os melhores escritores humorísticos da língua inglesa, e ele começará com Mark Twain e passará para James Thurber e Grigori Perelman — uma lista toda americana, a menos que se lembre de repente de Max Beerbohm. Os americanos espirituosos — os Woolcott e Mencken — não são muito conhecidos fora do país. Tampouco os filósofos da casa — quem é esse Harry Golden, por sinal? Mas ao menos dois ensaístas são lidos, começando por Thoreau e percorrendo a descida lógica no tempo, não na qualidade, até E. B. White.

Philip Toynbee declarou recentemente que Edmund Wilson é o mais ilustre homem de letras do mundo anglófono; e muitas pessoas, como eu própria, ficam mais que satisfeitas por encontrar o termo assim definido. Edmund Wilson ergueu violentamente as cortinas empoeiradas e escancarou a porta das reservas eruditas da crítica inglesa. Não foi pela popularização que ele se tornou indispensável, mas por conferir à crítica feita com erudição um alcance único de percepção do mundo contemporâneo, psicológico, político, linguístico, filosófico e social. Sob seu escrutínio, uma obra de arte não se desfaz em pedaços; ela se move em harmonia numa nova unidade que nunca teríamos descoberto por nós mesmos. Kipling se torna tão interessante quanto to Dostoiévski; e as escritas menores sobre a Guerra Civil americana transformam-se no melhor *insight* daquele evento histórico que já lemos. Outros críticos americanos — Harry Levin, Lionel Trilling, Alfred Kazin, Leslie Fiedler e Harold Rosenberg — são igualmente quase indispensáveis, junto com as revistas pequenas em que os lemos pela primeira vez. E a única mulher na língua inglesa com uma reputação internacional em crítica literária é, claro, Mary McCarthy; sua inteligência maliciosa é desfrutada muito além dos círculos literários e do juízo dos literatos sobre sua integridade e erudição.

Achamos que se deve à existência de revistas pequenas e às boas revistas comerciais o fato de os Estados Unidos terem produzido contistas tão extraordinários. Suponho que Edgar Allan Poe tenha começado esse processo, seguido por Sherwood Anderson, mas a nova vida conferida ao conto no Novo Mundo começou, no que nos concerne, com as primeiras histórias de Hemingway. Qualquer que seja nossa opinião sobre seus romances posteriores, essas histórias o colocam lá no alto com De Maupassant e Tchekhov. O. Henry está meio esquecido, mas ainda assim os contistas continuam a surgir: muito diferentes, muito brilhantes — de Eudora Welty e Katherine Anne Porter a Bernard Malamud, Flannery O'Connor, John Updike e James Purdy.

Os gigantes T. S. Eliot e Ezra Pound foram apropriados há muito tempo pela poesia de língua inglesa em geral, e quase esquecemos que eles pertencem à América.

Tendemos a esquecer também que é a América, e não a Inglaterra, que partilha com a França a ruptura com a tradição poética, que surgiu com Baudelaire e Poe há pouco mais de cem anos e resultou no que se conhece desde então, em todos os seus vários experimentos e movimentos, como poesia moderna. A América tem produzido alguns poetas importantes nessa "tradição do novo" (expressão do crítico Harold Rosenberg) que é em parte uma realização americana, mas com frequência são os seus ramos curiosamente originais, como Marianne Moore, que nos parecem particularmente interessantes. A poesia tem significado para poucos em toda parte no mundo; e até entre esses poucos há mais pontos cegos individuais do que na apreciação de qualquer outra forma de escrita — sei que para mim Walt Whitman é um chato prolixo; há quem pense na poesia americana como a obra de Ogden Nash ou, quando muito, de e. e. cummings. Mas de uma admiração ampla pelas vozes variadas de Hart Crane, Robert Frost, William Carlos Williams,

Wallace Stevens, Louise Bogan, Theodore Roethke, Archibald MacLeish, John Crowe Ransom, Elizabeth Bishop, Allen Ginsberg e Kenneth Rexroth — para citar alguns poetas conhecidos da maioria de nós — passamos cada vez mais a considerar Robert Lowell o poeta mais espetacularmente talentoso que escreve na América nos dias de hoje, e ainda por um longo tempo.

Poised against the Mayflower is the slave ship.[9]

A imagem (uso a palavra no sentido poético legítimo desta vez) de William Carlos Williams postula um equilíbrio entre duas forças — um equilíbrio que os escritores americanos aceitaram muito antes do Congresso, e de um modo muito além do que a lei e a legislação podem aceitar. A questão desse equilíbrio, por implicar a necessidade de *uma das forças para a outra*, é um dos temas da escrita americana que significa muito para os não americanos. Não "adotado", mas essencial para o ser de alguns dos melhores escritores americanos; por meio de suas escritas, torna-se claro para nós, um pouco mais cedo que para os americanos, que esse tema não era apenas escrita sulista a lidar com uma região geográfica e politicamente bem definida, mas com uma região da condição humana. Por intermédio das ramificações da história, o mundo dos brancos partilha a culpa e o medo do homem branco em relação ao negro. O mundo dos negros partilha a humilhação e o ressentimento do homem negro em relação ao branco. É por isso que o culto da *négritude* na literatura (inventado pelo poeta martinicano Aimé Césaire e desenvolvido por negros na África francófona) chegou à cultura inglesa por meio dos escritos de negros americanos, longe de suas origens na África; e é também por isso que a tentativa mais profunda de redigir a narrativa e apresentar o equilíbrio entre o branco e o negro ainda vem da América, embora a maior parte da África tenha encontrado sua liberdade e sua voz. William Faulkner, Richard Wright, Carson McCullers, Harper Lee, Langston Hughes, Ralph Ellison — neles encontramos as ambiguidades, as contradições, toda a trapalhada emocional e moral da cor da pele; em James Baldwin entramos

---

[9] Equilibrado contra o Mayflower está o navio negreiro. (N. T.)

em contato com o sentido aterrador de tudo isso. A sua não é uma "escrita de negros". Talvez seja o fim da "escrita de negros" para sempre. Ele a leva ao ponto em que um homem é despido de todas as queixas, bondades, rejeições, tutelas, e assume sua identidade de homem — é isso ou nada.

Entre os temas americanos, somos naturalmente atraídos para aqueles que tangem arrepiante ou iluminadoramente as condições de vida que temos em comum com os americanos. O materialismo, essa grande fraude cintilante que todos vimos se despedaçar em nossas mãos, talvez tenha chegado à sua apoteose na América, mas os escritores americanos enfrentam a situação juntando ferozmente os pedaços pontudos, o que outros escritores não fazem. Para os adultos, se não para os estudantes universitários em todo o mundo que andam com *Suave é a noite* enfiado nos bolsos, essa é certamente a fonte de nossa admiração por Scott Fitzgerald, que, se achava que os ricos tinham vozes especiais, mostrou que eles acabam gritando no vazio. Nenhum escritor tratou da solidão e da alienação existentes numa sociedade materialista como Nathanael West em *Miss corações solitários* e *O dia do gafanhoto*. A honestidade truculenta e sem escrúpulos de *Henderson, o rei da chuva*, de Saul Bellow, *Lolita*, de Nabokov, e do magnífico *Ardil 22*, de Joseph Heller, no ano passado não encontram comparação na escrita inglesa contemporânea, e esse último livro só pode ser ombreado por aquele extraordinário romance alemão, *O tambor*, de Günter Grass.

Como o Oscar de Grass, o capitão Yossarian de Heller é uma espécie de Último Homem — uma soma total das características humanas ("humanidade" é a palavra errada; "humanidade" é uma das grandes abstrações que eles combatem) num mundo em que os homens se aprisionaram a si mesmos. A lei da oferta e da procura os revira na grelha, Deus é um refletor girado de vez em quando pelos guardas do presídio na torre de observação, e o único grito que se eleva não é *"Ecce homo!"*, mas "Por que eu?".

O capitão Yossarian, um artilheiro, opõe-se a esse mundo tomando a decisão extraordinária de "viver para sempre ou morrer tentando". É um esplêndido grito de batalha pela vida; reconhece o inimigo máximo, em tempo de paz ou guerra, no *Ardil 22* — a cláusula que nos "ata" para que não possamos vencer.

> Havia apenas um ardil, e esse era o Ardil 22, especificando que a preocupação pela própria segurança em face de perigos reais e imediatos era o processo da mente racional. Orr estava louco e poderia ficar retido em terra. Tudo o que ele tinha de fazer era pedir; e, assim que o fizesse, já não seria louco e teria de voar para cumprir mais missões. Orr seria louco de efetuar mais missões e sensato se não o fizesse, mas, se fosse sensato, teria de voar para efetuá-las. Se voasse para cumprir missões, ele era louco e não teria de cumpri-las: mas, se não quisesse, ele era sensato e teria de voar para efetuá-las. Yossarian ficou profundamente perturbado pela simplicidade absoluta dessa cláusula do Ardil 22 e emitiu um assobio respeitoso.

Esse é o primeiro encontro de Yossarian com o Ardil, mas ele continua a se jogar de cabeça contra as circunstâncias, não só em sua luta com a autoridade na pessoa do coronel Cathcart, que sempre aumenta o número de missões durante o tempo de serviço, a fim de ganhar uma promoção para si mesmo em terra, mas também em sua experiência com os grandes negócios, na pessoa do piloto transformado em empresário, Milo Minderbinder. Milo cria um "grupo econômico" para suprir o esquadrão de iguarias compradas em lotes pelo mundo todo e transportadas para Pianosa, perto da costa italiana, nos aviões do esquadrão e nos de outras organizações forçadas a entrar no grupo econômico. Milo fica tão rico e alucinado com os negócios que acaba aceitando uma oferta razoável dos alemães — o preço de custo mais seis por cento para realizar em nome deles o bombardeio do aeroporto de seu próprio esquadrão com seus próprios aviões.

Yossarian sobrevive a Cathcart, Minderbinder e muitos mais, e na última página está prestes a tentar uma fuga para a Suécia. Um amigo pergunta:

> "Como se sente, Yossarian?"
> "Ótimo. Não, estou muito assustado."
> "É bom", disse o major Danby. "Isso prova que você ainda está vivo. Não será divertido."
> Yossarian começou. "Sim, será..."
> "Você terá de pular."
> "Pularei."

Yossarian pula. O medo, o estar vivo, o pulo — os dois primeiros são a situação, o último a necessidade que todos reconhecemos e que poucos escritores em qualquer parte enfrentaram descrever, nenhum com a inteligência e a vitalidade de Heller.

A escrita *beatnik* é outra resposta do escritor americano a uma vida que nos atormenta e engana a todos, tanto americanos como não americanos. Mas a própria escrita *beatnik*, apesar da ampla gama física dos personagens de que trata, ressente-se curiosamente de uma falta do vigor e exigência que despertam o interesse do restante de nós. Os livros *beatnik* permanecem uma espécie de esperanto literário, em que nenhuma revolução espiritual real encontraria expressão.

Desde que Baudelaire adotou Poe para os franceses, os não americanos têm diferido dos americanos em seu entusiasmo por certos escritores, e penso que o fator decisivo é antes o tema que a qualidade individual do escritor. É provável, por exemplo, que o nome de Thomas Wolfe faça brilhar nos olhos de um não americano o olhar polido produzido pela menção de um livro que se deveria ter lido; ou pior, que não se conseguiu terminar. Embora *Morte na família* tenha seus admiradores, muitas pessoas produzem o mesmo olhar para Agee. A preocupação desses escritores com as origens da infância, o ventre e o ninho de suas personalidades é algo que achamos enfadonho, por mais primorosamente acurados (para mim, no caso de Agee) que sejam seus achados. Essa qualidade obsessivamente pessoal de parte da escrita americana é suspeita — quer tenha amplos tons à Whitman, quer tenda ao aconchego doméstico que, aí, está se insinuando nos escritos de John Updike, ou ao aconchego de santuário que agora cerca J. D. Salinger.

Quem senão um americano poderia ter escrito *Advertisements for myself?* Ou, tendo escrito o livro, teria lhe dado esse título? Até Norman Mailer começa a mostrar que a falha fatal em seu talento forte, mas imperfeito, é talvez esse virar-se obsessivo sobre si mesmo, uma dilaceração, se não contemplação, do próprio umbigo. Se ele estiver, de fato, tentando ser o primeiro escritor existencialista dos Estados Unidos, essa tendência aponta para a improbabilidade de que seja bem-sucedido. A obsessão por si mesmo exclui a clareza moral explícita exigida por uma abordagem existencialista; até exclui a objetividade necessária para essa ramificação existencialista, o senso do "absurdo".

Nossa recusa dessa autocelebração talentosa é diferente do modo como fugimos ao esperanto *beatnik*, mas ainda assim é uma atitude inquieta. Essa inquietude interior, nascida mais de nosso tempo que de nós mesmos, relembra o isolamento moral de Billy Budd e do capitão Ahab de Melville, e encontra expressão em seus próprios acontecimentos e tempo, nas vidas bizarras, engraçadas, cruéis, loucas do capitão Yossarian, criado por Joseph Heller, e do anão a bater o tambor, criado por Günter Grass. Esses são os meios pelos quais o *geist* da vida contemporânea parece ser brutalmente mais bem invocado. É por isso que, como escritora e leitora, devo admitir que num ano que nos trouxe da América a beleza de olhos fundos de *A nau dos insensatos*, de Katherine Anne Porter, tão intransigente em seu modo clássico profundamente desiludido quanto o livro de Heller, eu preferiria ter escrito *Ardil 22*.

1963

Uma Desertora e o Verão Invencível

A minha vida de escritora começou muito antes de eu sair da escola, e eu comecei a sair da escola muito antes de chegar o período convencional; assim, não há uma real demarcação, para mim, entre a escola e a vida "profissional". Coloquei as aspas, porque penso na vida profissional como algo em que se ingressa por meio de um exame, e não como uma ocupação obsessiva igual à de escrever, para a qual se providenciam qualificações, em geral extraordinárias ou excêntricas, à medida que se avança. E não me sinto lisonjeada pela ideia de ser agraciada com uma "profissão" *honoris causa*; todo escritor ou pintor honesto quer realizar o impossível, e não precisa que lhe seja estipulado um padrão mínimo por uma instituição como uma profissão.

Isso não significa que, na minha opinião, um escritor não precise de uma boa educação em geral e que meu desejo não era ter recebido uma melhor. Mas talvez meus desapontamentos nasçam do impulso comum de encontrar uma justificativa, fora dos limites do meu próprio talento, para os limites da minha própria realização.

Fui uma desertora desde o jardim de infância, porém, ao contrário da maioria das crianças pequenas que acostuma rapidamente seus corpos macios e redondos aos ângulos agudos das carteiras e da disciplina, continuei a fugir da escola, ano após ano. Frequentava o período diurno num convento em Springs, a cidade mineradora de ouro no Transvaal onde morávamos, e quando pequena costumava me esconder até escutar o enxame de vozes começar o "Pai nosso" nas orações, quando eu então saía pelos feios portões de ferro e passava a manhã na faixa de campo aberto que havia entre o distrito em que ficava a escola e o distrito em que ficava minha casa. Lembro-me de pegar borboletas brancas ali durante toda uma manhã de verão, até que, na quietude em que eu já não tinha sombra, escutava o sino da escola, muito longe, bem claro, e sabia que agora podia aparecer sem perigo em casa para o almoço. Quando fiquei mais velha, costumava me refugiar por horas no bloco dos banheiros, esperando na atmosfera de desinfetantes a minha oportunidade para escapar. A essa altura já não vivia de momento para momento e não podia desfrutar as borboletas; o passado, com o ato de fuga nele contido, e o futuro, contendo a descoberta e o castigo, tornavam a liberdade impossível; o ato de agarrá-la era meramente um gesto desesperado.

O que o gesto significava, não sei. Eu conseguia fazer o meu trabalho de escola com facilidade, e entre as garotas da classe tinha a espécie de vitalidade mandona que conquista popularidade; mas era dominada, de tempos em tempos, pelo que agora posso ao menos chamar de estados de ansiedade. Especulações sobre sua causa não cabem aqui, o que é uma sorte, porque as pessoas que estavam ao meu redor na época ainda estão vivas. A autobiografia só pode ser escrita quando somos velhos; não podemos ferir os sentimentos de outras pessoas, nem podemos ser processados por calúnia ou, pior, contraditados.

Há apenas um aspecto da minha ânsia de fuga que parece valer a pena mencionar, porque revela um expediente da personalidade que, começando naquela época talvez como uma defesa sonhada, uma saída, tornou-se mais tarde a astúcia prática subconsciente que me permitiu sobreviver e crescer em segredo, enquanto projetava uma imagem camuflada de mim mesma totalmente diferente. Eu fugia da escola, mas havia outra escola, o mundo unido, alegre, competitivo, emocionantemente leal dos livros sobre meninas na escola, ao qual eu sentia o desejo de pertencer. (Certa vez implorei para entrar num internato, acreditando que ali encontraria esse mundo.) Claro, ainda que tivesse existido, esse mundo "Amigo de Escola" teria sido o último

TEMPOS DE REFLEXÃO *133*

lugar sobre a terra para mim. Teria encontrado ali, com muito mais insistência, os muros, o cheiro de sarja e de cera de assoalho, a pressão da uniformidade e a tirania do tempo regulado pelo sino, que provocavam revolta e repulsa em mim. O que eu não sabia — e o que uma criança nunca sabe — é que há algo mais no mundo do que lhe é oferecido; mais escolhas do que as que lhe são apresentadas; mais tipos de pessoas do que aqueles (os únicos que conhece) dos quais sente, mas não ousa admitir, que não faz parte. Eu achava que *tinha* de aceitar a escola e todas as atitudes que ali refletiam as atitudes de casa; portanto, para ser uma pessoa, eu tinha de ter *alguma* imagem de escola que fosse aceitável para mim; não parecia possível viver sem ela. Stevie Smith escreveu certa vez que se deveria falar a todas as crianças sobre a possibilidade de cometer suicídio, para consolá-las caso acreditassem que não havia como escapar do insuportável; seria menos dramático, mas muito mais consolador, se fosse possível dizer a uma criança que há um aspecto de si mesma que ela *não sabe que é admissível*.

A conclusão que minhas fugas da escola arrancaram dos adultos ao meu redor foi que eu não era do tipo estudioso e devia ser persuadida a aceitar um mínimo de aprendizado. Em nossa pequena cidade, muitas garotas deixavam a escola com quinze anos ou até mais cedo. Então, depois de um curso de seis semanas na escola comercial local, a garota estava preparada para um emprego numa loja ou nos escritórios de uma das minas de ouro que haviam engendrado a cidade. E a própria máquina de escrever apenas batia o tempo de espera para a breve temporada de glória, autoafirmação e importância que chegava com a festa do noivado, o "chá de panela" pré-nupcial, e culminava nem tanto na própria cerimônia de casamento, mas no nascimento, nem um dia antes de nove meses e três semanas mais tarde, de um bebê. Não fazia muito sentido que uma garota vivesse com a cabeça enfiada nos livros; mesmo que ela decidisse preencher o ínterim com uma das ocupações que tinham um prestígio um pouquinho mais elevado, sendo vagamente consideradas artísticas — ensinar sapateado, piano ou "elocução".

Acho que eu devia estar destinada a uma dessas atividades, porque, apesar de não ter talento nem interesse sério para bater os dedos dos pés, tocar Czerny ou arredondar minhas vogais, eu gostava de usar tudo isso como material para o talento de me exibir. Quando comecei a entrar na adolescência, parei com os concertos caseiros e me contentava em imitar, para a diversão de um grupo de amigos de meus pais, outros amigos que não estavam presentes. Não parecia ocorrer aos presentes que, em sua ausência, eles trocariam de lugar com as pessoas de quem estavam rindo; ou talvez se dessem conta, sou injusta com eles, e não se importassem.

Durante o período em que todos aceitavam que eu fosse uma candidata a costura caseira ou elocução, e que não havia motivo para me manter na escola por muito tempo, eu lia e escrevia, não em segredo, mas como alguém que realiza, abertamente, algo que não é levado em consideração. Não ocorreu a ninguém que essas atividades estivessem ligadas com meu aprendizado; assim, por que essa ideia teria ocorrido a mim? E embora me nutrisse com a atenção que meus esforços de imitação caricatural me angariavam, eu tinha sentimentos muito diferentes sobre qualquer elogio ou comentário que recebia quando minhas histórias eram publicadas na seção infantil de um jornal dominical. Embora ficasse terrivelmente orgulhosa de ver minha história impressa — pois somente impressa ela se tornava "real", e eu obtinha uma prova do milagre pelo qual a coisa criada passa a ter uma existência própria —, eu tinha um instinto ciumento de manter essa minha atividade longe do manuseio que a declararia "inteligente" junto com a mímica e os concertos caseiros. Era o início da arrogância humilde dos escritores e pintores, que sabem ser quase improvável que chegarão a realizar algo realmente bom e não querem ser julgados por padrões que aceitarão bem menos que isso. É esse um motivo demasiado pretensioso para atribuir a uma criança de doze anos? Não acho. É possível ter um instinto generalizado para o inatingível muito antes de ter realmente entrado em contato com esse conceito. Quando, poucos anos mais tarde, li *Um coração simples* ou *Guerra e paz*, eu sabia que era isso, sem recorrer à orientação da lista dos Cem Melhores Livros do Mundo, que certa vez tentei ler por inteira!

Comecei a escrever com nove anos porque fui surpreendida por um poema que realizei como exercício escolar. O tema prescrito era "Paul Kruger", e apesar de ser um item de meus primeiros escritos juvenis, em vista do que tem acontecido desde então entre pessoas como eu e o

TEMPOS DE REFLEXÃO 135

nosso país, não resisto a citá-lo, só pelo sabor patriótico há tanto tempo não experimentado:

Noble in heart,
Noble in mind,
Never deceitful,
Never unkind... [10]

Era o tam-ta-ta-tam que me deliciava, mais do que os sentimentos ou o tema. Porém logo descobri que o que eu realmente apreciava era criar uma história, e isso se fazia com mais facilidade, sem as restrições do tam-ta-ta--tam. Depois disso, eu estava sempre escrevendo alguma coisa, e a partir dos doze ou treze anos frequentemente publicando. Minhas histórias infantis eram antropomórficas, com uma pitada do paganismo culto de Pã dos escritores eduardianos, assim como ele havia sido transportado para a África do Sul nos livros de Kenneth Grahame, embora eu já usasse o pano de fundo dos montes de refugo das minas e dos animais do *veld* que me era familiar, e não o europeu que abastecia minha formação literária, pois não havia livros sobre o mundo que eu conhecia. Eu escrevia os ensaios de minha irmã mais velha quando ela estudava na Witwatersrand University, garantindo-lhe uma bela média. Consegui inserir um ensaio na seção literária do Eisteddfod[11] realizado pela comunidade galesa em Johannesburgo, e comprei com o cheque do prêmio *Guerra e paz, ...E o vento levou* e um Arthur Ransome.

Eu tinha quase catorze anos a essa altura, e a inconsciência feliz da estranha combinação dessa escolha é uma indicação das minhas leituras. Era mais fome que gosto o que eu sentia; mas, embora ela me fizesse ler indiscriminadamente coisas que eram demais para mim, o lixo tendia a ser expelido e a minguar. Entretanto, alguns dos livros que li nos primeiros anos da adolescência me intrigam. Por que o *Diary*, de Pepys? E o que me fez empreender a travessia penosa de *A anamomia da melancolia*? Onde ouvi falar da

[10] Nobre de coração,/ Nobre de espírito,/ Nunca fingido,/ Nunca desumano... (N. T.)
[11] Festival galês das artes. (N. T.)

136   Nadine Gordimer

existência desses livros? (Naquela lista dos Cem Melhores Livros do Mundo, quem sabe.) E uma vez tendo agarrado algo como Burton, o que me fez continuar página após página? Acho que deve ter sido porque, embora eu não compreendesse tudo o que estava lendo, e o que eu compreendia estava distante da minha experiência de um modo diferente das fantasias facilmente assimiláveis, as palavras meio apreendidas lidavam com o mundo das ideias e assim confirmavam o reconhecimento, em algum lugar, daquela parte de mim mesma que eu não sabia ser admissível.

Todas as circunstâncias e ingredientes estavam postos para a criança prodígio de uma cidade pequena, mas, graças a Deus, por não ter o encorajamento e a ajuda prática oferecidos em geral às crianças "talentosas", também escapei do status de anã que é palmado nos pobres diabinhos antes de seu tempo (se é que esse tempo chega algum dia). Não ocorreu a ninguém que, se quisesse tentar escrever, eu deveria receber uma educação ampla para desenvolver meus poderes e adquirir conhecimentos culturais. Mas esse descaso significava ao menos que eu era deixada em paz. Ninguém vinha bisbilhotar o domínio privado que não era nenhum mundo de sonho, mas constituía, à medida que eu crescia, a cena de minha maior atividade e única disciplina. Quando os dias da escola finalmente terminaram (eu tinha parado de fugir, mas vários outros fatores haviam continuado a tornar minha presença irregular), eu tinha certa aparência de dinamismo que passava por vida na cidade pequena. Era tão trivial que me pergunto como pôde ser admitido, como a família ou os amigos puderam aceitar que uma jovem gastasse sua vitalidade em tão poucas atividades. Nunca se decidiu a que eu deveria me "dedicar", e assim eu não tinha um emprego. Até entrar na universidade, aos 22 anos, levei uma vida exterior de inutilidade sibarita de que me envergonho. Nessa vida, não fazia nada que quisesse realizar de coração; não tentava nada nem me comprazia com nada (à exceção de sexo) para testar meu alcance, a medida da capacidade de vida em mim mesma. Meu ser existencial respirava, mas estava inerte, como um daqueles infelizes que sofreram uma lesão cerebral num acidente de carro e ficam sem poder escutar e ver, embora comam quando lhes dão comida e abram os olhos para a luz. Eu jogava golfe, aprendia a tomar gim com os pilotos aprendizes da RAF (Royal Air Force – Força

Aérea Real) da base aérea próxima e participava de espetáculos teatrais amadores para mostrar sinais de vida às pessoas ao meu redor. Até fui às aulas de primeiros socorros e enfermagem, porque essa atividade foi sugerida como um "interesse" para mim; não me importava o que eu fazia, pois não admitia que houvesse alguma coisa, nas ocupações e diversões que me eram oferecidas, que realmente me interessasse, e eu não tinha certeza — a única evidência estava nos livros — de que outra coisa fosse possível.

Ainda assim me envergonho desse torpor, rejeitando o que agora vejo como prováveis razões para esse estado de coisas, a cuidadosa preparação para esse fim que minha infância representou. Não compreendo por que não me libertei da maneira mais óbvia, saindo de casa e da cidade pequena, arrumando um emprego em algum lugar. Nenhum condicionamento escusa a ausência do simples ato de coragem que resistiria a esse estado de coisas. Minha única rejeição manifesta dessa vida mesquinha era o fato de que, sem o menor embaraço ou consciência, deixei meu pai me sustentar. Embora as necessidades atendidas fossem modestas, ele não era rico. Uma coisa ao menos eu aparentemente não fazia — não trabalhava no que não queria. E a imagem camuflada de mim mesma como uma moça diletante, contente em participar do jogo dos adultos agarrada às pontas das tiras do avental de minha mãe — quando muito uma Bovary em construção —, tornava isso possível para mim.

Com quinze anos já tinha escrito minha primeira história sobre adultos e enviara o texto a um semanário liberal que estava vicejando na África do Sul à época. Eles a publicaram. Era sobre um velho que não tinha contato com a vida dinâmica e próspera que assegurou aos filhos e que experimenta um momento de reconhecimento quando menos espera — com uma das jovens esposas bem ativas, tão diferente da esposa que ele lembra. Não é um tema ruim, mas expresso com o sentimento burguês respeitável que seria de esperar. Isso foi em 1939, dois meses depois da deflagração da guerra, mas nos anos que se seguiram as histórias que eu escrevia não foram muito influenciadas pela guerra. Ela ocupava os noticiários no rádio, ocorrendo muito longe, em países que eu nunca tinha visto; mais tarde, quando eu tinha dezessete ou dezoito anos, vários namorados partiram para o Egito e a Itália, e mandaram de lá joias de coral e bolsas de couro carimbadas com uma esfinge.

138 *Nadine Gordimer*

Estranhamente, quando me envolvi com o trabalho real de aprender a escrever, fiquei menos disposta a mandar meus esforços para jornais e revistas. Eu estava lendo Maupassant, Tchekhov, Maugham e Lawrence, e também descobrindo O. Henry, Katherine Anne Porter e Eudora Welty, e as histórias em *Partisan Review, New Writing* e *Horizon*. Katherine Mansfield e Pauline Smith, embora uma fosse neozelandesa, confirmaram que meu ambiente "colonial" propiciava uma experiência que fora escassamente observada, quanto mais refletida, exceto como fonte de histórias de aventura. Eu tinha lido *A morte de Ivan Ilyich* e *The child of queen Victoria*; toda a noção do que uma história poderia fazer e ser acabou com a satisfação de produzir algo que ganhava sua pequena validade em letra impressa. De tempos em tempos, eu enviava uma tentativa para uma das revistas político-literárias locais de curta duração — criadas principalmente como plataformas para política liberal, elas eram as únicas publicações que editavam poesia e histórias fora da categoria de novela romântica —, mas essas histórias publicadas eram as fáceis. Para as outras, eu não tinha nenhuma facilidade, e elas levavam meses, até anos, para cessar de mudar de forma, antes que eu encontrasse um modo de dominá-las na minha mente, quanto mais acertar palavras ao seu redor. E então elas eram, em sua maioria, demasiado longas ou demasiado explícitas (nem sempre no sentido sexual) para essas revistas. De um modo desajeitado que às vezes ricocheteava num golpe inesperado, eu procurava o que as pessoas queriam dizer, mas não diziam, não só sobre sexo, mas também sobre política e sua relação com os negros entre os quais vivíamos, assim como as pessoas vivem numa floresta entre árvores. Foi assim que não acordei para os africanos e a enormidade vergonhosa da barreira da cor da pele por um fascínio juvenil pelo Partido Comunista, como aconteceu com alguns de meus contemporâneos com quem partilho a rejeição da supremacia branca, mas pela espeleologia aparentemente esotérica da dúvida, conduzida mais por Kafka que por Marx. E os "problemas" do meu país não me puseram a escrever; ao contrário, foi aprender a escrever que me fez cair, cair varando a superfície do "modo de vida sul-africano".

Foi por volta dessa época, durante uma rara incursão na boemia pueril dos estudantes universitários em Johannesburgo, que conheci um rapaz que

TEMPOS DE REFLEXÃO *139*

acreditava que eu era uma escritora. Apenas isso; não quero dizer que ele me via como a escolhida para o templo sagrado da arte ou qualquer asneira presunçosa desse tipo. A sofisticação cosmética que eu usava com a esperança de disfarçar minha estase no mundo que conhecia e minha incerteza quanto à possibilidade de qualquer outro, ele ignorava como um grande disparate. Desse aspecto de mim mesma, que todos os demais conheciam, ele não fazia caso; o que ele reconhecia era minha ignorância, minha batalha desajeitada para sair da casca bicando um a um todos os conceitos banais e criar meu próprio sentido da vida. Ele se mostrava frequentemente cheio de desdém e zombava do modo como eu estava lidando com esses problemas; mas *reconhecia a necessidade*. Foi também por meio dele que me animei o bastante para insistir em entrar na universidade; como era de esperar, houve oposição à ideia em casa, porque havia sido aceito por muito tempo que eu não era do tipo estudioso, como se dizia. Parecia um desperdício gastar dinheiro com uma universidade aos 22 anos (eu certamente ia me casar em breve, não?); sugeriu-se que (ao contrário da busca honrada por um marido) a verdadeira razão da minha vontade de ir para a universidade era procurar homens. Parece-me agora que essa teria sido uma razão tão boa quanto qualquer outra. Minha única preocupação fora do mundo das ideias eram os homens, e eu deveria estar preparada para reclamar o meu direito a esse interesse tão válido quanto o outro.

Mas minha liberdade não veio da minha nova vida na universidade. Eu era velha demais, de muitas maneiras; já tinha ido longe demais, nas trilhas escavadas por mim, para o que eu poderia ganhar ao longo da pista asfaltada. Certo dia, um poeta me convidou para almoçar. Era coeditor de mais uma revista pequena que estava então a meio caminho da dúzia de números que demarcariam sua vida. Ele acabara de publicar uma história minha e, como muitos editores quando sabem que o colaborador é uma jovem, estava curioso para conhecer a autora. Era o poeta e dramaturgo africâner Uys Krige, que escrevia também em inglês, havia vivido na França e na Espanha, falava cinco línguas, era versado em suas literaturas, e fazia traduções de três dessas línguas. Fora instrutor de natação na Riviera, treinador de futebol em outro lugar e correspondente de guerra com a Brigada Internacional na Espanha.

Quando o rapaz (aquele mesmo) soube que eu estava tomando o trem para Johannesburgo por causa desse convite — eu ainda morava em Springs —, ele disse: "Se eu fosse você, Nadine, não iria".

"Santo Deus, por que não?"

"A menos que esteja preparada para mudar uma porção de coisas. Você pode não se sentir a mesma depois disso. Talvez nunca seja capaz de voltar."

"Que *diabos* você está falando?" Zombei dele: "É só tomar o trem de volta".

"Não, quando se percebe como é uma pessoa desse tipo, ninguém consegue mais aguentar a vida comum. Você se sentirá muito infeliz. Assim, não vá, a menos que esteja preparada para isso."

O poeta era um homem louro, baixo e bronzeado. Enquanto gracejava, saboreava a comida, tinha uma discussão animada com o garçom africano sobre a origem do nome de uma fruta e recitava para mim traduções de Lorca e Eluard, primeiro em africânder e depois em inglês, por eu não conseguir acompanhar muito bem suas palavras; ele exibia o resplendor físico de um pescador. Era verdade; eu nunca tinha conhecido ninguém assim. Tenho conhecido muitos poetas e escritores desde então, doentes, torturados, pomposos, tímidos; conheço a face de Apolo na manhã seguinte. Mas naquele dia tive um vislumbre — não de uma "vida de artista" espúria, mas, na pessoa do poeta, do lampejo de seu propósito — do que todos estamos buscando, o "verão invencível" de Camus, que existe para ser procurado no homem abaixo do cinza da vida suburbana, do entorpecimento do trabalho repetitivo e da lama sanguessuga da política.

Pouco tempo depois, uma de minhas histórias foi publicada numa antologia, e um segundo editor me procurou com a oferta de publicar uma coletânea. No ano seguinte, mandei minhas histórias para onde nunca havia me aventurado — através dos mares até a Inglaterra e a América. Elas voltaram para mim no devido tempo, em formato de capa dura com meu nome impresso na sobrecapa colorida. Apareceram resenhas, e, ainda mais espantoso, apareceu dinheiro. Eu morava sozinha em Johannesburgo a essa altura e era capaz de pagar o aluguel e alimentar a mim e à filhinha que tinha arrumado. Essas coisas são um marco conveniente para o início de uma vida de trabalho.

Mas a minha começou realmente no almoço daquele dia. Vejo o poeta de vez em quando. Está mais velho agora, claro; um pouco marcado de rugas com as decepções, um tanto vítima política, pois ele não louva a política de seu povo ou a barreira de cor do homem branco em geral. A verdade nem sempre é bonita, mas a fome de verdade é.

1963

Censurados, Proibidos, Amordaçados

Peter Abrahams, Harry Bloom, Hans Hofmeyer, Daphne Rooke, Ezekiel Mphahlele e eu somos alguns dos escritores sul-africanos que partilham a experiência de ter livros proibidos em seu próprio país. Por que nossos livros foram proibidos? Se fôssemos julgar pela insistência monótona com que a necessidade de proteger jovens mentes puras contra a "sujeira barata" era invocada como justificativa para o novo projeto de lei da censura em debates parlamentares na África do Sul, concluiríamos que esses livros devem ser pornográficos. Dos seis escritores que mencionei, nenhum trata de sexo com sensacionalismo ou com um tom que vá além de uma franqueza aceitável, e dois (naqueles seus livros que foram proibidos), em virtude de seus temas, nem falam sobre relações sexuais. Embora o ministro do Interior e os membros nacionalistas do Parlamento jamais mencionem razões políticas para censura, esses livros, e quase sem exceção *todos* os proibidos de escritores sul-africanos, foram interditados por uma razão política: não estão em conformidade com a imagem da vida sul-africana prescrita e proscrita pelo *apartheid*.

Acho que sou a única a ter sido agraciada com uma explicação para a proibição de um livro. Fui informada de que a atitude oficial em relação ao meu segundo romance — proibido na edição Penguin em que teria alcançado seu maior público em meu país — era que ele "solapa a política racial tradicional da República".[12]

Essa era a verdade, pelo menos uma vez, a verdade atrás do interesse pio pelas jovens mentes: não são as palavras de quatro letras que as ameaçam, mas o perigo de que possam começar a pensar, e, sob o estímulo de certos livros, alimentar algumas dúvidas sobre o modo como sua vida está ordenada. As mentes das pessoas que podem gastar cinco xelins numa edição de capa mole são aparentemente mais delicadas (ou mais suscetíveis?) que as daquelas que pagam dezoito libras e seis centavos por uma edição de capa dura, porque alguns livros são proibidos apenas na edição de capa mole. Isso não é tão ilógico quanto parece; pressupõe que as pessoas mais ricas (ricas = brancas) têm provavelmente uma vida confortável demais para desejar qualquer mudança na "política racial tradicional da República", enquanto as mais pobres (mais pobres = negras) são seguramente encorajadas por qualquer sugestão de que seja possível miná-la.

Os MECANISMOS DE CENSURA que têm servido para proibir todos esses livros são agora suplantados por um sistema mais rigoroso, devastador e devorador sob as novas leis da censura, promulgadas na Lei de Publicações e Entretenimentos de 1963. Entre os defeitos dos velhos mecanismos — do ponto de vista de um Estado evidentemente inclinado a introduzir controle do pensamento — estava o de não providenciar uma censura interna (isto é, de publicações produzidas dentro da própria República) a respeito de outros aspectos que não pornografia. Essa não é uma lacuna tão grande quanto parece; os editores em língua inglesa na África do Sul são poucos, e eles se atêm a publicar livros encantadores sobre a África em formato de presente e histórias fantasiosas de aventuras; as prósperas editoras africâneres tiram seus autores e leitores daquela

---

[12] Meu último romance, *Occasion for loving* (Londres: Gollancz; Nova York: Viking, 1963), foi embargado por um tempo, mas agora está liberado; seu destino, assim que for publicado numa edição mais barata, será provavelmente igual ao do romance anterior. (De fato, *Occasion for loving* acabou não sendo proibido; possivelmente porque, entre outras coisas, tratava do fracasso de um caso amoroso inter-racial.)

parte da comunidade que apoia lealmente o governo e, até agora,[13] não tem se mostrado propensa a produzir alguma coisa que abale qualquer política do governo. Em todo caso, tudo o que for publicado no país estará sujeito à censura junto com tudo o que é importado, e as decisões quanto ao que deve ser proibido e ao que deve ser lido serão tomadas por um Conselho de Controle das Publicações, a ser criado em breve pelo ministro do Interior.

O Conselho será composto de nove membros, todos nomeados pelo ministro, dos quais não menos que seis serão "pessoas com um conhecimento especial de artes, linguagem e literatura, *ou* [o itálico é meu] administração da justiça". O presidente (designado pelo ministro, mais uma vez) deve ser um dos membros de "conhecimento especial", mas um quórum é constituído de apenas quatro membros e, na ausência do presidente e do vice-presidente, um membro comum pode presidir. Comitês especiais podem ser criados para lidar com o trabalho do Conselho — que será prodigioso, para dizer o mínimo, uma vez que dá cobertura a filmes, peças de teatro, "objetos", revistas etc., bem como livros. Um comitê será composto de um membro do Conselho (não está especificado que esse deva ser um dos que possuem "conhecimento especial") e de, ao menos, duas outras pessoas nomeadas como membros a partir de uma lista designada pelo ministro. Assim é que se os sul-africanos terão ou não a permissão de ler qualquer obra de literatura, pode ser, e frequentemente será, decidido por três pessoas, todas nomeadas pelo ministro, nenhuma das quais precisa ter nem mesmo qualificação dúbia, no caso de ser necessário um julgamento literário, de "conhecimento especial" da "administração da justiça".

Não haverá nenhuma representação no Conselho ou nos comitês fora da escolha pessoal do ministro; mas qualquer pessoa pode, a qualquer momento, pagando uma tarifa nominal, submeter à consideração do Conselho uma publicação que *ela* pessoalmente ache que deve ser proibida. No antigo sistema havia um conselho de censores que examinava os livros enviados pela

---

[13] Alguns dos escritores africâneres mais jovens estão começando a se sentir sufocados por uma tradição literária que ignora a realidade gritante da vida em nosso país. Se são impelidos a escrever livros que não se conformam à tradição da escrita africâner, quem os publicará? O africânder não é falado fora da África do Sul, dos protetorados europeus e da Rodésia.

Alfândega, pelo Correio ou por outros órgãos oficiais em cumprimento de várias leis relevantes, inclusive a Lei de Supressão do Comunismo; mas o antigo Conselho não era um ouvidor do tipo Mrs. Grundy,[14] a quem ranzinzas, birutas e informantes políticos podiam levar seus rancores, confiantes em ser ouvidos por causa de um número incrível de razões que lhes garantem o direito de interpor uma ação por ofensa.

Uma publicação é considerada "indesejável" se ela, ou qualquer parte dela, for

> indecente, obscena, ofensiva ou prejudicial à moral pública; é blasfema ou ofensiva às convicções ou aos sentimentos religiosos de qualquer segmento dos habitantes da República; ridiculariza ou desdenha qualquer segmento dos habitantes; é nociva às relações entre quaisquer segmentos dos habitantes; é prejudicial à segurança do Estado, ao bem-estar geral ou à paz e à boa ordem.

A definição do que pode ser considerado indecente, obsceno, ofensivo ou prejudicial à moral pública inclui a descrição de:

> assassinato, suicídio, morte, horror, crueldade, luta, briga turbulenta, maus-tratos, ilegalidade, gangsterismo, assalto, crime, técnica de crimes e criminosos, consumo usual ou excessivo de bebidas alcoólicas, bebedeira, tráfico ou vício de drogas, contrabando, relações sexuais, prostituição, promiscuidade, escravidão de brancos, licenciosidade, luxúria, cenas de amor apaixonadas, ataque sexual, estupro, sodomia, masoquismo, sadismo, bestialidade sexual, aborto, mudança de sexo, vida noturna, poses físicas, nudez, vestimenta escassa ou inadequada, divórcio, infidelidade conjugal, adultério, bastardia, *desvio ou degeneração humana ou social*, ou qualquer outro fenômeno similar ou relacionado.

Os meus itálicos servem para lembrar que as leis raciais do país e suas tradicionais políticas raciais são tais que o relacionamento social e sexual entre pessoas brancas e de cor pode ser interpretado como "desvio ou degeneração humana ou social"; e que, na busca prática e ideológica do *apartheid*, *qualquer* mistura entre as raças é considerada "nociva", e a crítica ou a sátira dessa crença curiosa pode ser facilmente interpretada, por aqueles que a sustentam, como "ridicularizar e desdenhar".

[14] Mrs. Grundy é o nome de uma personagem fictícia, mencionada na peça de Thomas Morton, *Speed the Plough* (1798), que representa a censura diária que a opinião convencional exerce na vida de todo mundo. (N.T.)

Ao determinar se um livro deve ser censurado ou não, "não se deve levar em conta o propósito" do autor, o que significa que não se pode traçar nenhuma distinção entre *Ulysses* e *What the butler saw in the boudoir*, ou entre um panfleto revolucionário advogando a derrubada sangrenta do homem branco e um estudo sério sobre essas aspirações. Segundo uma das cláusulas, o Conselho pode liberar, ficando a seu critério revogar a liberação em qualquer momento, uma publicação de "natureza técnica, científica ou profissional *bona fide* destinada a ser usada para o avanço ou a atividade de determinada profissão ou ramo de artes, literatura ou ciência". Mas não está explicitado como o Conselho decidirá o que é *bona fide* e o que não é.

Muito se tem comentado sobre a concessão do direito de apelação aos tribunais, não incluído na lei em suas primeiras versões (houve três), mas agora concedido. Um autor agora tem o direito de apelar ao Supremo Tribunal depois que seu livro foi proibido pelo Conselho, mas deve protocolar a apelação no período de trinta dias depois da decisão do Conselho. Como um livro pode ser proibido, por instigação de qualquer pessoa, a qualquer momento (talvez meses ou anos depois da publicação) e a notícia de sua proibição não é comunicada ao autor, mas meramente publicada no *Government Gazette*, é muito possível que trinta dias se passem antes que o autor fique ciente da proibição. E um processo no Supremo Tribunal é um privilégio extremamente dispendioso pelo qual se permite que o escritor defenda por fim uma obra que já foi condenada sem julgamento.

O SISTEMA DE CENSURA SE APLICA a revistas e periódicos, bem como a livros, claro, e também a exposições, filmes, peças de teatro e entretenimento de qualquer tipo. (A longa lista de restrições especiais sobre os filmes inclui qualquer cena que "mostre de maneira ofensiva mistura de pessoas brancas e não brancas".) A imprensa diária e semanal, tanto de oposição como do governo, está isenta porque a Imprensa Jornalística (Proprietários) da União da África do Sul aceitou um "código" — uma autocensura que tem de prestar contas à própria organização — como mal menor, quando confrontada com a alternativa de censura governamental. As publicações liberais e da esquerda radical — semanais, quinzenais e mensais — têm sido dizimadas com sucesso (a úl-

TEMPOS DE REFLEXÃO *147*

tima talvez já tenha desaparecido quando este ensaio for publicado) sem ajuda da nova lei, pelo simples expediente de deixá-las sem uma equipe de jornalistas — primeiro, a Lei de Supressão do Comunismo proibiu todas as pessoas interditas em virtude da lei, ou até quem era apenas membro de uma organização suprimida pela lei, de se associar com qualquer organização que "prepara, compila, imprime, publica ou dissemina" um jornal, uma revista, um panfleto, um volante ou um cartaz; depois, a Lei da Emenda da Lei Geral, de 1962 (comumente chamada Lei da Sabotagem), proibiu cinco jornalistas de praticarem sua profissão.

As cláusulas especiais que regulam os livros de capa mole estão levando os livreiros a desejar que tivessem optado por ser padeiros. É proibida, por exemplo, a importação de livros de capa mole que custam ao livreiro menos de dois xelins e seis centavos cada um. Essa legislação tinha o propósito de impedir a importação de livros sem valor; mas deixou de levar em conta que milhares de livros respeitáveis, incluindo clássicos, livros de referência e manuais prescritos para escolas e universidades, são importados em edições de capa mole. Se o livreiro quiser importar determinado livro ou série, pode submetê-lo, mediante o pagamento de uma tarifa, ao exame do Conselho, que vai decidir se é "indesejável" e, em caso negativo, conceder-lhe a permissão para importar. Da mesma forma, isenções podem ser concedidas no caso de livros publicados por uma editora específica; ou uma classe específica de publicação dessa editora; ou se a editora lida com um tema específico. Claro, essas liberações coletivas também funcionam em sentido inverso: proibições coletivas podem ser invocadas para livros, séries, edições e editoras específicos. Quanto a revistas, presumivelmente se um dos números for declarado indesejável, ou se esse número específico for proibido, ou se uma proibição geral recair sobre a revista.

Todo esse jargão jurídico com que tenho acompanhado a situação do escritor até agora pertence à guerra quente da censura. Mas há também uma guerra fria em andamento o tempo todo, fora dos códigos civis, e, como é provável que ela se torne cada vez mais fria com a nova lei, gostaria de explicá-la. Escuta-se falar muito (e com razão) sobre o efeito que a nova censura interna terá sobre as editoras sul-africanas (virtualmente, africâneres): o fato

148 Nadine Gordimer

de que elas vão hesitar em publicar, caso sintam haver qualquer risco de proibição, prejudicando assim as chances dos escritores existentes ou aspirantes que publicam na República. Mas essa guerra fria da censura começou há muito tempo para os escritores com um público mais amplo, no exterior e em seu próprio país, cujos livros são publicados na Inglaterra e importados para a África do Sul como parte da literatura do mundo anglófono.

Os livreiros sul-africanos são cautelosos a respeito de obras de escritores sul-africanos sérios que tratam da cena contemporânea. Qualquer que seja o interesse do livro, qualquer que seja o poder de venda do nome do autor, os livreiros arriscam apenas tiragens muito pequenas, talvez um terço do que sabem que poderiam vender, porque temem ser onerados com o encalhe de centenas de exemplares de um livro que pode ser proibido na chegada ao país ou mais tarde. (Alguns editores despacham exemplares com a possibilidade de ser devolvidos em caso de proibição; outros não o fazem.) Os editores temem o risco de fazer propaganda antecipada sobre o livro na República; segundo a ideia geral, é melhor que o livro seja introduzido no mercado sem estardalhaço e venda um número modesto de exemplares do que não possa ser vendido de modo algum. Se for proibido depois, o autor terá a satisfação de saber que ao menos teve alguma chance de ser lido, ainda que não de forma disseminada. Se não for proibido, sua distribuição e seu público leitor potenciais foram limitados pela intimidação da censura de um modo que, sobretudo no caso de escritores menos conhecidos, não pode ser facilmente compensado pelas vendas subsequentes. Quando o livreiro se sentir "seguro" para encomendar uma nova tiragem (lembrem-se, qualquer um pode submeter o livro ao Conselho a qualquer momento), o interesse no livro pode muito bem ter acabado.

De volta à guerra quente, agora. Como já indiquei, não é só a censura que atormenta a escrita e os escritores em meu país. Que eu saiba, apenas um autor sofreu até agora os efeitos do que se poderia chamar a Lei da Mutilação, uma das cláusulas amordaçantes da Lei da Sabotagem. Tom Hopkinson — sul-africano por adoção por vários anos — foi obrigado a retirar de seu relato autobiográfico de experiências na África uma declaração do chefe Luthuli, que, como todas as pessoas proibidas, não pode ser citado. Não é uma questão de grande importância nesse livro específico talvez; não chega a distorcê-lo gravemente; mas é o bastante para estabelecer o princípio de mutilação de livros por meio de censura. O bastante para mostrar aos autores de não ficção — estudos sociológicos, históricos e políticos, análises, reminiscências e biografias — que eles já não têm a liberdade de apresentar uma imagem tão plena da vida e do pensamento da África do Sul quanto seus temas e talento exigem. O equilíbrio sumiu da imagem; e a verdade, em proporção direta com o que deve ser cortado.

As ligações entre tudo isso e a Lei da Sabotagem são claras. Sob a Lei da Sabotagem, pode ser considerado crime "promover ou encorajar a realização de qualquer objetivo político, *incluindo a elaboração de qualquer mudança social ou econômica na República*". (Como de costume, os itálicos são meus.) As cláusulas amordaçantes da lei criam condições incríveis pelas quais mais de 102 pessoas foram proibidas de manter qualquer comunicação com o público, quer pela fala, quer pela palavra escrita ou citada. Entre essas pessoas estão doze jornalistas e dois ou três escritores criativos — o número não importa; se houvesse apenas um, essa lei ainda forneceria um exemplo de supressão de escritores que supera em muito quaisquer restrições sofridas por qualquer outra profissão. Os jornalistas e escritores amordaçados são proibidos de publicar *qualquer escrito*, por mais distante que o livro esteja da política. Isso significa que nem Dennis Brutus, escrevendo poesia, nem Alex La Guma, escrevendo um romance em sua prisão domiciliar de 24 horas, podem publicar.

CENSURADOS, PROIBIDOS, AMORDAÇADOS — pode-se dizer que os escritores de meu país estão a caminho de se tornar um grupo de vítimas. Eles têm resistido de formas variadas. No que diz respeito à censura, os escritores anglófonos começaram a opor-se a seu crescimento há vários anos, com vigor no caso de indivíduos, um tanto ponderada e timidamente no caso de nossa única organização de escritores anglófonos, o PEN. Ainda assim, o PEN submeteu ao Comitê Seleto do Projeto de Lei das Publicações e Entretenimento um excelente memorando que teve provavelmente um efeito mitigador sobre a forma como o projeto de lei por fim se tornou lei. À exceção de algumas pessoas espetacularmente sinceras, como o poeta Uys Krige, os escritores africâneres pareciam achar que a censura não tinha nada a ver com eles, até que a nova

Lei das Publicações e Entretenimento, com sua cláusula de censura interna, bem ali na casa onde seus livros são publicados, mudou sua opinião. Depois dessa mudança, eles começaram a rotina familiar de colher assinaturas de protesto etc., com a qual os escritores anglófonos já estavam tão familiarizados, e que, embora graças ao esforço conjunto talvez tenha atenuado um pouco a lei entre sua primeira versão e a forma final, não conseguiu, nem poderia esperar conseguir que fosse cancelada.

A atitude em relação aos escritores e jornalistas amordaçados é mais complicada, porque as organizações e os indivíduos em geral tendem a se assustar com o fato de que são escritores e jornalistas esquerdistas,[15] alguns dos quais chamados de comunistas. O triste e antigo paradoxo surge com aqueles que lutarão pela liberdade de escrever o que *eles* querem escrever, mas não têm certeza de que ela deva ser realmente estendida a outras pessoas que talvez queiram escrever algo diferente. Talvez, como os escritores africâneres, que achavam que a censura não os atingiria, as pessoas que silenciam sobre o tema dos escritores amordaçados vão acordar, tarde demais, para descobrir que a liberdade é indivisível e que, quando a liberdade profissional foi negada a um ou dois escritores esquerdistas pouco conhecidos, ela lhes foi igualmente subtraída. Escritores individuais e o PEN têm emitido protestos em prol de pessoas amordaçadas. A Sociedade dos Jornalistas da África do Sul está incentivando uma forte luta em prol de jornalistas amordaçados.

Dentro do pequeno grupo de intelectuais na África do Sul, os escritores representam um grupo ainda menor; e por essa razão talvez o povo do país aceite ignorar o que está lhes acontecendo.

Mas e que dizer dos leitores? Que dizer dos milhões, desde professores universitários a crianças soletrando suas primeiras cartilhas, para quem a livre escolha de livros significa o direito de participar da herança do pensamento, do conhecimento e da imaginação humanos?

---

[15] Uma definição imprecisa na África do Sul, mesmo nos melhores tempos. Randolph Vigne e Peter Hjul são membros do Partido Liberal que geriam uma publicação quinzenal liberal, assim como seu fundador, Patrick Duncan, era na época em que o periódico foi proibido – mais tarde, ele foi para o exílio em Basutoland, saiu do Partido Liberal e alinhou-se com o Congresso Pan-Africanista anticomunista e negro-nacionalista.

Sim, eles ainda têm muitos livros não censurados para ler, Shakespeare, Platão, Tolstoi e muitos escritores modernos da literatura mundial — embora até os clássicos não tenham se mostrado imunes à censura sul-africana (grande parte de Zola; *Moll Flanders*; parte de Maupassant e também Marx); escritores sérios de todos os tempos e origens têm sido retalhados. Mas as pessoas compreendem que ninguém pode ter muita leitura, ser bem informado e estar apto a contribuir plenamente para a cultura e o desenvolvimento de sua sociedade no sentido democrático enquanto não tiver livre acesso às ideias de seu tempo e ao pensamento acumulado do passado, nem enquanto houver áreas de experiência na vida de sua sociedade e país que, por meio de censura, são omitidas em suas leituras. É interessante observar, nesse contexto, que, embora o governo sul-africano esteja ansioso por convencer o mundo de seu desejo de alçar o povo africano à "civilização", ele tem suprimido grande parte das primeiras provas de que alguns africanos já conseguiram alcançar completamente os padrões intelectuais do mundo democrático. A maior parte dos escritos dos sul-africanos negros que têm registrado a experiência contemporânea de seu povo — incluindo a autobiografia de Peter Abrahams, os ensaios literários de Ezekiel Mphahlele, as autobiografias de Alfred Hutchinson e Todd Matshikiza, e uma antologia de escritos africanos que abrange histórias e poemas de vários escritores negros da África do Sul — está proibida. Esses livros foram escritos em inglês e constituem a parte principal do único registro, redigido por pessoas talentosas e autocríticas, do que os sul-africanos negros, que não têm voz no Parlamento nem nenhum direito de opinar sobre o arranjo de sua vida, pensam e sentem sobre sua existência e a de seus colegas sul-africanos brancos. A África do Sul pode passar sem esses livros?

E os sul-africanos podem gabar-se de uma "literatura" enquanto, por decreto, em seu próprio país, ela consistir de *alguns* dos livros escritos por seus escritores negros e brancos, pelos que falam africânder e pelos que falam inglês?

1963

Grandes Problemas na Rua

As pessoas que não vivem na África do Sul acham difícil conciliar a imagem da vida que levam os opositores ativos do *apartheid*, banidos, proibidos, perseguidos e espionados, e a imagem justaposta do lugar ao sol da população branca próspera que não se interessa pelo que acontece, desde que continue a viver de forma agradável. É difícil mesmo para aqueles de nós que vivemos aqui — uma vez fora do país, a situação que acabamos de deixar e à qual estamos prestes a retornar parece improvável. Pois a distância entre os comprometidos e os indiferentes é um Saara cujas trilhas tênues, seguidas apenas pela imaginação, desaparecem na areia. O lugar não está no mapa das relações humanas, mas, como a maioria das áreas não mapeadas, há um ir e vir constante que acontece sem ser registrado, há um encontro de olhares em pontos sem nome, há uma troca de silêncios entre estranhos que se cruzam longe do testemunho de seus congêneres — assim que nos encontramos ali levados pelos próprios pés, descobrimos as trilhas antigas da caravana que ligam o destino humano, não importa quanta distância um homem tenta colocar entre si mesmo e seu semelhante.

Claro, os comprometidos sabem disso — está na base da política liberal e esquerdista, e na maioria das filosofias —, mas os indiferentes não sabem ou não querem saber. Para eles, o deserto parece absolutamente seguro, tranquilizadoramente intransitável. Nada pode me atingir por meio *disso*, dizem, quando voltam à página esportiva depois de uma rápida olhada na última lista de prisões domiciliares ou ordens de proscrição. Essas pessoas são negras, comunistas ou algo mais — não têm nada a ver *comigo*, embora eu possa me acotovelar entre eles na rua todos os dias. Se por acaso um branco for preso, a indiferença pode ser avivada por uma centelha de ressentimento — "pessoas assim, traindo sua própria espécie, merecem toda desgraça que caia sobre elas".

Bondosos e decentes, dentro dos limites estritos de sua "própria espécie" (brancos, bons cristãos, bons judeus, membros de *country clubs* — todos defensores da barreira da cor, ainda que não necessariamente partidários do governo nacionalista), os indiferentes não querem estender esses limites, não querem que incluam nem mesmo um coração pulsante a mais. Onde o bonito jardim suburbano termina, o deserto começa. Essa medida de "segurança" provoca algumas situações estranhas, quando os indiferentes se extraviam na companhia de uma pessoa comprometida, como que por engano. Durante o estado de emergência depois de Sharpeville, um amigo que frequenta habitualmente minha casa estava entre os aprisionados sem julgamento. Um casal que o conhecera num jantar em nossa casa, e o julgara divertido e encantador, ouviu falar de sua prisão. (Os jornais eram proibidos de publicar os nomes das pessoas presas dessa maneira.)

"É verdade que D... B... está na prisão?"

"Sim, ele foi preso à noite na quinta-feira passada."

"Mas *por quê*? Ele parece uma pessoa tão fina. Quero dizer, não posso imaginá-lo fazendo alguma coisa errada..."

"Você acha errado que os africanos organizem protestos contra as leis do passe?"

"Bem, quero dizer, isso tem de ser reprimido, é agitação política..."

"Sim, exatamente. Bem, D... B... acha que as leis do passe são erradas e assim, bem logicamente, como é uma pessoa tão fina, está pronto a fazer tudo que puder para ajudar os africanos a protestar contra elas."

Como podiam os indiferentes manter a uma distância segura esse homem que tinham aceitado e que era ao mesmo tempo aquele que estava na prisão, não tendo *nada a ver com eles*? O tema acaba atirado no armário escuro das questões que não são discutidas.

154 *Nadine Gordimer*

Mas não é nas reuniões privadas em salas de estar que a indiferença encontra o compromisso de forma mais aberta. Nietzsche disse: "Os grandes problemas estão na rua". Os problemas da África do Sul estão ali, nas ruas, nas dezenas de milhares de africanos que trabalham na cidade, sem ser reconhecidos como cidadãos, nos teatros, bibliotecas e hotéis que os brancos podem visitar, mas os negros devem evitar; nas inumeráveis leis, preconceitos, "tradições", falácias e medos que regulam todo movimento e olhar nos lugares em que os brancos e os negros se movem juntos pela cidade. Os grandes problemas estão vivos na rua, e é também na rua que (até agora) eles têm sido debatidos. A rua contém tanto a carne como o verbo. Pois as salas de reunião do movimento político africano têm sido os espaços abertos nas ruas, nos *townships*[16] e na periferia da cidade, e os movimentos progressistas têm geralmente usado os degraus do City Hall em Johannesburgo como um palanque e também como um ponto final de reunião nas marchas de protesto. Nos *townships* ou lá em Fordsburg, os partidários se reuniam para escutar Mandela, Tambo ou Naicker, enquanto o *Special Branch* da polícia tomava notas, e ociosos e crianças andavam por ali. Em épocas de campanha, a multidão de partidários inchava enormemente. Nos degraus do City Hall na hora do almoço, oradores do Congresso de democratas, do Partido Liberal ou de algum outro movimento libertador ou progressista postavam-se entre seus cartazes com um pequeno grupo de partidários. Lentamente seu número crescia, o pavimento engrossava com rostos silenciosos, pretos e brancos, faxineiros e executivos, jovens estudantes da universidade e velhos vagabundos dos Library Gardens. A antena de um carro de polícia presente na área brandia um fio brilhante no meio do tráfego.

É provável que os encontros nos *townships* venham a se revelar decisivos para o futuro deste país no longo prazo. Mas os encontros nos degraus do City Hall tornavam a carne e o verbo de grandes problemas curiosamente manifestos, porque esses encontros ocorriam no único lugar em que os negros e os brancos deles participavam juntos. E aconteciam bem no meio da vida cotidiana da cidade, sob os olhos de todas aquelas pessoas que cuidavam de

---

[16] Distritos negros. (N. T.)

seus próprios interesses — o que excluía, claro, coisas como a Lei da Extensão da Educação Universitária (providenciava o exato oposto; não extensão, mas restrição das universidades, antes parcialmente "abertas", só para brancos) ou a Lei das Áreas de Grupos (tornava o governo capaz de remover africanos, mestiços e indianos que viviam ou negociavam em áreas declaradas brancas). Os filhos daquelas pessoas eram brancos e não teriam dificuldade em ingressar numa universidade; elas não entravam em nenhuma categoria racial afetada pelas remoções; essas coisas nada tinham a ver com elas. Mas eram confrontadas com tudo isso na rua, liam os cartazes a caminho de comprar a última engenhoca de cozinha no porão das pechinchas da loja de departamentos, paravam um momento (outro rosto aparecendo entre as faces escuras e claras na multidão) ou passavam caminhando rapidamente para o almoço de negócios, levando com elas um fragmento das palavras do orador como uma bandeirola rasgada.

A atmosfera desses encontros pairava sobre a cidade, uma inquietação, depois das duas horas da tarde. Como as reuniões de massa mais formais convocadas de tempos em tempos para o próprio City Hall, eles às vezes terminavam num tumulto mal definido nas beiras da multidão que se dissolvia: rufiões a seu modo alucinado e violento dando vazão ao ressentimento que a cidade experimenta por ser forçada a admitir a culpa e o medo que existem por baixo da indiferença.

A marcha por Johannesburgo no ano passado, quando o projeto de lei da Sabotagem foi apresentado, foi a última por ninguém sabe quanto tempo, porque uma das restrições impostas pelo próprio projeto de lei era o fim das reuniões nos degraus do City Hall e das demonstrações de protesto em geral. A marcha foi também uma das maiores que já houve, e criou entre os participantes do protesto e os espectadores uma tensão que veio a ser uma experiência extraordinária. Reunir para uma passeata desse tipo é sempre uma ação um tanto maluca: os indivíduos chegando desajeitados, esticando o pescoço à procura de amigos; a movimentação, o ir e vir; uma figura desligando-se da multidão espectadora e aparecendo de repente ao lado de outra nas fileiras — um desejo de liberdade estourou dentro dele como uma veia? Será um arruaceiro pago, entrando à força para dispersar as fileiras? Ou apenas algum daqueles habitantes à deriva na cidade, sem nome e sem lugar, que são atraídos para qualquer corrente de humanidade indo para qualquer lugar? Por trás dessas especulações nervosas está o desejo feroz de agarrar as gavinhas do impulso que mana, a despeito deles próprios, dos espectadores; o desejo dos participantes nas fileiras de puxar aquelas antenas de consciência — insultos, risos, constrangimento —, *qualquer coisa* que ofereça um apoio, um sinal de vida pelo qual os espectadores possam ser atraídos para falar alto em favor da vida.

No dia dessa última marcha, como em outras ocasiões, os espectadores deixaram os arruaceiros falar por eles. E dessa vez, a última antes que sua boca fosse amordaçada para sempre pela acumulação de projetos de lei da segurança pública, projetos de lei da imprensa, projetos de lei da censura, eles deixaram os arruaceiros falar com palavras e atos de um modo mais desinibido e alucinado que nunca. Todo o medo trancado no homem branco em relação às consequências do "modo de vida sul-africano" por ele escolhido derramou-se numa confusão de regressão infantil — golpes disparatados, ovos podres, palavrões. Quando os participantes da marcha passaram pela cidade — enchendo a largura da rua, vários milhares deles —, tudo isso caía sobre eles aqui e acolá. Nesse meio-tempo, o olhar dos moradores de apartamentos e dos funcionários de escritórios descia silenciosamente sobre as costas dos passantes. Quando a procissão passou por um restaurante elegante no primeiro andar, cinco homens bem-vestidos saíram na sacada, uísque na mão, para observar. Um homem igualmente bem-vestido que caminhava perto de mim saiu das fileiras. Os cinco lhe acenaram, mas ele permaneceu ali na rua, pernas abertas, palmas erguidas, e gritou: "Por que vocês não vêm aqui para baixo conosco?".

Eles riram, e um deles gritou em resposta: "Você sempre foi louco, Reg".

Por um momento, os olhos da procissão se fixaram naquela sacada onde estavam os cinco homens de copo na mão: depois os cinco se viraram e entraram.

E assim a última marcha chegou ao fim. Os encontros na Freedom Square terminaram há muito tempo, com a interdição do Congresso Nacional Africano e subsequentemente do Congresso Pan-Africanista em 1960. O Partido Comunista Sul-Africano está proibido desde 1950. O Congresso de

Democratas está igualmente proibido, e à Federação das Mulheres Sul-
-Africanas, ao Partido Liberal e a outros é negada a permissão especial agora
necessária para realizar reuniões nos degraus do City Hall ou em qualquer
outro ponto de encontro nas ruas. Os oradores que defendiam os direitos
humanos contra o atrito causado por uma série de medidas repressivas do
apartheid, todos comprometidos com essa luta além de seus variados pontos
de vista políticos na oposição — todos estão proscritos, no exílio ou em prisão
domiciliar. Até os cartazes dos jornais logo deixarão de fornecer lembretes
indesejados; aqueles que não estão fechados pelo projeto de lei da censura
serão por ele orientados. Há silêncio nas ruas. Os indiferentes são deixados
em paz. Agora não há nada a perturbá-los, a não ser as detonações dos sabo-
tadores e as medonhas explosões de selvageria secreta da sociedade.

1963

Notas de uma Expropriadora

Nunca pensei na literatura inglesa (escocesa, irlandesa, galesa) como algo que não me pertencesse tanto quanto a qualquer britânico. É um grande choque ser confrontada com os velhos nomes familiares — Hugh Lofting, Chaucer e Burton, Donne, os dois Eliots, Lawrence, Greene, Braine e Wain — e ser indagada polidamente sobre a impressão que causam em mim, como se eu fosse uma estrangeira a quem se mostrassem as joias da Coroa. Não reivindico vossas joias da Coroa, mas, crescendo na África do Sul e tendo o inglês como minha língua materna, não havia nenhuma outra literatura senão a vossa da qual eu pudesse me apropriar.

O que significa para mim? O que posso dizer senão tudo? Desde o dia em que aprendi a ler, os escritores britânicos produziram minha visão do mundo, pois parecia, lendo como era a vida nesse mundo, que eu vivia fora dele — até mais tarde, quando a literatura britânica me apresentou ao mundo das ideias e me fez compreender que a *esse mundo* nossa vida pertencia tanto quanto a vida da Europa: a única diferença era que muito pouco tinha sido pensado ou escrito sobre nossa vida na África.

Como não conheço bem nenhuma outra língua para ler o que desejo no original, foi também por meio da literatura britânica que vim a conhecer outras literaturas. Obtive meu drama grego de Gilbert Murray. Constance Garnett me trouxe Dostoiévski e Tolstoi, Spender me apresentou a Lorca, e até Petrarca foi primeiro descoberto com um tom estranhamente irlandês por Synge. Parece agora incongruente me ver deitada em nosso jardim empoeirado entre os montes de dejetos da mina, lendo em voz alta:

> Se meu coração escuro tivesse algo doce, essa doçura estaria afastada de mim, e então mais ao longe veria os grandes ventos para onde devo navegar. Vejo minha boa sorte bem longe no porto, mas meu timoneiro está cansado, e os mastros e suas cordas estão quebrados, e as belas luzes para onde eu estaria sempre olhando estão apagadas.

Por que Synge? Bem, por que não? Uma das liberdades de expropriar uma literatura a 9.656 quilômetros de distância é que não se leva junto nenhum peso morto da abordagem tradicional — não fui coagida em meus gostos pelo tipo de educação, bibliotecas, revistas, conversas, diferença de classe e até edifícios antigos, que circundam a literatura no país e entre o povo de sua origem. Depois de passar pelo *Ursinho Pooh* e pelo *Dr. Dolittle*, por *Alice* e pelos *Water Babies*, já era uma bibliófaga à solta. A biblioteca local tinha um trânsito constante de romances, cuja encadernação municipal uniforme e desgastada indicava honestamente seu conteúdo invariável. Mas havia alguns livros nas prateleiras que não saíam do lugar o ano inteiro; um dia, se todos os Cronins estivessem emprestados, poderíamos ser obrigados a tentar ler Samuel Butler. Por esses lances do acaso, grandes rachaduras aparecem no plástico lavável da vida cotidiana. Saber ler é ser alguém cuja experiência crucial de formação pode provir tanto de certos livros como de acontecimentos. Sei que, pelo menos até os vinte anos, nada nem ninguém me influenciou tanto como certos poetas e escritores. Eram, em sua maioria, britânicos.

Esses escritores que primeiro puseram nosso ego franzino cambaleando sobre os próprios pés são em geral aqueles de que não nos lembramos. Nós os "esquecemos" na autopreservação de deixar os antigos laços desaparecerem, e não temos de nos sentir culpados por isso, assim como nos sentimos a respeito de velhos amigos. O que os escritores fizeram por nós há muito tornou-se algo nosso, existe talvez, irreconhecível, em algum lugar naquele leito rochoso em que prolifera a flor de carvão do eu. Lawrence foi um dos que não pretendo esquecer: *Filhos e amantes*, os contos, os poemas dos animais e das

160 *Nadine Gordimer*

flores. Tudo o que era evasivo, elegantemente hipócrita e mesquinhamente respeitável — toda a gordura presunçosa do provincianismo branco que cobria meus dezessete anos, fralda e mortalha num pano só — tornou-se algo a chutar para o espaço. Que outro escritor em qualquer lugar sabia incutir a confiança da minoria de um só como Lawrence conseguia? E não era apenas rebelião, era também a afirmação do esplendor de todas as coisas para as quais eu já estava embriagadoramente atraída — as declarações de amizade em vez do *country club* local, a força do sol, a alegria do mundo natural e, nele, o lugar do sexo humano. A rabugice e a irritação de Lawrence passavam despercebidas; estranhamente, foi só agora, quando aprendi por mim mesma que não se tem uma raiva esplêndida sem efeitos colaterais, que comecei a achar alguns de seus últimos textos ilegíveis.

Eu me diverti em descobrir, pós-Leavis e anos depois do fim da minha fase Lawrence, que a época em que eu estava profundamente sob sua influência foi de fato o tempo em que ele foi "esquecido". Aliás, essa era uma das liberdades de uma literatura expropriada. Eu me achava longe demais para saber, e obscura demais para me interessar, se certos autores estavam na moda ou não. Era totalmente possível que eu estivesse, apesar de dez anos atrás do gosto atualizado do mundo literário, ao mesmo tempo dez anos à sua frente...

O acaso feliz da biblioteca me proporcionara os diários de Pepys aos quinze anos mais ou menos, mas logo depois a coleção Everyman's tornou meu conhecimento da literatura inglesa menos fortuito. Eu tinha apreciado Pepys mais que Dickens (considerado então, no meu cânone, um escritor de nível escolar; cresci e me tornei mais sábia) e adquiri uma grande simpatia por escritores egocêntricos e excêntricos. *A anatomia da melancolia*, de Burton, saciou minha fome de introspecção, e a lista compacta de "outros títulos" oferecia satisfações escuras semelhantes. Recebi dos excêntricos e egocêntricos ingleses não somente estímulo para minhas próprias cismas, mas também um senso da respeitável variedade da vida britânica, e a extraordinária contradição de uma tolerância de tantas pessoas estranhas com ideias espantosas, junto com o que os escritores britânicos nunca se cansam de denunciar como um terrível sistema de diferença de classes.

Talvez devido à espécie de leitura que eu estivera fazendo, Joyce e *Ulysses* não me surpreenderam tanto quanto se teria esperado. Aquele grande clarão solar de uma prosa florescente à noite exacerbava a inferência de múltiplas formas ao máximo. A vida era um tremendo *qualquer lugar*, assim que admitida por inteiro. Todo homem tem sua própria Dublin. O que se experimentava no banheiro era tão relevante para o estado de ser quanto o que se experimentava no bar ou na igreja. O fino zumbido da consciência quando se perambulava pelas ruas era orquestrado magnificamente com a conversação, as sensações e os pensamentos não expressos dos outros. Que outro escritor pode nos tornar cientes do puro alcance do estado de ser? Virginia Woolf fez coisa igual pela textura da vida, claro. Entretanto, destemida como era em estilo e espírito, criando sua prosa para seus propósitos, não se encolhendo nem mesmo diante da própria loucura, há um ponto em que todos os seus escritos parecem fixados naquela marca sobre a parede. É o ponto em que o desejo de compreender a realidade torna-se a compulsão de fixar a atenção num objeto de cada vez, assegurando-se dos detalhes de sua existência, para confirmar a do espectador. É a compulsão que sentimos, quando distraídos, de fitar uma cadeira ou uma lâmpada pendente do fio. Por sinal, por que ninguém (que eu saiba) mostrou à *nouvelle vague* que essa forma de tentativa de provar a existência já tinha sido realizada muito melhor por Virginia Woolf?

A maioria dos escritores provoca um impacto no leitor de uma vez ou não provoca nada. Mas os romances de E. M. Forster parecem conter uma série de bombas-relógios para mim. Estou convencida de que poderia continuar a reler esses romances de dez em dez anos durante toda a minha vida, e a cada vez encontrar algo aparentemente revelado para a época específica — tanto a variedade histórica como a pessoal. Afinal, quando o li pela primeira vez, sua delicadeza eduardiana e sua crença fastidiosa na santidade das relações humanas já estavam datadas — a guerra estava tornando as duas faculdades absurdas: eu também estava lendo *The way we live now*[17] em *Penguin New Writing*. Mas, depois da guerra, depois das câmaras de gás e da aparição da primeira nuvem do cogumelo atômico, para onde devíamos nos

---

[17] Anthony Trollope. (N. T.)

virar, nas ruínas das instituições e das crenças políticas, senão de volta às relações pessoais individuais, para aprender de novo o abecê humano? E quando a recuperação se tornou materialmente triunfante, mas estranhamente oca, *A mansão* e *Um quarto com vista*, com sua compreensão peculiar do vazio interior dos Haves[18] e da força sem poder dos Have-nots,[19] tornaram-se iluminadores de um modo novo. *Passagem para a Índia*, escrito no auge do colonialismo, continuou até a publicação no ano passado de *Da próxima vez, o fogo — racismo nos EUA*, de James Baldwin, o texto mais verdadeiro e previdente já redigido sobre a relação entre mestiços e brancos. Ainda é o melhor romance sobre o tema.

E que dizer de George Eliot (Dorothea Casaubon, essa leoa moralista, é a minha personagem feminina favorita em ficção), Chaucer, Thomas Wyatt, Gerard Manley Hopkins, Sterne, Angus Wilson, Ivy Compton--Burnett e muitos outros escritores britânicos de que eu não poderia prescindir? Não há espaço para lhes escrever mais do que uma saudação, como um sinal de luz, ao passar. Shakespeare também apresenta um problema; será preciso dizer que ele entra em qualquer contexto como este? Mas, lá pela metade deste ano, alguém será capaz de aguentar outra palavra sobre ele? Entretanto, gostaria de introduzir um rápido comentário contra os *Contos*, de Lamb — como todos os resumos, histórias de filmes etc., eles deviam ser abolidos. Culpo Lamb pelo fato de eu nunca ter conseguido ler as comédias com um pouco de prazer (o "conto" sem a poesia matava as histórias para mim, de uma vez por todas); as peças históricas e as tragédias, como alegoria lendária do espírito humano, assumiram para mim o que se poderia considerar o lugar dos gregos.

Os sonetos de Shakespeare nunca significaram tanto para mim quanto os de Donne; Eliot tem sido meu poeta em vez de Auden; em geral, é ao metafísico que sou sensível na poesia britânica. Os românticos jamais prenderam muito a minha imaginação. A poesia de Shelley, Byron e Keats sempre me pareceu estar tanto na sua vida como na sua obra. Mas Yeats é o poeta

[18] Aqueles que possuem. (N. T.)
[19] Aqueles que não possuem. (N. T.)

britânico (irlandês) que mais me influenciou. Mais que qualquer outro poeta que já li, ele foi capaz de usar, nos termos intensamente privados e pessoais de sua visão poética, os acontecimentos históricos curiosamente abstratos (do ponto de vista de um poeta) de que participou, e até as personalidades implicadas — o conteúdo de jornais e palanques políticos introduzido na poesia. É possível imaginar alguém escrevendo algo semelhante a "Easter 1916" sobre os participantes de marchas de protesto em prol do desarmamento nuclear, ou sobre os homens e as mulheres que estão lutando contra o *apartheid* na África do Sul atualmente?

Como todos os antigos súditos coloniais, estou finalmente pronta a usar as vantagens ganhas durante o tempo de sujeição para o propósito de apontar o que elas deixaram de proporcionar. "Tudo" se torna "Tudo, mas...". Na década de 1960, se lemos apenas literatura britânica, onde procuraríamos romances inseridos na grande tradição britânica do século XIX? Desde Angus Wilson, não há escritor que tenha usado essa tradição, expandindo-a com seriedade: recentemente, o melhor romance que li em anos usou essa tradição de forma magnífica — mas foi escrito por um indiano de Trinidad (*Uma casa para o sr. Biswas*, de V. S. Naipaul). O romance fantástico picaresco — originou-se na Inglaterra? — está recentemente de regresso, mas em alemão, com *O tambor*. O veio melancólico de Wyndham Lewis secou; a herança de Wells e Huxley foi desperdiçada nas moedas de troco da ficção científica.

Esses são resmungos à guisa de "ela não é o que costumava ser". A lacuna real de que tenho consciência na minha literatura expropriada é a falta de filósofos romancistas. Entre meus contemporâneos na escrita britânica há muita insatisfação vivamente incompreensível — atacando por atacar a civilização da TV ou atirando (mais uma vez) naquele velho alvo aparentemente à prova do Estado de bem-estar social, a barreira de classe. De fora, por mais admiravelmente benfeita, e às vezes espirituosa, toda essa literatura parece um tanto paroquial. Depois há os romancistas católicos, de Graham Greene — cujo maravilhoso estilo lacônico, refletindo o profundo pessimismo que às vezes afeta quem conhece os homens até a última célula, faz com que pareça pouco heroico, mesmo em seu desespero, para atingir a grandeza — a Muriel Spark, cujo diálogo é o primeiro a igualar o brilho te-

164 Nadine Gordimer

legráfico do primeiro Waugh, e cujos dois livros mais recentes parecem indicar que ela escolheu definitivamente os limites de uma instituição para moças como sua visão particular do mundo; há meias de seda balançando para secar acima de cada página. O único romancista britânico que chega perto de ser um filósofo romancista fora dos limites de um dogma religioso é William Golding. Para mim, ele é o mais instigante e interessante dos escritores britânicos contemporâneos.

Porém, onde está o equivalente britânico de um Camus — não apenas o gênio individual, mas o escritor com o senso do passado (sem melancolia) e do futuro (sem profecia) presente em si mesmo, e um propósito audacioso, nascido de uma real paixão pela vida, de explorar suas possibilidades nesse estágio de uma existência humana meio compreendida, totalmente ameaçada?

1 9 6 4

LEVANDO EM CONSIDERAÇÃO

A FORÇA DAS COISAS, DE SIMONE DE BEAUVOIR

PODEMOS PEGAR ESTA PARCELA FINAL (?) da autobiografia de Simone de Beauvoir e pensar sobre ela por muito tempo a partir de vários pontos de vista. Mas qual deles nos dará, contorcendo-se, o próprio indivíduo? No final, qual é a ideia que fazemos dela? Qual é a ideia que ela faz de si mesma? Escrever uma autobiografia é recapitular: e lê-la é examinar o processo e chegar a uma totalidade própria — jamais objetiva, é claro, mas sujeita a um conjunto de opiniões, preconceitos e emoções que diferem em espécie e/ou grau daqueles da autora. Entretidos, estarrecidos (uma ou duas vezes), irritados (de vez em quando), encantados (frequentemente), distraídos (em lugares em que essa não era a intenção da autora), comovidos e, acima de tudo, compelidos a permanecer ao lado dela até a última página. Retrocedo ao terceiro volume e, para mim, essa vida transmite muito claramente uma força em três aspectos e na seguinte ordem: a experiência de ser francesa durante a guerra argelina; a posição da esquerdista fora do Partido Comunista; a mulher como intelectual. Eis Simone de Beauvoir.

Ser mulher era uma precondição, mas, na ordem de importância, eu a coloquei em terceiro lugar entre as forças que modelaram sua vida, porque ela lidou com isso, no contexto particular dessa vida, com sucesso — até triunfantemente —, e nesse último volume isso aflora mais à luz da reflexão sobre esses triunfos que ao clarão da batalha travada. Estou me referindo ao problema inerente à mulher intelectual de ser considerada o que Simone de Beauvoir chama um "ser secundário" em vez de ser, no sentido mais estreito — sexualmente —, uma mulher, e assim podemos fazer ouvidos de mercador àquele grito pesaroso da mulher que envelhece mais para o fim do livro: "Nunca mais um homem!". De qualquer forma, o grito não poderia vir igualmente de um homem: "Nunca mais uma mulher!"?

As intelectuais renegaram, ao menos há uma geração, a antiga posição feminista de que as mulheres são, por assim dizer, homens cobertos de babados. Uma mulher já não tem de se ver emancipada na imagem de um homem; assim como o negro (um tanto mais tarde) já não se vê na imagem do branco. *Igual mas diferente*; isso não é só aceitável, é o que as mulheres querem e o que conseguimos que fosse ratificado pelo mundo dos homens (ainda que a lei, a oportunidade e o costume tenham ficado para trás aqui e ali). É ainda o mundo dos homens, em grande parte porque os homens o guardaram para si mesmos por tanto tempo, e porque muitas mulheres têm em comum com outros oprimidos o desenvolvimento de uma mentalidade escrava, sendo as primeiras a virar as unhas vermelhas contra suas irmãs que não só abandonaram o harém, mas, pior, recusam o status de "machos honorários". (Expressão de Beauvoir de novo.) Feminismo desse tipo — quer nesses aspectos negativos como em suas formas positivas — tornou-se uma chatice. Os ataques a Simone de Beauvoir *como mulher* depois que ela publicou *O segundo sexo* ricocheteavam, porque ela tinha confiança em não ter inadequações especiais a defender. "Não, longe de sofrer com a minha feminidade, tenho acumulado, ao contrário, desde os meus vinte anos, as vantagens de ambos os sexos; depois de *A convidada*, aqueles ao meu redor me tratavam como uma escritora, par deles no mundo masculino, e como mulher", e ela acrescenta: "Oh, que intolerável para a sufragista e para o sultão! ...nas festas a que ia as esposas todas se reuniam e conversavam entre si, enquanto eu conversava com os homens, que ainda assim se comportavam em relação a mim com uma cortesia maior que a demonstrada em relação aos membros de seu sexo". Para uma mulher tão pouco dada a alegrias femininas como essa, deve ser imperiosa uma tremenda autoconfiança para revelar *isto* — o estonteante primeiro sucesso da Bovary intelectual de toda cidade pequena junto com a experiência das Simones de Beauvoirs e das Marys McCarthy.

Em seus relacionamentos sexuais e emocionais, Simone de Beauvoir parece ter conseguido realizar novamente o melhor de dois mundos. Uma ligação de vida inteira com "o homem a quem coloquei acima de todos os outros", mais dois casos amorosos profundos e apaixonados que deixaram a ligação intata; esse pacto de "amor contingente" revelou-se o melhor dos casamentos. Como qualquer Joan sentada ao lado de seu Darby (Simone de Beauvoir, no final de seus cinquenta anos, já se vê na velhice), ela se pergunta qual deles "partirá" primeiro e como o sobrevivente suportará a perda. À parte seu diálogo de vida inteira, eles tiveram um entendimento calado, que persistiu, sem quebra na comunicação, mesmo quando viajavam pelo exterior num quarteto formado por eles próprios, o amante dela e a amante dele. Só uma vez ela admite sofrer com o medo e a ameaça representada pelo relacionamento de Sartre com uma mulher, e logo a solenidade do casamento não solenizado prevaleceu para ela. Quanto a suas grandes paixões, ambas parecem ter terminado em amizades especiais e no consolo secreto de que, embora ele quisesse, ela não quis se casar com Nelson Agren, e Lanzmann nasceu com o atraso de uma geração para lhe dar mais do que foi para ela, na metade de seus quarenta anos, uma segunda primavera altamente prazerosa. Ela é uma mulher que foi amada por três homens, e em liberdade, sem ceder um centímetro ou uma hora da "autonomia que me foi conferida por uma profissão que significa tanto para mim". Ela não permitiu que fosse forçada a assumir, nas horas vagas, as obrigações domésticas que de uma ou outra forma surgem logo depois das conversas amorosas para a maioria das intelectuais, assim como para todas as outras mulheres, exceto talvez as burguesas ricas que ela despreza. Essa sua realização não é pouca coisa. Até o homem que é o par da mulher intelectual deixa de ver por que ele, assim como ela, deve lavar sua camisa. Sartre deve ser exceção. Claro, ele *viveu* em casa com a mãe grande parte do tempo.

Beauvoir pode ter evitado lavar as camisas de Sartre, mas ela tem sido constantemente acusada de envergar suas opiniões. Ela usa bastante espaço para refutar essa acusação. Se, como ela parece pensar, a alegação vem da velha guarda antifeminista, por que lhe conceder tanta atenção? Essa velha guarda há muito tempo perdeu o poder de "atrair sua atenção", quando falam de outros aspectos de sua vida. Mas, se ela for acusada sem preconceitos, como intelectual, de estar indevidamente sob a influência do pensamento de outro, e se lemos sua refutação nesse contexto, então é bastante justo. Aceitamos que não podemos saber até que ponto essas duas mentes muito diferentes — isso podemos afirmar com base em seus livros, sem nenhuma explicação da parte dela — têm interagido; o problema é que sua autobiografia apresenta evidências circunstanciais de que *As palavras,* limitado àquele "poo-dle do futuro", o menino Sartre, não pode oferecer. E não há muitas razões para acreditar, com base na evidência de *As palavras,* povoado inteiramente pelo próprio Sartre nos muitos avatares da fantasia infantil (o avô, a mãe, o mestre-escola: a cadeira, a mesa, a lâmpada, num palco vazio montado para os desempenhos do menino), que volumes posteriores de sua autobiografia acharão necessário admitir outras pessoas. (Essa não é uma crítica, mas a descrição de um método. Com ela, estamos sob o relógio na esquina, sempre no ponto em que ela encontra o mundo; com ele, estamos naquele ser interior para o qual ele carregou os fenômenos do mundo.) Durante todo o seu livro, Simone de Beauvoir tem um hábito irritante de escrever "pensamos", quando seguramente, como é a sua própria história que ela está contando, o seu próprio desenvolvimento, por mais intimamente entrelaçado ao de outro, que ela está descrevendo, ela devia escrever "penso". Para os fins dessa narrativa específica, Sartre simplesmente tem por acaso a mesma opinião.

"Não foi de livre e espontânea vontade... que permiti que a guerra na Argélia invadisse meus pensamentos, meu sono, cada estado de espírito meu."

Quase exatamente na metade de *A força das coisas,* começa essa invasão. Quando se chega à última página, ela se estabeleceu como a experiência definitiva da vida da escritora. É uma destruição, não uma culminação; e essa é a verdadeira razão por que essa mulher, que pode dizer, "quando olho para o passado, não há ninguém que eu inveje", termina seu livro em desespero.

Pois como se tornou manifesto, foi a guerra da Argélia, e não a Resistência, que se revelou o campo de prova para as crenças e as convicções de Beauvoir e para a maior parte de suas lealdades. Em retrospectiva, a Resistência (com a qual ninguém pode negar que ela se identificou totalmente, ainda que, como apontam seus detratores, ela própria não tenha sido ativa no movimento) foi um período de certezas morais abençoadas; o inimigo poderia estar na Ocupação, mas vinha de fora. Havia colaboradores, claro, mas eles não eram tirados das fileiras de seus amigos. Ainda significava alguma coisa ser francesa; ainda não era preciso repudiar a herança de todo o passado da nação — de sua tradição intelectual à sua gastronomia — por causa do presente em que tudo isso resultou. A pedra de toque dos princípios socialistas estava encerrada no que um homem disse, fez e pensou *então*, em relação aos alemães, e não em relação a como ele pensaria, escreveria ou agiria em outras formas de conflito social. Era possível pertencer à esquerda e não ser comunista, sem ser insultada pela direita ou desdenhada pelos comunistas, porque se a Resistência era um campo de batalha, constituía também uma área de acordos. Naqueles anos, as forças da regressão humana usavam a mesma face para tudo: a do soldado alemão. E depois da guerra houve uma breve lua de mel da paz, quando Simone de Beauvoir e Sartre, ao lado de outros, sentiram que a força moral que se erguera contra aquela face seria então lançada contra todos os outros horrores que surgiam inesperadamente na fila dos alvos humanos; haveria uma nova França, senão um novo mundo.

Eles se consideravam socialistas, e o futuro era, por definição, o socialismo. Entretanto, nenhum dos dois queria ingressar no Partido Comunista; ela era "próxima dos comunistas certamente, por causa de meu horror a tudo que estavam combatendo; mas eu amava demais a verdade para não exigir a liberdade de buscá-la como eu quisesse". Quanto a Sartre, ela insiste em que "um diálogo (com os comunistas) era possível"; ainda assim, logo depois da guerra ele já vivia uma situação irônica que deveria continuar na maior parte de sua vida: os comunistas usavam, como uma vara de espancar, a interpretação de seu pensamento adotado pela direita — "o público burguês interpretava o existencialismo como uma ideologia de reserva, de emergência. Os comunistas tinham a mesma opinião". Essa forma clássica de castigo reservada para o camarada de percurso tem sido o quinhão de Beauvoir e Sartre por um bom trecho da longa estrada que tem levado "o chacal com uma caneta" (Sartre, assim como foi descrito certa vez por um comunista) a ser finalmente louvado por Castro e (o que não é tão agradável) pelas armas de Surkov. Têm ocorrido baixas pelo caminho, particularmente nas áreas do julgamento literário e das amizades particulares. As últimas são inevitáveis; temos de perder amigos, se queremos manter nossas convicções. Mas as primeiras nos fazem sacudir a cabeça: Simone de Beauvoir está realmente satisfeita com o pedantismo político de sua avaliação de *O homem revoltado* como "uma declaração de sua [de Camus] solidariedade com os valores burgueses"?

Se Beauvoir e seu homem ganharam por fim dos comunistas o reconhecimento de sua posição "simpatizante", mas sem pertencer ao partido, isso não ocorreu por meio daquele "diálogo" que ela estava certa de que seria possível, mas como resultado de sua posição durante toda a guerra argelina. Para ela, ao menos, embora não o diga, devia ser como receber uma citação cujas palavras contêm pouco do que realmente aconteceu. "...o horror que a minha classe [média] me inspira transformou-se em intensa paixão por causa da guerra argelina": não era que sua experiência daquela guerra tivesse ido mais fundo que sua política, mas que suas convicções políticas descobriram sua profundidade em sua experiência daquela guerra.

Outras coisas centrais para o seu ser foram testadas pelo mesmo acontecimento — o amor ao país, até o amor à vida. O primeiro não sobreviveu; o segundo parece lesado sem possibilidade de cura. Durante toda a última metade desse volume, cresce o registro da destruição.

> O que me estarrecia era ver a imensa maioria do povo francês tornar-se chauvinista e perceber as profundezas de sua atitude racista. Batalhões inteiros saqueavam, queimavam, estupravam, massacravam. A tortura estava sendo usada como um método normal e indispensável de obter informações... Meus compatriotas não queriam saber nada sobre tudo isso... ninguém mexia nem um fio de cabelo.

E ainda:

> Toda noite um público sentimental chorava com as desgraças da pequena Anne Frank; mas todas as crianças em agonia... naquele momento, num país supostamente francês, era algo que eles preferiam ignorar. Se tentasse provocar compaixão por elas [as crianças argelinas], você seria acusado de baixar o moral da nação. Essa hipocrisia, essa indiferença, esse país, meu próprio eu, tudo isso já não era suportável para mim. Todas essas pessoas nas ruas, concordando abertamente

[com a guerra] ou sufocadas numa submissão estúpida — todos eram assassinos, todos culpados. Eu própria também. "Sou francesa." As palavras escaldavam minha garganta como a admissão de uma deformidade medonha. Para milhões de homens e mulheres... eu era apenas uma das pessoas que os estavam torturando... Merecia seu ódio porque ainda podia dormir, apreciar uma caminhada ou um livro.

...Eu tinha sido rotulada, junto com vários outros, antifrancesa. Tornei-me assim. Já não conseguia suportar meus concidadãos... No cinema, tinha de engolir o noticiário a mostrar o belo trabalho que os franceses estavam fazendo na Argélia... Até tomar um café num balcão ou entrar numa padaria tornou-se uma experiência penosa... Eu gostava das multidões no passado; agora até as ruas me eram hostis. Eu me sentia desalojada como havia me sentido quando começou a Ocupação. Era ainda pior porque, querendo ou não, eu era cúmplice daquelas pessoas. Não aguentava estar na mesma rua com elas. Era isso o que eu menos podia perdoar. Ou então deviam ter me treinado desde a infância para ser um ss, um paraquedista, em vez de me darem uma consciência humanista, democrática, cristã: uma consciência... Eu estava me vendo pelos olhos de mulheres que tinham sido estupradas vinte vezes, de homens com ossos quebrados, de crianças enlouquecidas: uma francesa.

Se o inferno é ver horrores feitos em seu nome, então muitos de nós estivemos lá embaixo com ela. "Sou francesa." "Sou alemã." Para mim, uma sul-africana, "sou branca". Como testamento do abalo das fundações da existência individual nessa situação, essa autobiografia não possui rival que eu tenha lido. A triste sensação de desgosto com a vida é menos a incapacidade de aceitar um corpo a envelhecer que aquele outro tipo de abominação de si mesmo que provém de ter de aceitar que ao longo de anos se perdeu a capacidade de suportar os concidadãos. Que esse livro permaneça contra o julgamento de alguns críticos franceses de que a tristeza é a confissão do fracasso de uma filosofia, e contra a insistência invejosa do mundo em declarar que uma mulher tão brilhante, célebre e (a essa altura) rica *deveria* chegar a um ajuste de contas diferente.

1966

Um Homem Enfrentando a Vida

A minha memória da sequência de acontecimentos quando venho a conhecer alguém é ruim — as preliminares tendem a se misturar com a cor e a qualidade da relação que se desenvolve. Mas lembro-me claramente da primeira vez em que encontrei Nat Nasaka. Foi talvez há sete anos, e eu estava esperando por Lewis Nkosi. Naquele dia, ele trouxe consigo um garoto de face redonda que, confrontado com a perspectiva de ser deixado a sós, enquanto eu e Lewis saíamos para uma conversa particular, disse, como se não houvesse na sala muitos livros e papéis com que passar o tempo: "Vocês não têm alguns discos que eu possa escutar?". Ele não estava ansioso, mas tinha a confiança juvenil em seus próprios interesses que marca o jovem criado na cidade. Ali estava alguém que escorregava pelas convenções das casas dos brancos tão prazerosamente quanto, alguns anos antes, enfiava a bicicleta no meio do fluxo dos carrões de Durban.

Eu sabia que ele se referia a discos de jazz, e senti que acharia os meus mesquinhos e "comerciais", mas lhe passei os que tinha. E, quando Lewis e eu voltamos à sala, ele estava todo estirado numa poltrona, atento à música e inofensivamente indiferente tanto à nossa ausência quanto ao nosso retorno.

Esse era Nat, recém-chegado a Johannesburgo. Esse era Nat, no início do período que ele descreve num ensaio "Johannesburgo, Johannesburgo". Esse foi seu período sem residência fixa. Entretanto, ele estava indo para algum lugar;

pela própria natureza do seu modo de vida, seguia determinado o único curso válido para ele: o da autorrealização independente. Embora eu mal reconheça aquele menino sentado na poltrona mexendo os artelhos dentro dos sapatos para acompanhar a batida do ritmo, assim como mal reconheço o homem que acabou com sua vida no despontar de uma manhã de verão em Nova York, ambos eram parte do jovem que se tornou meu amigo íntimo. Assim os limites das relações humanas nos obrigam constantemente a recuar; assim nossas mãos caem, impotentes, diante da solidão quintessencial de cada ser humano. É com isso em mente que escrevo sobre ele, respeitando o desespero supremo que o tornou impermeável à compreensão dos amigos, sabendo que o conhecimento de cada um de nós a seu respeito representava apenas parte do que ele era, vivia e sofria, e que, mesmo juntando tudo, sempre haverá algo — talvez a soma insuportável do total em si mesmo? — que ele guardou para si e de que morreu.

Eu me encontrava bastante com Nat em festas ou quando os amigos simplesmente se reuniam para conversar, mas foi quando ele se lançou na criação de *Classic*, uma revista literária contestadora, e eu me tornei membro do pequeno comitê formado para auxiliá-lo na direção, que ele se introduziu na vida cotidiana de nossa casa. Escutou brigas e aprendeu brincadeiras nossas. Perdeu o medo de nosso buldogue e suportou a presença malcheirosa do cachorro a seus pés; foi requisitado a pegar o garoto do colégio na parada de ônibus ou a comprar meio litro de leite quando vinha da cidade. O processo é conhecido como tornar-se parte da família e implica tarefas, bem como privilégios. Ele e eu descobrimos que uma das horas mais convenientes para os dois, se tínhamos de trabalhar para a *Classic*, era em torno das duas da tarde. Com muita frequência ele chegava correndo por volta dessa hora, com sua pasta de executivo estufada, e comíamos pão e queijo na varanda ao sol, rindo muito (ele era um mímico brilhante) e realizando o trabalho simultaneamente. Seus instintos sociais eram certeiros, e mesmo numa amizade à vontade ele nunca perdeu o discernimento preciso sobre o tempo exato em que deveria se levantar e ir embora. Sempre parecia sentir quando a outra pessoa tinha trabalho ou alguma outra preocupação a que devia dar atenção. Isso me leva a perceber, só agora enquanto escrevo, que não tenho lembranças de nenhum momento em que ele se tornou chato. Ele nem tinha aqueles momentos de amolação recorrente sobre temas favoritos que a maioria de nós tem. Sensibilidade é um termo cuja menção pode causar por si mesma um bocejo reprimido, mas o fato é que ele era demasiado sensível para ser um chato. Demasiado consciente, da maneira mais fina e mais franca, dos sentimentos das outras pessoas. E isso lembra que, na última noite de sua vida, quando em sua angústia mental conversou até tarde com o amigo Jack Thomson e sua esposa, ele ainda teve o instinto de não sobrecarregá-los com a menção de seu impulso de suicídio.

A maneira de Nat encarar a *Classic* era séria e contudo despreocupada, franca e serena. Era um jovem jornalista inteligente, mas não tinha formação ou experiência literária — sim. Não havia dinheiro suficiente para o empreendimento, e eram infindáveis as dificuldades práticas — sim. Porém, ele sentia que o jornalismo diário flutuava, como óleo indicando a presença de um submarino, sobre a superfície da vida africana, e queria fazer sondagens próprias. Ele pedia ajuda, e mais, assim agia sabendo que a ajuda devia assumir frequentemente a forma de crítica, e com o autoconhecimento de que também poderia aceitá-las, *as críticas*. Quanto a dinheiro, virava-se o melhor possível com o que havia; e quanto às outras dificuldades, enfrentava-as com o que estou pronta a declarar ser uma flexibilidade particularmente africana, nascida da dura necessidade com bastante vigor desde bem cedo.

Uma das dificuldades práticas era a agrura para conseguir que os impressores brancos (o nosso primeiro, com certeza) aceitassem que esse negro era o editor, e não um contínuo do editor branco. A maneira de Nat tratar o homem era divertida e altamente bem-sucedida — com bondade, porém firmeza, como alguém que sofreu um choque grave, mas afinal nem *tão* ruim assim, e não estava se acostumando com isso, já não estava se sentindo melhor? Nat não teve tanto êxito com a esposa do sujeito, uma dama de cabelos pintados e rosto empoado sentada entre suas faturas sobre um banquinho alto, como uma *madame* sinistra de uma pintura francesa do final do século XIX, mas ele conseguiu que o marido lhe confidenciasse seus problemas financeiros e quase o chamasse de "sr. Nakasa"...

Ele me trazia manuscritos de que gostava em especial, para compartilhar o prazer do texto, e me mostrava aqueles sobre cujo interesse ou qualidade não se sentia seguro. Se fosse muito a favor de algum texto, ele o publicava de qualquer maneira, não importando o que fulano ou beltrano pensasse a respeito. Não tinha lido poesia, a não ser em cartilha escolar, e eu frequentemente lhe disse que alguns dos poemas que ele pensava em publicar na revista eram lixo.

Ele dizia: "Oh. Bem, por quê?". E me obrigava a declarar as razões de meu ataque, linha por linha. Às vezes, ele voltava alguns dias mais tarde — remexendo no ninho de manuscritos com pontas reviradas na pasta de executivo — e tirava de novo um daqueles mesmos poemas.

"E que me diz deste verso aqui? ...Você disse que não fazia sentido, mas acho que o que ele está querendo dizer aqui..." E assim ele às vezes me pegava em erro.

Certa vez deixou cair um poema... "Agora este realmente tem alguma coisa!"

Eu o li. "Sim, mas o que possui não é seu", e peguei o livro do Lorca e lhe mostrei o poema do qual o outro tinha tomado emprestadas as formas e as imagens que o distinguiam.

Ele não era absolutamente sensível a respeito de lacunas no seu conhecimento e experiência; não tinha nenhuma das limitações do falso orgulho. Sentou-se para ler Lorca com o prazer da descoberta. Uma das razões de querer estudar em Harvard era ter tempo para ler os grandes poetas e escritores imaginativos; sentia fortemente que precisava de um contexto intelectual mais amplo que o do dia a dia, centrado na África e politicamente norteado, em que se tornara um indivíduo pensante e em que, até então, mesmo os seus julgamentos artísticos deviam estar empiricamente baseados. Eu me pergunto se ele algum dia encontrou esse tempo para ler; de certo modo, não acho que tenha encontrado. Muitos convites bem-intencionados para falar aqui e ali sobre a África, muitos pedidos para escrever artigos sobre como um africano considera esta ou aquela característica americana. Nat continuou preso nas preocupações de seu tempo — o tempo medido por aqueles múltiplos relógios em aeroportos, mostrando simultaneamente que horas são em Karachi, Vladivostok, Nairóbi e Nova York, e não a dimensão em que alguém pode se sentar e ler. Não parece haver bolsa de estudos que providencie esse tempo.

Nat era um bom papo e tinha a capacidade incomum de contar uma anedota de tal maneira que ele próprio era apresentado como "escada",[20] e as luzes brilhantes iluminavam a personalidade de outra pessoa. A imagem oblíqua que ele transmitia era de inteligência e calma, às vezes em situações bizarras. Era dado à análise — de si mesmo e dos outros — em vez de se comprazer com acusações e autocomiseração, e assim não reagia dramaticamente aos embates diários com as leis e os preconceitos dos brancos. Os brancos costumavam afirmar que ele, ao contrário de outros, não era "amargo"; não sei muito bem o que queriam dizer com isso — porque ele era tão amargamente machucado pela barreira da cor quanto qualquer outro —, a menos que tomassem erroneamente por resignação o fato de que conseguia manter seu amor-próprio intato.

Nos anos em que o conheci, fragmentos e segmentos de sua vida apareciam nas conversas, sem cronologia, assim como essas coisas se dão entre amigos; ele estava me contando, certo domingo, como na infância costumava levantar às quatro horas da madrugada para ser o primeiro nas ruas com os jornais. Não estava me contando sobre seu sofrimento de criança negra pobre, mas como Durban era emocionante e misteriosa àquela hora para um menino pequeno — a cidade deserta nascendo com o sol entre a névoa sobre o mar. Depois, no ano passado, quando estava em Londres, encontrei seu irmão mais moço que estava prestes a subir para Oxford. Quando contei a Nat — que tinha ajudado a pagar os estudos do irmão — como eu ficara impressionada com a sagacidade de seu irmão, ele me falou que estava no quarto quando o bebê nasceu e que, como a mãe logo ficou doente e nunca mais foi capaz de cuidar da criança, ele havia simplesmente "levado o bebê para todo lado comigo, até que ele pudesse caminhar". Mais uma vez, era a qualidade da experiência que ele estava transmitindo, não uma história de má sorte apresentando-se como vítima. Claro, ele *era* uma vítima desse país, mas nunca aceitou o caráter do vitimado em si mesmo.

Eu sempre esperava que um dia ele escrevesse sobre essas coisas — a criança em Durban, a vida que ele e Lewis Nkosi compartilhavam, sem lar e

---

[20] Quem só dá a deixa. (N. T.)

contudo, curiosamente, mais em casa em Johannesburgo do que aqueles atrás das portas da frente de suas casas suburbanas. Acho que escrever sua coluna semanal no *Rand Daily Mail* de Johannesburgo foi um começo e constitui o que ele escreveu de melhor. Era jornalismo, sim, mas de um tipo altamente pessoal; todas as notícias vinham de dentro de Nat. Ele perscrutava sua mente e seus sentimentos como nunca fizera antes; só escrevia sobre o que era real para ele, descartando todos os rótulos convenientemente providenciados pelos escritos de protesto e comunicações do governo, aceitando sem embaraço todas as aparentes contradições na complexidade de suas reações à sua situação — e à nossa, negros e brancos. (Ele nem mesmo se recusou a dar uma declaração de que sentia pena dos jovens africâneres!) "Amargura", "ressentimento", "preconceito", esses termos são tão fáceis de usar como as etiquetas de correio aéreo, gratuitas para quem quiser pegar nas agências dos correios. Nat apresentava a realidade, na vida e no pensamento diários, dos quais essas abstrações são tiradas. Ele nos mostrava o que realmente tudo isso significava para um homem enfrentando a vida.

Essa escrita — refletindo a alegria de uma pessoa séria — vinha de sua personalidade central, e, ao dar a si mesmo a mais plena expressão que já conhecera, durante o ano em que estava escrevendo sua coluna e ao mesmo tempo dirigindo a *Classic*, ele se desenvolveu de forma surpreendente. Foi um tempo estranho aquele último ano na África do Sul. Por um lado, ele estava criando um nome para si mesmo, de um modo modesto, mas especial, como nenhum africano fizera antes; suas opiniões e ideias estavam sendo consideradas seriamente por leitores de jornais brancos cujo diálogo através da linha da cor nunca fora além do comando, "faça isto ou aquilo", e da resposta, "sim, *baas*". Por outro lado, ele recebera uma bolsa de estudo para Harvard e estava empenhado na tentativa de conseguir um passaporte — para um africano, um jogo de ano inteiro em que o elemento lúdico parece ser: não dizer nunca ao candidato o que ele tem de fazer para vencer, nem o que foi que ele fez que pôs tudo a perder. Conhecendo a natureza do jogo, Nat tinha de considerar desde o início como a recusa de um passaporte afetaria sua vida. Tinha de decidir se o lugar que criara para si mesmo, com uma perna em cada lado da barreira da cor, merecia que optasse por ficar, se o passaporte fosse recusado; ou se deveria, como outros, aceitar o exílio como o preço de um sopro do mundo livre. Não era uma decisão a ser ditada apenas pela ambição pessoal; parte de seu desenvolvimento consistia em ter chegado ao estágio em que devia pesar a possível utilidade, para seu povo, da posição que ganhara. Não era com certeza uma posição política, e seu valor não era algo que pudesse ser facilmente medido; não há balança para os elementos intangíveis do espírito humano.

De repente, ele tomou a decisão de partir, embora lhe tivesse sido negado o passaporte. Escolheu o que todo outro jovem de capacidade notável — mas de cor diferente — aceita como natural e obtém sem necessidade de uma decisão angustiante de se exilar da casa, do país, dos amigos e da família — a oportunidade de viajar e buscar educação. Fui me despedir dele no aeroporto — duas vezes. Na primeira vez, ele perdeu o avião (não, não foi o que os brancos chamam de tempo africano; foi um impedimento a respeito da emissão dos cheques de viagem), e a multidão de amigos que viera dizer adeus dispersou-se um tanto sem graça. Nem todos puderam voltar no dia seguinte, mas dessa feita tudo se passou sem nenhum impedimento, pesagem das malas, alfândega, controle do passaporte e permissão de sair do país aberta sobre o balcão. Olhei para o documento; era válido apenas para uma saída, e o abaixo-assinado, Nathaniel Nakasa, estava proibido de tornar a "entrar na República da África do Sul ou Sudoeste da África". Havia uma admoestação impressa: "Este é um documento válido. Guarde-o em lugar seguro".

Nat partiu. Nunca voltou. Mas ele foi o início, não o fim de alguma coisa. De muitas maneiras, estava começando no ponto em que outros tinham terminado. Soube que, pouco antes de sua morte, ele fez um arrebatado discurso contra os brancos diante de um público em Washington; mas a notícia me chegou por terceiros, e não sei se essa interpretação de seu discurso é verdadeira. Da mesma forma, ainda que em clara contradição, ouvi dizer que, por sua associação com amigos brancos, ele havia se tornado um negro "branco". A verdade é que ele era um novo tipo de homem na África do Sul — aceitava sem questionar sua africanidade, com uma dignidade simples e orgulho natural, e tinha igualmente como certo que sua identidade como um homem entre homens, um humano entre colegas humanos, não podia ser eliminada na legislação nem mesmo por todas as leis do *apartheid* no Código Civil, ou por todo o preconceito racial neste país. Não calculava a população em 13 milhões ou 3 milhões, mas em 16 milhões. Seu lugar não era entre dois mundos, mas em ambos. E nele podia-se ver a esperança de um único mundo. Deixou essa esperança atrás de si; surgirão outros para retomá-la.

1 9 6 6

POR QUE BRAM FISCHER ESCOLHEU A PRISÃO?

NA ÁFRICA DO SUL, EM 9 DE MAIO DE 1966, Abram Fischer, conselheiro da rainha,[21] um orgulhoso africâner e confesso comunista, foi condenado à prisão perpétua. As principais acusações contra ele (conspirar para praticar sabotagem, ser membro do Partido Comunista e promover os objetivos desse partido) foram enquadradas na Lei da Supressão do Comunismo, mas os anticomunistas não podiam ficar animados com isso: essa lei é aquela muito distendida sob a qual toda oposição extraparlamentar ao *apartheid*, inspirada pelo socialismo, capitalismo, por princípios religiosos, senso de justiça ou somente sentimento humano, está ao menos sob suspeição na África do Sul.

Em seu discurso no tribunal alguns dias antes, o próprio Fischer havia apontado: "As leis pelas quais estou sendo processado foram decretadas por um corpo inteiramente não representativo... no qual três quartos das pessoas deste país não têm voz". Continuou dizendo: "Essas leis não foram decretadas para impedir a difusão do comunismo, mas com o fim de silenciar a oposição de uma grande maioria de nossos cidadãos a um governo decidido a privá-los, unicamente por causa de sua cor, dos direitos humanos mais elementares".

Durante todo o seu julgamento, Fischer escutava e tomava notas — mesmo quando alguns antigos amigos transformados em testemunhas de acu-

---

[21] Título honorífico de advogados no Commonwealth. (N. T.)

sação estavam a alguns metros de distância, depondo contra ele — com a mesma atitude atenta e serena que tinha sido sua conduta, quando atuava como advogado naquele mesmo Palácio da Justiça em Pretória. O sorriso, começando nos brilhantes olhos azuis manchados, era o de sempre, quando se virava do banco dos réus para encarar a galeria do público, procurando os rostos da família e dos amigos. A pompa do tribunal, os gritos vindos das celas abaixo, a imprensa entrando e saindo inquieta na ponta dos pés, os colegas com suas togas, o juiz Wessel Boshoff em seu assento no tribunal — tudo isso era a cena cotidiana de sua vida profissional como advogado. Mas ele estava no banco dos prisioneiros. Cercados pela presença intimidadora dos seguranças à paisana e escrutinados pelos policiais uniformizados, os espectadores na galeria fitavam o espaço central do tribunal como o interior de um pesadelo particular de Fischer, onde tudo parecia normal, exceto aquele gritante deslocamento.

Mas era claro que Abram Fischer reconhecia a realidade de sua posição, sabendo ser o clímax da rota de colisão em que ele e seus conterrâneos se lançaram, quase trinta anos atrás, no dia em que ele rejeitou sua crença estudantil na segregação. Disse ao tribunal:

> Toda a conduta de que tenho sido acusado tem sido direcionada a manter o contato e a compreensão entre as raças deste país. Se um dia esse esforço ajudar a construir uma ponte na qual os líderes brancos e os verdadeiros líderes dos não brancos se encontrem para determinar o destino de todos nós pela negociação, e não pela força das armas, serei capaz de aguentar com fortaleza qualquer sentença que este tribunal me impuser. Será uma fortaleza reforçada ao menos por este conhecimento, de que por 25 anos não tenho participado, nem mesmo pela aceitação passiva, desse medonho sistema de discriminação que construímos neste país e que tem se tornado objeto de ridículo no atual mundo civilizado.

Nem mesmo aqueles africâneres que consideram Abram Fischer o arquitraidor dos africâneres negariam que, se ele tivesse sido capaz de suportar a supremacia dos brancos e a barreira da cor, não haveria limite para as honras e os altos cargos que poderia ter alcançado na república que seus antepassados arrebataram do imperialismo britânico. Ele vem da estirpe certa e possui não só a inteligência, mas também o *savoir-faire* intelectual cobiçado por um povo que às vezes sente, mesmo no auge de seu poder político, uma desvantagem gerada no *veld* ao lidar com as sofisticações do mundo exterior.

Ele nasceu em 1908 na Colônia do Rio Orange — antes antiga república bôer do Estado Livre de Orange —, neto de seu único primeiro-ministro antes da União em 1910. Seu pai tornou-se juiz-presidente do Estado Livre de Orange — após a União, uma província da África do Sul. A derrota da Guerra dos Bôeres nas mãos dos britânicos permaneceu como um gosto amargo na boca do avô, e diz-se que o neto se recusou a ser visto com o uniforme militar do conquistador britânico.

Foi um erudito brilhante e, quando se diplomou em direito em Bloemfontein, ganhou uma bolsa de estudo Rhodes para New College, em Oxford. Com 29 anos, casou-se com a filha de outra ilustre família africâner, Susannah (Molly) Krige, e começou uma carreira de trinta anos no foro em Johannesburgo. Atingiu o ponto mais alto de sua profissão e foi considerado um conhecedor exímio da lei da mineração. Seus serviços eram contratados pelas companhias de seguro, pelos consórcios jornalísticos e pelas grandes firmas mineradoras.

Seu sucesso coincidiu com o crescimento do poder político africâner, mas seu reconhecimento da sujeição do negro, alicerce desse poder, impedia que dele participasse. Embora visse seu povo como o primeiro na África a se libertar da dominação colonial e, portanto, capaz de compreender, e habilitado a estimular, as aspirações africanas, os africâneres cuidavam de codificar o preconceito racial tradicional dos brancos sul-africanos, bôeres, britânicos ou de qualquer outra ascendência, como uma ideologia e o "modo de vida sul-africano".

No contexto dessa situação é que Fischer, na juventude, se tornara comunista. A ascensão do fascismo no mundo àquela época estava fazendo com que muitos de seus contemporâneos em outros países se voltassem para a esquerda. Na Inglaterra, por exemplo, seu homólogo teria partido para lutar com a Brigada Internacional na Guerra Civil Espanhola. Mas a batalha de Fischer seria travada em casa. Sua instigação não era idealismo juvenil, mas a injustiça e a indiferença à injustiça que ele via ao seu redor todos os dias e da qual, como o primeiro dos primeiros-ministros nacionalistas de um parlamento estudantil e como segregacionista, ele fizera parte. Foi a teoria sinistra da superioridade racial fomentada por Hitler, combinada com uma "estranha repulsa" que Fischer experimentava quando, como formalidade num encontro filantrópico, tinha de apertar a mão de um negro, que lhe abrira os olhos. Desde os dias em que, ainda criança, fizera bois de barro com crianças negras na fazenda de sua família, ele fora condicionado a desenvolver um antagonismo para o qual não conseguia encontrar razão. Passou a compreender o preconceito de cor como um fenômeno inteiramente irracional.

Em seu julgamento em Pretória, disse ao tribunal por que fora atraído para o Partido Comunista. Havia essa

> injustiça gritante que existe e tem existido por muito tempo na sociedade sul-africana... Isso não é nem sequer uma questão do grau de humilhação, pobreza ou miséria imposto pela discriminação... É simples e claramente a imposição da discriminação como uma questão política deliberada, por causa da cor que a pele de um homem apresenta, independentemente de seus méritos como ser humano.

Três décadas atrás, não havia muita escolha para um jovem que procurasse participar da atividade política voltada inequivocamente para mudar essa situação. O Partido Comunista era então, e por muitos anos, o único partido político que não obedecia à barreira da cor e que advogava o direito de voto universal. (Hoje, mais de trinta anos passados, há apenas um único outro partido político que advoga o direito de voto universal — o Partido Liberal, fundado em 1953.) Em seu julgamento, Fischer explicou:

> A minha atração pelo Partido Comunista foi uma questão de observação pessoal. Àquela altura, o Partido Comunista já tinha se posicionado por duas décadas, confessa e incondicionalmente, pelos direitos políticos para os não brancos, e seus membros brancos eram, à exceção de um punhado de indivíduos corajosos, os únicos brancos que absolutamente não faziam caso do ódio que essa atitude provocava em seus colegas brancos sul-africanos. Esses membros... eram brancos que poderiam ter se aproveitado plenamente de todos os privilégios que lhes eram franqueados por causa de sua cor... Não estavam dispostos a prosperar em cima das privações sofridas por outros.
>
> Mas à parte o exemplo dos membros brancos, foram sempre os comunistas de todas as raças que estavam prontos a dedicar seu tempo e sua energia, bem como os meios de que dispunham, para ajudar... com escolas noturnas e planos de alimentação, que auxiliavam os sindicatos a lutar desesperadamente para preservar os padrões de vida... Foram os comunistas africanos que constantemente correram riscos... para conquistar ou reter alguns direitos... Essa adesão destemida aos princípios sempre exerce um forte apelo àqueles que desejam participar da

política, não para obter vantagens pessoais, mas na esperança de trazer alguma contribuição positiva.

Os contemporâneos de Fischer entre os jovens *angry men* do mundo ocidental presenciaram nos anos 1930 uma revolução social pacífica na Inglaterra e a busca vigorosa de uma legislação de direitos civis contra a segregação nos Estados Unidos. Dentro do mesmo período, na África do Sul, Fischer viu os agravos profundamente ressentidos pela população não branca do país cada vez mais ignorados, suas campanhas não violentas contra as leis discriminatórias nos anos 1950 cruelmente reprimidas, nos anos 1960 seus Congressos proibidos, líderes responsáveis encarcerados e colocados em prisão domiciliar, junto com os brancos de muitas crenças políticas que os apoiavam, e ano após ano um acúmulo de legislação — bantustões,[22] reserva de mercado, leis do gueto — aumentando as restrições pela cor em todo aspecto da atividade humana.

Esses contemporâneos que partilhavam o que agora lhes parece uma juventude impetuosa podem relaxar sem culpa e perguntar por que Fischer não abandonou as crenças esquerdistas, como eles fizeram, com a desilusão da era stalinista. Só é possível afirmar os fatos. Embora Fischer nunca tenha feito proselitismo, ele foi e continua a ser um marxista doutrinário; a África do Sul, em seu desenvolvimento político em relação ao problema da cor da pele, nunca lhe ofereceu uma alternativa aceitável para suas crenças socialistas.

Em seu julgamento, ele afirmou em termos marxistas ortodoxos a teoria de que a mudança política ocorre inevitavelmente quando uma forma política deixa de satisfazer as necessidades de pessoas que estão vivendo em novas circunstâncias, criadas pelo desenvolvimento de novas forças e relações econômicas. Claro que ele considera o problema da cor na África do Sul basicamente econômico: o medo do branco de perder seu emprego para a quantidade esmagadora de africanos, o negro tão inseguro economicamente que o número de africanos desempregados nunca é nem sequer registrado com precisão. Fischer disse: "A África do Sul é atualmente um exemplo claro de uma sociedade em que as formas políticas não satisfazem as necessidades da

---

[22] Território reservado aos negros africanos. (N. T.)

maioria das pessoas". E apontou que a posse de fábricas, minas e terras usadas para fins produtivos está se tornando mais e mais concentrada — nas mãos dos brancos, claro.

Fora do proibido Partido Comunista não há grupo ou partido aberto aos brancos que, não importa qual seja sua proposta de acabar com a discriminação de cor, visualize uma mudança radical na posse dos meios de produção que sustente o presente sistema de supremacia branca. Fischer disse abertamente ao tribunal: "Acredito que o socialismo a longo prazo tenha uma resposta para o problema das relações raciais. Mas, pela negociação, outras soluções imediatas podem ser encontradas... Perigos imediatos [uma guerra civil que ele visualizava eclipsando os horrores da Argélia] podem ser evitados, se o nosso Estado for induzido em seu presente estágio a se adaptar às necessidades atuais por meio da abolição da discriminação, da extensão dos direitos políticos e da permissão para que nosso povo determine seu próprio futuro".

Na prisão ou fora dela, Abram Fischer mantém uma posição dramática na vida sul-africana. Por alguns anos, as circunstâncias que o rodeiam têm sido extraordinárias. Se os propagandistas nacionalistas africâneres o apresentam como o Anticristo, então ele, curiosamente incitado a pôr de lado seu racionalismo socialista, assume alguns dos pecados dos africâneres de um modo quase cristão. Ao discursar para o tribunal, tornou a repetir muitas vezes afirmações como:

> O que não é apreciado pelo meu colega africâner, por ele ter cortado todo contato com os não brancos, é que... ele agora é responsabilizado como africâner por todos os males e humilhações do *apartheid*. Assim, hoje o policial é conhecido como um "holandês"... Quando dou carona a um africano durante uma greve de ônibus, ele se recusa a acreditar que sou africâner... Tudo isso tem gerado um ódio profundamente enraizado pelos africâneres entre os não brancos... Isso demanda que os próprios africâneres protestem aberta e claramente contra a discriminação. Havia um dever adicional lançado sobre mim, que ao menos um africâner fizesse ativamente este protesto...

Aquelas pessoas, inclusive os nacionalistas africâneres, que conhecem Fischer pessoalmente têm um afeto e um respeito especiais por ele, não importa quão anticomunistas possam ser. Ele próprio sempre demonstrou respeito pelo direito de qualquer um trabalhar pela reforma social à sua maneira, desde que a obrigação não seja complacentemente ignorada. Nenhuma outra figura é ao mesmo tempo tão controversa e tão querida. Mesmo aqueles que nunca foram capazes de compreender sua adesão às visões socialistas, muito menos sua aceitação dessa ideologia, acrescentarão: "Mas ele é uma *pessoa* maravilhosa". Isso não se deve a algo superficial como charme — embora Fischer tenha charme para dar e vender; no caso de Abram Fischer, sua mulher e filhos, trata-se do magnetismo particular de vidas profundamente honestas. Paradoxalmente, a atração é forte num país em que tantos cidadãos decentes fazem pactos conciliatórios com suas consciências.

Em sua profissão, Fischer tem igualmente levado uma vida encantada. Desde os anos 1950, quando começaram os julgamentos políticos na África do Sul, ele recusava de forma convencional casos importantes para ter tempo de defender africanos, indianos e brancos comuns de acusações políticas. Tal era seu prestígio profissional que o *establishment* financeiro continuou a procurar seus serviços como antes. De 1958 a 1961, dedicou-se à defesa de Nelson Mandela, o líder do Congresso Nacional Africano, e de 29 outros acusados no primeiro julgamento político de massa que, por representar tantas nuances — tanto raciais como ideológicas — do pensamento político, tornou-se conhecido como "a Oposição em julgamento". Em 1964, Fischer liderava os advogados de defesa no julgamento do "Alto-Comando" de movimentos combinados de libertação, que tinham estabelecido sua base em Rivonia, ao norte de Johannesburgo. Mais tarde, naquele ano, sua armadura invisível foi perfurada pela primeira vez; ele foi preso, brevemente, sob a lei de detenção de noventa dias. E depois, em setembro de 1964, foi preso com outros treze por cinco acusações, inclusive de ser membro e promover os objetivos do Partido Comunista.

Devido à estima que Fischer desfrutava, seu pedido de fiança foi apoiado por muitos de seus colegas de profissão e concedido pelo tribunal, embora ele tivesse sido considerado o principal acusado. Durante o desenrolar do julgamento, até lhe foi concedido um passaporte temporário que permitiu sua ida a Londres para representar no Conselho Privado uma companhia farmacêutica internacionalmente conhecida. Podia esperar uma sentença de até cinco anos em seu julgamento: retornaria? Ele empenhara sua palavra, e retornou. Tendo vencido a causa, voltou discutindo as novas peças de teatro no West End, como se tivesse regressado ao lar para enfrentar nada mais que o desapontamento do fim das férias.

Ele passara na África do Sul um mês e pouco, quando em 25 de janeiro de 1965 desapareceu durante a noite, deixando uma carta para o tribunal dizendo estar ciente de que sua eventual punição seria aumentada por sua ação, mas que ele acreditava ser seu dever permanecer na África do Sul e continuar a se opor ao *apartheid*, levando adiante seu trabalho político enquanto fosse fisicamente capaz. Mencionou sua carreira na advocacia, em relação à injustiça do *apartheid* sustentada pela lei: "Já não posso servir à Justiça assim como tentei fazer durante os últimos trinta anos. Só posso fazê-lo desta maneira que agora escolhi".

Por dez meses, ele driblou uma caçada policial que bisbilhotou todo quintal e casa de fazenda no país, detendo qualquer suspeito de deixar escapar, sob a persuasão do confinamento solitário, qualquer informação sobre o paradeiro de Fischer. Em 11 de novembro do ano passado, ele foi preso em Johannesburgo, magro, barbado, cabelo pintado. Exceto pelos olhos, era irreconhecível como o homem baixo, mas robusto, bonito e de cabelos crespos que tinha sido — e voltaria a ser, quando apareceu no tribunal em 26 de janeiro deste ano, para enfrentar agora quinze em vez das cinco acusações originais contra ele.

Por que Abram Fischer fugiu? O que conseguiu com isso? Ao que se saiba, ele não parece ter iniciado nenhuma nova atividade política significativa enquanto esteve escondido.

Seus colegas sul-africanos brancos, a maioria dos quais é indiferente à qualidade da vida no outro lado da barreira da cor, levando vidas confortáveis nos subúrbios segregados onde, outrora, ele também tivera uma casa com piscina, e entre quem, no ano passado, viveu como fugitivo, expressam opiniões fortes sobre o que ele havia feito com sua vida. Seus colegas advogados, tomando a posição de que fugir do julgamento original era uma conduta imprópria à dignidade da profissão, pediram apressadamente, dias depois de seu desaparecimento, que ele fosse excluído do foro. Algumas pessoas se convenceram de que ele agiu por obediência cega a "ordens de Moscou" — cujo objetivo não sabem sugerir. Pessoas bem-intencionadas, que não podem conceber que alguém sacrifique profissão, lar, família e sobretudo a liberdade pessoal por um gesto que afirmasse o que ele acreditava ser certo, dizem que a morte trágica de sua esposa, Molly, num acidente de carro em 1964, devia tê-lo desorientado. Outros, que sofreram eles próprios interdições e perderam passaportes em consequência de uma oposição corajosa ao *apartheid*, sentem que o desafio final de Fischer à lei foi um ato gratuito, terminando numa tragédia sem sentido: "Por que Bram se destruiu?".

Enquanto Fischer estava "à solta" naqueles dez meses, algumas pessoas diziam: "Agora ele é nosso Mandela". (A referência era ao período em que Nelson Mandela escapou de uma malha policial por mais de um ano, viajou pelo exterior e trabalhou entre seu povo na "clandestinidade".) Nas prisões no último ano (onde havia mais de 3 mil prisioneiros políticos), quando políticos africanos tinham a permissão de ver alguém, sua primeira pergunta não era comumente sobre suas famílias, mas se "Bram" ainda estava "bem". E, poucos dias antes de sua sentença ser pronunciada, um casal africano implorou à filha de Fischer que lhe emprestasse um de seus ternos, para que um curandeiro pudesse usá-lo num feitiço para influenciar o juiz a adiar a sentença.

Para a família Fischer, 1964-1965 foi um ano para deixar perturbada qualquer mente, exceto as mais firmes e generosas. Tornou-se claro então que, como advogado de defesa no Julgamento Rivonia, Fischer tivera de se armar de coragem e audácia para lidar com evidências que poderiam a qualquer momento envolver a si mesmo. Logo depois do julgamento, ele e sua esposa estavam indo de carro para Cidade do Cabo a fim de festejar o aniversário de 21 anos de sua filha Ilse, estudante na Universidade da Cidade do Cabo, e dar a Fischer a oportunidade de visitar Mandela e os outros réus condenados no julgamento que estavam presos perto da costa em Robben Island, quando seu carro mergulhou numa lagoa profunda ao lado da estrada e Molly Fischer morreu afogada.

Os Fischer sempre foram uma família excepcionalmente dedicada, partilhando, além do amor familiar, uma convicção diligente de que a vida cotidiana deve concretizar, numa ação calorosa e humana, toda e qualquer condenação teórica da discriminação racial. Em Molly Fischer, a tradição muito real da hospitalidade africâner rompeu triunfantemente as barreiras que essa tradição impôs a si mesma; sua grande casa estava aberta a pessoas de todas as raças, e, sem pensar no que os vizinhos diriam, ela e o marido criaram junto com suas filhas e filho uma criança órfã africana.

Molly Fischer ensinava a crianças indianas, trabalhava em movimentos não raciais de mulheres e passou cinco meses na prisão, detida sem julgamento, durante o Estado de Emergência de 1960. Em seu imenso funeral, pessoas de todas as raças choraram juntas, como se o *apartheid* não existisse. Ninguém que o viu nessa época pode esquecer a terrível coragem com que Fischer transformou a perda em zelo para com os vivos; nem pôde confundir essa sua atitude com o funcionamento de uma mente perturbada. Quase de imediato, ele partiu de novo para a Cidade do Cabo a fim de visitar os homens em Robben Island.

Se quisermos especular por que ele desapareceu no meio de seu julgamento e ainda assim permaneceu na África do Sul, sabendo que, ao ser inevitavelmente preso, incorreria numa punição muito maior, devemos também nos perguntar por que, quando teve permissão de ir ao exterior sob fiança, ele voltou. Alguns amigos tinham esperado que não voltasse; um partidário do governo observou nervosamente que não havia nada que impedisse Fischer de aparecer em Haia, onde, à época, a Corte Internacional estava ouvindo em audiência a questão do direito da África do Sul de impor o *apartheid* no território mandato do sudoeste da África (Namíbia). Não teria havido extradição, mas um papel de herói para ele em Haia.

Pessoas de diferentes formações e ambientes que conhecem Fischer melhor parecem concordar que aquilo que o trouxe de volta da Europa e aquilo que o fez tornar-se fugitivo foi uma só e mesma razão, a pedra de toque de sua personalidade: uma fé absoluta na integridade humana. Parece razoável concluir que ele voltou porque acreditava que essa integridade era mútua e indivisível — ele acreditava que nunca seria traído pelas pessoas com quem estava trabalhando em oposição ao *apartheid*, e que ele lhes devia a garantia de sua presença.

Quanto ao "gesto" dos dez meses que passou se escondendo, ele deu, no tribunal, sua resposta àqueles concidadãos — colegas de profissão, firmas, inimigos, o povo branco da África do Sul — que procuram julgá-lo:

> Foi para me manter leal a todos os despojados pelo *apartheid* que rompi meu compromisso com o tribunal, separei-me de minha família, fingi ser outra pessoa e aceitei a vida de um fugitivo. Devo aos prisioneiros políticos, aos proibidos, aos silenciados e àqueles em prisão domiciliar a posição de deixar de ser um espectador e agir. Eu sabia o que esperavam de mim, e foi o que fiz. Eu me sentia responsável, não por aqueles que são indiferentes aos sofrimentos de outros, mas por aqueles que se preocupam. Sabia que valorizando, acima de tudo, o julgamento destes últimos, eu seria condenado pelas pessoas que se contentam em se ver como cidadãos respeitáveis e leais. Não lamento nenhuma condenação que possa me atingir.

O juiz o condenou à prisão "para toda a vida" e, enquanto outros choravam, o próprio Fischer recebeu o pronunciamento com altivez. Ninguém imagina o que vai pela cabeça de um homem quando escuta tais palavras; mas talvez Abram Fischer, vendo a vida passar na prisão, possa se perguntar agora, tomando coragem: "Vida de quem? A deles?... a do governo?... ou a minha?".

1 9 6 6

PÓS-ESCRITO: no presídio, Fischer teve câncer terminal, e, quando a notícia tornou-se pública, houve uma campanha por sua libertação. Ele deixou o presídio em 1975 para ficar em prisão domiciliar na casa de um parente, pois lhe foi negada a permissão de cumprir essa restrição na casa das filhas. Morreu em 8 de maio daquele ano, e proibiu-se que suas cinzas fossem entregues às filhas para que não se tornassem objeto de peregrinação política.

O Conto na África do Sul

Por que será que, enquanto a morte do romance é um bom tema para comentários *post mortem* ao menos uma vez por ano, o conto continua a viver sem ser molestado? Não pode ser — tomando emprestado seu jargão — porque os críticos literários o consideram uma forma de arte menor. A maioria deles, se pressionados, expressaria a visão de que é uma forma altamente especializada e engenhosa, mais próxima da poesia etc. Mas eles teriam de ser pressionados; do contrário nem se dariam ao trabalho de discutir o assunto. Quando Tchekhov aflora, é como dramaturgo, e Katherine Mansfield é uma personalidade de época, da turma de Lady Chatterley. Porém, ninguém sugere que estamos fazendo uma forma morta de arte. E, como uma criança que sofre por descaso em relação à sua saúde, o conto sobrevive.

"Dizer que no momento ninguém gosta muito de romances é exagerar muito pouco. O grande público que costumava encontrar prazer nas ficções em prosa prefere o cinema, a televisão, o jornalismo e livros de 'fatos'", Gore Vidal escreveu recentemente (*Encounter*, dezembro de 1967). Se o cinema e a televisão tomaram um naco tão grande do território do romance, assim como a fotografia empurrou a pintura para descampados que podem ou não florescer, o conto não foi também atropelado? Este simpósio é conversa entre profissionais da área, e parece desnecessário repetir as velhas definições que determinam em que pontos e como o conto difere do romance, mas a resposta à pergunta deve estar inclusa no seguinte. Tanto o romance como o conto usam o mesmo material: a experiência humana. Ambos têm o mesmo objetivo: comunicá-la. Ambos usam o mesmo veículo de comunicação: a palavra escrita. Há uma insatisfação geral e recorrente com o romance como meio de apreender a realidade última — outro termo para a qualidade da vida humana — e inevitavelmente temos até a tendência de culpar os instrumentos: as palavras têm se tornado irremediavelmente embotadas pelo uso excessivo, repetidas a não poder mais pelos publicitários, e, acima de tudo, degradadas por credos políticos que têm torcido e mudado seu significado. Várias saídas têm sido procuradas. Na Inglaterra, um retorno ao classicismo em questões de técnica e uma guinada para o exotismo da aberração sexual e anomalias físicas e mentais como uma extensão da experiência humana e, portanto, do argumento; na Alemanha e nos Estados Unidos, uma esplêndida desenvoltura para transformar em virtude o vício da imperfeição inerente ao romance, estofando-o não com a narrativa trançada com crina de cavalo do século XIX, mas com a espuma plástica anedótico-analítica do século XX; na França, o "romance-laboratório" lutando para se afastar da maldição antropocêntrica da forma, bem como da ilusão de profundidade do romance psicológico, e acabando perto do ponto em que Virginia Woolf se encontrava, anos atrás, fitando a marca na parede. Burroughs inventou o romance com participação do leitor. Para a palavra enferma, George Steiner sugeriu até o silêncio.

Se o conto está vivo ao passo que o romance está morto, a razão deve estar na abordagem e no método. O conto como uma forma e como *um tipo de visão criativa* deve estar mais bem equipado para tentar a apreensão da realidade última numa época em que (segundo o ponto de vista escolhido) ou estamos nos aproximando do mistério da vida, ou estamos nos perdendo numa selva clamorosa de espelhos, quando a natureza daquela realidade se torna mais plenamente compreendida ou mais desnorteantemente ocultada pelas descobertas da ciência e pela proliferação de meios de comunicação além da palavra impressa.

O conto sempre foi mais flexível e aberto a experimentos que o romance. Os contistas sempre estiveram sujeitos a uma disciplina técnica mais rigorosa e, ao mesmo tempo, a uma liberdade mais ampla que o romancista.

Os contistas sabem — e resolvem pela natureza de sua escolha da forma — o que os romancistas parecem ter descoberto em desespero apenas agora: a convenção mais forte do romance, a prolongada coerência de tom, a que até o romance mais experimental deve se adaptar para não se desmanchar, é falsa em relação à natureza do que pode ser captado da realidade humana. Como direi? Cada um de nós tem mil vidas, e o romance dá a um personagem apenas uma vida. *Por causa da forma.* O romancista pode fazer malabarismos com a cronologia e desbaratar a narrativa; durante todo o tempo os personagens têm o leitor na mão, há uma coerência de relação ao longo de toda a experiência que não pode transmitir e não transmite a qualidade da vida humana, na qual o contato é mais semelhante ao lampejo de vaga-lumes, para dentro e para fora, ora aqui, ora ali, na escuridão. Os contistas veem à luz do lampejo; a deles é a arte da única coisa de que se pode ter certeza — o momento presente. Idealmente, aprenderam a escrever sem explicar o que aconteceu antes e o que acontece além desse ponto. É irrelevante como os personagens vão parecer, pensar, comportar-se, compreender, amanhã ou em qualquer outra época de sua vida. Visa-se a um momento de verdade isolado — não *ao* momento da verdade, porque o conto não se constitui por acumulação.

Decidir qual é o melhor modo de apreender a realidade última, do ponto de vista técnico e estilístico, é um problema que o contista está acostumado a resolver especificamente em relação a uma área — acontecimento, estado mental, disposição de ânimo, aparência — que está intensamente manifesta numa única situação. Tome-se a fantasia, por exemplo. Os escritores estão se tornando cada vez mais conscientes da ondulação da linha que separa a fantasia do assim chamado racional na percepção humana. É reconhecido que a fantasia é nada mais que um desvio no ângulo; em outras palavras, o racional é simplesmente outro tipo, o mais óbvio, de fantasia. Os escritores se voltam para a fantasia menos óbvia como uma lente mais ampla sobre a realidade última. Mas essa fantasia é algo que muda, funde-se, emerge, desaparece, assim como faz um padrão visto pelo fundo de um copo. É verdade no momento em que se olha pelo vidro; mas a mesma visão não transforma tudo o que se vê consistentemente em toda a consciência. A fantasia nas mãos dos contistas é muito mais bem-sucedida que nas mãos dos romancistas, porque basta que se mantenha ativa durante a breve iluminação da situação que domina. Na série de situações em desenvolvimento do romance, a sustentação do tom de fantasia torna-se um som agudo nos ouvidos do leitor. Quantos romances fantasistas alcançam o que procuram realizar: transmitir o deslocamento e a mudança, para lá e para cá, abaixo, acima e ao redor do mundo das aparências? O conto reconhece que a plena compreensão de determinada realidade no leitor, assim como a plena compreensão de determinada realidade no escritor, é algo de duração limitada. O conto é uma forma fragmentada e inquieta, uma realização ao acaso, e talvez seja por essa razão que convém à consciência moderna — que parece mais bem expressada como lampejos de *insight* receoso alternando com estados de indiferença quase hipnóticos.

Essas são considerações técnicas e estilísticas. A crítica marxista considera a sobrevivência de uma forma de arte em relação à mudança social. E que dizer das implicações sociopolíticas da sobrevivência do conto? Georg Lukács disse que o romance é uma forma de arte burguesa cuja apreciação pressupõe lazer e privacidade. Implica a sala de estar, a poltrona, a lâmpada de mesa; assim como a epopeia implica os analfabetos ao redor do contador de histórias tribal, e Shakespeare implica os dois públicos — o povo e a corte — de uma era feudal. Desse ponto de vista, o romance marca o apogeu de uma cultura exclusiva, individualista; o mais próximo que conseguiu chegar de uma forma de arte popular (no sentido de reunir pessoas que participam diretamente numa experiência intelectualmente estimulante) foi pelo costume da leitura de romances em voz alta para a família no século XIX. Aqui parece mais uma vez que o conto partilha as mesmas desvantagens do romance. É uma forma de arte solitária quanto à comunicação; mais outro sinal da crescente solidão e isolamento do indivíduo numa sociedade competitiva. Não se pode desfrutar a experiência de um conto se não se tem certas condições mínimas de privacidade para realizar a leitura; e essas condições são as da classe média. Mas claro que um conto, por causa de sua extensão e *completude*, totalmente contido no breve tempo a ele dedicado, depende menos que o romance das condições clássicas da vida da classe média, e talvez corresponda à ruptura daquela vida que está ocorrendo. Nesse caso, embora o conto possa sobreviver ao romance, talvez se torne obsoleto quando o período de desintegração for substituído por novas formas sociais e pelas formas de arte que as expressam. Não é preciso abraçar a monotonia do "realismo social" convencional em literatura para admitir tal coisa. Que a nossa era está se debatendo desesperadamente à procura de uma saída do isolamento humano individual e que as nossas presentes formas de arte não são adequadas a esse apuro, é evidente em todos os surrados jogos de faz de conta, das teorias de McLuhan à arte pop, em que buscamos um substituto para elas.

Este simpósio diz respeito igualmente ao conto como meio de ganhar a vida. Gostaria de dizer que nunca compreendi por que os escritores são sempre indagados sem rodeios sobre quanto ganham (como se fôssemos crianças, cuja mesada deve ser alvo de exclamações de admiração), enquanto jamais se esperaria que os negociantes revelassem as intimidades da declaração do imposto de renda e do extrato bancário. Gostaria de pensar que a razão é que eles sabem que estamos atrás de algo além do dinheiro; e é *isso* que eles ainda não são bastante crescidos para conhecer... Esnobismos à parte, escrever contos é considerado o modo mais improvável de ganhar dinheiro, só menos ineficaz que escrever poesia. Não é preciso dizer que os editores nutrem seus contistas principalmente com a esperança de que venham a escrever romances mais cedo ou mais tarde. Ainda assim, acredito que os contistas (não estou falando dos escritores populares que escrevem por dinheiro, é claro) têm mais chances que os romancistas de trabalhar sem fazer tantas concessões. O romance que não vende representa de um a cinco anos de trabalho — anos que, em termos econômicos, foram perdidos. Se um conto não encontra quem o publique (e às vezes os contos mais interessantes devem esperar até surgir a revista ou a antologia específica em que sua qualidade é reconhecida), isso não representa a mesma perda em termos de tempo de trabalho. Outros contos foram escritos nos mesmos poucos meses ou no mesmo ano, permitindo ao escritor que continuasse a se sustentar. O romancista cujo livro vende pouco talvez tenha de se voltar para algum outro meio de ganhar a vida durante os poucos anos seguintes em que estiver escrevendo (ou gostaria de escrever) outro romance — jornalismo, ensino etc., o que o afasta do único trabalho que realmente lhe interessa. O contista, com menos capital empatado por um longo período, tem mais chances de manter íntegra a assiduidade para com seu trabalho. Além disso, fora da classe dos *best-sellers* (e isso inclui uma grande parte dos romances sérios e virtualmente todos os experimentais), um romance está morto, no que diz respeito às vendas, depois de um ano. Uma coletânea de contos representa frequentemente histórias que, antes da publicação do livro, geraram dinheiro por meio da publicação individual em revistas, e que vão continuar a gerar dinheiro, muito depois da publicação e venda do livro, por meio da publicação individual em antologias. Certos contos meus ainda estão gerando dinheiro para mim, quinze anos depois que foram escritos.

Embora meus romances tenham sempre vendido melhor, de início, que minhas coletâneas de contos, e de vez em quando eu tenha visto dinheiro cair do céu por causa de meus romances (principalmente pelas traduções), acho que posso afirmar que meus contos têm sido o meu ganha-pão. (E isso apesar de eu não oferecer meu trabalho a duas das revistas americanas que melhor pagam pelas colaborações, porque não gostaria de vê-lo publicado nelas.) Claro, parte da razão é que muitos dos meus contos foram publicados em *The New Yorker*. Na qualidade de contista, ganho a vida quase inteiramente nos Estados Unidos. Na Inglaterra, apenas *Encounter* e *London Magazine* publicam regularmente histórias de qualidade, pelas quais o pagamento é insignificante. De forma esporádica — aparentemente pelo prestígio —, uma das revistas coloridas do jornal no domingo compra um conto por uma soma mais realista — digamos oitenta ou noventa libras, mais ou menos o nível de uma revista literária americana. Na Inglaterra, nenhum contista poderia escrever apenas o que lhe agrada e continuar a se sustentar. Em meu país, a África do Sul, o tamanho limitado da indústria editorial e o tamanho e o gosto limitados do público leitor tornam impossível que qualquer escritor sério se sustente com o que ganha. Ainda assim — tal é a resistência e a obstinação dos contistas —, quase toda a ficção interessante escrita pelos africanos locais (os sul-africanos não *brancos*) tem assumido a forma de contos.

Em literatura, o conto tem sido sempre um pequeno principado. Se ameaçado, parece-me ainda notadamente independente, gloriosamente excêntrico, aventureiro e livre. Afinal, nos últimos anos, Ingeborg Bachman escreveu "Among murderers and madmen", Borges escreveu "La escritura del Dios", e Le Clézio escreveu suas "pequenas loucuras", inclusive "Il me semble que le bateau se dirige vers l'Île".

1 9 6 8

MADAGASCAR

UMA PALAVRA DE QUATRO LETRAS me trouxe a Madagascar. Não a mais comum. Uma única palavra na língua local. Li que na língua malgaxe a palavra *lolo* significa tanto alma como borboleta, identificando a crisálida com o cadáver amortalhado, e a borboleta que dela emerge com a alma do morto. Um povo que sabia expressar os conceitos de ressurreição e eterna renovação da vida numa única imagem evocada por uma única palavra curta — eles se apoderaram da minha mente. Essa foi a razão por que me dirigi à sua ilha no oceano Índico, que do contrário não teria me atraído nem mais nem menos que dúzias de outras flutuando pelos mares quentes do mundo sob o título geral de ilha Paraíso: um romantismo à Gauguin manchado pelo tempo que parece sobreviver para todos exceto para os próprios habitantes, ora fazendo balançar as bandeiras de suas miniaturas de nações independentes e esperando a descoberta de petróleo perto da costa ou de urânio na costa.

As fontes de informação de ilha Paraíso rotularam Madagascar como A Grande Ilha Vermelha, a casa do grifo, a quarta maior ilha do mundo. Sobrevoando-a finalmente, não fiquei surpresa ao descobrir que não era, claro, vermelha: um fulgor intenso de contusão na pele de montanhas e morros cosmicamente enrugados lá embaixo, um rubor cor de jaspe purpúreo que aparecia sob a grama rala da estação seca. Rios de âmbar, opacos de barro, movendo-se fortemente em curvas em formato de U ao longo dos vales, estradas (onde havia alguma) seguindo as mesmas voltas de baixa resistência, da cor de ferrugem em pó. Quanto ao tamanho — enquanto eu ziguezagueava pela ilha, quer por terra, quer por ar (1.600 quilômetros de ponta a ponta, 580 quilômetros de um lado ao outro na parte mais larga), com clima e paisagem em constante mutação, o que se tornou realidade para mim foi um continente de bolso. E quanto ao pobre e gigantesco pássaro grifo cujo último ovo conhecido, contendo mais de 7,5 litros de ingrediente de omelete, foi levado a Paris para uma exposição em 1850 — a atual população de lêmures selvagens se mostrou tão elusiva que talvez tivesse sido extinta junto com ele. Porém, as pessoas estavam lá. Os malgaxes, de cuja língua fui sabendo apenas uma palavra, não eram de modo algum elusivos, mas estavam muito vivos no décimo ano de sua independência como uma das ex-colônias francesas ainda sob as saias da comunidade francesa e como um Estado-membro da Organização da Unidade Africana.

Qualquer que tenha sido o ponto de partida, pousa-se em Madagascar na capital, Antananarivo, a 1.219 metros de altura, no alto platô entre as formas estriadas de arrozais brilhantes. A ilha está situada no canal de Moçambique, a 402 quilômetros da costa sudeste da África, e outrora devia estar unida a esse litoral; ninguém sabe ao certo. Ninguém sabe de onde exatamente os habitantes vieram nem quando, embora os etnólogos presumam que tenha sido do sudoeste do Pacífico na sequência de migrações a partir de alguns séculos antes do nascimento de Cristo até o século xv. A primeira coisa que se nota em Antananarivo é como seus descendentes, o povo nas ruas, os merinas, parecem ser surpreendentemente polinésios em oposição a africanos, e a língua dos merinas, que através dos séculos e por meio de seu longo domínio político tornou-se a língua até das tribos do litoral que têm uma mistura de sangue negroide e árabe, é um dialeto malaio-polinésio cheio de sílabas repetidas e longos nomes muito belos de olhar, mas infernais para lembrar. O primeiro rei merina registrado pela história colonial tem um nome de primeira categoria: Andrianampoinimerinandriantsimitoviaminandriampanjaka. Conhecido agora como Andrianampoinimerina, foi no seu reinado no século xviii que o reino Imerina começou a estender sua soberania sobre outros reinos tribais menores da ilha. Entre os retratos da dinastia merina que vi dependurados no complexo palaciano que ainda existe empoleirado no alto da cidade

200   *Nadine Gordimer*

de Antananarivo, o seu quadro é o único que mostra um rei "nativo" — nu exceto por uma tanga, penas no cabelo, lança na mão. Quando morreu, em 1810, seu filho Radama I acolheu os ingleses e os franceses, principalmente com a esperança de usar o branco para ajudá-lo a completar a conquista merina da ilha. Os retratos de todos os monarcas subsequentes mostram rainhas e príncipes de pele escura com roupagem de cetim napoleônico e de veludo vitoriano bem acinturado: o homem branco, seguindo as influências rivais da França e da Inglaterra, tinha começado a usar esse tipo de roupa.

Claro que a escória do mundo branco — piratas como John Avery e William Kidd — havia considerado a costa de Madagascar uma base muito útil, os portugueses a tinham descoberto em 1500 e abandonado seus postos comerciais na ilha dois séculos mais tarde, os árabes haviam criado povoados para servir de bases já no século VII, e as companhias privilegiadas francesas do reino de Luís XIV tinham tentado sem sucesso colonizar a costa sudeste. Mas em Madagascar, assim como no próprio continente da África, foi no século XIX que a competição aquisitiva da Europa por mais colônias realmente começou. Por muitos anos, a França e a Grã-Bretanha se hostilizaram sem entusiasmo pela "influência" entre os merinas; nenhum dos dois países parecia querer seriamente apoderar-se do lugar. A sorte das duas nações na corte merina teve altos e baixos, promovidos não oficialmente por indivíduos excêntricos como o extraordinário Jean Laborde, um ferreiro náufrago que se tornou o favorito da rainha Ranavalona I e ensinou aos merinas a fabricação de canhões, tecidos, papel e açúcar, e Cameron, um escocês, responsável por ter fossilizado o encantador palácio de madeira em sua presente carapaça de pedra. Os franceses e os ingleses eram alternadamente bem acolhidos e repelidos. A decisão de qual potência se apoderaria por fim da ilha foi tomada naquele modo casual em que as potências europeias distribuíam os países de outros povos entre si, naqueles dias em que se professava um interesse piedoso pelos pobres gentios: a Inglaterra trocou suas chances em Madagascar pelo compromisso francês de tirar as mãos do Egito.

Ninguém perguntou aos malgaxes como se sentiram ao ter seu destino decidido por esse acordo de cavalheiros; houve várias guerras franco-malgaxes antes de a França anexar Madagascar, em 1896.

TEMPOS DE REFLEXÃO *201*

TSIHY BE LAMBANANA NY AMBANILANITRA —
OS HOMENS FORMAM UMA GRANDE ESTEIRA

DURANTE QUASE UM SÉCULO antes da conquista francesa, os merinas haviam governado a maior parte da ilha a partir de Antananarivo. Agora que os franceses foram embora, ao contrário de tantas capitais no continente africano, Antananarivo não é uma cidade de brancos da qual os habitantes se retiraram; ela é o que sempre foi, muito antes da chegada do homem branco — a metrópole da ilha. Tem crescido mais nos últimos dez anos que nos cinquenta anteriores, e nos novos bairros de Ampefiloha veem-se os grandes blocos de apartamentos de padrão classe média internacional, mas o estilo de vida da cidade irradia do mercado — o *zoma* — do bairro Analakely, ao qual se chega teatralmente pelo esplêndido bulevar da Avenue de l'Indépendance, dominado pela *haute ville*, o morro revestido de casas altas em tons pastel escurecido que sobem pela encosta até o palácio da rainha. Uma larga escadaria desemboca nos para-sóis azuis e brancos do mercado em cada lado da cidade; descendo a Escalier de Lastelle do meu hotel na minha primeira manhã, tive a sensação de estar entrando em cena. Era sexta-feira, e o espetáculo estava em andamento. Às sextas, o *zoma* explode e se espalha por toda a extensão da Avenue de l'Indépendance, em toda a largura das calçadas e nas arcadas das lojas convencionais.

Não é de admirar que os merinas — esses criadores de imagens invejáveis — visualizem a interdependência humana em termos de entrelaçamento. Embora as barracas do *zoma* vendam de tudo, de mobília a horóscopo e quartzo rosa, de ostras deliciosas a polvos secos como velhas luvas enrijecidas, e também ingredientes medicinais que pareciam ser talvez línguas de salamandras, o que a maioria das pessoas estava vendendo era feito de palha. Impossível catalogar tantos objetos diferentes trançados de tantas maneiras com diferentes tipos de palha — palha de arroz, de milho, de palma, de folha de bananeira, de ráfia. Não há nada mais agradável para comprar que algo feito de palha; é bonito, barato e não dura — satisfazendo assim o olhar, o desejo de conseguir algo por nada e eliminando a culpa de acumular tesouros menos efêmeros que a carne.

E escolher um caminho pelas barracas dos tecedores de palha era se entretecer na grande esteira de pessoas que estavam negociando ou comprando. Um quarto de milhão de pessoas vive em Antananarivo; a maioria delas parecia estar nas ruas, mas não havia barulho e ninguém dava empurrões — se alguém o fazia, ninguém perdia a paciência. Os merinas, quer tenham adotado as roupas ocidentais ou não (todas as mulheres adotaram), ainda usam o *lamba*, um longo tecido, em geral branco, mas às vezes de uma surpreendente cor de açafrão, drapeado nos ombros à maneira mexicana. Ficava muito bonito com calças e casaco comuns, e nas mulheres com bebês o pano envolvia a criança, cabeça e tudo o mais, contra o corpo da mãe. Os bebês malgaxes devem se sentir extremamente seguros nesse estágio intermediário entre o ventre e o mundo.

Todo homem usava chapéu, e todo mundo que queria parecer um homem — isto é, todo pequeno diabrete descalço. Um chapéu de palha, é claro, e em formato de sombreiro. O sombreiro e o poncho são uma combinação arrojada: mas os merinas não são nem um pouco arrojados, e essa peça confere-lhes uma sombria dignidade. Se há neles alguma coisa definitivamente não africana, à parte a aparência, é essa conduta quieta. Em lugar da efervescência negra, uma calma morena.

Eu estava num táxi certo dia, quando o carro foi quase abalroado por outro. Os dois motoristas, olhos nos olhos através do vidro, pararam por um longo momento. Nenhuma palavra, nenhum gesto de nenhum dos dois. Seguimos adiante. Não há pragas em malgaxe? Ainda que não existam, nenhum dos dois motoristas recorreu à riqueza dos insultos franceses. Em lugar de fúria, recuo.

Zanahary ambonin'ny tany —
Deuses sobre a terra

Revelou-se que o único termo que eu conhecia era uma palavra-chave. Para os malgaxes, tanto os merinas do alto platô como os *côtiers* — as tribos da costa —, os mortos são parte da vida. *Lolo* é a alma morta assombrando a terra, e a borboleta viva. O *lamba* é precisamente a mesma roupa que a mortalha. Nos tempos antigos, havia uma civilização que se estendia do oceano Índico até a Melanésia, baseada no culto dos mortos e no cultivo do arroz. Os ancestrais dos merinas trouxeram do Pacífico a arte de cultivar o arroz em campos irrigados e, possivelmente, o culto dos mortos junto com essa arte. Ambos sobreviveram até os dias atuais. Acredita-se que os mortos sejam a única fonte de felicidade, de paz e, sobretudo, de fertilidade. A maior virtude para um malgaxe está no contato físico real com o cadáver; durante a estação seca de maio a setembro, tantas vezes ao longo dos anos quantas a família puder se permitir, todos se reúnem na tumba familiar, às vezes vindo de grandes distâncias, para exumar os corpos, dar-lhes novas mortalhas e um sopro de ar, e celebrar sua presença bebendo e festejando. A conversão cristã (cerca de quarenta por cento da população pratica o cristianismo) e a conversão ao islã (cerca de cinco por cento são muçulmanos) têm sido acomodadas a esse costume pelos malgaxes, em vez de resultarem em sua abolição. O governo democrático do presidente Philibert Tsiranana, que preferia que as energias do povo fossem dirigidas a aumentar a produção como um meio de alcançar a paz, a felicidade, a fertilidade etc., tem de pisar em ovos em seus esforços para desestimular o costume.

Eu não estava muito certa de que queria fazer parte do grupo numa exumação. Mas queria ver as tumbas, quer os ocupantes estivessem tomando ar ou não, porque o culto deu origem a uma extraordinária arte religiosa — esculturas de túmulos em madeira. Sabia que os melhores exemplares deviam ser encontrados longe de Antananarivo, no sul, perto dos portos de Tuléar e Morondava, na costa oeste. Os encantadores e prestativos malgaxes em Antananarivo foram inesperadamente desencorajadores, quando disse que iria de carro — por que não voar? Então, eu optaria por Morondava, se Tuléar era longe demais para ir de carro. Fiquei um pouco perplexa quando se calculou que Morondava — apenas 402 quilômetros — demandaria uma viagem longa, mas não quis escutar mais nenhuma objeção e aluguei um carro francês novo, no qual parti com um habilidoso motorista malgaxe por uma estrada marcada como rodovia nacional. Chegamos lá — depois de dois dias, o segundo gasto numa subida pelo espinhaço da ilha, um percurso de embranquecer os dedos agarrados com força a qualquer coisa para controlar o medo, e na descida pelas montanhas entre sulcos de pedra, levando nossa própria gasolina e sempre esperando que a próxima ponte não tivesse caído. Fiquei envergonhada dos meus temores ao ver surgirem com bastante frequência os pequenos ônibus em forma de caixa de sapato, chamados *taxi brousse* (táxi do campo), que passavam balançando, apinhados de rostos serenos. De qualquer maneira, eu havia compreendido aos trancos e barrancos, inesquecivelmente, que a maior necessidade da ilha são estradas. Ela tem uma das melhores redes de serviços aéreos domésticos no mundo — usados por negociantes estrangeiros, funcionários do governo e visitantes. O preço das passagens aéreas está muito além do bolso do malgaxe comum, e, salvo a linha que liga Antananarivo com o principal porto, Tamatave, há apenas algumas faixas de ferrovia. Se metade dos fundos do plano de desenvolvimento do país para 1963-1973 foi destinada a melhorar o transporte, não há muito o que mostrar na Rodovia 24 para justificar o dinheiro gasto até agora.

Lá embaixo, no outro lado das montanhas, o terreno era plano com o peculiar silêncio quente do campo investido, como energia, no crescimento monolítico de baobás; formas produzidas pela imaginação sofisticada de um Miró despencadas no vazio. Morondava era uma cidade de uma única rua com lojas indianas e chinesas, um velho hotel colonial fechado com gelosias e uma encantadora praia banhada pelas ondas do oceano Índico. Parti rumo aos locais das tumbas. Primeiro, uma visita à vila do chefe em Maravoay; essa parte da ilha foi outrora o reino de Sakalava e ainda é habitada por tribos sakalavas, que são negroides, por isso o velho vestido com uma tanga era inequivocamente africano. Ele recusou a permissão para ver as sepulturas: recentemente alguém tinha serrado e retirado figuras das sepulturas. Enquanto o motorista protestava afirmando minhas intenções honestas, eu observava uma mulher se pintando diante de um espelho barato de loja, desenhando pontos de argila branca em suas maças do rosto e sobre o nariz. Donas de casa mais diligentes estavam ocupadas debulhando arroz. Tivemos de retornar a Morondava para comprar uma garrafa de rum; só então o chefe, ainda teso, cedeu. Passamos de carro pela mata seca do inverno, da vila dos vivos para a vila dos mortos. Numa clareira entre árvores de casca fina como papel e com troncos lívidos que deixavam cair pergaminhos esfarrapados estavam os pequenos lotes cercados que os mortos ocupam. Tinham todos por volta de 1,80 metro por 2,40 metros, e a paliçada até a altura dos ombros era decorada com entalhes de pássaros e humanos na ponta das estacas, e com recortes de figuras altas, totêmicas e geométricas, de modo que o lugar parecia povoado tanto acima como abaixo da terra. Estava muito quieto; vi borboletas pairando por toda parte...

As tumbas que eu tinha visto em outras áreas eram estruturas de cimento ou pedra sem aberturas, algumas com uma espécie de casa de bonecas no topo, e a forma que as esculturas dos túmulos assumem varia também segundo a região. As esculturas mahafalys mais para o sul são totens, às vezes encimados por cenas em miniatura da vida do morto — seu gado, sua casa, sua família; os chifres do gado zebu sacrificado fazem parte do monumento. As esculturas vezos (uma tribo sakalava) ao redor de Morondava são únicas por seu erotismo. Em Maravoay, entre as representações de mensageiros coloniais com bonés à De Gaulle, damas com o traje europeu completo de saia e blusa, sapatos de salto alto e bolsa pendente, havia um único casal mostrado em pleno Ato, ele ainda com seu boné de mensageiro, espiando um tanto nervoso por detrás do corpo intimidantemente feminino da dama, como se pego numa indiscrição irresistível quando estava em serviço.

Mas em Ambato, um local alguns quilômetros costa acima, entre dunas de areias desertas de onde se pode ver o mar, porém não escutá-lo, a primeira visão da vila dos mortos foi a de uma vila petrificada em plena orgia. Nas cinquenta e poucas sepulturas, casais — e de vez em quando trios — são representados em quase todas as variações comuns e incomuns de relação sexual. Nesse lugar desolado, a visão surge como uma *afirmação* em vez de um espetáculo: no momento da experiência humana mais intensa do próprio corpo, a afirmação de sua fecundidade contra o nada. Ela tem a audácia de uma bandeira fincada na Lua.

Claro, para quem não crê (nesse contexto de culto ancestral) é tentador ver a feroz alegria da cópula como um desafio à solidão do túmulo, o lugar belo e privado de Andrew Marvell onde ninguém se abraça. Mas isso é tão subjetivo quanto a explicação de meu motorista de que esses mortos "gostavam muito de mulheres". Aparentemente, a verdade tem pouco a ver com a capacidade sexual dos ocupantes dos túmulos ou com o ressentimento contra a morte; os amantes habilidosos simbolizam a fertilidade que, como todas as boas coisas, chega até os vivos por intermédio dos mortos.

Embora as figuras vestidas e pintadas tenham concepção e execução *naïf*, e os casais seminus tendam à caricatura, muitos dos casais nus são obras de extraordinária beleza e perfeição técnica. Como eles são em primeiro lugar ornamentos e só em segundo representações fiéis, a licença artística é ditada pela necessidade de mostrar todas as posições como verticais. O modo como o escultor resolveu os problemas de forma e volume ao tratar do entrelaçamento de membros e corpos é frequentemente magistral. Algumas das esculturas têm uma ternura clássica em lugar do expressionismo ou simbolismo associados com outra escultura "primitiva". E havia uma sepultura em particular, na qual a concepção do conjunto mostrava uma visão criativa complexa: casais humanos eram alternados com pares de pássaros se acasalando, as sagradas íbis com seus bicos finos afetuosamente entrelaçados, um dos pares unido por um pequeno peixe, a cauda no bico de um dos pássaros, a cabeça agarrada pelo outro.

Os escultores malgaxes com frequência transmitem sua arte não só de pai para filho, mas também de mãe para filha. Uma árvore genealógica dos escultores de Iakoro está dependurada no museu etnológico em Antananarivo. Mas a tradição artística está morrendo, os locais dos túmulos não são protegidos e nenhuma das magníficas esculturas de sepultura de Morondava está preservada num museu em Madagascar. Endireitei um poste de sepultura encimado por um pássaro encantador que estava sendo pulverizado pelos maxilares das formigas; havia muitos outros se desfazendo na areia. Imagino que em breve os únicos que restarão serão aqueles que aparecem, misteriosamente (a exportação é proibida), nas ricas coleções de arte da Europa e da América. Era aquela história do velho chefe em Maravoay: "Algumas pessoas tinham serrado e retirado figuras...".

Do CULTO AOS MORTOS, a oligarquia dos merinas, a oligarquia dos franceses que se seguiu — o *lolo* da República Malgaxe que surgiu em 1960 teve tempo para secar suas asas em paz. O presidente Tsiranana e seu PSD (Partido Social-Democrata) — extremamente conservador, apesar do nome — permanecem confortavelmente no poder, enquanto na África continental golpes de Estado e contragolpes vêm e vão. Tsiranana (da tribo tsimihety) e muitos de seus principais assessores são *côtiers*, e, embora queiram provar que sustentam um governo não tribal, democrático, e tenham sido em grande parte bem-sucedidos, eles representam a derrota final dos aristocráticos merinas, bem como a independência em relação ao governo dos brancos. Mas os merinas com seu monopólio da província capital, seu sistema de castas remanescente, sua superioridade educacional e seu alheamento natural continuam a ser uma presença esmagadora quando se está na ilha — seu palácio pode estar vazio, mas eles *são* Madagascar como nenhum outro elemento consegue ser. A presença francesa continua igualmente em evidência, particularmente em Antananarivo; o palácio cor-de-rosa e com teto de zinco torna-se a Embaixada francesa, as obras de Boris Vian e Malraux são apresentadas no Centre Culturel Albert Camus, comida e vinho francês estão em todo restaurante (se é para ser colonizado, que sorte ser colonizado pelos franceses). A cultura francesa "pega" e sobrevive ao rancor político em suas antigas colônias. Jacques Rabemananjara, ministro das Relações Exteriores, outrora um dos famosos rebeldes exilados de Madagascar depois do levante sangrento de 1947 contra a França, é um poeta malgaxe que escreve em francês, assim como Senghor, poeta e presidente do Senegal, também pertence à literatura francesa. Quer por causa da influência francesa, quer da cultura oral tradicional dos malgaxes com seus *ankamantatra* (enigmas), *ohabolana* (provérbios) e *anatra* (bons conselhos), combinados frequentemente em poemas curtos, às vezes eróticos, chamados *hain-teny*, Antananarivo publica mais jornais que qualquer outro lugar em que já estive. Na Escalier de Lastelle, entre as barracas que vendem óculos escuros baratos e as pedras semipreciosas da ilha, contei catorze jornais malgaxes à venda ao redor de um quiosque de cigarros; mas há, de fato, aproximadamente 155, alguns em francês, para uma população total de 6 milhões de pessoas. Escrever poesia parece ser um passatempo de prestígio; entre os jornais apareciam folhetos de versos amadores, impressos por particulares, com a foto indistinta de um professor de óculos ou de um autor funcionário público na capa.

O presidente Tsiranana, que precisa somente de uma guirlanda ao redor do pescoço para parecer um anfitrião polinésio dando as boas-vindas num documentário de viagem, era um amigo especialmente íntimo do general De Gaulle, e abraçará Pompidou com igual cordialidade. A França continua a principal fonte de ajuda econômica da ilha e o maior cliente de seus produtos, principalmente estimulantes, nutritivos, doces ou aromáticos — café, tabaco, arroz, mandioca, açúcar, cravos e baunilha. Os Estados Unidos são o segundo melhor cliente; o comércio começou nos dias dos piratas, quando um navio bucaneiro americano introduziu o arroz malgaxe na Carolina do Norte. Mas os malgaxes com quem falei estavam desapontados com o tamanho diminuto do investimento e da ajuda americanos. Em cinco anos depois da independência, os Estados Unidos deram apenas 13 milhões de dólares.

A ilha tem alimentos em abundância, mas salvo o níquel no lado oriental — e, claro, está em andamento a inevitável prospecção de petróleo — ela não tem nenhuma das descobertas minerais importantes que trazem o mundo dos brancos voando para promover o desenvolvimento. Por essa razão, Madagascar está entrando tardia e apressadamente nas listas de ilha paraíso, e inaugurou uma linha aérea a jato que a liga ao roteiro turístico regular da África. Nossibé, uma ilha minúscula perto da costa noroeste da ilha principal, tem sido considerada a atração principal além da própria Antananarivo. E, claro, não é preciso ter um carro para chegar lá; um voo curto deixa os turistas num lugar que parece ter realmente escapado do modismo Gauguin degradado. Canaviais brilhantes deitados a contrapelo, sedosos, na brisa, repentinas paredes escuras de floresta tropical, cafeeiros florescendo rosetas brancas, árvores do perfume ylang-ylang espaldeiradas de forma esquisita, mangueiras de folhas lustrosas cobertas de trepadeiras — a ilha inteira farfalha suavemente e respira doce. O hotel de propriedade do governo num coqueiral sobre uma das praias tem um diminuto cassino sob um telhado de folha de bananeira, onde se pode jogar bacará (por que se presume que no fim da fuga de tudo, assim como no fim do arco-íris, tem de haver um pote de ouro?), mas a ação real aconteceu na praia na manhã de domingo, quando dois ônibus cheios de sakalavas chegaram para uma ocasião que, tenho certeza, era mais importan-

TEMPOS DE REFLEXÃO 209

te que um mero piquenique. Nessa praia de Madagascar, a mais próxima da costa oriental da África e das influências africanas e árabes ao longo das antigas rotas de comércio do oceano Índico, o *lamba* torna-se uma túnica de algodão brilhante usada pelas mulheres — eu podia ver de longe o amarelo--pólen, a púrpura, o vermelho, o laranja se mexendo. Elas usavam joias de estilo árabe com fios elaboradamente trançados nas orelhas e no pescoço, turbantes, flores colhidas na floresta que sombreava a beira da areia, e algumas usavam batom e também variações sofisticadas da maquiagem modelada em argila que eu tinha visto no sul, em Maravoay. Tambores, flautas e chicotes entretinham a companhia. Bebiam e comiam em enormes potes pretos da hospedaria, que eram depois lavados no mar pelas damas maquiadas com suas túnicas arregaçadas. Os homens vestiam bonitos calções de náilon da França e entraram no mar para nadar. Depois todo o grupo foi levado ao som dos tambores, flautas e chicotes de volta para seus *taxis brousse*.

Na inauguração da Organização da Unidade Africana em Adis Abeba, em 1963, o presidente Tsiranana sugeriu esperançosamente que o título da organização deveria incluir as palavras "e Malgaxe" depois de "Africana"; recebeu a curta resposta de que, se não consideravam seu Estado como africano, os malgaxes não tinham absolutamente lugar na Organização. Mas merinas ou *côtiers*, os ilhéus em privado não se consideram realmente africanos, nem mesmo agora quando, por razões políticas e econômicas além de outras geográficas bem antigas, seu destino está confundido com o do Terceiro Mundo. Além de seu conservadorismo natural, Tsiranana receia a proximidade da ilha de Zanzibar controlada pelos chineses comunistas, e coloca Madagascar "sem má consciência" entre os Estados africanos moderados na oua (Organização da Unidade Africana), e não entre os revolucionários; mas ele também se permite não ter má consciência sobre o fato de que a nova linha de jatos é administrada em colaboração com a África do Sul e de que Madagascar está recebendo missões comerciais desse país, enquanto a oua condena qualquer contato com o país do governo da minoria branca e da barreira da cor. Claro, as máquinas agrícolas que Madagascar compra da França seriam muito mais baratas importadas da vizinha África do Sul...

Foi somente nas minhas duas últimas horas na ilha que subi ao palácio da rainha, que tinha visto da janela de meu banheiro em Antananarivo todas as manhãs. Umas dessas excursões de deslocar o pescoço para ver as paisagens: aqui o palácio presidencial (outrora do primeiro-ministro do Reino) com seus torreões em forma de cebola e o domo de vidro central de um prédio de exposição da era das locomotivas a vapor, ali o antigo tribunal do reino, um templo grego de pilares e pedra rosada — e depois o grupo de estranhas mansões, grandes e pequenas, que coroa a cidade, sendo conhecido por todos como a *rova*. Ao lado do Manjakamiadana, o palácio que Cameron transformou em pedra, está o Tranovola, o Palácio do Tesouro, uma enorme casa de boneca vitoriana de madeira, com seus arcos brancos da varanda em proporções de catedrais, e no interior deliciosos murais *naïf* nos quais frutas, flores e os olhos das pessoas têm o mesmo olhar franco e intenso. Ao lado do Tranovola, dois diminutos pagodes amarelos e verdes sobre uma plataforma de pedra — as tumbas reais, para as quais a última rainha, Ranavalona III, foi reconduzida em 1938, depois de exumada no exílio da Argélia. O palácio *dela* lembra uma casa de campo construída por um daqueles russos decadentemente europeizados de Turgueniev: parte inglês, parte relógio de cuco suíço, com um toque italianófilo.

Escondido entre os maneirismos decorativos e arquitetônicos da Inglaterra e da Europa do século XIX está o Grande Lugar original de Andrianampoinimerina; uso o termo africano para os alojamentos de um rei, porque "palácio" tem uma grandiloquência por demais barata para nomear esse abrigo soberbo com altas lanças cruzadas em cada extremidade de seu telhado íngreme. Uma moradia semelhante a uma tenda feita de madeira preta grossa, dividida internamente apenas pela diferenciação entre a área da lareira e o resto do chão de terra batida. Ao redor das paredes estão seus escudos de madeira esculpida, suas lanças e seus mosquetes, e suas taças feitas de barro que adquiriram uma pátina de peltre com grafite.

A curadora do museu (nós nos exibimos uma para a outra, concordando que alguns dos murais do palácio eram puro Douanier Rousseau) desculpou-se por me apressar, mas havia uma delegação comercial japonesa na cidade, e ela devia acompanhá-los pelos palácios a qualquer momento; eles chegaram assim que parti, muito pequenos, arrumados e alertas, com a curiosidade tagarela que carregam por toda parte. O que vieram vender em Madagascar? O que vieram comprar?

Uma hora mais tarde, esperando o avião que me levaria embora, comprei um jornal e li a informação de que haviam começado os trabalhos no Madagascar Hilton em Antananarivo. Lembrei de ter lido que o presidente Tsiranana dissera outrora, expressando o desligamento do malgaxe e dando uma cutucada nos problemas da África: "Se o *Bon Dieu* me propusesse que Madagascar fosse reintegrada ao continente africano, eu lhe pediria que a deixasse continuar sendo uma ilha".

Bem, todos sabemos que nenhum homem é uma ilha; mas nenhuma ilha tampouco é uma ilha — não nos tempos atuais. Não pode se dar ao luxo de ser. Lá do meio dos cadáveres e das borboletas, o dedo torto da morte está fazendo um sinal, e mais cedo ou mais tarde, por uma ou outra razão, os continentes vão se fechar.

1969

Os Anos 1970

Merci Dieu, Vejo Mudanças

Acra e Abidjan

Gana, cinco anos após Nkrumah. Nunca vi o país enquanto ele era vivo, mas sua presença tem sido tão onipresente na consciência da África contemporânea que abordamos — por fim — a realidade física de Acra em termos de um lugar em que ele já esteve. Praça da Estrela Negra. O primeiro daqueles imensos estádios de celebração da independência que foram construídos em país após país e agora permanecem, grandiosos e desertos, eternamente esvaziados de uma ocasião cuja imensidão histórica não pode voltar nunca mais. Este tem por trás os imensos mares revoltos que quebram na costa da África Ocidental. A arena vazia parece solitária como o poder deve ser. A famosa estátua de Osagyefo não está mais ali; entronizaram algum inofensivo Soldado Desconhecido em seu lugar. E as vítimas, que se dizia serem sacrifícios de Nkrumah à feitiçaria, supostamente enterradas aqui? Eles as desenterraram para lhes dar um funeral decente depois do golpe de Estado? Cavaram de qualquer maneira e nada encontraram? É isso o que são essas lendas: o mesmo nada, preenchido com a malícia de estrangeiros brancos rotulando a África de eternamente selvagem, ou com os medos projetados dos próprios africanos perplexos?

Ao andar pela cidade, passo todo dia pela Flagstaff House (o quartel-general do Exército), pela estação radiodifusora e pela chefatura de polícia.

Entradas de estilo colonial com paredes brancas, bandeiras, guaritas e aquela trepadeira da África, a buganvília suntuosa, reclinando-se por tudo. Mas foi aqui que o golpe de Estado aconteceu, o jovem major Afrifa e seus soldados entraram marchando, aqueles no poder responderam atirando ou fugiram pelas janelas, houve grande confusão por uns poucos dias, um pouco de sangue, e tudo estava terminado.

O aeroporto recebeu outro nome em homenagem ao coronel Emmanuel Kotoka, um dos responsáveis pelo golpe de Estado e vítima de um contragolpe malogrado um ano mais tarde — ele foi capturado e fuzilado. Acra é um labirinto superpovoado, onde a pressão da humanidade se derrama sobre meros tijolos com argamassa e mal se notam os prédios cujo aspecto deteriorado indica serem anteriores ao golpe de Estado, mas aqui e ali há edifícios sem nome no estilo barroco da independência cuja fachada não tem vida por trás. Num deles, uma janela aberta, uma peça de roupa dependurada a secar; talvez alguém esteja acampado dentro do arcabouço. Esse prédio era outrora a sede do poderoso Conselho dos Agricultores Unidos de Gana, que, junto com o movimento das mulheres, se tornou a única expressão da vontade do povo — e parece que ele se certificou de que a vontade deles era a sua. Nkrumah consultava o Conselho depois de ter se tornado chefe de Estado e chefe do governo, presidente vitalício e secretário-geral do Partido da Convenção do Povo, quando já nem realizava congressos do partido. Outros marcos me interessam de um modo neutro; este me faz parar de repente, com uma melancolia pessoal. Há tão poucos países africanos em que as pessoas que vivem da terra chegaram ao poder e influíram realmente na direção da política do governo: foi um nobre início, ainda que tudo tenha saído muito errado dessa vez. Quero me aproximar de alguém, qualquer pessoa, na rua para lhe dizer: como ganês, como africano, deve-se tentar de novo. E de novo e de novo.

Mas ser branca nas ruas de Acra é sentir-se curiosamente anônima e quase invisível; percebe-se a própria insignificância, em termos do que um rosto branco significou e agora significa para as pessoas. Ser branco é ter-se tornado inofensivo: um monstro secular um tanto patético, cujo poder mítico mostrou ter uma origem que é puro disparate.

216 *Nadine Gordimer*

Tema é um passeio de carro no domingo, uma subida pela costa a partir de Acra. É a cidade de Nkrumah, assim como uma cidade pertence a um homem que tem uma bela maquete, com edifícios altos, trevos perfeitos de elevados, árvores e jardins, carros e gente em miniatura — como se fossem reais. Nkrumah devia ter essa maquete em algum lugar no Palácio de Christiansborg. A realização pela metade de Tema — a cidade nunca foi completada — mostra que teria sido como todas essas Brasílias que têm de passar por um processo de atrito com os humanos, adaptando-se a teimosos estilos locais de vida que continuam a esvaziar de sentido a arquitetura "internacional". Blocos de metal gigantescos aumentam a cada mudança de perspectiva do carro. Descem até o porto, carregando energia da barragem de Akosombo — em termos de superfície, o maior lago criado pelo homem no mundo — para a refinaria de alumínio Kaiser. De uma longa planície verde na distância, torres industriais proclamam uma nova fé, substituindo o único campanário entre as cabanas que costumava proclamar aquela outra religião do homem branco nas cidades africanas. As esplêndidas estradas se curvam e se dobram segundo o planejado, mas desembocam frequentemente numa margem de vegetação rasteira. Há uma encosta coberta de casas boas e arrumadas; contra os muros da refinaria, uma cidade de choças feitas de caixotes de embalagem tem fogos de cozinha a soltar fumaça — é o subdesenvolvimento, um modo de vida ditado pela necessidade, e tão difícil de eliminar quanto apagar os fogos incontrolados no campo que queimam a África.

O famoso porto de águas profundas é muito belo, e cada pino em seus guindastes escarrapachados foi cuidadosamente lubrificado contra a ferrugem, mas há poucos navios e ninguém por ali, os cais tão limpos que observo alguns amendoins espalhados como a única evidência de carga. Talvez porque seja domingo; os números mostram que Tema lida com mais comércio que o velho porto de Takoradi. Quanto à refinaria de alumínio, o governo gostaria que o consórcio americano financiasse a exploração dos depósitos de bauxita locais, ainda que de qualidade inferior, em Kibi, em vez de usar a matéria-prima importada pela Kaiser da Jamaica e da Austrália. Essa é a situação atual — uma variação, mas dificilmente a emancipação, do papel colonial em que a África produzia as matérias-primas, e o processamento para transformá--las em produtos acabados lucráveis ficava sendo prerrogativa de outros.

No caminho de volta a Acra, dirijo o carro para o promontório onde o Palácio de Christiansborg se mantém há três séculos. Branco ofuscante, espiando o mar através das palmeiras, parece árabe em vez de dinamarquês. Quer dizer, se o que se pode ver *for* realmente o castelo; tem-se construído muito ao redor, e para fins variados durante diversas ocupações. Agora é um castelo de ninguém, um bloco administrativo. Não se pode entrar, mas é possível caminhar ao redor de parte dos muros brancos grossos com canhões tampados em seus vãos. Nkrumah, que se apossou desse palácio, passou pelo seu portão com toda a pompa cerimonial certo dia, sem sonhar que jamais voltaria. Seguindo os muros rumo ao mar, encontro de repente um túmulo. Dr. W. E. B. DuBois, negro americano, pai do Pan-Africanismo, depois de seu longo exílio fora da África por razões de raça, voltou para morrer em casa, e ele jaz aqui para sempre.

Paz às cabanas, guerra aos palácios.

A bandeirola que é içada sobre toda revolução e todo golpe de Estado. Nkrumah gastou 8 milhões de libras para construir um Palácio Legislativo para uma conferência de oito dias da OAU. Quando partiu para Pequim e Hanói em sua última viagem como presidente de Gana, levou 45 mil libras das 51 mil libras que restavam no tesouro do Estado. O regime atual, reconhecendo a falta de recursos e sendo forçado a economizar por causa da dívida nacional de Gana — estimada em 850 milhões de dólares —, não tem sido capaz de construir nenhuma estrada ou ponte desde 1967. Enquanto estive em Acra, houve uma greve de lixeiros porque não haviam sido distribuídas luvas e roupas protetoras, e, quando uma formalidade me levou a uma delegacia local, vi que os policiais também não possuíam uniformes completos. Uma das questões abraçadas por um exaltado pequeno boletim de informações de Acra, o *Spokesman*, era a casa luxuosa que estava sendo construída pelo presidente Kofi Busia em sua vila natal. Embora a falta de câmbio exterior signifique que todas as espécies de importados essenciais devem ser evitadas, acessórios de luxo e material de milhares de cedis estão sendo importados para a casa do dr. Busia. Não é o Palácio Legislativo nem Christiansborg, mas será certamente um palácio em comparação com os pátios de Acra, onde crianças, pintos e entulho parecem flutuar em valas abertas, e as pessoas estão pagando vinte pesewas (cem pesewas correspondem ao cedi; o cedi vale aproximadamente um dólar) por duas bananas.

Embora o governo tenha acabado de publicar um panfleto sobre a disposição do presidente Busia para abrir um diálogo com a África do Sul, enfatizando que a posição ganesa diferia da assumida pelo outro principal defensor do diálogo, a Costa do Marfim, no sentido de que Gana pretendia continuar a apoiar os Movimentos de Libertação, a maioria das pessoas parecia mais embaraçada que qualquer outra coisa com a ideia de o primeiro dos Estados negros independentes conversar com uma das últimas fortalezas do poder branco. A questão que estava preocupando a imprensa em geral e os membros do Partido Oposição era a proposta governamental de mudar a presidência dos conselhos regionais, que passaria de um cargo eleito para um nomeado pelo governo. Nkrumah aboliu os conselhos regionais; eles foram reinstalados e são o passo mais importante, salvo as eleições livres, longe do poder inteiramente centralizado e de volta ao contato genuíno com as necessidades e os desejos das pessoas comuns.

Claro, o próprio fato de que há uma Oposição para sair do Palácio Legislativo protestando a respeito dessas questões e de que existe um *Spokesman* para atacar a natureza do ascetismo do regime do dr. Busia diz muito em favor desse regime. Como outro estrangeiro visitante me observou, "ao menos ninguém está na cadeia". Não há prisioneiros políticos.

Os rostos nos cargos públicos, como as fachadas dos edifícios despidas de sua designação original, ainda trazem a imagem de Nkrumah ao avesso. São quase todos homens que ele denunciou e descartou; o pedigree para as altas posições é o exílio ou a prisão sob Nkrumah. Mas os rostos da junta que governou o país de 1966 até as primeiras eleições depois do golpe de Estado em 1969 estão surpreendentemente ausentes. Os membros do governo como os da Oposição são vagos sobre as presentes atividades desses militares (e policiais) e reagem friamente à pergunta razoável: por que nenhum deles se apresenta para servir, na política, como um civil?

Tempos de reflexão *219*

Pelo que pude captar, todos abandonaram suas carreiras militares. O ex-coronel Afrifa está dirigindo aquele velho negócio rendoso no Oeste da África, uma empresa de transporte; ninguém parecia saber o que o próprio general Ankrah estava fazendo nesses dias, e ao menos um dignitário disse asperamente que nem queria saber. "Eles prometeram passar o poder para um governo civil depois de um tempo especificado e tiveram de cumprir essa promessa." Apenas Afrifa, com menos de quarenta anos, havia ousado observar que a cláusula de que o novo presidente de Gana deve ter mais de quarenta anos era um insulto à juventude do país; interpretem isso como uma ambição política frustrada da mais alta ordem, se quiserem.

Todo mundo já ouviu falar dos *mammy wagons*[1] de Gana, um caótico serviço de ônibus sem horário, que transporta perigosamente as pessoas até aonde elas querem ir, sem as terríveis filas e frustração inseparáveis dos serviços de ônibus comuns. Todo mundo sabe que esses caminhões portam ditados ou lemas. Há um quê evangelista até no mais hedonista deles, algo exortatório e moral, que sugere que sua inspiração original deve ter sido missionária: aqueles textos sobre amor e pecado escritos a giz nos quadros de avisos fora das igrejas. O que eu não sabia antes de visitar o país era que os táxis de Gana também têm suas declarações na forma de adesivos sobre os para-lamas. Adquire-se o hábito de procurar augúrios — um "texto para o dia em questão", um aviso? — quando se passeia por Acra. Haverá talvez uma mensagem a ser interpretada apenas pela própria pessoa (como deixar a Bíblia cair aberta em qualquer página) no próximo táxi em que se entrar. Certa tarde, a mensagem estava lá. Apenas duas palavras que eram a última palavra sobre tudo o que eu tinha visto, escutado e feito. "Vejo mudanças."

A Costa do Marfim vista do avião Acra-Abidjan tinha uma textura de brocado, as coroas de milhares de palmeiras estavam dispostas num padrão de plantação.

Abidjan: como todas as cidades construídas sobre a água, ela tem a extraordinária qualidade de estar sempre olhando para si mesma. Até o fluxo do tráfego noturno, visto duplamente do outro lado de uma das lagoas — uma

---

[1] Caminhões que transportam passageiros e carga. (N. T.)

vez na estrada, outra vez refletido na água —, é hipnótico, narcisista, silenciado e acalmado numa corrente de escuridão líquida e clarões flutuantes. Por que não li que era assim? Decido que é um daqueles lugares a que se tem de ir, que talvez não existam realmente a não ser quando estamos neles. Ele não existe em nenhuma comparação que eu tentasse fazer.

Abidjan é cheia de flores que não conhecemos nem desejamos identificar — não somente aquela buganvília apoplética e o hibisco ordinário trombeteando o "paraíso tropical", mas árvores imensas polinizadas com amarelo e rosa, e orlas afundadas em lírios delicados lembrando a chama de fósforos recém-riscados. Há aromas inesperados; não só o bafejo de Femme e Je Reviens das damas francesas brancas que passam, mas o delicioso exalar das flores quentes. A arquitetura de edifícios altos é notadamente imaginativa, edifícios finos apoiados em cima de patas de cegonha que enfatizam a relação da cidade com a água, mas a verdadeira razão para esses blocos serem tão mais bem enraizados em seu ambiente do que costuma acontecer é que, pelo menos desta vez, a *escala* do crescimento natural dentro do ambiente se harmoniza com eles. Há árvores ali que não são eclipsadas por um arranha-céu. Parecem ter esperado através dos séculos que os homens aprendessem a construir nas proporções da floresta tropical.

O hotel em que estou, no subúrbio "diplomático" de Cocody que fica de frente para a cidade no outro lado das águas, tem uma piscina na qual esposas de negociantes franceses passam o dia cuidando dos filhos; de vez em quando, no bar ao ar livre com vista para a laguna, um casal branco conversa com um negro rico ou distinto e sua dama, tratando de negócios ou diplomacia, com um ar de desenvoltura exagerada. Em frente ao mercado de artesanato na cidade, um restaurante-bar-cafeteria está cheio de franceses comendo um almoço executivo e lendo os jornais de Paris, enquanto comerciantes senegaleses importunos, rápidos em reconhecer um rosto de turista entre eles, desfilam ao longo do terraço sandálias de couro de cobra e caftans tingidos de índigo. Nas arcadas e ruas laterais, libaneses sentam-se soterrados por rolos de tecido estampados em batique cujo mercado tradicionalmente monopolizam. No lado de fora das butiques que mostram a *fantaisie* atual do Boulevard St. Germain, garotos negros têm suas tendas de fabricação caseira onde vendem cigarros e chicletes. No meio de seu grande mercado, os africanos se congregam interminavelmente para pequenas compras a inúmeros negociantes insignificantes, sentados diante de uma pirâmide de uns poucos tomates ou ovos, peixe seco ou nozes-de-cola, que parecem todos ganhar a vida na África.

Num bar onde fui escapar do calor do meio-dia, a *patronne* loura de shortinho e botas maquia os olhos diante de um espelho e da indiferença de um latino muito alto com uma bolsa a tiracolo, enquanto um balconista do bar põe para tocar sem parar um disco usado de Georges Moustaki. O homem alto põe sua bolsa no ombro e vai embora, e a *patronne* logo se vira com graça: "O que se pode fazer, madame?... Eu o amo. Ele é italiano, tem que voltar para Roma. Mas quando a gente se apaixona... hein?".

Sim, Abidjan é uma bela cidade. Uma bela cidade colonial, apesar de sua independência de dez anos. Com todas as preocupações, os confortos e as diversões coloniais. Há duas vezes mais franceses agora do que havia antes da independência. Em Acra *você* — o visitante — não consegue comprar uma garrafa de vinho decente nem achar um táxi com maçanetas ainda existentes para poder fechar a janela contra a chuva. Mas a Acra suja de um sábado — os sinos dos negociantes chamando para o rancho, o imenso barulho e movimentação das ruas, a sensação não de pessoas circulando pelas ruas, mas de vida sendo ali vivida; os bares e hotéis de Acra, as magnatas do comércio e transporte com a carne do corpo e os adornos amontoados de forma magnífica, mãos cheias de anéis ao redor de copos, vozes falando por muito tempo a homens franzinos em comparação, as dançarinas passeando ao ritmo do dedilhado e batida preguiçosos da música da alta sociedade, as pequenas prostitutas de rostos de veludo com mãos estreitas, adotando um ar de solidão entediada num banco de bar ou invadindo o banheiro feminino para ajustar turbantes já requintadamente arranjados ou ajeitar o ângulo de um seio sob a roupa — os ganeses levam sua própria vida, e todos os bairros de sua capital miserável são seus. Acra lhes pertence de um modo em que Abidjan não parece pertencer aos marfinenses.

Isso continua válido, mas vou nos dias seguintes a Treichville e Adjamé, os bairros africanos, e vejo por mim mesma que os marfinenses estão em melhor situação material que os ganeses. Em toda parte novos planejamentos habitacionais são concretizados, e as casas, embora básicas como as moradias subeconômicas devem ser, mostram-se decentes e imaginativas. Há escolas com paredes de tijolos vazadas que deixam passar o ar; e mercados cobertos contra o sol e equipados com aparelhos para mantê-los limpos. Essas são coisas de que as pessoas necessitam; é uma surpresa encontrá-las por aqui, em lugar das favelas dos negros que, na África, ficam em geral por trás das lojas e bares com ar-condicionado dos brancos.

Gana e Costa do Marfim começaram dotadas de recursos naturais similares — Gana é o maior produtor de cacau do mundo, Costa do Marfim o terceiro maior produtor de café — e adaptaram suas economias para abastecer de matérias-primas as potências industriais do mundo desenvolvido. Quanto ao resto, esses vizinhos não podiam ser mais diferentes: Gana sob Nkrumah, um dos mais radicais dos novos Estados africanos, Costa do Marfim sob Félix Houphouët-Boigny, o mais conservador desses Estados. Enquanto Nkrumah teve o tapete puxado debaixo de seus pés, Houphouët-Boigny, que reprimiu todo e qualquer descontente que pudesse se insurgir de tempos em tempos pelas lagunas de Abidjan, ainda vive na alta residência em forma de pagode entre as palmeiras e flores de Cocody, e a falta de qualquer sugestão de fortaleza nessa morada reflete certamente confiança. Gana, o país mais rico no início, está manco de tanta dívida; Costa do Marfim teve um saldo comercial de 32 milhões de francos da África Central em 1969. É o *enfant chéri* da França, cumulado de empréstimos e capital francês que ajudaram o país a diversificar sua economia, em troca do compromisso do presidente Houphouët-Boigny de promover lealmente a influência e os interesses franceses em grupos importantes como seu Conseil d'Entente (Costa do Marfim, Daomé, Níger, Alto Volta) e a Ocam (Organização Comum Africana e Malgaxe) chegando até a oau, na qual ele lidera a convocação para um diálogo com a Pretória do *apartheid*, embora as vendas de armas francesas para a África do Sul sejam difíceis de explicar aos Estados africanos.

Aqueles Estados africanos mais voltados a uma mudança radical na vida das massas que a um alargamento da base de uma elite negra realizaram até agora bem menos para as massas que os Estados conservadores que têm se contentado em fomentar uma elite negra, perpetuar a empresa privada estrangeira e o investimento estrangeiro e financiar levantes sociais com benefícios adicionais do capitalismo, por assim dizer. Parece irônico. Mas não é conclusivo. É uma bênção receber casas, escolas, hospitais e mercados subeconômicos decentes. Mas será que o povo, particularmente o do interior — sempre tão diferente do da capital nos países africanos —, vai alcançar mais que isso sob um capitalismo africanizado, porém de estilo colonial? Na África Ocidental, mais de oitenta por cento das pessoas ainda vivem no campo. Será que eles serão algum dia mais que os beneficiários da caridade da elite?

Não há nenhum *Spokesman* impudente publicado em Abidjan; de fato, os jornalistas franceses devem tomar cuidado ao reportar as questões locais a Paris, para não aborrecer o governo francês com críticas ao regime de Houphouët-Boigny. Além da moradia de Houphouët-Boigny, há outro palácio no país, embora de um tipo curioso — um Versalhes inteiro de 100 mil acres está em construção. O Hotel Ivoire, em parte estatal e em parte propriedade particular de americanos, com seus mil quartos, cassino, teatro e ringue de patinação, ficava ao longo da praia da laguna em que se encontrava meu modesto hotel. Andei por ali certo dia, trilhando o caminho aberto pelos pés de criados e pescadores ao longo da costa. Alguém estava cultivando milho num pequeno pedaço de terra; o capim alto roçava ambos os lados de meu rosto. Uma vez dentro do labirinto cinematográfico do hotel, eu ainda caminhava a esmo — ao longo de corredores muito altos, amortecidos por tapetes, e galerias de vidro, através de salões que reduzem a figura humana a uma pequena pincelada, passando por bares embutidos como caixas chinesas. Havia uma maquete do plano total de que este lugar é apenas uma parte: uma "área turística internacional", um "ambiente de cidade-jardim" para 120 mil pessoas, que vai abranger em sua totalidade vilas africanas existentes, para as quais a atração de clubes de golfe, salas de convenções e um centro de esportes olímpicos não interessa. Para "ver" a África, os nativos e tudo mais, não será necessário arredar pé desse ambiente de confortos domésticos grotescos criado pelo arquiteto californiano e planejador urbano William Pereira e pelo sr. Moshe Mayer, um milionário israelense cujo rosto de álbum de família está exposto com uma carta do presidente Houphouët-Boigny saudando o projeto e referindo-se ao sr. Mayer como "meu querido amigo". Essa região da África era conhecida no passado como o Túmulo do Homem Branco; agora ele a vê como seu parque de diversões. Uma mudança na perspectiva de uma subjetividade intemporal? Dificilmente mais que isso, e bem pequena.

Não há muitos *mammy wagons* em Abidjan. Aqueles que existem em geral não têm identificação, a não ser suas placas de registro. Mas, quando fui à estação rodoviária em Adjamé com um professor de filosofia que estivera corrigindo provas de *baccalauréat* no bar ao ar livre de nosso hotel, havia uma mensagem para mim. Enquanto conversávamos, um caminhão estava sendo carregado de passageiros e trouxas. Tinha na carroceria um texto gasto, decorado com flores pintadas, meio ilegível; só consegui decifrar as palavras, "*Merci Dieu*". Como sou uma sul-africana branca e o professor era um marfinense negro, foi natural que discutíssemos a ideia de diálogo entre nossos dois países. O que foi talvez um pouco menos previsível é que eu argumentava contra o diálogo, porque — como lembrei rápido para ilustrar minha opinião — o tipo de contato entre dois indivíduos emancipados que ele e eu estávamos tendo era do que meu país necessitava, e não diálogos entre a classe dominante branca e estadistas negros de outros países — e ele, se por nada mais, baseando-se em como *nós* estávamos nos entendendo bem, dispunha-se a dar uma chance ao diálogo. Bem, sim — obrigada aos céus pelas pequenas mercês, nem tudo é previsível na África do presente —, aconteça o que acontecer, as velhas equações, os papéis definidos, nacional e pessoal, bom e ruim, estão sendo todos questionados.

1971

Arrume as Malas, Homem Negro

Americanos que sentem repulsa pela barreira da cor, mas que estão ao menos dispostos a considerar que a filosofia política do "desenvolvimento separado" do *apartheid* é talvez algo diferente da legislação de Jim Crow com outro nome, disseram-me que não sabiam o que pensar dos planos de reassentamento do governo sul-africano para os negros. Vivendo tão longe, sem conhecer as condições locais, estão habilitados a julgar?

Muitos sul-africanos brancos, vivendo bem dentro do país, mas a uma distância das condições dos negros não menos palpável que os muitos milhares de quilômetros que separam Nova York e Johannesburgo, expressam reservas similares. A descentralização não é vital, de qualquer maneira, para os países industrializados? Não é uma boa ideia remover as favelas rurais? Política à parte — e na África do Sul o desenvolvimento separado significa procurar a divisão definitiva do país entre negros e brancos, segundo linhas traçadas exclusivamente pelos brancos —, os planejadores industriais e os especialistas em desenvolvimento comunitário não são os melhores juízes?

Eu diria aos americanos o que disse a meus colegas sul-africanos brancos. Vocês sabem muito bem que devem comer quando estão com fome, não? Ligar o aquecedor quando sentem frio? Escolher um lugar para viver, pagando um aluguel dentro de suas possibilidades, num trajeto de transporte conveniente para seu trabalho, as escolas de seus filhos e a busca de seus interesses?

Esse é todo o conhecimento preciso para julgar as necessidades razoáveis de qualquer ser humano. Esqueçam a cor ou "ao que ele estava acostumado"; ele sente fome, sede e deve ganhar a vida exatamente como todo mundo. É demasiado fácil nos abrigarmos atrás das análises das ciências do comportamento, que servem para racionalizar o sistema americano de "aldeia" no Vietnã como a "reestruturação" da sociedade em lugar das contendas da guerra, e da teoria criptocomportamental que racionaliza o reassentamento arbitrário na África do Sul, partindo da premissa de que a afinidade de cor e de raça predomina sobre todas as outras necessidades humanas.

Na África do Sul, em dez anos, 900 mil negros foram retirados de suas casas, porque as terras em que estavam vivendo — e alguns estavam assentados até por cem anos — foram declaradas "pontos negros" numa área branca. Os negros não têm escolha. As remoções são decretadas por leis criadas sem que eles tivessem voz em sua elaboração, pois eles não votam. São pessoas pobres, que viviam humildemente onde estavam; não imaginem que vão ser alojados em alguma espécie de vila-modelo, esqueleto de uma nova comunidade brilhante à espera de ser habitada.

Em geral, acabam recebendo alguma espécie de compensação pelas casas que deixam para ser arrasadas, mas, no lugar para onde são enviados, não há casas novas: quando muito, alguns materiais de construção básicos podem ser supridos, e espera-se que eles próprios construam novos lares, vivendo enquanto isso em tendas que podem ou não ser providenciadas. Talvez haja água por perto e combustível; frequentemente têm de caminhar quilômetros para obter esses artigos de primeira necessidade. Se pertencem à área rural e são removidos para um terreno classificado como não rural, devem vender seu gado antes de partir.

O terreno pode ficar perto de uma cidade de brancos onde há oferta de trabalho ou não — não tem se mostrado parte do "planejamento" assegurar de antemão que aqueles que perdem o emprego por causa da remoção encontrem trabalhos alternativos nos lugares em que são coagidos a viver. Alguns assentamentos consistem inteiramente em não empregáveis — chamados de forma oficial "pessoas excedentes", "pessoas redundantes", "pessoas não produtivas" — varridos das cidades por não poderem servir como unidades de mão de obra.

Tempos de reflexão 227

As condições físicas do reassentamento são, praticamente sem exceção, de tal desolação que, diante delas, quase nem se pode pensar além de pão e latrinas. A sensação de urgência, despertada em nome de pessoas cuja luta pela vida tem sido reduzida à busca de madeira para fazer um fogo, um balde de água limpa para beber, vinte centavos para pagar uma passagem de ônibus até a clínica, tende a incutir o propósito de melhorar tais privações concretas impensáveis. Reportagens jornalísticas sobre essas condições têm levado o público de Johannesburgo, por exemplo, a fazer o que é conhecido localmente como "abrir o coração" aos pobres, derramando da cornucópia da abundância branca cobertores, alimentos e remédios para aquecer, alimentar e tratar as "cidades" negras de tendas e choças.

Isso é feito em nome da humanidade comum. Mas, em nome da humanidade comum, como os brancos conseguem fechar as mentes às implicações da *política* do reassentamento, enquanto ao mesmo tempo "abrem os corações" a seus resultados duros e inevitáveis?

No segundo país mais rico da África, nesta nova década do século XX optando por manipular a vida de uma maioria nativa sem voto e sem poder de acordo com uma teoria da preferência de cor, nós, na África do Sul, estamos reproduzindo as condições de vida das vítimas esfomeadas europeias do século XIX, às quais se permitia que trabalhassem a contragosto em outro país. Num mundo com um imenso problema de refugiados ainda não resolvido desde a última guerra mundial e outras menores que vieram a seguir, nós, que nunca sofremos a destruição de nosso próprio solo e cidades, temos criado acampamentos de pessoas que vivem como os refugiados sem lar da Palestina, de Biafra e Vietnã.

Toda vida humana, por mais humilde que seja, tem um contexto emaranhado de experiência familiar — relações sociais, padrões de atividade em relação ao ambiente. Chamem de "lar", se quiserem. Ser retirado desse lugar certa manhã num caminhão do governo e ser despejado num local desabitado é ser obrigado a reconstruir não só o seu abrigo, mas sua vida inteira a partir do zero. Para as centenas de milhares de negros que estão sendo obrigadas a passar por essa experiência na África do Sul, não há apelação.

Quanto aos brancos — se nossos corações fossem realmente se abrir, descobriríamos talvez apenas este comentário, gravado ali, por um dos habitantes de um reassentamento: *Não se pode dizer não a um homem branco.*

1971

Poetas Libertadores

Algumas semanas atrás os censores sul-africanos proibiram uma camiseta com a frase "Ajude a Curar a Virgindade".

Ao mesmo tempo, proibições duradouras impostas a *Santuário*, de William Faulkner, *Homem invisível*, de Ralph Ellison, *Miss corações solitários*, de Nathaniel West, *Adeus, Columbus*, de Philip Roth, e *Um certo sorriso*, de Françoise Sagan, foram suspensas.

Quem terá submetido uma camiseta à opressiva consideração dos censores? Quem ou o que os levou a ler Ellison, Faulkner etc., proibidos por seus predecessores que julgavam com base nas leis do Correio e da Alfândega da África do Sul, antes que o atual Conselho de Controle das Publicações fosse criado com a Lei das Publicações e Entretenimentos em 1963?

A lógica por trás dessas decisões do conselho só é conhecida de seus membros, todos nomeados pelo governo.

Camisetas à parte, meu interesse é a literatura. Infelizmente, a suspensão de proibições impostas a alguns livros não é uma indicação geral de que a censura está prestes a ser relaxada na África do Sul. Ao contrário. Um comitê representando sete departamentos do governo tem investigado "novas maneiras" de aplicar a Lei das Publicações e Entretenimentos, porque durante os últimos anos têm aparecido críticas repetidas ao conselho, cujas determinações vêm sendo derrubadas por decisões judiciais.

Existe, sim, o direito de apelar à Justiça contra as proibições do conselho, mas, como o escritor é primeiro declarado culpado de produzir algo obsceno ou objetável, e só depois tem a chance de defender a obra em questão, os processos habituais da lei são revogados. Ameaças de abolir esse direito têm sido frequentemente brandidas; a Igreja Reformada holandesa tem sido zelosa com essa espada específica. Agora o ministro do Interior, dr. Connie Mulder, que recebeu os achados do comitê investigador, anunciou que o direito de apelação não será abolido, mas haverá "mudanças no sistema de apelação" contra as decisões do conselho.

Declarações do próprio ministro e de outros em cargos oficiais não inspiram confiança entre os escritores quanto à possível natureza dessas "mudanças". O dr. Mulder comentou que o presente xeque-mate entre juízes e censores era insatisfatório. Marais Viljoen, ministro do Trabalho, disse que determinados juízes estavam sendo colocados numa posição antipática, porque "ter de dar decisões sobre a moral do país era uma tarefa difícil". E Andries van Wyk, vice-presidente do conselho em vias de se aposentar, predisse que os censores não relaxarão sua atitude linha-dura sobre questões que impliquem raça, sexo e política enquanto o presente governo estiver no poder.

Ao mesmo tempo que camisetas estavam sendo proibidas, que já não é ilícito ler Faulkner e que escritores aguardam sombriamente as novas maneiras de os censores lidarem com suas obras, o fenômeno sereno dos novos poetas negros — e de editores prontos a correr o risco de publicá-los — continua em Johannesburgo.

Começou no ano passado com a publicação de *Sounds of a cowhide drum*, de Oswald Mtshali, também publicado em Nova York. Catorze mil exemplares foram vendidos na África do Sul; um grande leitorado para qualquer poeta, em qualquer lugar. Neste ano, *Yakhal'inkomo* (o grito do gado no abatedouro), os notáveis poemas de outro jovem negro, Mongane Wally Serote, apareceram pelo mesmo selo. Os editores são três jovens poetas brancos, Lionel Abrahams, Robert Royston e Eva Bezwoda. Outro editor tem em preparação uma antologia da obra de onze poetas negros sul-africanos.

Por que esse recrudescimento da poesia sob a censura?

Quase todos os escritores negros seminais na África do Sul tiveram de se exilar na década de 1960, e suas obras foram proibidas. Isso teve o efeito de tolher o desenvolvimento dos escritos em prosa entre os jovens negros; parece ter produzido, talvez subconscientemente, uma busca de uma forma menos vulnerável de expressão. Algumas das pessoas que escrevem prosa são muito talentosas; outras, nem tanto. Para todos, a poesia é uma libélula livre, cujo tremeluzir os censores devem achar difícil pregar em qualquer uma das 97 definições do que é indesejável segundo a Lei das Publicações e Entretenimentos. O que a poesia expressa é antes implícito que explícito.

1972

Os Novos Poetas Negros

"A poesia tem realmente um lugar muito especial neste país. Incita as pessoas e modela suas mentes. Não é de admirar que o nascimento de nossa nova *intelligentsia* seja acompanhado por um desejo de poesia nunca antes visto... Ela traz as pessoas de volta à vida."

Isso foi escrito sobre a União Soviética contemporânea por Nadezhda Mandelstam, viúva do poeta Osip Mandelstam, em sua autobiografia, *Hope against hope*. Mas talvez o mesmo pudesse ser dito da nova poesia que está sendo escrita na África do Sul por negros sul-africanos. Três coletâneas individuais foram publicadas em dezoito meses. Sei que ao menos mais duas devem aparecer neste ano. Uma antologia representativa do trabalho de onze poetas está no prelo no momento em que escrevo. Poemas assinados por nomes até agora desconhecidos afloram em pequenas revistas; há leituras de poemas nas universidades e em casas particulares, porque a lei não permite que negros leiam para brancos ou para público misto em lugares públicos. Pela primeira vez, as obras de escritores negros estão começando a ser compradas por negros comuns nos distritos segregados, em vez de apenas por brancos literatos ou liberais e pela elite negra culta.

Aspirantes a escritor são intimidados não só pela censura em si, mas também pelo medo de que alguma coisa controversa, expressa por um negro mediante o veículo em geral explícito da prosa, torne o escritor suspeito, porque a correlação de poder de expressão e insurreição política, no que diz respeito aos negros, está firmemente alojada nas mentes dos ministros do Interior, da Justiça e da Polícia. Um medo polimorfo restringe a mão que escreve.

Desse silêncio paralítico, suspenso entre o medo de se expressar e a necessidade de exprimir uma pressão cada vez maior de experiências sombrias, provém a busca subconsciente do escritor negro por uma forma menos vulnerável que aquelas que causaram proibições e exílio para uma geração anterior. Em outros países, escritores de situação semelhante encontraram um modo de sobreviver e falar empregando diferentes formas de prosa. Talvez, se os escritos negros não tivessem sido tão completamente decepados e truncados nos anos 1960, tivessem surgido mentes criativas suficientemente ágeis para manter a prosa viva por meio de algo como o *skaz* — um gênero russo dos tempos czaristas que concentra uma narrativa de amplo alcance numa obra compacta que provém da tradição oral de contar história, aproveitando plenamente os significados particulares e duplos contidos no idioma coloquial. Tanto a tradição oral como o idioma politicamente carregado existem na África do Sul negra.

Ou a solução poderia ter sido encontrada na adoção do gênero esopiano — como numa fábula, escreve-se dentro de um conjunto de categorias, sabendo que os leitores compreenderão que o autor está se referindo a outras, uma área em que o comentário explícito é tabu. Camus usou esse expediente em *A peste*, e mais uma vez a geração de escritores do tempo de Stálin aprendeu a empregá-lo com maestria.

O modo críptico é algo estabelecido há muito tempo; os escritores têm recorrido a essa possibilidade em tempos e países em que a perseguição religiosa ou a opressão política forçam a criatividade a se recolher a si mesma, coagindo-a a tornar-se seu próprio esconderijo, do qual, engenhosa como um oráculo, uma voz que não pode ser identificada fala a verdade por meio de enigmas e parábolas que não são facilmente definidos como subversivos. Na África do Sul, há 97 definições do que é oficialmente "indesejável" em literatura: subversivo, obsceno ou de outros modos "ofensivo". Elas nem sempre são invocadas, mas estão à disposição quando se torna preciso suprimir determinado livro ou silenciar um escritor específico. Procurando escapar a essas restrições, entre outras marcas ainda mais sinistras da atenção oficial, os escritores negros tiveram de procurar a sobrevivência longe do modo explícito de se expressar, recorrendo se não ao modo críptico, pelo menos ao implícito; e, no seu caso, voltaram-se instintivamente à poesia. O professor Harry Levin define um poema como "um artefato verbal" cujo "arranjo de signos e sons é igualmente uma rede de associações e respostas, comunicando informações implícitas". Em termos demóticos, não literários, um poema pode ser tanto um esconderijo como uma declaração em voz bem alta. Era o que os escritores negros dentro da África do Sul estavam procurando.

Muitas pessoas ficarão desconcertadas com o fato de que essa concepção pragmática e crua de poesia venha a ser escrita. Não se pode simplesmente "voltar-se" à poesia. Ela não está simplesmente ali, à disposição de qualquer um que tenha algumas horas livres para estudo em casa, como um curso de contabilidade por correspondência ou um aprendizado de como usar o gravador. Como escritora de prosa, não preciso que me lembrem os níveis de literatura, entre os quais os poetas estão lá no topo do Kilimanjaro. Aquela coroa nevada não está ao alcance de qualquer um que deseja escrever; mesmo aqueles que sabem atear um fogo de capim na planície da prosa ficarão sem oxigênio naquelas alturas.

A poesia *como um último recurso* é realmente um conceito estranho; uma espécie de inversão dos enormes problemas de talento e dons implicados em optar por escrever poesia. Muitos dos que escrevem poesia na África do Sul hoje não são absolutamente poetas, apenas pessoas de algum talento tentando usar certas convenções e não convenções associadas com a poesia para expressar seus sentimentos de um modo que possam esperar ser ouvidas. Uma delas disse:

> *To label my utterings poetry*
> *and myself a poet*
> *would be as self-deluding*
> *as the planners of parallel development.*
> *I record the anguish of the persecuted*
> *whose words are whimpers of woe*

wrung from them by bestial laws.
They stand one chained band
silently asking one of the other
will it never be the fire next time?
("To label my utterings poetry", de James Matthews)[2]

Da saga islandesa ao simbolismo, de um Chaucer criando o inglês como um meio literário democrático a um Günter Grass recriando áreas da língua alemã degradadas por usos nazistas, os escritores, em seu lugar no centro de sua situação histórica particular, têm sido forçados por esse tipo de empirismo e pragmatismo a "voltar-se" a uma forma de expressão específica em vez de outra qualquer.

Há duas perguntas a fazer aos escritores negros que têm "se voltado" à poesia na África do Sul. Nos cinco anos desde o início dessa vaga de poesia, essas perguntas se mostraram tão entrelaçadas que nem sei qual formular em primeiro lugar. Assim, sem preconceito neste ponto: Pergunta — empregando o meio implícito da poesia, os escritores negros estão conseguindo estabelecer ou restabelecer a literatura negra de protesto na África do Sul? Pergunta — eles estão escrevendo boa poesia?

Essas perguntas, como disse, parecem ter demonstrado uma indivisibilidade que hesito em afirmar como um axioma universal. Quando o protesto se faz ouvir a partir de um bom poema, até de um bom verso, as duas perguntas são respondidas numa única afirmativa. Quando Mandlenkosi Langa, em seu "Mother's ode to a still-born child", escreve:

It is not my fault
that you did not live
to be a brother sister

---

[2] Chamar minhas palavras poesia/ e a mim mesmo poeta/ seria tão enganador/ quanto os planejadores do desenvolvimento paralelo./ Registro a angústia dos perseguidos/ cujas palavras são lamúrias de desgraça/ arrancadas deles por leis bestiais./ Eles formam um bando encadeado/ perguntando silenciosamente uns aos outros/ nunca será da próxima vez o fogo? ("Chamar minhas palavras poesia", de James Matthews). (N. T.)

or lover of some black child
that you did not experience pain
pleasure voluptuousness and salt in the wound
that your head did not stop a police truncheon
that you are not a permanent resident of a prison island[3]

Sua ironia diz mais que qualquer tratado que descreve em termos emotivos gastos as expectativas de vida do gueto negro sob a opressão branca no estado policial etc. Quando, escrevendo mais uma vez sobre uma criança natimorta — símbolo da constante morte em vida que passa por essa poesia negra —, Oswald Mbuyiseni Mtshali em "An abandoned bundle" cria a imagem de cachorros "enfeitados com bandanas de sangue" vasculhando o corpo de um bebê jogado num monte de lixo do local, ele diz mais sobre a mortalidade infantil negra que qualquer artigo de jornal, e, pelo alcance que a visão total de seu poema propicia, mais sobre a banalidade da vida quando a raça é a medida do valor.

Os temas escolhidos pelos novos poetas negros são essencialmente comprometidos com a luta individual pela sobrevivência física e espiritual sob a opressão. "Eu" é o pronome que predomina, em lugar de "nós", mas o "eu" é antes a unidade à Whitman de múltiplos milhões que a exclusiva primeira pessoa do singular. Há pouca evidência de sentimento de grupo, exceto talvez num ou dois dos jovens escritores que estão dentro da Saso (Organização dos Estudantes Sul-Africanos), a organização de estudantes negros cujo manifesto político-cultural é uma combinação de negritude com Black Power (Poder Negro) segundo o padrão americano.

Os temas, como os dos poetas que precederam a presente geração (eles eram poucos em número e foram forçados a se exilar) são urbanos — embora seja duvidoso falar da tradição ou influência de um Kunene ou de um Brutus nesse ponto. Poucos dos jovens aspirantes a poetas que escrevem hoje sequer leram as primeiras obras dos escritores exilados: foram proibidas en-

---

[3] Não é culpa minha/ que você não viveu/ para ser um irmão irmã/ ou para amar uma criança negra/ que você não sentiu dor/ prazer volúpia nem sal na ferida/ que sua cabeça não deteve o cassetete policial/ que você não é um residente permanente de uma ilha-prisão. (N. T.)

quanto eles ainda estavam na escola. O extraordinário desenvolvimento da obra mais tardia e recente de Dennis Brutus, por exemplo, é desconhecido exceto para um punhado de pessoas que talvez tenham localizado um exemplar de *Seven South African poets* ou de *Thoughts abroad*, de Cosmo Pieterse, livros que de algum modo conseguiram penetrar em livrarias, embora a proibição legal imposta a Dennis Brutus signifique que o próprio livro fica automaticamente proibido.

É axiomático que o tema urbano contenha as crises clássicas: os valores tribais e tradicionais contra os valores ocidentais, modos de vida camponeses contra os de um proletariado industrial e, acima de tudo, as humilhações cotidianas de um mundo de negros criado pelas especificações de um mundo de brancos. Mas, nas obras que estamos considerando, acredito que também se possam traçar distintos estágios ou períodos de desenvolvimento na criação de um ethos negro suficientemente forte para ser antes o desafiador que o desafiado nessas crises.

O ponto de partida é essencialmente pós-Sharpeville — pós-derrota dos movimentos políticos negros de massa: aquela posição de jovens privados de educação política e de qualquer formulação objetiva de seus ressentimentos contra o *apartheid*. São três os períodos: distorção de valores pela submissão aos brancos; rejeição da distorção; polaridade negro-branco — oposição em novas bases.

Em termos do modo pessoal, imediato e implícito em que os poemas se movem, o primeiro período — distorção por submissão — é frequentemente demonstrado pelo *apartheid* visto pelos olhos de uma criança. Mike Dues escreve em seu poema "This side of town":

> *Rested near swinging*
> *sliding playground*
> *with eager-eyed-black faces*
> *"can we play on the swing"*
> *a cowing no*
> *in town the voice pleads*
> *"I want to pee"*

a hackneyed no
leads to edge of town.[4]

E James Matthews em "Two little black boys":

Two little black boys
standing in front of a public lavatory
one not bigger than a grasshopper
the other a head of hair taller
you can't go in there
the tall one said, pointing to the board
it's white people only.[5]

Não é insignificante que se escreva repetidas vezes sobre incidentes como esse. Por meio da recorrência de aparentes trivialidades na vida de uma criança, certos objetos — um balanço, um banheiro público — passam por um processo de reificação adquirindo o valor de um totem sagrado da supremacia branca, de cujo espaço a criança negra aprende que está excluída sem saber por quê. Mas a pergunta há de vir. O poema de James Matthews termina:

Puzzled, the grasshopper replied
don't white people shit like me?[6]

E Mike Dues, mais ameaçador:

Later the face stronger

---

[4] Parados perto do balançante/ deslizante parque de diversões/ com rostos pretos de olhos ansiosos/ "podemos brincar de balanço"/ um não intimidante/ na cidade a voz suplica/ "eu quero fazer pipi"/ um não surrado/ guia para a beira da cidade. (N. T.)
[5] Dois negrinhos/ parados na frente de um banheiro público/ um não maior que um gafanhoto/ o outro uma cabeleira mais alto/ você não pode entrar aí/ o alto disse, apontando o aviso/ é só para brancos. (N. T.)
[6] Confuso, o gafanhoto replicou/ os brancos não cagam como eu? (N. T.)

and voice bigger
will ask why.[7]

As três perguntas de uma criança num dos poemas de Oswald Mtshali, "Boy on a swing" — "Mãe! De onde vim?/ Quando vou usar calças compridas?/ Por que meu pai foi preso?" —, ilustram, pelo seu agrupamento inconsciente, como a vitimização passa por mudanças, transformando-se num dos imutáveis mistérios de uma ordem natural. A experiência dessas crianças negras assume uma lógica terrível como preparação para seu tipo de futuro no poema de Stanley Mogoba "Two buckets", no qual dois baldes lado a lado, um para servir de latrina, o outro cheio de água para beber, definem a prisão *como um destino*. Jogado numa cela à noite, um homem tropeça nos baldes:

In this startled manner
I made my entry
into a dark world
Where thousands of men
Pine and are forgotten.[8]

É o mundo das leis do passe, e o documento do passe não é um folheto de simples identificação, mas um bem odioso que deve ser tratado com carinho porque não se pode viver sem ele — outra inversão de valores exigida pelo branco. Em "City Johannesburgo", Mongane Wally Serote se dirige à cidade branca:

This way I salute you;
My hand pulses to my back trouser pocket
Or into my inner jacket pocket
For my pass, my life
.... My hand like a starved snake rears my pockets
... Jo'burg City, I salute you;

[7] Mais tarde o rosto mais forte/ e voz mais grossa/ vai perguntar por quê. (N. T.)
[8] Assim sobressaltado/ fiz minha entrada/ num mundo escuro/ onde milhares de homens/ definham e são esquecidos. (N. T.)

When I run out, or roar in a bus to you,
I leave behind me my love — my comic houses and people, my donga and
my ever-whirling dust
My death
That's so related to me as a wink to the eye[9]

A cidade como um ambiente de distorção e também de privação cria a imagem no poema de Njabulo Ndebele:

I hid my love in the sewerage
Of a city; and when it was decayed,
I returned: I returned to the old lands.[10]

O pássaro do campo de Oswald Mtshali está perdendo sua identidade junto com suas penas, quando assume o emprego de lixeiro e diz em "The moulting country bird":

I wish
I was not a bird
red and tender of body
with the mark of the tribe
branded on me as fledgling
hatched in the Zulu grass hut.

Pierced in the lobe of the ear
by the burning spike of the elderman;

---

[9] Assim é que eu saúdo você;/ Minha mão pulsa até o bolso traseiro da calça/ Ou dentro do bolso interno do casaco/ Em busca de meu passe, minha vida/ ...Minha mão como uma cobra faminta ergue meus bolsos/ ...Cidade Jo'burg, eu saúdo você;/ Quando saio correndo, ou me atiro num ônibus em sua direção,/ Deixo atrás de mim meu amor — minhas casas e meu povo cômicos, meu rio seco e minha poeira em eterno redemoinho/ Minha morte/ Tão ligada a mim como um piscar aos olhos. (N. T.)

[10] Escondi meu amor no esgoto/ De uma cidade; e quando apodreceu,/ Retornei: retornei aos velhos campos. (N. T.)

TEMPOS DE REFLEXÃO *241*

he drew my blood like a butcher bird
that impales the grasshopper on the thorn.

a full fledged starling
hopping in the city street,
scratching the building corridor,
I want to moult
from the dung-smeared down
tattered like a fieldworker's shirt,
tighter than the skin of a snake
that sleeps as the plough turns the sod.

Boots caked with mud,
wooden stoppers flapping from earlobes
and a beaded little gourd dangling on a hirsute chest,
all to stoke the incinerator.

I want to be adorned
by a silken suit so scintillating in sheen,
it pales even the peacock's plumage,
and catches the enchanted eye
of a harlot hiding in an alley:
"Come! my moulten bird,
I will not charge you a price!"[11]

[11] Queria/ que eu não fosse pássaro/ de corpo vermelho e tenro/ com a marca da tribo/ gravada em mim como filhote/ chocado na choça de capim zulu./ Furado no lobo da orelha/ pelo ferrão em brasa do ancião;/ ele tirou meu sangue como um picanço/ que empala o gafanhoto no espinho./ Como um estorninho adulto/ saltando pela rua da cidade,/ arranhando o corredor do edifício,/ não quero muda/ de penugem lambuzada de estrume/ esfarrapada como a camisa de um camponês,/ mais apertada que a pele de uma serpente/ que dorme enquanto o arado revira a relva./ Botas cobertas de barro seco,/ tiras de madeira a bater pendentes dos lobos da orelha/ e uma pequena cuia de contas balançando no peito hirsuto,/ tudo para alimentar o incinerador./ Quero ser enfeitado/ com uma roupa de seda tão cintilante de luz/ que empalideça até a plumagem de um pavão,/ e prenda o olhar encantado/ de uma prostituta a esconder-se num beco:/ "Vem! meu pássaro na muda,/ não vou te cobrar nada!". (N. T.)

Njabulo Ndebele, um dos mais jovens dos novos escritores, está certamente falando do mesmo homem, quando escreve em "I hid my love in the sewerage":

O who am I?
Who am I?
I am the hoof that once
Grazed in silence upon the grass
But now rings like a bell on tarred streets.[12]

A máxima submissão é a aceitação dos valores materialistas dos brancos como uma meta, embora sejam ao mesmo tempo, por definição, inalcançáveis. Mais uma vez Mtshali compreende esse impasse admiravelmente. Em poemas muito imitados, o seu negro urbano usa sapatos fabricados na América, tem uma esposa que passa creme clareador, uma amante, um gato, mas:

He knows
he must carry a pass.
He don't care for politics
He don't go to church
He knows Sobukwe
He knows Mandela
They're in Robben Island,
"So what? That's not my business!"
("The detribalised")[13]

Esse negro da cidade faz a "Trama do chofer", "uma escultura de madeira preta/ com um boné pontudo/ agarrando o volante do carro do branco com

---

[12] Oh, quem sou eu?/ Quem sou eu?/ Sou o casco que outrora/ Pastava em silêncio na grama/ Mas agora soa como um sino em ruas asfaltadas. (N. T.)
[13] Ele sabe/ que deve carregar um passe./ Ele não se interessa por política/ Ele não vai à igreja/ Ele conhece Sobukwe/ Ele conhece Mandela/ Eles estão em Robben Island, "E daí? Não tenho nada a ver com isso!"/ ("Os destribalizados"). (N. T.)

mãos cobertas de luvas brancas"; ele é "Sempre um suspeito", vestido como um cavalheiro de camisa branca e terno, mas caminhando com dificuldade "nos pavimentos da cidade/ lado a lado com 'madame'/ que muda a bolsa do meu lado para o outro/ e olha para mim com olhos que dizem/ 'Rá! Rá! Sei quem você é;/ embaixo dessas roupas finas bate o coração de um ladrão'".

A teoria sartriana e fanonista de realizar-se em termos do Outro, de tornar-se a projeção de outra pessoa em vez de si mesmo (o órfão Genet tornando-se um ladrão, porque essa é a imagem em que a sociedade reconhece sua existência), atinge seu apogeu no termo "não branco". Essa é a identidade oficial de qualquer sul-africano que é negro, moreno, cor de café ou amarelo. O não branco de Mtshali descreve a si mesmo:

> *If I tell the truth*
> *I'm detestable.*
> *If I tell lies*
> *I'm abominable.*
> *If I tell nothing*
> *I'm unpredictable.*
> *If I smile to please*
> *I'm nothing but an obsequious sambo.*
> *("Always a suspect")*[14]

E ele aceita o seu não valor não branco, vendo a satisfação como a posição vantajosa a partir da qual o homem branco faz essa avaliação:

> *I want my heaven now,*
> *Here on earth in Houghton and Parktown;*
> *a mansion*
> *two cars or more*
> *and smiling servants*

---

[14] Se digo a verdade/ Sou detestável./ Se conto mentiras/ Sou abominável./ Se não digo nada/ Sou imprevisível./ Se sorrio para agradar/ Não passo de um mulato obsequioso. ("Sempre um suspeito"). (N. T.)

Isn't that heaven?
("This kid is no goat")[15]

A nota irônica da última frase — não é um toque de trombeta, mas é assim que soa nos ouvidos — serve para marcar a transição para o segundo período no desenvolvimento do ethos negro refletido nesses poetas. Mike Dues usa a ironia como abordagem e técnica num poema conciso, "You Never Know", que é também uma anedota e uma piada irônica. Estamos escutando às escondidas um telefonema a um serviço de compra e venda de bilhetes para um evento esportivo:

"Hello. Duncan Taylor here."
"I want nine tickets for Saturday."
"Nine you said. Hold on I'll check the booking.
I can give you eight in one row. One in front or back."
"Thank you. I'll collect at the gate. How much?"
"Well nine at R1.25. That is R11.25 Sir."
"Why the difference? A friend paid seventy-five cents last night."
"Oh! But that's non-white."
"That's what we want."
"I'm sorry, you sounded white."[16]

Logo a nota irônica torna-se mais alta. Mandlenkosi Langa localiza a cena numa repartição de concessão de aposentadorias com um funcionário branco atrás do balcão:

---

[15] Quero meu céu agora,/ Aqui sobre a Terra em Houghton e Parktown;/ uma mansão/ dois carros ou mais/ e criados sorridentes/ Não é o céu?/ ("Este garoto não é tolo"). (N. T.)

[16] "Alô. Duncan Taylor falando."/ "Quero nove bilhetes para o sábado."/ "Nove, você disse. Espere, vou checar as reservas./ Posso lhe arrumar oito numa fileira. Uma na frente ou atrás."/ "Obrigado. Pegarei no portão de entrada. Quanto?"/ "Bem, nove a R 1,25. Fica R 11,25, senhor."/ "Por que a diferença? Um amigo pagou setenta e cinco centavos ontem à noite."/ "Oh! Mas isso é para não brancos."/ "É o que nós queremos."/ "Desculpe, sua voz parecia de branco." (N. T.)

I lead her in
A sepia figure 100 years old.
Blue ice chips gaze
And a red slash gapes:
"What does she want?"
I translate: "Pension, sir".
"Useless kaffir crone,
Lazy as the black devil.
She'll get fuck-all."
I translate.
"My man toiled
And rendered himself impotent
With hard labour.
He paid tax like you.
I am old enough to get pension.
I was born before the great wars
And I saw my father slit your likes' throats!"
I don't translate, but
She loses her pension anyhow.
("The pension jiveass")[17]

A rejeição da distorção do eu, a rejeição da reificação, assume muitas atitudes e formas. O que tem de ser desmantelado são trezentos anos de escravização; o poeta tem suprema consciência de que, embora os tijolos e a argamassa dos escritórios do passe e das prisões possam ser demolidos, a Bastilha da Alteridade deve ter suas fechaduras de combinação forçadas por dentro. E isso não é fácil. Em termos criativos, há uma procura a esmo pelos

---

[17] Eu a conduzo para dentro da sala/ Uma figura sépia de cem anos./ Lascas de gelo azul olham fixo/ E um corte vermelho se escancara:/ "O que é que ela quer?"/ Traduzo: "Pensão, senhor"./ "Velha cafre inútil,/ Indolente como o diabo preto./ Ela não vai ganhar nada."/ Traduzo./ "Meu marido labutou/ E ficou impotente/ De tanto trabalho duro./ Ele pagava imposto como você./ Tenho idade para receber uma pensão./ Nasci antes das grandes guerras/ E vi meu pai cortar a garganta de gente da sua laia!"/ Não traduzo, mas/ Ela perde a pensão de qualquer maneira./ ("A pensão ridícula"). (N. T.)

meios corretos. A referência das metáforas do amor sexual é estendida para tornar-se uma celebração da negritude como uma espécie de salvação pessoal, como nos poemas de amor de Njabulo Ndebele:

> *I am sweeping the firmament with the mop*
> *of your kinky hair;*
> *...I shall gather you*
> *into my arms, my love*
> *and oil myself,*
> *Yea, anoint myself with the*
> *Night of your skin,*
> *That the dust of the soil may stick on me;*
> *That the birds of the sky may stick on me;*
> *...let me play hide-and-seek*
> *With an image of you in the*
> *Dark, plum-dark forests of*
> *your kinky hair,*
> *And I shall not want.*
> *("Five letters to M. M. M.")*[18]

(Ecos aqui de *Rendez-moi mes poupées noires*, de Leon Damas.) Outro meio tem sido o emprego do idioma do blues da era Langston Hughes-Bessie Smith, ressuscitada em vocabulário *"cat"*[19] pelos escritores Black Power na América. Pascal Gwala o emprega, escrevendo de Durban:

> *Been watching this jive*
> *For too long.*

---

[18] Varrendo o firmamento com a grenha/ de seu cabelo encarapinhado;/ ...vou colher você/ nos meus braços, meu amor/ e me azeitar,/ Sim, vou me ungir com a/ Noite da sua pele,/ Que a poeira do solo possa grudar em mim;/ Que os pássaros do céu possam grudar em mim;/ ... deixe-me brincar de esconde-esconde/ Com uma imagem sua no/ Escuro, nas florestas púrpuras escuras de/ seu cabelo encarapinhado,/ E não sentirei falta./ ("Cinco cartas para M. M. M."). (N. T.)

[19] Dos aficionados de jazz. (N. T.)

That's struggle.
West Street ain't the place
To hang around any more
…At night you see another dream
White and Monstrous
Dropping from earth's heaven,
Whitewashing your own Black Dream.
That's struggle.
Struggle is when
You have to lower your eyes
And steer time
With your bent voice.
When you drag along —
Mechanically,
Your shoulder refusing;
Refusing like a young bull
Not wanting to drive
Into the dipping tank
Struggle is keying your tune
To harmonize with your inside.
…Heard a child giggle at obscene jokes
Heard a mother weep over a dead son;
Heard a foreman say "boy" to a labouring oupa
Heard a bellowing, drunken voice in an alley.
…You heard struggle.
Knowing words don't kill
But a gun does.
That's struggle.
For no more jive
Evening's eight
Ain't never late.
Black is struggle.

(*"Gumba Gumba Gumba"*)[20]

Mongane Wally Serote usa a batida do jazz, mas com vocabulário e imagens menos derivados ou obviamente localizados — definições generalizadas de negritude ou de qualquer outra coisa não servem para ele. É com a angústia de um artífice que ele cria dando nomes (a definição de Gerald Moore e Ulli Beier da peculiar qualidade da poesia africana) num vocabulário e gramática genuinamente modelados pela vida urbana negra na África do Sul. Há uma subjetividade penetrante em sua obra, na qual "negro como luta" torna-se às vezes uma luta real com os limites da própria língua. Ele sabe disciplinar-se com o expediente da simples afirmação:

White people are white people
They are burning the world.
Black people are black people
They are the fuel.
White people are white people
They must learn to listen.
Black people are black people
They must learn to talk.
(*"Ofay-watcher, throbs-phase"*)[21]

---

[20] Observando este desatino/ Tempo demais./ Isso é luta./ West Street não é mais lugar/ De se rondar a esmo/ ...À noite você vê outro sonho/ Branco e Monstruoso/ Caindo do céu da Terra,/ Caiando seu Sonho Negro./ Isso é luta./ Luta é quando/ Você tem de baixar os olhos/ E pilotar o tempo/ Com sua voz vergada./ Quando você segue se arrastando —/ Mecanicamente./ Seu ombro recusando;/ Recusando como um jovem touro/ Não querendo penetrar/ No tanque de imersão/ Luta é afinar sua melodia/ Harmonizar com seu interior./ ...Ouvi uma criança rir dissimuladamente de piadas obscenas/ Ouvi a mãe chorar o filho morto;/ Ouvi o capataz chamar de "menino" o velho trabalhando/ Ouvi uma voz embriagada aos gritos num beco./ ... Você ouviu luta./ Conhecer palavras não mata/ Mas um revólver sim./ Isso é luta./ Para nunca mais desatinar/ Oito da noite/ Nunca é tarde./ Negro é luta./ ("Gumba Gumba Gumba"). (N. T.)

[21] Brancos são brancos/ Estão queimando o mundo./ Negros são negros/ São o combustível./ Brancos são brancos/ Devem aprender a escutar./ Negros são negros/ Devem aprender a falar./ ("Observador de branco, fase da palpitação"). (N. T.)

Ele é capaz de ver os elementos de uma identidade negra quase sem defeito nos velhos e nas crianças, que são motivos líricos recorrentes em sua obra. Mas, quando procura recriar essa identidade aprendendo por si mesmo como foi destruída, profundamente ferida e marcada, ele erra entre os signos dos signos, as abstrações da abstração. A *persona* de seus poemas é frequentemente chamada "Observador de Branco" — alguém que observa o Branquelo, uma definição que tem conotações do não branco negativo agarradas a ela como mortalhas ao redor do ressurrecto. O Observador de Branco diz:

I want to look at what happened;
That done,
As silent as the roots of plant pierce the soil
I look at what happened,
Whether above the houses there is always either smoke or dust,
As there are always flies above a dead dog.
I want to look at what happened.
That done,
As silent as plants show colour: green,
I look at what happened,
When houses make me ask: do people live there?
As there is something wrong when I ask — is that man alive?
I want to look at what happened,
That done
As silent as the life of a plant that makes you see it
I look at what happened
When knives creep in and out of people
As day and night into time.
I want to look at what happened,
That done,
As silent as plants bloom and the eye tells you: something has happened.
I look at what happened
When jails are becoming necessary homes for people
Like death come out of disease,

I want to look at what happened.
("Ofay-watcher looks back")[22]

Não é só olhar, mas expressar suas descobertas no longo expletivo de "What's in this black 'shit'", engasgando-se na própria bile de uma humilhação nutrida pela força:

It is not the steaming rot
In the toilet bucket,
It is the upheaval of the bowels
Bleeding and coming out through the mouth
And swallowed back,
Rolling in the mouth
Feeling its taste and wondering what's next like it.[23]

Finalmente ele vira o termo "merda negra" contra aqueles que o cunharam:

I'm learning to pronounce this "shit" well,
Since the other day
at the pass office
when I went to get employment,
The officer there endorsed me to Middleburg

---

[22] Quero olhar para o que aconteceu;/ Isso feito,/ Tão em silêncio como as raízes das plantas perfuram o solo/ Olho para o que aconteceu,/ Se acima das casas há sempre fumaça ou poeira,/ Assim como há sempre moscas acima de um cão morto./ Quero olhar para o que aconteceu./ Isso feito,/ Tão em silêncio como as plantas mostram cor: verde,/ Olho para o que aconteceu,/ Quando as casas me fazem perguntar: há gente morando ali?/ Assim como há algo errado quando pergunto — esse homem está vivo?/ Quero olhar para o que aconteceu,/ Isso feito/ Tão em silêncio como a vida de uma planta que nos faz vê-la/ Olho para o que aconteceu/ Quando facas entram e saem furtivamente nas pessoas/ Assim como o dia e a noite no tempo./ Quero olhar para o que aconteceu,/ Isso feito,/ Tão em silêncio como as plantas florescem e o olho nos diz: algo aconteceu./ Olho para o que aconteceu/ Quando as prisões estão se tornando casas necessárias para as pessoas/ Como a morte sai da doença,/ Quero olhar para o que aconteceu./ ("O observador de branco recorda"). (N. T.)

[23] Não é a podridão fumegante/ No balde latrina,/ É a sublevação das tripas/ Sangrando e saindo pela boca/ E engolidas de volta,/ Rolando na boca/ Sentindo seu gosto e ruminando o que mais se parece com isso. (N. T.)

TEMPOS DE REFLEXÃO 251

So I said, hard and with all my might, "Shit!"
I felt a little better;
But what's good is, I said it in his face,
A thing my father wouldn't dare do.
That's what's in this black "Shit".[24]

A Palavra torna-se Arma. Às vezes, para esse escritor, não há caligrafia capaz de conter a força do ressentimento, e ele destrói seu próprio meio de expressão explodindo os limites da coerência:

WORDS.
Trying to get out.
Words. Words. Words.
By Whitey
I know I'm trapped.
Helpless
Hopeless
You've trapped me Whitey! Meem wann ge aot Fuc
Pschwee ep booboodubooboodu blllll
Black books
Flesh blood words shitrrrr Haai,
Amen.
("Black bells")[25]

Você me ensinou a língua; e meu lucro com isso/ É que sei como praguejar. Não no palanque político ou no banco do prisioneiro, mas uivando a partir do

---

[24] Estou aprendendo a pronunciar esta "merda" bem,/ Desde outro dia/ na repartição do passe/ quando fui arrumar emprego,/ O oficial ali me aprovou para Middleburg/ Aí eu disse, duro e com toda a minha força, "Merda!"/ Me senti um pouco melhor;/ Mas o bom é que eu disse na cara dele,/ Uma coisa que meu pai não ousaria fazer./ Isso é o que tem nesta "merda" negra. (N. T.)

[25] PALAVRAS./ Tentando sair./ Palavras. Palavras. Palavras./ Pelo Branquelo/ Sei que fui apanhado./ Indefeso/ Desesperado/ Você me apanhou Branquelo! Miim querrr ge aot Fuc/ Pschwee ep booboodubooboodu blllll/ Livros negros/ Carne sangue palavras merdarrr Haai,/ Amém./ ("Sinos negros"). (N. T.)

subconsciente, o ódio é evocado na obra de Serote. Entretanto, ele próprio não é livre para odiar; é atormentado pela necessidade do ódio para o negro da África do Sul:

> *To talk for myself*
> *I hate to hate*
> *But how often has it been*
> *I could not hate enough.*
> *("That's not my wish")*[26]

A preocupação com a metafísica do ódio pertence ao período de rejeição da autoimagem negra distorcida: James Matthews se refere ao livro que publicou com Gladys Thomas como uma coletânea de "declarações", e a declaração global tácita é a daqueles que aprenderam a odiar o bastante e a sobreviver. A sua obra é o manifesto do ethos negro como desafiador, confrontando o ethos branco em terreno negro. Numa espécie de cantiga de ninar negra criada por Gladys Thomas, intitulada "Fall To-morrow", ele fala aos negros:

> *Don't sow a seed*
> *Don't paint a wall*
> *To-morrow it will have to fall*[27]

e aos brancos:

> *Be at home in our desert for all*
> *You that remade us*
> *Your mould will break*
> *And to-morrow you are going to fall.*[28]

---

[26] Falando por mim mesmo/ Odeio odiar/ Mas quantas vezes aconteceu/ Que não pude odiar o bastante./ ("Esse não é meu desejo"). (N. T.)

[27] Não semeie uma semente/ Não pinte uma parede/ Amanhã ela vai ter de cair. (N. T.)

[28] Sintam-se em casa em nosso deserto para todos/ Vocês que nos refizeram/ Seu molde vai quebrar/ E amanhã vocês vão cair. (N. T.)

O livro é chamado *Cry rage!*, e o tema é frequentemente expresso em termos de acontecimentos reais e específicos. James Matthews não se acanha em agarrar-se ao que for possível nessas enormes experiências da longa noite do corpo e alma negros que os escritores de prosa têm ignorado. Sua obsessão pelo tema do reassentamento não é mais que um reflexo acurado das realidades da vida diária para as dezenas de milhares de negros que têm sido forçados pelo decreto do governo a encontrar abrigo e sustento no *veld* descampado de lugares chamados Limehill, Dimbaza, Sada, Ilinge — frequentemente nomes poéticos cujos significados parecem mostrar um desprezo maldoso pelas pessoas ali despejadas:

> *Valley of plenty is what it is called,*
> *where little children display their nakedness*
> *and stumble around on listless limbs*
> *...where mothers plough their dead fruit into the soil*
> *Their crone breasts dry of milk*
> *...where menfolk castrated by degradation*
> *seek their manhood in a jug*
> *of wine as brackish as their bile.*
> *("Valley of plenty")*[29]

Njabulo Ndebele invoca as tristezas íntimas da remoção forçada de forma menos óbvia e talvez mais reveladora. Limehills, Dimbazas — esses vales da abundância raramente têm suprimento de água adequado, e os novos "habitantes" com frequência têm de caminhar muito para buscar água:

> *There is my wife. There she is*
> *She is old under those four gallons of water,*
> *It was said taps in the streets*
> *Would be our new rivers.*

---

[29] Vale da abundância é como é chamado;/ onde criancinhas exibem sua nudez/ e cambaleiam nos membros sem força/ ...onde mães cultivam seu fruto morto no solo/ os seios enrugados secos sem leite/ ...onde homens castrados pela degradação/ procuram sua virilidade num jarro/ de vinho tão salobro quanto sua bile./ ("Vale da abundância"). (N. T.)

But my wife fetches the water
We drink and we eat.
I watch my wife: she is old.
("Portrait of love")[30]

E Oswald Mtshali também toma como temas alguns acontecimentos atuais sombrios. Usa o modo esopiano para escrever devastadoramente sobre um recente e medonho desastre que qualquer um que vive na África do Sul seria capaz de identificar instantaneamente, embora seus horrores sejam transliterados, por assim dizer, em tempos romanos. Há um ou dois anos uma van da prisão quebrou na estrada entre Johannesburgo e Pretória; os policiais encarregados saíram para procurar ajuda, deixando os prisioneiros trancados dentro da van. Era um dia quente; a van estava lotada; eles morreram sufocados enquanto o tráfego passava sem se preocupar e sem perceber:

They rode upon
the death chariot
to their Golgotha —
three vagrants
whose papers to be in Caesar's empire
were not in order.

The sun
shrivelled their bodies
in the mobile tomb
as airtight as canned fish.

We're hot!
We're thirsty!
We're hungry!

[30] Ali está minha mulher. Ali está/ Ela é velha sob aqueles quatro galões de água./ Falavam que torneiras nas ruas/ Seriam nossos rios./ Mas minha mulher busca a água/ Bebemos e comemos./ Olho para minha mulher: ela está velha./ ("Retrato de amor"). (N. T.)

Tempos de reflexão 255

The centurion
touched their tongues
with the tip
of a lance
dipped in apathy:

"Don't cry to me
but to Caesar who
crucifies you".

A woman came
to wipe their faces.
She carried a dishcloth
full of bread and tea.

We're dying!

The centurion
Washed his hands.
("Ride upon the death chariot")[31]

James Matthews escreve sobre o imã Abdullah Haron, um dos vários que morreram enquanto estavam presos sem julgamento. Escreve sobre o "diálogo" como "o fogo frio em que os oprimidos não encontrarão calor". Talvez o mais significativo de sua reflexão sobre a atual rejeição negra de qualquer pretensão dos brancos, de radicais a liberais, a se identificar com a luta negra:

---

[31] Eles estavam na/ carroça da morte/ rumo a seu Gólgota/ três vadios/ cujos papéis para ser do império de César/ não estavam em ordem./ O sol/ enrugava seus corpos/ na tumba móvel/ tão hermética quanto sardinha em lata./ Estamos com calor!/ Estamos com sede!/ Estamos com fome!/ O centurião/ roçou a língua deles/ com a ponta/ de uma lança/ mergulhada em apatia:/ "Não gritem para mim/ mas para César que/ crucifica vocês"./ Uma mulher veio/ limpar os rostos deles./ Ela trazia um pano de prato/ cheio de farelos de pão e chá./ Estamos morrendo!/ O centurião/ lavou as mãos./ ("Passeio na carroça da morte"). (N. T.)

They speak so sorrowfully about the
children dying of hunger in Biafra
but sleep unconcerned about the rib-thin
children of Dimbaza.
("They speak so sorrowfully")[32]

E mais uma vez, num poema chamado "Liberal Student Crap!":

The basis of democracy rests upon
Fraternity, Equality and not LSD
I should know fellows
Progressive policy the salvation of us all
You just don't understand
There's no-one as liberal as me
Some of my best friends are
Kaffirs, Coolies and Coons
Forgive me, I mean other ethnic groups
How could it be otherwise?
I'm Jewish; I know discrimination
from the ghetto to Belsen
So, don't get me all wrong
Cause I know just how you feel
Come up and see me sometime
My folks are out of town.[33]

---

[32] Eles falam com tanta tristeza sobre as/ crianças morrendo de fome em Biafra/ mas dormem sem se importar com/ as crianças de costelas finas de Dimbaza./ ("Eles falam com tanta tris-teza") (N. T.)

[33] A base da democracia está na/ Fraternidade, Igualdade e não no LSD/ Claro que sei amigos/ A política progressista é a salvação de todos nós/ Vocês não compreendem/ Não há ninguém tão liberal quanto eu/ Alguns de meus melhores amigos são/ Cafres negros/ Perdão, quero dizer outros grupos étnicos/ Como poderia ser de outra maneira?/ Sou judeu; conheço discriminação/ desde o gueto até Belsen/ Assim, não me entendam errado/ Porque sei exatamente como vocês se sentem/ Apareçam lá em casa qualquer hora/ Minha família não está na cidade. (N. T.)

Seja qual for a justiça dessa visão a respeito dos jovens brancos militantes contra o *apartheid* — e números crescentes deles são proscritos e coibidos junto com os negros —, sobre a questão de os brancos terem procuração para protestar em nome dos negros, ele tem uma palavra final irrespondível:

can the white man speak for me?
can he feel my pain when his laws
tear wife and child from my side
and I am forced to work a thousand miles away?

does he know my anguish
as I walk his streets at night
my hand fearfully clasping my pass?

is he with me in the loneliness
of my bed in the bachelor barracks
with my longing driving me to mount my brother?

will he soothe my despair
as I am driven insane
by scraps of paper permitting me to live?
("Can the white man speak for me?")[34]

Ele tampouco poupa certos negros, nem teme confrontar as linhas da situação dos negros que estão em voga com as da realidade. Ele se dirige a um dos cantores negros americanos que de tempos em tempos vêm à África do Sul e cantam para públicos segregados:

---

[34] O branco pode falar por mim?/ pode sentir minha dor quando suas leis/ arrancam mulher e filho do meu lado/ e sou forçado a trabalhar a mil quilômetros daqui?/ ele conhece minha angústia/ quando caminho pelas ruas à noite/ a mão temerosa agarrando meu passe?/ ele está comigo na solidão/ da minha cama nas tendas dos solteiros/ com meu desejo me impelindo a montar meu irmão?/ ele vai acalmar meu desespero/ quando sou levado à loucura/ por pedaços de papel que me permitem viver?/ ("O branco pode falar por mim?"). (N. T.)

Say, Percy dad
you ran out of bread that you got to
come to sunny South Africa to sing soul
or did you hope to find your soul
in the land of your forefathers?
...Say, Percy dad
will you tell nina simone back home
that you, a soul singer, did a segregated act
or will you sit back flashing silver dollars smiles
as they cart the loot from your Judas role to the bank.
("Say Percy dad")[35]

E ele acusa:

my sister has become a schemer and
a scene-stealer
...songs of the village
traded in for tin pan alley
black is beautiful has become as artificial as the wig she wears.
("My sister has become a schemer")[36]

Matthews usa indiscriminadamente os clichês da política, folhetos e jornalismo popular, e esses enfraquecem e degradam sua obra. Mas de vez em quando o contraste entre lemas políticos e imagens sexuais brutais contém uma franqueza crua:

[35] Diga, Percy papá/ acabou seu pão que você teve de/ vir à ensolarada África do Sul para cantar soul/ ou esperava encontrar sua alma/ na terra de seus antepassados?/ ...Diga, Percy papá/ vai contar a Nina Simone de volta a casa/ que você, um cantor de soul, cometeu um ato segregado/ ou vai se refestelar abrindo sorrisos de dólares prateados/ enquanto carreiam o saque de seu papel de Judas para o banco./ ("Diga, Percy papá"). (N. T.)

[36] minha irmã se tornou uma intrigante e/ agora rouba a cena/ ...canções da village/ trocadas por Tin Pan Alley/ black is beautiful tornou-se tão artificial quanto a peruca que ela usa./ ("Minha irmã se tornou uma intrigante").
O nome Tin Pan Alley alude aos sons desencontrados de vários pianos ressoando numa viela, e refere-se ao núcleo de editoras musicais em Nova York, que dominavam a música popular americana no final do século XIX e início do XX. (N.T.)

TEMPOS DE REFLEXÃO 259

democracy
has been turned
into a whore
her body ravished
by those who pervert her
in the bordello
bandied from crotch to hand
her breasts smeared
with their seed...
("Democracy has been turned into a whore")[37]

E no contexto de leis fanáticas estruturadas na linguagem da razão, dentro da qual ele escreve, até os clichês assumem novo significado: zombam da vacuidade de termos altissonantes como "desenvolvimento separado" ou clínicos como "pessoas excedentes" — o vocabulário behaviorista que passa um verniz científico nas remoções em massa de seres humanos.

James Matthews é um paradigma do escritor negro em busca de uma forma de expressão que satisfaça as necessidades de sua situação, escapando das restrições impostas à liberdade de expressão por essa situação. Ele é mais velho que os outros escritores que discuti; há mais de uma década estava escrevendo contos de excepcional qualidade. Havia sinais de que se tornaria um excelente prosador. Quaisquer que tenham sido as razões imediatas para o longo silêncio que se seguiu, resta o fato de que havia pouca ou nenhuma chance de que os temas da vida cataclísmica ao seu redor, que ele teria gostado de explorar, não tivessem terminado como prosa de ficção proibida. Ele parou de escrever. Parece ter aceitado que, se quisesse tratar honestamente em prosa o que via e experimentava, na qualidade de homem mestiço que acatasse lentamente a herança negra de seu sangue mestiço como sua real identidade, seu livro poderia ser escrito, mas não seria lido. Ele é o homem que escreveu as palavras que citei

---

[37] a democracia/ foi transformada/ numa puta/ seu corpo violado/ por aqueles que a pervertem/ no bordel/ jogada da genitália para a mão/ seus seios lambuzados/ com o sêmen deles.../ ("A democracia foi transformada numa puta"). (N. T.)

no início deste estudo: "Chamar minhas palavras poesia/ e a mim mesmo poeta/ seria enganador...".

Ele não é um poeta, embora seus antigos dotes criativos, constrangidos num meio que não lhes convém, transformem de vez em quando suas "declarações" em algo mais que isso. E assim ele é também um exemplo de ainda outra distorção, desta vez dentro de uma literatura negra que expressa a rejeição da distorção e a afirmação de novos valores para os negros: os dotes do escritor negro podem ser, e frequentemente são, espremidos em convoluções intersticiais que não lhe permitem desenvolver-se na direção em que o desenvolvimento é possível para ele como artista.

Em sua melhor forma, "voltar-se para a poesia" tem liberado os refinados talentos de um Mtshali e um Serote, um Dues e um jovem Ndebele. Em sua pior forma, tem propiciado um sistema de dirigir-se ao público para as declarações de prosadores amordaçados como Matthews. Mas, se ele ficar na posição em que o coloquei, como a figura simbólica da situação da escrita negra, a repentina proibição de seu livro *Cry rage!* (durante o próprio tempo em que eu estava preparando estas notas) sugere que a escrita negra na África do Sul talvez se veja mais uma vez no ponto em que estava no início, de volta a um muro branco com espigões. Este é o primeiro livro de poemas a ser proibido dentro da África do Sul. Se houvesse uma lição a ser aprendida num jogo em que parece que não se pode ganhar por muito tempo, essa seria talvez que somente a boa escrita de compromisso implícito está à altura das demandas internas da situação e de uma chance de sobreviver à publicação, qualquer que seja a forma literária escolhida.

Em termos de julgamento literário, sim, jamais basta sentir raiva. Mas infelizmente isso não vale como garantia de que a poesia negra de real qualidade pode continuar a ser publicada e lida na África do Sul. Alguns dos melhores textos já criados por sul-africanos de todas as cores não escaparam, por motivos de qualidade, da proibição no passado. Orfeu Negro, onde agora? Como? O que vem a seguir?

1973

A Liberdade de um Escritor

O que é a liberdade de um escritor?

Para mim, é seu direito de manter e divulgar para o mundo uma visão particular intensa e profunda da situação em que encontra sua sociedade. Se quiser trabalhar da melhor forma possível, ele deve tomar, e deve ser-lhe concedida, a liberdade de não se submeter à conformidade pública de interpretação política, valores morais e gostos.

Vivendo no momento em que vivemos, no lugar em que vivemos, do modo como vivemos, a "liberdade" surge em nossas mentes exclusivamente como um conceito político — e quando as pessoas pensam em liberdade para os escritores, visualizam de imediato a grande quantidade de livros queimados, proibidos e proscritos que nossa civilização tem empilhado; uma pira a que nosso próprio país acrescentou e está acrescentando sua contribuição. O direito de ser deixado em paz para escrever o que bem entender não é uma questão acadêmica para aqueles de nós que vivemos e trabalhamos na África do Sul. A visão particular sempre foi e sempre será uma fonte de temor e raiva para aqueles que propõem um modo de vida, como o do homem branco na África do Sul, que não tolera ser examinado exceto à luz de uma doutrina especial de autojustificação.

Só o que o escritor pode fazer, como escritor, é continuar a escrever a *verdade assim como ele a vê*. Isso é o que quero dizer com sua "visão particular" dos acontecimentos, quer sejam os grandes acontecimentos públicos das guerras e revoluções, quer os individuais e íntimos da vida pessoal, diária.

Quanto ao destino de seus livros, sobrevém um tempo na história de certos países em que os sentimentos de seus escritores são mais bem expressos neste poema, escrito durante o tempo de vida de muitos de nós, por Bertolt Brecht:

> Quando o Regime ordenou que livros com ensinamentos perigosos
> Fossem publicamente queimados e por toda parte
> Bois foram forçados a puxar carroças cheias de livros
> Para a pira fúnebre,
> Um poeta exilado,
> Um dos melhores,
> Descobriu com fúria quando estudou a lista
> Dos queimados, que seus livros
> Tinham sido esquecidos. Correu à sua escrivaninha
> Com as asas da raiva e escreveu uma carta aos poderosos.
> Queimem-me, escreveu com pena apressada, queimem-me!
> Não me tratem dessa maneira. Não me deixem de fora.
> Não tenho
> Sempre falado a verdade em meus livros? E agora
> Vocês me tratam como um mentiroso! Ordeno:
> Queimem-me!

Não é um poema muito bom, mesmo dando-se um desconto pela perda na tradução do original alemão; ainda assim, no que diz respeito aos escritores sul-africanos, podemos compreender os sentimentos desesperados ali expressos, enquanto continuamos a incitar a luta para que nossos livros sejam lidos em vez de queimados.

Interdições e desterros são acasos comuns terríveis que um escritor deve enfrentar, e muitos enfrentaram, no caso de pertencer a uma sociedade em que a liberdade de expressão, entre outras liberdades, é reprimida, mas às vezes a criatividade é congelada em vez de ser destruída. Um Thomas Mann sobrevive ao exílio para escrever um *Doutor Fausto*; um Pasternak contrabandeia *Doutor Jivago* a partir de um silêncio de dez anos; surge um Soljenitsin com seu mundo terrível intato no mapa de *Arquipélago Gulag*; mais perto de nosso continente natal: um Chinua Achebe, escrevendo nos Estados Unidos, não enfeita sua prosa para agradar a um regime nigeriano sob o qual não pode viver; a reputação de um Dennis Brutus cresce no exterior, enquanto sua poesia continua proibida em casa; e um Breyten Breytenbach, depois de aceitar uma dispensa especial da lei racista, que lhe dava a permissão de visitar seu país natal com uma esposa que não é branca, tem de aceitar a circunstância igualmente curiosa de que seu editor não publicaria o livro que ele ia escrever sobre a visita, porque seria proibido.[38]

Passando por todas essas vicissitudes, os escritores reais continuam a escrever a verdade assim como a veem. E não concordam em censurar a si mesmos... Os livros podem ser queimados, mas a integridade dos artistas criativos não está encarnada nem no papel nem na tela — sobreviverá enquanto o próprio artista não puder ser persuadido, por lisonjas ou ameaças, a traí-la.

Tudo isso, por mais difícil que seja viver, faz parte da luta do escritor pela liberdade que o *mundo* acha mais fácil de compreender.

Há outra ameaça a essa liberdade, em qualquer país onde a liberdade política é negada. É mais insidiosa, uma ameaça de que menos pessoas terão consciência. É uma ameaça que provém da própria força da oposição do escritor à repressão da liberdade política. Essa outra liberdade complexa, paradoxalmente mais ampla — a liberdade de sua visão particular da vida — pode ser ameaçada pela própria consciência *do que é esperado dele*. E com frequência o que é esperado dele é a conformidade a uma ortodoxia de oposição.

Haverá aqueles que o consideram seu porta-voz; pessoas cujos ideais, como ser humano, ele partilha, e cuja causa, como ser humano, é a sua. Talvez haja aqueles cujo sofrimento é o seu próprio. Sua identificação com essas pessoas, sua admiração por elas e sua lealdade em relação a elas criam um estado de conflito dentro dele. Sua integridade como ser humano exige o sacrifício de tudo para a luta travada ao lado dos homens livres. Sua integridade como escritor some assim que ele começa a escrever o que tem a obrigação de escrever.

Esse é — quer todos admitam, quer não — e vai continuar a ser um problema particular para os escritores negros na África do Sul. Para eles, es-

---

[38] O poeta africâner Breyten Breytenbach retornou à África do Sul com um nome falso em agosto de 1975, depois de anos de exílio que impôs a si mesmo em Paris. Preso pouco depois de sua chegada, foi condenado em 26 de novembro a nove anos de prisão, tendo se confessado culpado de 25 acusações sob as Leis do Terrorismo e Supressão do Comunismo.

tende-se até a uma ortodoxia de vocabulário: o jargão da luta, derivado internacionalmente, é correto e adequado para o palanque público, o boletim informativo, a declaração no banco dos réus; não é adequado, não é bastante profundo, nem bastante amplo, nem bastante flexível, nem bastante mordaz, nem bastante vivo para o vocabulário do poeta, do contista e do romancista.

Tampouco é, como será afirmado, "uma linguagem do povo" numa situação em que é com certeza muito importante que a escrita imaginativa não atinja apenas a elite. Ao jargão da luta faltam o pragmatismo inventivo e a poesia da linguagem comum — aquelas qualidades que o escritor enfrenta o desafio de captar e explorar de forma imaginativa, expressando a alma e a identidade de um povo como nenhuma "evocação nobre" de clichês, surrada e de milésima mão, jamais conseguiu.

O escritor negro precisa de sua liberdade para afirmar que o idioma de Chatsworth, Dimbaza, Soweto[39] não é um veículo menos valioso para a expressão de orgulho, amor-próprio, sofrimento, raiva — ou qualquer outra coisa no espectro de pensamento e emoção — que a linguagem de Watts ou do Harlem.

O fato é que, mesmo ao lado de anjos, um escritor tem de se reservar o direito de falar a verdade assim como a vê, em suas próprias palavras, sem ser acusado de decepcionar seu lado. Pois como Philip Toynbee escreveu, "a dádiva do escritor ao leitor não é entusiasmo social, nem aperfeiçoamento moral, nem amor pela pátria, mas uma expansão da compreensão do leitor".

Essa é a única contribuição do escritor à mudança social. Ele precisa ser deixado em paz, tanto por irmãos como por inimigos, para criar essa dádiva. E deve fazê-lo até mesmo contra sua própria inclinação.

Nem preciso acrescentar que isso não significa que ele se retire para uma torre de marfim. A dádiva não pode ser criada num lugar desses. Outro dia, Jean-Paul Sartre deu a seguinte definição da responsabilidade do escritor para com sua sociedade como intelectual, depois de ele próprio ter ocupado essa posição na França durante quase setenta anos: "Ele é alguém fiel a um

---

[39] Chatsworth e Soweto são, respectivamente, guetos indianos e africanos. Dimbaza é a notória "área de reassentamento" para africanos que constitui o tema do filme *Last grave at Dimbaza*.

corpo político e social, mas jamais deixa de contestá-lo. Claro, uma contradição pode surgir entre sua fidelidade e sua *contestação*, mas essa é uma contradição frutífera. Se há fidelidade sem *contestação*, não é bom: já não se é um homem livre".

Quando reclama esses tipos de liberdade para si mesmo, um escritor começa a compreender a real magnitude de sua luta. Não é um problema novo, e, de todos os escritores que tiveram de enfrentá-lo, acho que ninguém o viu com mais clareza ou dele se ocupou com uma honestidade tão rigorosa quanto o grande russo do século XIX Ivan Turgueniev. Turgueniev tinha uma imensa reputação de escritor progressista. Era intimamente ligado com o movimento progressista na Rússia czarista e sobretudo com sua ala mais revolucionária, liderada pelo crítico Belinsky e mais tarde pelo poeta Nekrasov. Com seus esboços e histórias, dizia-se que Turgueniev estava continuando a obra iniciada por Gogol de despertar a consciência das classes cultas na Rússia para os males de um regime político baseado na servidão.

Mas seus amigos, admiradores e colegas progressistas deixaram de considerar, na compreensão de seu gênio, o próprio elemento que o tornava gênio — sua reserva escrupulosa de liberdade para reproduzir a verdade e a realidade da vida, ainda que essa verdade não coincidisse com suas próprias simpatias.

Quando seu maior romance, *Pais e filhos*, foi publicado, em 1862, ele foi atacado não só pela direita por demonstrar cumplicidade com os niilistas revolucionários, mas muito mais amargamente pela esquerda, as próprias gerações mais jovens, das quais seu principal personagem no romance, Bazarov, era tanto o protótipo como a apoteose. Os radicais e os liberais, entre os quais o próprio Turgueniev se incluía, desancaram-no como traidor, porque Bazarov foi apresentado com todas as falhas e contradições que Turgueniev via em seu próprio tipo, nele mesmo, por assim dizer, e a quem ele criou dessa maneira porque — em suas próprias palavras — "no caso em questão, aconteceu de a vida ser assim".

Os ataques foram renovados depois da publicação de outro romance, *Fumo*, e Turgueniev decidiu escrever uma série de reminiscências autobiográficas que lhe permitiriam responder a seus críticos, explicando suas visões sobre a arte de escrever, o lugar do escritor na sociedade e qual deveria ser a atitude do escritor em relação a problemas controversos de seu tempo. O resultado foi uma série de ensaios despretensiosos que formam um testamento extraordinário do credo de um escritor. Tratando particularmente de Bazarov e *Pais e filhos*, ele escreveu sobre seus críticos:

> ...em termos gerais eles não captaram realmente a ideia exata do que acontece na mente de um escritor ou quais são exatamente suas alegrias e tristezas, seus objetivos, sucessos e fracassos. Eles nem sequer suspeitam, por exemplo, do prazer que Gogol menciona e que consiste em criticar a si mesmo e a suas próprias falhas nos personagens imaginários que descreve; estão absolutamente seguros de que tudo o que um escritor faz é "desenvolver suas ideias"... Deixem-me ilustrar minha ideia com um pequeno exemplo. Sou um inveterado e incorrigível simpatizante do Ocidente e não escondo minha posição. Todavia, apesar disso, tive grande prazer em mostrar na pessoa de Panshin [um personagem em *Um ninho de nobres*] todos os lados comuns e vulgares dos que simpatizam com o Ocidente: fiz o eslavófilo Lavretsky "esmagá-lo completamente". Por que o fiz, eu que considero a doutrina eslavófila falsa e fútil? Porque, no caso em questão, *a vida*, segundo minhas ideias, *aconteceu de ser assim*, e o que eu queria acima de tudo era ser sincero e verdadeiro.
>
> Ao descrever a personalidade de Bazarov, excluí tudo que é artístico do alcance de suas simpatias, fiz com que ele se expressasse em tons ásperos e rudes, não por um desejo absurdo de insultar a geração mais jovem, mas simplesmente como resultado de minhas observações de pessoas como ele... Minhas predileções pessoais não tiveram nada a ver com isso. Mas imagino que muitos de meus leitores se surpreenderão, se lhes disser que, à exceção das visões de Bazarov sobre a arte, partilho quase todas as suas convicções.

E num outro ensaio, Turgueniev resume: "A vida que o [o escritor] circunda fornece-lhe o conteúdo de suas obras; ele é sua *reflexão concentrada*; mas ele é tão incapaz de escrever um panegírico quanto uma sátira... Quando tudo está dito e feito — não está à sua altura. Apenas aqueles que não sabem fazer melhor submetem-se a um dado tema ou cumprem um programa".

Essas condições de que tenho falado são as circunstâncias especiais, embora comuns, de escritores atormentados no tempo da bomba e da barreira da cor, assim como no tempo da bota militar e do cassetete de borracha, e recuando através de todas as eras cujos símbolos vergonhosos mantêm o registro da opressão no armário cheio de esqueletos de nossas civilizações.

Outras condições, mais transitórias, menos violentas, afetam a liberdade da mente de um escritor.

Que dizer das modas literárias, por exemplo? Que dizer do ciclo do inovador, dos imitadores, dos adulteradores, e depois a produção de um inovador novamente? Um escritor não deve tornar-se demasiado consciente da moda literária, assim como não deve deixar que os mandarins o inibam, se quiser continuar a criar uma obra que seja sua. Digo "tornar-se consciente" porque a moda literária é uma parte de suas condições de trabalho; ele pode optar por rejeitá-la, mas não pode determinar se ela lhe vai ser recomendada com insistência ou não por editores e leitores, que não o deixam esquecer que ele tem de comer.

Essa rara maravilha, um inovador, deve ser recebida com choque e emoção. E seu impacto pode levar as pessoas a seguir novas direções próprias. Mas o próximo inovador raramente, eu quase diria nunca, advém de seus imitadores, daqueles que criam uma moda à imagem dele. Nem toda escrita de valor é uma inovação, mas acredito que sempre provém de uma visão individual, perseguida em particular. A busca pode se originar de uma tradição, mas a tradição implica uma escolha de influência, enquanto a moda torna a influência do momento a única para todos que lhe são contemporâneos.

Um escritor precisa de todos esses tipos de liberdade, construídos sobre a base da liberdade em relação à censura. Ele não pede proteção contra a vida, mas exposição a ela sem possibilidade de evasão. Está arrebatadamente comprometido com a vida em seus próprios termos e deve ser deixado à própria sorte para que alguma coisa resulte da luta. Qualquer governo, qualquer sociedade — qualquer visão de uma sociedade futura — que tenha respeito pelos seus escritores deve lhes dar a maior liberdade possível para escrever de suas variadas maneiras, com suas próprias escolhas de forma e linguagem, e de acordo com sua própria descoberta da verdade.

Mais uma vez, é Turgueniev quem expressa isso da melhor maneira: "Sem liberdade no sentido mais amplo da palavra — em relação a si mesmo... em relação a seu povo e à sua história —, um verdadeiro artista é impensável; sem esse ar, é impossível respirar".

E acrescento minha última palavra: apenas nesse ar é que o compromisso e a liberdade criativa se tornam uma coisa só.

1976

A Literatura de Língua Inglesa e a Política na África do Sul

Por falar em África do Sul, a associação da política com a literatura produz uma equação instantânea: censura. Mas esse é o começo e o fim do meu tema? Pode ser o fim, num sentido literal, de um livro ou de um escritor: o livro não lido, o escritor silenciado. Mas a censura é o efeito mais extremo, final e mais óbvio da política sobre a literatura, em vez da soma do assunto. Onde e quando, num país como a África do Sul, pode-se dizer que começa a influência da política sobre a literatura? Na forma de um agente do imperialismo europeu — a Companhia Holandesa das Índias Orientais —, a política trouxe a palavra escrita para essa região da África; na forma de missionários europeus que espalharam junto com seu protestantismo ou catolicismo a influência política de seus países de origem, a política originou a primeira transposição da literatura oral indígena para a palavra escrita. Quando o primeiro poema laudatório tribal foi redigido sobre papel, deu-se um ato político e tanto! O que só podia ser comunicado pela boca do cantor laudatório aos ouvidos daqueles presentes foi transformado, como que por encanto, numa série de rabiscos ondulados sobre papel, que podiam chegar muito além da presença física do cantor, além até da cadeia de lembranças daqueles que lhe sucederam. Com esse ato, uma cultura dominou outra e foi por ela dominada.

O tema não começa, muito simplesmente, bem aqui? E não se estende, nada simplesmente, por intermédio do isolamento cultural dos brancos

que deixaram sua Europa mais de três séculos atrás por causa de acontecimentos políticos como a revogação do Edito de Nantes, as guerras napoleô-
nicas, os *pogroms* da Europa Oriental; não se estende por intermédio da
sublevação cultural dos negros sob a conquista; e da ambiguidade cultural
das crianças geradas por uma raça após a outra? A relação da política com a
literatura na África do Sul implica tudo isso, assim como o exemplo mani-
festamente político de escritores forçados a se exilar, e o desenvolvimento
subsequente de seus escritos na consciência alterada do exílio. Pois alguns
livros são proibidos, e assim os sul-africanos nunca os leem. Mas tudo o que
é e tem sido escrito pelos sul-africanos acaba sendo influenciado, no nível
mais profundo e menos controlável da consciência, pela política racial.
Todos os escritores em toda parte, mesmo aqueles que como Joyce não su-
portam viver em seus países, ou aqueles que como Genet vivem fora do
âmbito das leis de seu país, são modelados pela sua própria sociedade particular refletindo uma situação política particular. Entretanto, não há país
no mundo ocidental em que a vigência diária da lei reflita a política tão íntima e gritantemente como na África do Sul. Não há país no mundo ocidental em que a imaginação criativa, seja qual for seu objeto, encontre o foco
até mesmo do acontecimento mais privado ajustado na determinação social
abrangente das leis raciais.

Não vou dedicar meu tempo a delinear ou discutir como o Conselho de
Controle das Publicações, o sistema de censura, funciona na África do Sul.
Suponho que qualquer um interessado na literatura sul-africana esteja familiarizado com os fatos. Mas, para que não se pense que passo por cima dessa
questão da censura de forma breve, deixem-me observar num aparte que
pessoalmente, embora eu própria tenha continuado e vá continuar a bater a
cabeça num protesto concertado contra esse tijolo particular no muro de
granito, minha atitude fundamental é que os sul-africanos não podem esperar
livrar-se do Conselho de Controle das Publicações enquanto não se livrarem
do *apartheid*. A censura é uma parte indispensável de um sistema encadeado
de leis repressivas.

Há outras formas de censura na África do Sul. Qualquer um que seja
objeto de interdição política não pode ser publicado ou citado; o que significa

que os livros de vários escritores brancos no exílio, e aqueles de vários escritores negros no exílio e dentro do país, são automaticamente proibidos, seja qual for seu conteúdo ou forma. Por esse tipo de censura, o importante e ativo grupo de escritores negros que explodiu na literatura sul-africana na década de 1950 e no início da de 1960 desapareceu do cânone literário como se tragado por um alçapão. Um jovem escritor negro, Don Mattera, sumiu do mesmo modo em 1973. Apenas aqueles dentre nós que se interessam particularmente por literatura e por escritores recordam; quando o jornal é abandonado sobre a mesa do café da manhã, a maioria das pessoas já esqueceu os autores e livros proibidos ali listados — o triunfo máximo da censura.

Tenho afirmado que a literatura sul-africana foi fundada num ato político não registrado: o registro em caracteres romanos de uma canção laudatória tribal. Mas as histórias plantadas nas teses de doutorado em literatura sempre começam com os escritos de um colonizador branco, um inglês, Thomas Pringle. Ele nasceu no ano em que teve início a Revolução Francesa e veio para a África do Sul em 1820, pelo plano governamental britânico de imigração assistida a que se recorreu por causa da depressão agrícola na Inglaterra após Waterloo. Pois nós, sul-africanos brancos, podemos ser chamados um tanto rudemente, como Norman Mailer se referiu a seus colegas americanos, "uma nação de refugos transplantados pelo decreto de cada uma das imigrações dos últimos 350 anos". Pringle liderou um grupo escocês que se assentou na fronteira do chamado Território Neutro do Cabo, do qual o povo xhosa tinha sido expulso. Até esse ponto, ele é um clássico homem da fronteira; mas esse escrevinhador de versos de circunstância logo sentiu a necessidade canhestra de adaptar sua tardia dicção augustiniana e sentimentalidade pastoral aos acontecimentos crus da África.

> *First the brown Herder with his flock*
> *Comes winding round my hermit-rock*
> *His mien and gait and vesture tell,*
> *No shepherd he from Scottish fell;*
> *For crook the guardian gun he bears,*
> *... Nor Flute has he, nor merry song...*

But, born the White man's servile thrall,
Knows that he cannot lower fall.[40]

Pringle não acharia nunca o vocabulário adequado para o que o levou a escrever na África (Coleridge deplorava seus arcaísmos), mas ele antecipou espantosamente temas que não seriam retomados por nenhum escritor na África do Sul durante cem anos e ainda além. Ao contrário da maioria de seus colegas da fronteira, ele se recusava a considerar os roubos de gado efetuados pelos xhosas como prova de que eram selvagens irredimíveis. Num poema intitulado "The Caffer", ele faz perguntas incômodas aos brancos.

He is a robber? — True; it is a strife
Between the black-skinned bandit and the white,
(A Savage? — Yes, though loth to aim at life,
Evil for evil fierce he doth requite.
A heathen? — Teach him, then, thy better creed,
Christian! If thou deserv'st that name indeed.)[41]

Ele prenunciou a visão liberal sul-africana contemporânea, obliquamente confortadora para a consciência branca, mas ainda assim verdadeira, de que qualquer forma de escravidão degrada tanto o opressor como o oprimido:

The Master, though in luxury's lap he loll... quakes
with secret dread, and shares the hell he makes.[42]

---

[40] Primeiro o moreno boiadeiro e sua manada/ Chegam rodeando minha pedra de eremita/ Seu semblante e andar e roupas revelam,/ Que da Escócia não é pastor na charneca;/ Em lugar do cajado traz a arma de guardião,/ ...Nem flauta possui, nem alegre canção.../ Mas, na servidão do homem branco nascido,/ Sabe que mais baixo não pode cair. (N. T.)

[41] É um ladrão? — Verdade; é uma luta/ Entre o branco e o bandido de pele escura,/ (Um selvagem? — Sim, embora relute em ser atroz,/ Mal com o mal ele retribui feroz./ Um pagão? — Ensine teu melhor credo então,/ Se realmente mereces esse nome, cristão!). (N. T.)

[42] O Senhor, embora refestelado no colo do luxo... oscila/ com terror secreto, e participa do inferno que cria. (N. T.)

Pringle foi um dos primeiros e é um dos poucos brancos a conceder que os negros também têm seus heróis. Escreveu um poema sobre o profeta xhosa Makana, que liderou um exército de 10 mil homens da tribo contra o povoado britânico em Grahamstown, em 1819:

Wake! Amakosa, wake!
And arm yourselves for war.
As coming winds the forest shake,
I hear a sound from far:
It is not thunder in the sky,
Nor lion's roar upon the hill
But the voice of HIM *who sits on high*
And bids me speak his will
…To sweep the White Men from the earth
And drive them to the sea.[43]

Pringle até escreveu sobre o amor que cruza a linha da cor, muito antes que as leis da miscigenação o tornassem um crime estatuído e a chamada Lei da Imoralidade fornecesse o tema de tantos romances e contos sul-africanos:

A young Boer speaks:
"…Our Father bade each of us choose a mate
Of Fatherland blood, from the black taint free
As became a Dutch Burgher's proud degree.
My brothers they rode to the Bovenland,
And each came with a fair bride back in his hand;
But I brought the handsomest bride of them all —
Brown Dinah, the bondmaid who sat in our hall.
My Father's displeasure was stern and still;

---

[43] Acordem! Amakosas, acordem!/ E armem-se para a guerra./ Quando os ventos a floresta sacodem,/ Escuto um som bem distante;/ Não é o trovão no firmamento,/ Nem o rugido do leão sobre a serra/ Mas a voz DELE no alto assento/ Que pede que eu expresse Sua vontade/ …Varrer o Homem Branco da Terra/ E a todos jogar no mar. (N. T.)

My Brothers' flamed forth like a fire on the hill;
And they said that my spirit was mean and base,
To lower myself to the servile race."[44]

E o jovem bôer pergunta,

"...dear Stranger, from England the free,
What good tidings bring'st thou for Arend Plessie?
Shall the Edict of Mercy be sent forth at last,
To break the harsh fetters of Colour and Caste?"[45]

O próprio Pringle voltou para a Inglaterra livre depois de apenas seis anos na África do Sul, expulso da Colônia do Cabo pelo governador inglês, lorde Charles Somerset, por sua luta contra a censura na imprensa, introduzida para proteger o regime colonial britânico contra qualquer menção daquelas questões controversas da época, escravidão, a condição dos negros e os sentimentos antibritânicos dos bôeres...

Depois de Pringle ser despachado "para casa", em 1826, cai um longo silêncio colonial. Há diários mantidos, crônicas escritas por missionários e colonizadores brancos, mas não existem sondagens das profundezas atingidas apenas pela escrita imaginativa, até Olive Schreiner escrever *The story of an African farm* na década de 1880. É um livro muito famoso que, como sul-africana recordando a abertura mental que sua descoberta propiciou na adolescência, tende a ser considerado inteiramente abrangente: isto é, aquela realização final, os temas centrais da vida sul-africana recebendo uma expressão destemida e ainda assim não exibicionista de uma escritora cujo ta-

---

[44] Um jovem bôer fala:/ — O Pai pediu a cada um de nós que escolhesse uma parceira/ Com sangue da terra, livre da nódoa negra/ Como ao orgulho de cidadão holandês convinha./ Meus irmãos, eles se foram a Bovenland,/ E cada um voltou com uma bela noiva pela mão;/ Mas eu trouxe a mais bela de todas —/ A morena Dinah, escrava que em nossa casa servia./ O desagrado de meu Pai foi severo e calado;/ O de meus Irmãos flamejou como fogo na mata;/ E eles disseram ser meu espírito baixo e vil,/ Por rebaixar-me à raça servil". (N. T.)

[45] "caro Estranho, da Inglaterra livre,/ Que boas-novas trazes para Arend Plessie?/ O Edito da Mercê será enfim promulgado,/ Para quebrar os duros grilhões de Cor e Casta?". (N. T.)

lento está à sua altura. Mas relendo a obra, e trata-se de um livro que resiste à releitura, descobrimos que ela não é tudo isso. É uma daquelas obras abertas, cuja força se encontra no nível em que a vida humana, a nossa e a dos personagens, mergulham em realidades fora de nosso alcance. A liberdade que Lyndall, uma das duas extraordinárias protagonistas, deseja ardentemente, não é a do negro, mas essencialmente a liberdade espiritual no contexto da opressão das mulheres determinada pelo seu papel sexual; porém a paixão da revolta é tão profundamente compreendida que parece valer para todos os sofrimentos da opressão. A sociedade que Lyndall rejeita é a insípida sociedade branca de fronteira; todavia, a rejeição questiona os valores sociais que lhe deram origem e vão perdurar além desse tipo de sociedade. É um livro em que os brancos da África do Sul gostam de pensar como um texto que transcende a política; nunca encontrei um negro que o tenha lido, com a importante e irônica exceção de Richard Rive, que acabou de completar um livro sobre a vida e a obra de Olive Schreiner. Nenhum negro jamais poderia ter escrito *African farm*. A alienação do desejo de Lyndall de "realizar formas de vida completamente diferentes da minha" é uma tentativa de transcender o isolamento e a falta de identidade numa sociedade branca de fronteira; na análise final, esse é um livro que expressa a maravilha e o horror do sertão, e, para os habitantes indígenas, esse sertão é o lar. O romance existe dentro do contexto político do colonialismo. A consciência de Olive Schreiner rejeitaria o colonialismo, e sua imaginação criativa desapareceria nas areias da panfletagem liberal, muitos anos depois. Provavelmente não escreveria mais nenhuma outra obra imaginativa, de qualquer maneira. Mas talvez tenha tomado a decisão que Jean-Paul Sartre, no contexto da luta pan-africana, disse que qualquer escritor deveria tomar, parar de escrever se precisasse fazer qualquer outra tarefa que, em sua opinião, o país exigia dele. É certo que pressões políticas, na forma de um profundo senso de injustiça e desumanidade existentes dentro da sociedade, podem levar certos escritores a questionar o valor supérfluo de escrever qualquer coisa dentro de um país como a África do Sul.

O estabelecimento da literatura sul-africana em inglês e (na medida em que existe) em línguas africanas como uma literatura de dissidência surgiu na década de 1920 e no início da de 1930. A conquista militar dos negros pelo homem branco estava terminada. A guerra entre brancos, bôeres e britânicos acabara; a outra guerra do homem branco, em que os bôeres e os negros tinham lutado sob a bandeira britânica junto com os britânicos, estava concluída. No estado da União dos quatro países sul-africanos, a colônia britânica do Cabo e Natal, as repúblicas bôeres do Estado Livre de Orange e do Transvaal, os negros tinham sido privados dos direitos que tinham desfrutado ao bel-prazer do mais liberal dos governos separados. A disposição confiante do negro a identificar seu destino com o do homem branco, expresso no poema e na canção de louvor à vitória composto por Samuel Mqhayi, um poeta khosa da época, supunha um patriotismo comum negro-branco depois da guerra de 1914-1918:

> *Go catch the Kaiser, Let the Kaiser come and talk with us*
> *We'll tell him how the Zulus won at Sandlwana*
> *Of Thaba Ntsu where the Boers were baffled...*[46]

A suposição foi recebida com repulsa e traição; apenas os brancos podiam ser heróis, em casa ou no Valhala.

Então, William Plomer, com dezenove anos, publicou em 1925 uma obra de gênio, uma flor contrafeita que foi fertilizada sobre um talento imaturo pela reação contra o racismo entrincheirado sob o nome de uma união dos melhores interesses de todos os povos na África do Sul. *Turbott Wolfe* (o herói de Plomer, bem como o título do romance) arrasta o cordão umbilical rompido do colonialismo; Wolfe não nasceu na África do Sul, é um inglês que mergulha na África vindo de fora. Mas ele compreende imediatamente: "Haveria a inevitável questão da cor. É uma questão a que todo homem na África, negro, branco ou amarelo, deve dar sua resposta". O cordão colonial é cortado, bem cedo e para sempre, para a literatura sul-africana, porque o romance de Plomer não avalia a África em relação ao homem branco, mas o homem branco em relação à África. Com ele nasce uma nova consciência literária: a de que nenhum escritor pode ir fundo na vida ao seu redor evitan-

---

[46] Vão pegar o Kaiser, Deixem o Kaiser vir falar conosco/ Vamos lhe contar como os zulus venceram em Sandlwana/ De Thaba Ntsu onde os bôeres foram desnorteados... (N. T.)

do algum tipo de resposta. A obra de Laurens van der Post, *In a province*, está alerta ao problema, interessada antes pelos modernos africanos em conflito com valores impostos pelos brancos que por africanos servindo de acessórios cênicos exóticos na história do homem branco. Da mesma forma se comporta, lutando contra a questão até o fim, *God's stepchildren*, de Sarah Gertrude Millin. Esse romance extraordinariamente talentoso formula a pergunta como uma espécie de resposta, revelando a moralidade que a África do Sul construiu sobre a questão da cor e o sofrimento que ela acarreta a pessoas de sangue mestiço, mas em nenhum momento sugerindo que a sensação de pecado experimentada por Barry Lindsell, que, neto de um missionário branco e de uma mulher hotentote, se porta como branco, seja trágica, absurda e devastadoramente inapropriada, até que Barry Lindsell confessa à sua jovem esposa inglesa que ele possui sangue negro, e ela diz com um alívio surpreso: "Isso é tudo?". Nesse meio-tempo, o romance mostra que isso é realmente tudo na vida ao seu redor, da qual a autora tirou a substância do romance.

Roy Campbell era o terceiro do famoso triunvirato Plomer, Van der Post, Campbell, triunvirato que começou na década de 1920 a tradição do exílio, frequentemente autoimposto, que tem atormentado a literatura sul-africana com terríveis sangrias desde então. Embora aceito e publicado numa antologia como um daqueles que, em suas palavras sobre William Plomer, "ousaram sozinhos malhar uma raça covarde/ E erguer um espelho à sua cara velhaca", Campbell fornece um exemplo fascinante das mutações estranhas e complexas produzidas pelo efeito da política sobre os escritores e a literatura na África do Sul.

Campbell foi um escritor cuja obra pode ser erguida como uma transparência para mostrar contra a luz certas motivações escuras e emaranhadas, em que a política e a psique lutam para se acomodar uma à outra na personalidade sul-africana. É ali que os mecanismos de defesa sul-africanos são elaborados. Nós os veremos refletidos também no trabalho de outros escritores, produzindo subconscientemente obras em resposta à necessidade de vários mitos justificatórios de origem política. Acredita-se — Campbell certamente acreditava — que ele deixou a África do Sul porque a barreira da cor lhe era repulsiva. Em sua poesia, fazia ataques mordazes e elegantes à complacência branca. Escrevia poemas sensualmente incomparáveis sobre

Tempos de reflexão 277

os negros. Mas descartava aspirações políticas e sociais com indiscriminado desprezo por serem "o rastro e dejetos das... emoções da multidão". Os atributos do bravo caçador negro com que ele se identificava eram antes elitistas que humanitários, ainda menos igualitários; no contexto da vida de um homem branco, empregados apenas para diversão, em esportes sangrentos, e não ditados pela fome, como para os africanos tribais.

Pode-se dizer que Campbell deixou a África do Sul por vaidade; ele não achava os brancos capazes de apreciar seu gênio. Era verdade, não tinham essa capacidade. Mas sua obra tampouco se aliou de algum modo com o destino dos negros, em cujas mãos a cultura da África do Sul deve tornar-se enfim definitiva. O brilhante poeta satírico que a África do Sul jamais substituiu terminou como o último colonial, romantizando a si mesmo como o "africano" no exterior, irrevogavelmente desligado de tudo, menos da maioria branca que rejeitava em casa.

O mito justificatório de Campbell foi talhado para uma necessidade individual. Mas Pauline Smith, vivendo na década de 1920 no isolamento de Karroo, assim como Schreiner antes dela, criou um mito justificatório do povo africâner que continua a responder, em literatura, a certas pressões políticas até os dias atuais. Devo me interromper neste ponto para explicar que não uso a palavra "mito" em seu sentido primário dicionarizado de uma narrativa puramente fictícia, mas no sentido empregado pelo antropólogo Claude Lévi-Strauss, como um mecanismo psicologicamente defensivo e protetor. O mito é uma explicação extralógica dos acontecimentos, assim como um povo deseja interpretá-los.

Pauline Smith, uma escritora de delicadeza tchekhoviana, não era africâner e escreveu em inglês. Ela escreveu sobre os africâneres rurais, em quem suas histórias veem a pobreza antes como uma espécie de graça que como uma circunstância limitadora. Por quê? Acredito que ela não estava refletindo fielmente uma visão cristã fundamental, mas a culpa do vitorioso (britânico) sobre o vencido (bôer) e também a curiosa vergonha que a sofisticação sente ao ser confrontada pela ingenuidade, interpretando-a por isso como "algo bom". Uma das principais virtudes dos protagonistas é sua total inaptidão para lidar com a sociedade industrial, que vai cair sobre eles depois da derrota para os britânicos. A sua famosa história "The pain" mostra um velho e sua esposa moribunda aterrorizados até pela rotina do hospital; a humildade do marido é enfatizada a ponto de ser apresentada quase como imbecilidade. Essa virtude no desamparo, na situação de serem esmagados pela pobreza, seca, depressão econômica, tornar-se-ia um mito literário justificatório dos africâneres em relação ao desenvolvimento de sua região na política de dominação. Baseada nesse mito, ao menos em parte, está a reivindicação dos africâneres de serem uma tribo africana branca; das histórias *The little Karoo*, de Pauline Smith, passando pela longa série de romances estoicos em africâner que André Brink chamou "uma literatura da seca e dos brancos pobres", às histórias ternas e espirituosas de um africâner escrevendo em inglês, Herman Charles Bosman, os africâneres não são apresentados vivendo perto da terra e dos desastres naturais como qualquer negro? A avaliação da pobreza como um *valor positivo*, e a romantização do pré-industrialismo como uma virtude moral são aspectos importantes das peças teatrais de Athol Fugard, quando essas tratam dos brancos: seus personagens brancos são os filhos dos africâneres rurais de Pauline Smith, forçados a viver nas cidades pela seca e pela depressão econômica, e suas virtudes residem em seu desamparo, no seu agarrar-se ao passado e em sua derrota para uma sociedade industrial dominada pelos "ingleses". Como um povo desses pode ser considerado responsável pela degradação que o racismo impõe aos negros? Eles mesmos são vítimas dentro da própria sociedade da supremacia branca; não estão no mesmo barco dos negros?

Entretanto, esse é o povo que, como os brancos sul-africanos anglófonos, conquistou os negros, que construiu um orgulho nacional em cima de sua derrota para os britânicos. É o povo cujos votos ganharam poder político e legislaram, de uma vez por todas, a vontade do homem branco de obter a supremacia.

É uma ilustração irônica do efeito da política sul-africana sobre a literatura observar que, ao escreverem, na década de 1920, romances desmascarando a barreira da cor, Plomer e Van der Post não tinham provavelmente muita consciência da existência de dois notáveis colegas romancistas da época. Esses romancistas eram negros. *Chaka*, de Thomas Mofolo, escrito em Sesuto por volta de 1910, foi publicado em inglês em 1931, e é uma realização tão extraordinária em termos da formação do escritor, e até de sua idade, quanto *Turbott Wolfe*, de Plomer. É um romance muito diferente, de certo modo revelaria significativamente a diferença entre os escritos radicais e liberais dos brancos e a obra dos próprios escritores negros. Não é escrito *sobre* os negros, mas como expressão de um negro. É um romance tanto histórico como político, baseado em fatos e lendas sobre o grande rei Chaka do século xix, e o tema é elaborado segundo a maneira como o autor compreende o conflito congênito, invocando valores cristãos para interpretar uma luta africana pelo poder. Escrevendo para a publicação original numa revista dos missionários, Mofolo tentou abordar a vida de Chaka, o grande déspota, o Napoleão Negro, como os brancos o chamam, à luz do texto cristão: "De que vale a um homem ganhar o mundo inteiro e perder sua própria alma?". Mas embora Mofolo apresente os brutais excessos da conquista de Chaka contra seu próprio povo como um pecaminoso desejo de derramar sangue, eles também representam o paroxismo neurótico de uma nação moribunda, que decide despedaçar-se antes da conquista colonial. Quando as lanças dos assassinos fratricidas se encontram no corpo de Chaka, Mofolo faz com que grite: "Vossa esperança é que, me matando, vos tornareis chefes quando eu estiver morto. Mas estais iludidos; não será assim, pois uMlungu[47] virá, e ele é que vai reger, e sereis seus escravos".

As armas da conquista branca estão engatilhadas sobre o romance de Mofolo, porém não há personagens brancos na história. Em *Mhudi*, de Plaatje, também baseado em acontecimentos históricos, e situado um pouco mais tarde no século xix, uMlungu faz sua entrada pela primeira vez na literatura negra sul-africana. Os bôeres aparecem, seguindo para o norte, viajando com as famílias em carroções cobertos e conduzindo na caravana grande quantidade de gado para o interior em busca de algum território desocupado para colonizar e cultuar Deus em paz.

> "Mas", perguntou o Chefe Moroka, "vocês não podiam cultuar Deus no sul do rio Orange?"

[47] O homem branco. (N. T.)

"Podíamos", respondeu Cillier, "mas a opressão não conduz à piedade. Estamos em busca de liberdade. As leis inglesas do Cabo não são justas para nós."

"Nós, Barolong, sempre escutamos que, desde Davi e Salomão, nenhum rei governou com tanta justiça como o rei George da Inglaterra!"

"Até pode ser", respondeu o líder bôer, "mas há sempre dois pontos de vista. O ponto de vista do governante nem sempre é o ponto de vista do governado."

Realmente. Apesar de suas cruezas estilísticas, o romance explora de forma talentosa o duplo padrão do homem branco astuciosamente sugerido aqui. Os barolongs e os bôeres encontram uma identidade temporária de interesse na aliança militar contra os exércitos de outra tribo africana, os matabeles, de Mzilikazi; porém, uma vez ganha a batalha, o homem branco espera ditar a partilha dos despojos, mantendo a terra para os bôeres e entregando o gado capturado para os barolongs. "Que barganha absurda", diz o chefe; "o gado vai correr em cima das nuvens, e seu pasto crescer no ar?"

Da mesma forma, embora lutassem todos ao lado dos negros, os brancos não queriam relações pessoais com eles. Justaposto à luta pelo poder entre os brancos e os negros, há nesse livro o sonho de sua resolução em termos não militares, não revolucionários, não políticos, o que se tornaria o mito justificatório expresso pelos escritores liberais brancos trinta anos depois de Plaatje: a amizade entre um jovem negro e um jovem branco. É, em literatura, a realização sonhada do que a sociedade sul-africana poderia ser, ou seria, se apenas os fatos da luta pelo poder pudessem ser convenientemente ignorados. A proposição se cancela a si mesma. Ignorados, os fatos permanecem; não devem ser mudados no sentido do amor sem que se mude o equilíbrio de poder, para parafrasear o dito profético de Alan Paton em *Cry, the beloved country*, de que, no momento em que os brancos se decidirem pelo amor, os negros terão se decidido pelo ódio. A irmandade branco-negro apócrifa talvez tenha atingido sua apoteose simbólica na tragédia de Athol Fugard como o *Blood knot* entre dois homens que são irmãos *reais*, a pele de um refletindo o lado branco de sua linhagem, a do outro o lado negro. Essa amizade é um mito justificatório que encarna o desejo de muitos brancos, e até de alguns negros, de escapar das feias implicações de uma sociedade em que essas relações privadas aparentemente transcendentais são de fato bastante sem sentido, apanhadas na armadilha do determinismo político. Vários de meus próprios livros exploram essas implicações. Em *Occasion for loving*, uma jovem inglesa destrói um homem negro consentindo num caso amoroso com ele, e sua atitude de escarnecer do poder das leis da segregação o deixa, depois que ela volta para a Inglaterra, exatamente onde ele estava: carregando um passe e bebendo até cair morto no gueto negro. A amizade-modelo de Ra-Thaga e Viljoen, meninos barolong e bôer no romance de Sol Plaatje, sobrevive até que Viljoen oferece sinceramente a Ra-Thaga tudo o que um homem branco pode oferecer numa sociedade orientada para os brancos: "Vou pegar Mzilikazi vivo e amarrá-lo à roda do carroção; depois Potgieter vai me fazer seu capitão, e você será meu braço direito". E Ra-Thaga rejeita sinceramente a esmola: "Oh, não!... o que meus filhos pensariam de mim, se eu me tornasse o braço direito de um jovem solteiro?".

A literatura sul-africana parece ter se desenvolvido curiosamente aos trancos e barrancos; a explicação está próxima dos desenvolvimentos políticos no país. Nas décadas de 1930 e 1940, daqueles escritores cujas obras tinham sido as mais inovadoras na década de 1920, Plomer e Van der Post estavam no exílio e Millin havia voltado sua atenção estridentemente apartada para os dramas domésticos dos brancos pobres de Pauline Smith, que então estavam se tornando industrializados nas cidades. Não havia mais romances de Mofolo ou Plaatje. Nem surgiu nenhum escritor negro para seguir seus exemplos audaciosos de que os escritores negros poderiam, como Claude Wauthier sugere em seu *The literature and thoughts of modern Africa*, reafirmar suas origens e utilizar sua presente posição. Por quê?

Temos de procurar uma resposta na situação dos intelectuais negros da época. Com a "solução final" do general Hertzog para a "questão nativa", exemplificada em leis como a Lei da Terra de 1936, os negros começavam a compreender que a fé de Booker Washington na educação como meio de ganhar aceitação e participação numa sociedade comum não estava levando a nada na África do Sul. A eloquência de um líder erudito como o dr. Jabavu não tivera sucesso em obter o reconhecimento dos direitos civis para os negros, quando a Constituição da União Sul-Africana fora redigida mais de 25 anos antes; a eloquência de um Benedict Vilakazi, um ilustre poeta zulu das décadas de 1930 e 1940, não conseguiu despertar o homem branco para o reconhecimento da humanidade do negro, embora ele tivesse a coragem de abordar temas como a condição da mão de obra negra. Uma apatia criativa tomou conta dos negros, nascida da frustração; e não pela última vez.

Em comparação, para os escritores africâneres, esse foi um período de consolidação, por meio da literatura, da importância de terem uma língua materna distinta das importadas da Europa. Num movimento que só encontra paralelo no movimento da negritude entre os negros caribenhos e americanos, e africanos fora da África do Sul, os africâneres estavam empenhados em afirmar suas reivindicações políticas por meio de uma identidade cultural. O africâner tinha sido um patoá; tornou-se uma língua suficientemente rica para ser uma linguagem literária, um processo a todo vapor, por assim dizer, com sua escalada ao poder político. Excelentes poetas africâneres, como Langenhoven, fizeram-na rica; outros, como Van Wyck Louw e Uys Krige, internacionalizaram-na trazendo para sua órbita, no campo da poesia, a consciência dos desenvolvimentos literários do mundo exterior. Os romancistas continuaram a cantar a saga do africâner rural, que lida com o homem negro assim como enfrenta os elementos.

Da população anglófona, pouco apareceu, a não ser alguma poesia, às vezes excelente, mas com frequência de emoção muito generalizada, pensamentos ontológicos um tanto aborrecidos sobre a Segunda Guerra Mundial. Os anos de guerra tiveram o efeito, inibidor para o desenvolvimento de uma literatura indígena, de lançar o país de volta a suas ligações culturais com a Europa.

Na medida em que se tornara uma literatura de dissidência, embora logo se desenvolvesse para alcançar seu maior ímpeto de todos os tempos, a literatura sul-africana recomeçou após a guerra numa posição um pouco anterior à ocupada pelo *Turbott Wolfe* de William Plomer. Teve um novo início com *Cry, the beloved country*, que sugeria a necessidade de uma solução cristã para o problema político do racismo. Era um livro de beleza lírica e grande força, que comoveu a consciência do mundo exterior sobre o racismo e, ainda mais importante, o mundo da África do Sul branca, como nenhum outro livro conseguira até então. *Turbott Wolfe* era radical demais para eles, e nenhum outro texto iria comovê-los de novo até o advento das peças teatrais de Athol Fugard, *Blood knot* e *Boesman and Lena*, no final da década de 1960 e início dos anos 1970.

TEMPOS DE REFLEXÃO 283

A DÉCADA E MEIA QUE VAI dos anos 1950 até meados dos anos 1960 produziu um paradoxo entre a literatura de língua inglesa e a política. Os nacionalistas africâneres, que formulariam, codificariam e implementariam o preconceito de cor havia muito arraigado como *apartheid*, tinham chegado ao poder em 1948, mas foi enquanto esse processo final do racismo estava em andamento que uma onda de novos escritores sul-africanos, brancos e pretos surgiu de repente para cavar fundo no subsolo da sociedade sul-africana e dar expressão, nas dimensões da imaginação criativa, ao tipo de respostas que "todo homem, negro, branco ou amarelo" havia dado à "questão da cor" de Turbott Wolfe. Peter Abrahams, cujo talento foi inicialmente encorajado por esquerdistas brancos (durante muitos anos os únicos brancos dispostos a levar a sério a possibilidade de um escritor negro ser mais que uma aberração exótica, um albino literário), escreveu o primeiro romance proletário, *Mine boy*, a história de um negro tribal confrontado com a experiência dupla da industrialização e da discriminação racial numa cidade. Meu primeiro romance, *The lying days*, publicado em 1953, tratava essencialmente da experiência que muitos jovens sul-africanos brancos partilharam. Nascem duas vezes: pela segunda vez quando, em situações que diferem de indivíduo para outro, emergem das armadilhas da consciência de cor que lhes eram tão "naturais" quanto as paredes de suas casas e escolas. Dan Jacobson devolveu a literatura sul-africana ao Karoo, em seu brilhante primeiro romance, *A dance in the sun*, fazendo do velho descampado colonial o terreno pedregoso do autoengano, da dúvida e do questionamento. A ênfase recai no que acontece aos brancos opressores. A atitude do branco Fletcher para com o negro Joseph, cuja esposa teve um pirralho ao engravidar de um cunhado de Fletcher, é apresentada como todo o processo de ação e interação entre a personalidade de um homem e a moralidade dentro da qual ela é posta à prova. A velha mulher em *Too late the phalarope*, de Alan Paton, um romance posterior que explora o mesmo tema moral, dessa vez por meio de uma variação da história profética de Thomas Pringle, "Brown Dinah", formula uma conclusão: "Não somos mais como as outras pessoas". Jack Cope, num romance chamado *Albino*, fez uma tentativa engenhosa de esquivar-se dos problemas do escritor branco que experimenta um isolamento politicamente decretado dentro de sua pele bran-

284 *Nadine Gordimer*

ca, escrevendo um romance sobre um jovem branco criado como zulu, nas palavras de um dos personagens, "um branco com mente preta".

Mas os negros estavam começando de novo a escrever sobre si mesmos. Não nos termos do passado épico, mas nos termos diretos do presente. A experiência central da vida urbana no lado escuro da barreira da cor estava levando para o papel "o mau cheiro das pessoas vivas reais", como disse um desses escritores, Lewis Nkosi. Os contos de Ezekiel Mphahlele, Can Themba, Casey Motsisi, impelidos no caso de Mphahlele por uma força soturna, e sacudidos, nos de Themba e outros, por uma graça vivaz e um humor autodilacerador, refletiam características de sobrevivência desenvolvidas pela natureza da vida naquelas conglomerações humanas, nem cidades nem subúrbios, agora chamadas *townships*, mas antes chamadas com mais acuidade "locações", por ser locais escolhidos pelos brancos para despejar os negros depois do trabalho fora dos limites da cidade, exatamente como escolhem locais bem afastados para o monte de lixo da cidade. Lewis Nkosi, em *Home and exile*, um livro de ensaios e crítica literária único na literatura sul-africana, em que mal se pode dizer que exista a crítica literária, escreveu a partir da posição acrobática peculiar aos intelectuais africanos na década de 1950, a posição audaciosa de um jovem negro que tem um pé no mundo liberal branco e o outro guardando seu lugar no proletariado negro do *township*. Embora sua ousadia fosse um reflexo da confiança proveniente da existência desses movimentos, nenhum desses escritores deu expressão direta aos movimentos negros de libertação que atraíam o apoio das massas à época, o Congresso Nacional Africano e o Congresso Pan-Africanista. Subconscientemente, seus escritos se dirigiam aos leitores brancos, com a intenção de despertar a consciência branca para a frustração negra. Mesmo nos escritos do mais talentoso romancista negro desde Peter Abrahams, Alex La Guma, que era um ativista político, e na poesia de Dennis Brutus, ambos mais tarde prisioneiros políticos em Robben Island, não havia um compromisso explícito com determinada linha política, nem eles usavam o vocabulário dos clichês políticos. O comovente romance de La Guma, *A walk in the night*, assim como seus contos situados em prisões, quintais e cafés baratos, apresenta homens e mulheres que não falam sobre o *apartheid*; eles trazem na pele seus vergões, de modo que esse significado carnal torna-se um impacto chocante, sensual. Entretanto, poucos sul-africanos foram expostos à ação desse romance; La Guma tornou-se um escritor proibido antes de sua publicação no exterior. Quando a tensão política branco-negro aumentou, explodiu em Sharpeville e culminou em prisões em massa e na proscrição dos movimentos políticos negros, todos esses escritores e ainda outros, com poucas exceções, foram obrigados a se exilar.

Foi proibida a obra de escritores brancos que tentaram examinar, por meio de *insights* imaginativos, em termos das opções políticas, sociais e espirituais abertas aos brancos sul-africanos, a motivação dos jovens brancos que se voltaram para a sabotagem contra o regime no final da década de 1960. Meu romance *The late bourgeois world*, *At the still point*, de Mary Benson, *The dawn comes twice,* de Jack Cope, *Elegy for a revolutionary*, de C. J. Driver, nenhum desses foi lido pelos próprios sul-africanos, que viveram a experiência desse período. Tudo aconteceu; existe com certeza dentro da memória deles; não existe oficialmente na literatura sul-africana.

Além disso, em comparação, como estava se desenvolvendo a escrita africâner na década de 1960? As mudanças foram consideradas tão fundamentais que a era deu um termo genérico aos escritores que apareceram, os *sestigers* (os dos anos 1960). Nas palavras de um deles, André Brink, "fez-se um esforço consciente para alargar os limites até então paroquiais da ficção africâner", para desafiar certos tabus culturais no universo africâner: os tabus calvinistas sobre exploração religiosa intransigente e o questionamento de antigas moralidades, especialmente sexuais. Contra os eventos no pano de fundo de um país que parecia à beira de uma revolução, os *sestigers* se preocupavam precisamente com essas coisas e com experimentos na forma literária inspirados em William Burroughs. Desafiavam com franqueza sexual e questionamento religioso, escarnecendo da Igreja e da Academia de Letras Africâner; mas a evidência de que nenhum deles publicou nada que fosse proibido mostra como tinham se afastado, espantosamente, das realidades mais profundas da vida que se passava ao seu redor. O prosador ilustre dos *sestigers*, e a força imaginativa de maior alcance em toda a literatura sul-africana, Etienne Le Roux, afirma com soberba que sua trilogia, *Towards a dubious salvation*, é um romance "metafísico"; mas se um escritor for parte da consciência criativa da sociedade em que vive, não

286 *Nadine Gordimer*

é uma forma de traição à integridade criativa e também humana optar por afastar-se do confronto confuso de homem com homem para dirigir-se a Deus? De fato, lendo esse livro fascinante, temos às vezes a sensação de que Etienne Le Roux *é Deus*, um observador olímpico infinitamente distanciado, divertindo-se ao registrar todas essas pequenas batalhas e cópulas absurdas e sordidamente mirabolantes, bem, bem lá embaixo sobre a terra.

Somente em 1974, pela primeira vez, é que um livro de escritor africâner foi proibido. André Brink escreveu um romance que quebra os tabus *políticos* respondendo ao desafio que ele próprio publicou num jornal cinco anos atrás: "Se a escrita africâner quiser alcançar uma verdadeira importância no contexto da revolução da África (da qual fazemos parte)... parece-me que ela virá daqueles que estão preparados para jogar o 'Não!' de Antígona na face violenta do Sistema". De forma previsível, seu romance sofre com o júbilo e o alívio desafiador desse grito, vindo tão tardiamente do romance africâner, pilhando uma liberdade de expressão recém-conquistada em cuja validade o selo de "proibido" seria colocado quase com toda a certeza. Talvez fosse inevitável que esse romance exigisse de seu criador abarcar tudo o que é proibido nas 97 definições do que a Lei da Censura acha "indesejável"; acumular desordenadamente todos os temas proibidos e muitas das situações clichês já descritas por outros. Segue-se que esse romance não pode fazer justiça a André Brink como escritor. Todavia, seu exagero, seu empilhamento de palavras, imagens, acontecimentos, como uma série de golpes — Tome esse! E mais esse! E ainda *esse!* —, lembram as obras de certos escritores negros sul-africanos, nas quais a verdade está nos excessos e até nos absurdos porque *esta é a fantasia gerada por nossa sociedade*; é a verdade como evidência do tipo de pesadelos que crescem à nossa luz do dia.

Esse "Não!" de Antígona soou alto e claro na literatura africâner somente uma vez antes, e partiu de uma poeta, Ingrid Jonker. De alguma forma ela conseguiu, sem comprometer seu grande talento, escrever um poema da década de 1960, que coloca os acontecimentos da era numa perspectiva que abrange o passado e o presente e projeta o futuro, como nenhum escritor, negro ou branco, conseguiu fazer depois dela. O poema se refere às campanhas de queimar os passes do Congresso Nacional Africano e Congresso Pan-Africanista, quando mulheres e crianças foram mortas no curso da ação policial e militar.

The child is not dead
the child lifts his fist against his mother
who shouts Afrika! shouts the breath
of freedom and the veld
in the locations of the cordoned heart.
The child lifts his fists against his father
In the march of the generations who are shouting Afrika! shout the breath
of righteousness and blood
in the streets of his embattled pride.
The child is not dead
not at Langa nor at Nyanga
nor at Orlando nor at Sharpeville
nor at the police post in Philippi
where he lies with a bullet through his brain.
The child is the dark shadow of the soldiers
on guard with their rifles, saracens and batons
the child is present at all assemblies and law-giving
the child peers through the window of houses and into the heart of mothers
this child who wanted only to play in the sun at Nyanga is everywhere
the child grown to a man treks on through all Africa
the child grown into a giant journeys over the whole world
Without a pass.[48]

[48] A criança não está morta/ a criança ergue os punhos contra a mãe/ que grita África! grita o alento/ da liberdade e do veld/ nas locações do coração encordoado./ A criança ergue os punhos contra o pai/ Na marcha das gerações que estão gritando África! gritam o alento/ da justiça e do sangue/ nas ruas de seu orgulho preparado para a batalha./ A criança não está morta/ não em Langa nem em Nyanga/ nem em Orlando nem em Sharpeville/ nem no posto policial em Philippi/ onde está deitada com uma bala atravessada no cérebro./ A criança é a sombra escura dos soldados/ em guarda com seus rifles, tanques e bastões/ a criança está presente em todas as assembleias e legislativos/ a criança espia pela janela das casas e nos corações das mães/ esta criança que só queria brincar ao sol em Nyanga está em toda parte/ a criança crescida homem maduro continua a andar por toda a África/ a criança crescida gigante viaja por todo o mundo/ Sem um passe. (N. T.)

Qual é a posição da literatura sul-africana em meados dos anos 1970, a era da independência dos bantustões dentro do país, enquanto antigos movimentos de guerrilha se tornam governos constitucionais em países ao redor; a era do diálogo sobre o federalismo negro-branco; de esportes matizados, ainda que não inteiramente misturados; e do ressurgimento da ação negra de massa na forma de greves da mão de obra? A série de sangrias ao longo dos anos, com escritores indo para o exílio, enfatiza a enorme influência da política sobre a literatura, não só de maneira óbvia, pelo fato de tantos escritores *estarem* em exílio imposto ou autoimposto, mas também no estado da sociedade sul-africana refletido em suas obras, se continuam a viver aqui na África do Sul, em oposição à visão do lugar mantida por escritores agora afastados da cena real. Um escritor tão imensamente talentoso como Dan Jacobson, depois de uma série de romances enraizados, por assim dizer "de memória", na África do Sul, começou a escrever romances com temas distantes de seu país. Uma libertação de um gênero...? No suave e belamente escrito *In the fog at the season's end*, Alex La Guma escreve, a exemplo de tantos exilados negros, como se a vida na África do Sul tivesse congelado com o trauma de Sharpeville. Como é um bom escritor, não pode criar como se fosse história de jornal, nem pode, a partir do exterior, fazer realmente a projeção, em nível mais profundo, de um ambiente político negro que mudou tanto desde que partiu. O romance de Ezekiel Mphahlele, *The wanderers*, também padece dessa falta de conexão. Apenas o poeta Dennis Brutus parece ter tirado força do "amargo pão do exílio" e ter desenvolvido plenamente seu talento, ainda que talvez de modo diferente do que se tivesse permanecido em casa. Numa coletânea de poemas que o coloca talvez num grau de realização mais elevado que qualquer um da geração mais jovem, Arthur Nortje, exilado e morto antes de seu livro *Dead roots* ser publicado dois anos atrás, escreve a autobiografia espiritual do exílio em estado mais angustiante. No final, ele, que em casa teve de viver das migalhas da mesa do homem branco, talvez descubra que não lhe resta estômago para a abundância da Europa:

I drag my shrunken corpulence

among the tables of rich libraries.
Famous viands tasted like ash...[49]

Esses são os terrores do exílio para um escritor e a dizimação de uma literatura.

No país, quem criou sozinho o drama sul-africano significativo em inglês foi Athol Fugard. A óbvia influência de Beckett sobre sua obra é um exemplo fascinante de uma forma esotérica — em que o personagem é sacrificado à abstração simbólica, e o diálogo é em grande parte desencarnado — de volta à carne e ao indivíduo comprometido, em vez de alienado. Esse é um exemplo interessante de uma resposta metodológica de um escritor à sua situação sociopolítica.

Dos novos romancistas, poucos e distantes entre si, que surgiram recentemente, uma escritora negra, Bessie Head, expressa no exílio, mas ainda dentro do continente da África, uma repugnância indiscriminada por *todas* as aspirações políticas em *todas* as raças, e uma escritora branca no país, Sheila Fugard, transporta à esfera arcana do misticismo budista o antigo mito justificatório liberal branco da força do amor para dissolver o racismo. Um dos dois recém-chegados mais interessantes, J. M. Coetzee, com seu romance de duas partes, *Dusklands*, associa o condicionamento behaviorista de povos por outros povos como um defeito congênito na natureza humana. Sua primeira narrativa, a de um sul-africano trabalhando em 1970 como funcionário do governo dos Estados Unidos num "Projeto de Vida Nova" para o povo do Vietnã, sugere a escolha oferecida pelo antropólogo Franz Boas: "Se queremos tomar conta da direção de uma sociedade, devemos guiá-la a partir de dentro de sua estrutura cultural ou então erradicar sua cultura e impor novas estruturas". Não requer muita perspicácia compreender para onde os olhos do leitor estão sendo voltados: para essa outra sociedade, na África do Sul, onde essas duas técnicas de manipulação sociopolítica têm sido tentadas sobre a população nativa. E isso poderia nos levar obedientemente a uma conclusão: se não são melhores, os sul-africanos brancos são apenas tão ruins quanto outros povos

---

[49] Arrasto minha corpulência diminuída/ entre as mesas de ricas bibliotecas./ Famosas iguarias com gosto de cinzas... (N. T.)

que têm vontade de continuar a conquista militar com a psicológica. Como eles, correm o risco de perder sua alma na luta; o narrador refugia-se na loucura em que tem "altas esperanças de descobrir de quem sou o erro".

A segunda narrativa é uma tentativa soberbamente escrita de um gênero duvidoso a que os escritores sul-africanos brancos estão começando a ser irresistivelmente atraídos, ao que parece, numa busca inconsciente de um novo mito justificatório: a explicação do presente em termos do passado; e portanto — não se segue? — um presente tão irremediavelmente inexorável como o passado? O narrador nessa história situada em 1760 vai caçar elefantes e adoece entre hotentotes hostis. Com um traseiro apodrecendo como a soma de sua dor e humilhação, ele entra no velho coração conradiano das trevas. Para sobreviver, deve seguir o modo de vida do povo que despreza por ser selvagem; deve admitir, em si mesmo, instintos medonhos que tinha atribuído apenas a eles. A ironia final de algumas de suas reflexões parece transformá-las nas de um Coetzee do século xx, e não do xviii: "A este povo [os hotentotes] para quem a vida não passava de uma série de acasos, eu não tinha sido simplesmente outro acaso? Não havia nada a ser feito que os obrigasse a me levar mais a sério?". E ainda: "Sou um explorador. Minha essência é abrir o que está fechado, trazer à luz o que é escuro. Se os hotentotes abarcam um imenso mundo de encantamento, é um mundo impenetrável, impenetrável para homens como eu, que devem ou contorná-lo, o que é fugir à nossa missão, ou eliminá-lo do caminho". Depois de sua recuperação e retorno ao povoado branco, ele volta com uma expedição punitiva aos hotentotes que o socorreram e torturaram. Ele os extermina "na desolada infinidade de meu poder sobre eles". O fatalismo, o distanciamento tomado por empréstimo da história nesse romance são mais bem esclarecidos pela escolha da epígrafe na segunda narrativa, uma citação de Flaubert: "O que é importante é a filosofia da história".

Outro recém-chegado, D. M. Zwelonke, aparentemente membro de Poqo, a ala clandestina do Congresso Pan-Africanista, escreveu um primeiro romance no exílio depois de uma temporada em Robben Island. Seu livro tem o nome e o cenário dessa ilha prisão, na qual certa vez Manaka, o profeta que queria empurrar o homem branco para o mar, esteve também aprisionado.

Grande parte do texto é ingênua e às vezes até absurda, mas, quando ele lida com os sonhos e os pesadelos causados pela dieta magra, pelo confinamento solitário e pelo trabalho repetitivo de quebrar interminavelmente pedras, nenhum "imaginar" polido da situação por algum escritor, até mesmo negro, seria capaz de atingir seu impacto de ferro em brasa. Quanto à visão do livro sobre o homem branco, eis outra nova criação de mito:

> Vimos a toupeira, e uma maldição caiu sobre nós. Uma lenda muito antiga diz que aquele que vê uma toupeira vai saber da morte do parente de um amigo. Um augúrio ruim foi previsto: vimos o monstro colonial em seu banheiro, nu, brincando com seu pênis e seu ânus. Por isso, ele ficou enraivecido. Ele nos pegou e arrastou para Makana Island, e ali ficamos seus prisioneiros. Uma maldição caiu sobre nós. Ele é como a toupeira, porque não consegue ver. Anda tateando na passagem sem saída da tragédia da história.

Tudo isso está muito, muito distante do mundo do escritor negro Lewis Nkosi na década de 1950, as festas misturadas em que brancos e negros discutiam política, o braço ao redor do pescoço uns dos outros, copo na mão... E é também a visão que paira como um sortilégio sobre a ressurreição da escrita negra depois do silêncio apático pós-Sharpeville, induzido pela censura e pela equação implacável, nas mentes da polícia de segurança, entre a capacidade de expressão dos negros e a subversão. Acredito que esses novos escritores negros tentam instintivamente a poesia em vez da prosa, porque a poesia é o meio de expressão literária menos acessível aos procedimentos do Conselho de Censura. O desarraigamento de seus predecessores da década de 1950 não os atrai; são poetas das esquinas cuja obra reflete uma afirmação da identidade negra que busca promover a consciência negra em vez de despertar a consciência dos brancos para a situação difícil do homem negro. Os negros viram a cultura branca nua, pelo que ela mostrou ser *para os negros*: há muito tempo proposta como um valor absoluto, eternamente negado a eles. Esses escritores estão interpretando a afirmação de um tipo particular de separatismo negro que existe simultaneamente, ainda que por ele desconsiderado, ao tipo oficial aceito no diálogo entre os líderes dos bantustões e a liderança branca dentro e fora do governo sul-africano. Mongane Wally Serote faz a reivindicação negra ao direito de ditar os termos:

292 *Nadine Gordimer*

White people are white people
They must learn to listen.
Black people are black people
They must learn to talk.[50]

A ironia talvez seja o melhor modo de expressão literária, quando a afirmação apaixonada não passa pelos censores. O livro de poemas de James Matthews, *Cry rage!*, sonda com paixão nem sempre acompanhada de talento a vacuidade de termos altissonantes do *apartheid* como "desenvolvimento separado" e "populações excedentes", mas está proibido. Outro desses jovens poetas, Don Mattera, foi recentemente eliminado ao ser declarado uma pessoa banida; é de perguntar por quanto tempo o mais conhecido Adam Small, que, como Mattera, tomou a decisão de muitos mestiços de se ver mais como negro que como meio branco, vai continuar a ser publicado, se, junto com esse abandono do status de meio branco, ele também abandonar a ideia do amor, sempre aceitável para os brancos como uma arma na luta. Julgando por algumas de suas últimas declarações, não acho que escreverá de novo nos seguintes termos:

You can stop me
goin' to Groote Schuur
in the same ambulance
as you
or tryin' to go Heaven
from a Groote Kerk pew
you can stop me doin'
some silly thing like that
but O
there's somethin' you can
never never do:

---

[50] Brancos são brancos/ Devem aprender a escutar./ Negros são negros/ Devem aprender a falar. (N. T.)

> *true's God*
> *you can stop me doin'*
> *all silly things of that sort*
> *and to think of it*
> *if it comes to that*
> *you can even stop me hatin'*
> *but O*
> *there's somethin' you can*
> *never never do —*
> *you can't*
> *ever*
> *ever*
> *ever stop me*
> *loving*
> *even you!*[51]

Concluindo, para voltar à situação em que todos os escritores sul-africanos se encontram, sejam negros ou brancos, escrevendo em inglês, africâner, sesuto, zulu, o que quiser — ainda que passe com sucesso pelos obstáculos de proibições e/ou exílio, a tentativa de qualquer escritor no sentido de apresentar na África do Sul uma totalidade da experiência humana dentro de seu próprio país é subvertida antes que ele escreva uma só palavra. Como homem branco, sua sorte pode mudar; a única coisa que ele não pode experimentar é a negritude, com tudo o que isso implica na África do Sul. Como homem negro, a única coisa que não pode experimentar é a brancura, com tudo o que isso implica na África do Sul. Cada um está bem fora do potencial de experiências do outro. Não há mobilidade social *cruzando* a linha da cor. A identificação da classe com a cor significa que romper as barreiras de classe é

---

[51] Você pode me impedir/ de ir pra Groote Schuur/ na mesma ambulância/ que você/ ou de tentar ir pro céu/ partindo de um banco de Groote Kerk/ você pode me impedir de fazer/ uma coisa tola como essa/ mas O/ há algo que você não pode/ nunca nunca fazer:/ por Deus/ você pode me impedir de fazer/ todas as tolices desse tipo/ e pensando nisso/ se chegar a isso/ você pode até me impedir de odiar/ mas O/ há algo que você não pode/ nunca nunca fazer —/ você não pode/ jamais/ jamais/ jamais me impedir/ de amar/ mesmo você! (N. T.)

transgredir a lei, e a barreira indivisível de classe-cor é muito, muito mais eficaz, do ponto de vista de limitar o conhecimento íntimo que o escritor possui de sua sociedade, do que qualquer barreira de classe jamais foi. O escritor negro na África do Sul escreve a partir de "dentro" sobre a experiência das massas negras, porque a barreira da cor o mantém impregnado dessas circunstâncias, confinado num *township* e carregando um passe que regula seus movimentos desde o dia em que nasce para o status de *"piccanin"*[52] até o dia em que é enterrado num cemitério segregado. O escritor branco, passando pela quarentena asséptica de sua existência de elite num tubo de ensaio, é isolado, por um privilégio imposto, da maior parte da sociedade em que vive: a vida do proletariado, os 19 milhões cujo potencial de experiência ele não partilha, desde o dia em que nasce *"baas"*[53] até o dia em que é enterrado em seu cemitério segregado.

O escritor negro parece levar vantagem nesse ponto; há apenas 4 milhões de brancos. Mas essa compartimentalização da sociedade funciona nos dois sentidos. O escritor negro é extremamente limitado em sua apresentação de personagens brancos; basta ver a frequência com que os seus não passam de figuras de papelão ou caricaturas. O que não sabe sobre a vida do homem branco por causa dessas grandes áreas da experiência branca das quais é excluído pela lei, ele supre com uma fantasia distorcida pelo ressentimento da exclusão. A própria força da acusação que ele sente ter de fazer contra o homem branco perde às vezes a intensidade que deveria possuir. Assim acontece que encontramos, na obra de um escritor negro talentoso, um personagem branco apresentado de forma tão desajeitada que ele não parece ter lugar na obra. Um negro sul-africano, exilado num país vizinho que visitei recentemente, contestou minha afirmação de que a apresentação de personagens brancos na obra de escritores negros é *limitada* pela caricatura: ao contrário, refutou, esse é o modo de ser dos brancos, no que diz respeito aos negros. Acho interessante seu argumento. A caricatura nessas circunstâncias talvez não seja uma distorção deliberada do sujeito, mas uma forma de verdade

---

[52] Termo ofensivo para criança negra. (N. T.)
[53] Patrão. (N. T.)

sobre aqueles que veem o sujeito dessa maneira. A ideia tem relação com minha própria observação sobre o romance de André Brink.

Na obra de escritores brancos, observa-se frequentemente a mesma lacuna na experiência entre a vida dos negros e dos brancos compensada pela projeção de emoções a respeito dos negros na criação de uma tipologia negra. A culpa é a emoção predominante ali; produz com frequência figuras de papelão e caricaturas inconscientes exatamente como no caso do ressentimento.

Eminente autoridade em literatura comparada, o professor Harry Levin, define a identidade cultural como "nada mais nem menos que o meio-termo entre o eu e o outro, entre nosso respeito por nós mesmos e nossa relação com nossos semelhantes, homens e mulheres". O dilema de uma literatura num país como a África do Sul, onde a lei impede efetivamente qualquer identificação real do escritor com sua sociedade como um todo, de modo que em última análise ele só pode se identificar com sua cor, distorce irreparavelmente esse meio-termo. E a identidade cultural é o fundamento sobre o qual a exploração do eu no escritor imaginativo cria uma literatura nacional.

1976

CARTA DE SOWETO

SAÍ DE JOHANNESBURGO DE AVIÃO para uma visita ao exterior dois meses e meio depois que o primeiro colegial negro foi morto pela bala de um policial em Soweto. Desde 16 de junho, quando a questão dos protestos contra o uso da língua africânder como instrumento de ensino nas escolas negras, por muito tempo ignorada pelas autoridades brancas, recebeu finalmente delas essa resposta brutal, a ansiedade tinha sido a emoção predominante na África do Sul.

Ansiedade é um feixe completo de sentimentos semelhantes em pessoas dessemelhantes: horror, aflição, angústia, raiva — em sua manifestação mais fraca, dó.

Não havia branco tão pronto a condenar as aspirações negras, tão seguro de uma trama comunista como única fonte dos conflitos, que ele ou (mais provavelmente) ela não sentissem pena de crianças terem morrido nas ruas. As crianças negras têm sido tradicionalmente objeto da sentimentalidade branca; só depois que as garotas desenvolvem seios e os meninos têm de carregar o passe é que o chocolate de repente se torna negro.

Não havia negro tão militante nem tão cansado de esperar a vitória, que ele ou ela não sentissem a angústia do pesar pelo sacrifício de crianças para a causa. Nem mesmo uma raiva poderosa contra a abominada polícia podia apagar esse sentimento.

Estive fora no mês de setembro. Henry Kissinger veio à África do Sul para discutir a colonização da Rodésia com o sr. Vorster; seis crianças foram mortas durante os protestos contra sua presença. Um dia ou dois após o meu retorno, em outubro, uma menina de quinze anos foi baleada pela polícia no Cabo. As seis crianças já eram meramente uma unidade dos números oficiais (contestados) dos mortos (agora 358), alguns adultos, mas em geral esmagadoramente jovens, numa agitação que se espalhou dos negros aos de sangue mestiço e por todo o país por meio de incêndios, ataques com bombas caseiras, boicotes e greves. A garota de quinze anos foi acrescentada à lista de fatalidades; ninguém, descobri, ficou chocado de novo com a natureza específica dessa baixa: o assassinato de uma criança por uma bala da polícia.

Como a passagem de uma estação, alguma coisa já não estava no ar. As pessoas tinham se acostumado, junto com tanta outra coisa impensável, com a morte de crianças em revolta.

Tento reconhecer e delinear as razões para essa aclimatação, antes que a vida diária aqui, embora bizarra, me torne parte do que está em curso.

Quando crianças em greve enfrentaram a polícia nas ruas de terra de Soweto naquela manhã de uma quarta-feira de junho, atirando pedras que logo atraíram balas em resposta, quem teria acreditado que a terrível lição do poder branco não seria aprendida? A lição para essas crianças não era grátis, assim como não eram seus livros da escola (as crianças brancas recebem os seus de graça); elas pagavam com a vida curta de alguns participantes de seu grupo. Ninguém poderia imaginar que elas se apresentariam de novo, meninas adolescentes bamboleando-se em suas roupas de ginástica, os rapazes de jeans, meninos pequenos descalços com as camisas saindo para fora das calças, como numa louca brincadeira de soldado e ladrão — para uma polícia que tinha deixado claro que dispararia balas de verdade. Mas as crianças se apresentaram. Mais de uma vez. Elas tinham aprendido uma lição inteiramente diferente: tinham aprendido o destemor.

Claro, as atitudes dos brancos para com elas começaram a mudar, mesmo então. Como a solicitação da língua africânder fora rapidamente concedida, e as crianças agora exigiam a abolição de todo o sistema educacional separado para negros, e depois sem rodeios "tudo o que os brancos têm", o governo e a maioria dos brancos logo supuseram que essa intransigência devia ser obra de agitadores. Entre os negros — entre as organizações de libertação ilegais dentro e fora do país, e aquelas forçosamente limitadas a equilibrar a libertação cultural num fio de legalidade aqui dentro —, todos começaram a reclamar o crédito pelo primeiro levante popular desde o início dos anos 1960. Ninguém saberá, talvez por muitos anos, como dividir proporcionalmente a influência dos banidos Congresso Nacional Africano e Congresso Pan-Africanista — sua liderança na prisão e no exílio — no desenvolvimento do protesto dos colegiais até ele assumir o contorno de manifestações clássicas de um levante geral.

Tampouco é possível avaliar quanto da estratégia determinada das crianças foi planejada por estudantes mais velhos da Organização dos Estudantes Sul-Africanos, que tinha sua base na universidade negra. Houve com certeza — há — agitadores; se agitadores forem indivíduos capazes e suficientemente articulados para transformar os sofrimentos e queixas do povo em tática para sua libertação. Houve com certeza — e há, nunca deixou de haver — o espírito dos movimentos políticos banidos nas atitudes políticas conceituais e no senso de identidade, passando, anonimamente e sem ser atribuído a ninguém, das dezenas de milhares que outrora pertenceram aos movimentos de massa para as crianças.

O que nem as acusações do governo dos brancos nem as reivindicações dos líderes negros adultos jamais explicarão é como essas crianças aprenderam, numa manhã, a se libertar do medo da morte.

Revolucionários de todos os tempos, que sabem que essa é a liberdade que traz consigo a possibilidade de atingir todas as outras, têm perdido a esperança de encontrar um modo de ensiná-la a mais do que um punhado de membros de seus quadros treinados. Para as pessoas comuns, é um estado que foge à compreensão. Soubemos sentir indignação ou pena quando vimos nos jornais as fotografias dos primeiros cadáveres de crianças, surpreendidas horrivelmente por uma morte que ninguém acreditava, nem mesmo na África do Sul, que seria punida pela polícia. Os negros ainda ardem com uma raiva cuja profundidade não foi sondada até agora — continua a se manifestar como, por exemplo, no funeral em Soweto de Dumisani Mbatha, de dezesseis anos, que morreu na prisão. Setecentos pranteadores aumentaram e se tornaram uma multidão de 10 mil jovens, que queimaram veículos e prédios da municipalidade de Johannesburgo no valor de 100 mil rands. Entretanto — não sem perplexidade, não sem vergonha —, os negros têm aceitado que os mais fracos entre eles são os mais fortes, e assim, por extensão, também aceitam soturnamente o inconcebível: a morte de crianças e adolescentes tem-se tornado parte da luta.

Nós, brancos, não sabemos como lidar com o fato dessa morte, quando crianças, com plena consciência do que lhes pode acontecer, continuam a sair para morrer nas mãos da lei, pela qual somos unicamente responsáveis, quer apoiemos a supremacia branca, quer, na oposição, tenhamos fracassado em derrubá-la.

> Quando tornamos os homens escravos, nós os despojamos de metade de sua virtude, nós lhes damos com nossa própria conduta um exemplo de fraude, rapina e crueldade, e nós os obrigamos a viver conosco num estado de guerra...
> Olaudah Equiano, escritor negro do século XVIII

Os brancos fugiram da ansiedade e voltaram-se para a preocupação prática com a autoproteção. Um comitê de pais em Johannesburgo tem uma reunião para discutir se os professores de uma escola suburbana devem andar armados ou não, como antes poderiam ter planejado uma festa na escola. Encontro por acaso um amigo que me conta, como se estivesse falando de arranjos para uma exposição de gado, que ele e colegas fazendeiros de um distrito na periferia de Johannesburgo vão se reunir no dia seguinte para montar um sistema de alarme preventivo entre as fazendas — um deles usa para o controle do gado um rádio que envia e recebe mensagens, uma engenhoca que pode vir a ser útil.

Agora não são apenas as matronas do clube da pistola de Pretória que consideram as armas utensílios domésticos necessários. Na casa de um casal branco liberal, apareceu outra noite um rifle antigo, a gentil esposa consternada e confusa por ter obrigado o marido a comprá-lo. Os armeiros têm longas listas de espera para a venda de revólveres; cinquenta por cento das armas pequenas vêm ilegalmente dos países da Cortina de Ferro, que demandam um embargo total de armas contra a África do Sul na ONU.

Certamente, naquela casa uma arma era uma visão espantosa. Panfletos aparecem com ameaças aos brancos e a seus filhos; embora os movimentos negros repudiem tais ameaças, essa mulher sente que não pode deixar que suas convicções anti-*apartheid* inviabilizem suas providências para proteger os filhos contra danos físicos. Ela não precisava sentir tanta vergonha. Todos estamos com medo. Como terminará o restante de nós? O conflito dessa mulher é o dos brancos que odeiam o *apartheid* e têm trabalhado por meios "constitucionais" para se livrar do sistema. As aspas estão ali porque não há muita virtude honrada em observar uma Constituição como a sul-africana, na qual apenas os direitos de uma minoria branca são garantidos. Gandhi tinha nosso país em mente quando escreveu: "A conveniência das autoridades é, em última análise, a lei".

Meu amigo professor John Dugard, reitor da Faculdade de Direito na Witwatersrand University, diz que, se os brancos não manifestam solidariedade aos negros contra o *apartheid*, sua opção é "juntar-se ao *laager*[54] dos brancos ou emigrar". Poucos que pertencem a um país que não está nem no Commonwealth nem no Mercado Comum têm a oportunidade de emigrar. Do *laager* — uma área armada — meu amigo David Goldblatt, o fotógrafo, me diz: "Como podemos viver na posição em que, como somos brancos, a única saída para nós é nos metermos entre brancos cujo racismo temos rejeitado com repulsa a vida toda?".

Não há muitos sinais de que os brancos que desejam se solidarizar com os negros serão recebidos pelos jovens negros anônimos, os quais experimentam diariamente que a mão que segura a pedra é a predominante. Eles se recusam a se encontrar com membros do Partido da Reforma Progressista, que, embora supondo que qualquer nova sociedade será capitalista, vão mais longe que qualquer outro grupo constitucional branco na disposição genuína de dividir o poder com os negros. Eles nem sequer falarão com os brancos (ainda não há partido dos brancos que reconheça o princípio básico da democracia ocidental, embora todos se declarem defensores do sistema democrático ocidental) que aceitam o modelo de um homem, um voto e o domínio de

---

[54] Acampamento circular de carroças. (N. T.)

um governo de maioria negra como a meta de qualquer solidariedade, e compreendem, como diz John Dugard, que "o sistema de livre empresa não é o único sistema" a ser discutido.

Relatou-se recentemente que o chefe negro moderado Gatsha Buthelezi, cuja posição como líder bantustão a atacar com ferocidade o governo que o nomeou transformou-o exatamente na figura — legal, mas corajosa — a quem os brancos têm falado e por meio de quem esperam chegar aos negros, fez um comentário sobre "brancos ultraliberais que se comportam como se fizessem amizade com o crocodilo para que sejam os últimos a serem devorados". Ele também disse: "Ninguém vai reconhecer de má vontade a herança dos africâneres, se ela não for uma ameaça à herança e à liberdade de outros povos". Ao que parece, os velhos adversários brancos poderiam ser aceitos, mas aos liberais brancos nunca será perdoada sua incapacidade de chegar ao poder e libertar os negros.

Ainda assim, não acho que os brancos a que ele se referia fossem aqueles com o ilustre registro de luta de Helen Suzman, muito menos ativistas radicais como Beyers Naude, do Instituto Cristão, e outros, da geração anterior de Bram Fischer, que suportaram prisão e exílio junto com os negros no curso da luta.

Se tomou o lugar da ansiedade entre os brancos, o medo correu para preencher um vazio. Em quase seis meses, nada foi feito para satisfazer a necessidade desesperada dos negros, que parece ter finalmente superado toda ameaça de punição e repressão: a necessidade de arrancar sua vida das mãos dos brancos de uma vez por todas, nada menos. Na primeira semana dos tumultos, Gatsha Buthelezi convocou uma convenção nacional e requereu a libertação dos líderes negros presos para que pudessem comparecer ao encontro. Enquanto as semanas se passavam com cheiro de queimado, a convocação de uma convenção nacional foi adotada por outros líderes de bantustões, pelos porta-vozes urbanos negros, pela imprensa, pela oposição política branca. Depois de cinco meses, o primeiro-ministro, sr. Vorster, respondeu: "Não haverá convenção nacional no que diz respeito a este governo". Na maioria das vezes, ele deixa os comentários a cargo de seu ministro da Justiça, Polícia e Prisões, sr. Jimmy Kruger. A única tentativa de lidar com uma crise nacional é a punitiva. É tarefa do sr. Kruger. Ele continua a projetar uma equação que não passa de um jogo de palavras: "A África do Sul vai combater a violência com a violência".

Trezentos e sessenta pessoas morreram, das quais duas eram brancas. A polícia, que porta armas e ainda não usa roupas de proteção contra tumultos, mas vestimentas de camuflagem do Exército e chapéus infantis moles vulneráveis a golpes de atiradeira, não perdeu nem um único homem.

Nem o primeiro-ministro nem seu ministro encarregado de cuidar das vidas negras, M. C. Botha (Administração, Desenvolvimento e Educação Bantu), já falaram com líderes negros urbanos mais representativos que os membros dos fracassados Conselhos Urbanos Bantu.[55] (Eles não têm poderes municipais normais.) Com sua desconsolada anuência, são chamados "Clube dos Meninos Inúteis" pelos jovens que administram agora os *townships*.

Dos líderes negros a quem a imensa maioria dos negros urbanos daria um mandato para falar em nome deles, Nelson Mandela e seus subordinados Walter Sisulu e Govan Mbeki, do banido Congresso Nacional Africano, ainda estão em Robben Island cumprindo pena de prisão perpétua. Robert Sobukwe do Congresso Pan-Africanista foi banido e silenciado.

Os intelectuais negros que poderiam representar esses últimos foram detidos um a um, mesmo quando brancos de matizes políticos improváveis continuam a declarar um desejo ardente de falar com os negros, apenas falar com eles — como se trezentos anos de opressão fossem um desentendimento de família que pudesse ser eliminado com explicações, como se todo mundo não soubesse, no quartinho escuro em que cada um se encontra consigo mesmo, exatamente o que há de errado nas "relações raciais" da África do Sul.

Os líderes do governo se recusam a reunir-se com a Convenção dos Povos Negros, acreditando talvez que, ao não reconhecer as organizações da Consciência Negra, o poder dos negros de pôr fim a suas condições desprezíveis de vida e (no mínimo) à economia que sustém a dos brancos deixará de existir. A teoria fanonista do homem negro como uma imagem nele projetada pelo homem branco toma uma nova direção: o homem branco vai para a porta

---

[55] UBC em inglês. (N. T.)

de sua loja no centro de Johannesburgo numa manhã de setembro deste ano e não consegue reconhecer o homem negro que, à sua própria imagem, marcha pela rua gritando: "Este país é nosso".

O governo não quer falar com a Associação de Pais Negros, formada originalmente para financiar o enterro das crianças de Soweto em junho. Para cumprir esse compromisso horrível, a associação avançou sob a liderança da esposa de Nelson Mandela, Winnie Mandela, e do dr. Manas Buthelezi, um importante líder da Consciência Negra prestes a ser sagrado bispo luterano de Johannesburgo. Tornou-se uma frente unida que combina a inspiração da consciência de jovens negros com as convicções de pessoas mais velhas que seguiam o Congresso Nacional Africano e o Congresso Pan-Africanista.

Finalmente, o governo não pensa em falar com os próprios estudantes militantes que ainda estão efetivamente na liderança, às vezes impedindo os pais de ir trabalhar (duas greves bem-sucedidas em Johannesburgo). Diariamente e com determinação, eles despejam nas sarjetas as bebidas de bares clandestinos às quais consideram que seus pais há muito se entregaram para ser acovardados.

Enquanto isso, desde junho, 926 colegiais negros receberam punições que vão de multas ou penas de suspensão a detenção (cinco anos para um menino de dezessete anos) e varadas (cinco golpes com uma vara leve para um menino de onze anos que fez a saudação do Black Power, gritou contra a polícia e apedrejou um ônibus). São algumas das 4.200 pessoas acusadas de delitos provenientes dos tumultos, inclusive incitamento ao crime, incêndio criminoso, violência pública e sabotagem. Muitos estudantes estão também entre as 697 pessoas, inclusive a sra. Winnie Mandela, detidas por "razões de segurança"; outro dia, um sujeito se enforcou com a camisa na prisão de Johannesburgo, um antigo forte a dois quilômetros da casa suburbana branca onde escrevo este texto.[56] Vários estudantes, com menos de vinte anos, come-

---

[56] O Instituto Sul-Africano de Relações Raciais em Johannesburgo publicou em 8 de novembro a seguinte análise coligida de casos noticiados na imprensa nacional entre 16 de junho e 31 de outubro: 1.200 pessoas já foram levadas a julgamento. Três mil estão enfrentando julgamentos ainda não completados. Dos 926 jovens julgados e condenados, 528 sofreram castigo corporal, 397 receberam penas de suspensão ou multas, e um foi encarcerado.

çaram há pouco aquele aprendizado confiável para os presidentes africanos, exílio e educação na Grã-Bretanha. Quando em setembro o sr. Vorster se encontrou com os negros com quem vai falar — seus líderes nomeados de bantustões —, ele não quis discutir a inquietação urbana nem concordou com uma conferência nacional de negros e brancos para decidir o que deve ser feito a respeito.

Está agora em andamento uma comissão de inquérito sobre os tumultos constituída de um homem só. O sr. Cillie, o juiz branco que a compõe, queixa-se de que poucas pessoas presentes a esses acontecimentos apresentaram-se para depor de forma voluntária. De fato, os colegiais e os próprios estudantes boicotam a comissão e, quanto ao restante, a crença dos sul-africanos na eficácia das comissões para chegar a uma ação positiva acabou há muito tempo na lata de lixo, junto com as recomendações que o governo constantemente rejeita. A Comissão Cillie segue prorrogando o período de seu funcionamento, pois os tumultos continuam a fazer parte do presente, não sendo uma questão de recordar o passado. Vinte e sete de janeiro do próximo ano é o último limite anunciado. As analogias históricas são facilmente ameaçadoras. Mas uma comissão de inquérito foi a maneira de o czar Nicolau II lidar com as implicações da "inquietação" do Domingo Sangrento, o início da revolução de 1905.

O PROPRIETÁRIO DE UMA CADEIA DE LOJAS, cujos negócios foram interrompidos por greves e pela destruição de uma loja, abandonou as convenções de seu relatório anual aos acionistas para declarar: "Décadas de egoísmo e presunção dos brancos sul-africanos é a principal razão para a inquietação difundida entre os negros".

Entretanto, a maioria das mudanças sugeridas pelos brancos não aborda a convocação de uma convenção nacional, com sua implicação de uma nova Constituição e o fim da supremacia branca. A certeza negra de que nada trará igualdade sem o poder é desmantelada pelos brancos em injustiças intrínsecas que eles podem admitir e poderiam reparar sem mexer na estrutura de poder. A Câmara Federada das Indústrias requer o fim das "reservas" de mercado que discriminam os negros na indústria, e tem o apoio do mais poderoso grupo sindical e dos partidos da oposição. A Fundação Nacional de Desenvolvimento e Administração vai ainda além e exige igualmente o fim do *apartheid* comercial e residencial. Os grandes negociantes africâneres, todos sempre apoiando o governo, em seu Afrikaanse Handelsinstitut, solicitam que sejam dados aos negros "maiores" direitos em suas próprias áreas urbanas e treinamento para desenvolver suas habilidades.

Embora o Partido Progressista da Reforma tenha requerido uma convenção nacional e a libertação de todas as pessoas detidas, ainda foi necessário, antes que seu congresso de 1976 concordasse em mudar sua política de educação para dessegregação forçada, que Helen Suzman lembrasse a todos os membros que a expressão "separado mas igual" para a educação havia sido "descartada pelos Estados Unidos vinte anos atrás".

Com uma crítica ao governo de força sem precedentes, vinda de seus próprios jornais e de africâneres proeminentes, bem como da oposição, é desconcertante ler ao mesmo tempo que sessenta por cento dos brancos — um aumento de cinco por cento sobre a maioria alcançada pelo governo na eleição de 1974 — apoiam o Partido Nacional do sr. Vorster. A confiabilidade dessa pesquisa particular é duvidosa; mas talvez a contradição não seja tão improvável afinal. É possível ver uma necessidade enorme de mudança e um medo tão grande de realizá-la que todos correm para se entregar à figura paterna que os proibirá de agir.

Durante meses os partidos de oposição política dos brancos — Reforma Progressista, Partido Unido e Partido Democrático — têm procurado chegar a um consenso sobre algum tipo de realinhamento. Se surgir uma frente liberal, ela vai destruir o velho forte de areia do Partido Unido, a conservadora oposição parlamentar oficial, já erodido pela perda da maioria de seus membros politicamente vigorosos para o Partido Progressista da Reforma.

A força numérica dessa frente não pode ser avaliada enquanto não se souber se uma grande parte do Partido Unido, que ainda obteve 31,49 por cento dos votos nas eleições de 1974, vai participar ao lado do Partido Progressista da Reforma, que nos últimos anos passou de um grupo de pressão para uma presença real no Parlamento, com doze assentos e 6,25 por cento dos votos. (O excêntrico Partido Democrático tem um número diminuto de seguidores.) Apenas quando o alcance da participação do Partido Unido for revelado é que será possível estimar aproximadamente quantos dos quarenta por cento que votaram contra o governo na última eleição são liberais. Há rumores de que alguns descontentes MPs *verligte* ("esclarecidos") do Partido Nacional também podem sair do partido e passar para a frente.

O objetivo declarado da frente é proteger os direitos dos brancos ao conceder aos negros, mestiços e indianos um poder de influência direta no governo — e esse fraseado cuidadoso sugere que sua política estará à direita do presente Partido Progressista da Reforma. A *raison d'être* espectral desse realinhamento não é certamente uma chance de destituir o governo de Vorster, mas preparar um "partido negociador" branco para lidar com os negros numa base de poder partilhado, quando Vorster julgar que não pode mais governar. O ponto de vista da política branca esclarecida inclui agora urgentemente o amplo ângulo de aceitabilidade para os negros, embora eles não tenham voto a ser cortejado. Quando o sr. Vorster já não puder governar, não é provável que algum outro governo branco será capaz de fazê-lo.

Ninguém sabe se os líderes dos bantustões, em suas diferentes circunstâncias, estão se preparando para um papel específico nesse dia. Eles se reúnem num Holiday Inn no aeroporto de Johannesburgo, exatamente igual aos Holiday Inns em todo o mundo, até em suas camas tamanho orgia e no aroma acolhedor de batatas fritas que chega pela tubulação de ar junto com a música de fundo *muzak*, mas com seu status peculiar de país neutro fora do *apartheid* derivado da época em que foi o primeiro hotel a ser declarado "internacional": não segregado — para os negros estrangeiros, pelo menos.

A partir dali os líderes dos bantustões exigem "direitos humanos plenos para os negros, e não concessões". Com a exceção de Transkei e Bophuthatswana — o primeiro tendo celebrado a condição de território independente em 26 de outubro, o último prestes a fazê-lo em breve —, eles rejeitam as partições étnicas da África do Sul. O que significa que recusam a teoria das muitas mansões do *apartheid*, abandonando o governo branco que os colocou lá dentro; e eles se identificam como parte do movimento de libertação por uma África do Sul não dividida. Apresentam-se à população negra em geral como líderes negros, e não líderes tribais. É uma tentativa de

TEMPOS DE REFLEXÃO 307

chegar ao poder? Se Nelson Mandela voltasse da ilha prisão, eles se afastariam para lhe ceder o lugar? O mais imponente deles, Gatsha Buthelezi, tem seguidores em todas as suas linhas tribais zulus?

Os brancos acreditam que sim. Ele atrai um grande público quando fala em *townships* cosmopolitas. Muitos negros dizem que não; e o Congresso Nacional Africano no exílio continua a zombar dos líderes dos bantustões como colaboradores, sem fazer exceção. Outros negros sugerem que os melhores dos homens dos bantustões estão guardando o lugar para os líderes presos. Entre os negros politicamente articulados, este ano é o seu verão quente (hemisfério sul) da fraternidade. Tsietsi Mashinini, o líder estudantil que fugiu da polícia e se exilou na Grã-Bretanha, sugere que a tremenda força que seu movimento demonstra ter é leal a Mandela. Não parece importar aos negros se é Gatsha Buthelezi ou algum outro a dizer aos brancos, como ele disse: "O futuro é dos negros, e nós, negros, queremos nosso futuro agora".

Do Market Theatre, recém-aberto naquele que era o Covent Garden de Johannesburgo, vem um eco estranho — Cucurucu, Kokol, Polpoch e Rossignol, palhaços do asilo em *Marat/Sade*, de Peter Weiss, cantando: "Deem a nós nossos direitos... e não importa de que forma — Queremos — nossa re-vo-lu-ção — AGORA". O autor consentiu nas representações sob condição de que todos pudessem ver a obra e doou seus direitos autorais a um fundo para as vítimas dos tumultos de Soweto. Sua peça nunca foi representada numa atmosfera urbana como a nossa, nunca foi escutada como nós a escutamos.

Durante os anos "quietos" da repressão policial bem-sucedida, antes que os jovens esvaziassem no ralo a coragem holandesa dos bares clandestinos e enviassem pelas veias das pessoas a aguardente de um novo espírito, sempre havia julgamentos políticos em andamento na África do Sul. Não somente aqueles de negros que saíam do país para treinamento militar e tornavam a entrar no país ilegalmente, mas também aqueles que refletiam aspectos da luta contra o *apartheid* levada adiante por uma elite intelectual.

Enquanto os tumultos estavam ocorrendo, dois jovens professores universitários brancos em Cidade do Cabo fizeram a saudação Black Power do punho cerrado e, sem admitir "remorso", receberam penas longas sob as Leis do Terrorismo e da Segurança Interna; seu sofrimento pessoal rigoroso serve como uma prova de solidariedade aos negros, que deve ser reconhecida até por aqueles brancos que abominam a extrema esquerda branca. Em Johannesburgo, assisti ao julgamento de quatro estudantes e um professor universitários brancos acusados de tentar "mudar a África do Sul" organizando trabalhadores negros, que não possuem sindicatos reconhecidos. Os cinco foram acusados sob a Lei da Supressão do Comunismo, e a principal evidência da acusação consistia em textos lidos num seminário.

As costas desses jovens de roupas de brim azul sugeriam um grupo pop; mas, quando eles se viraram no banco das testemunhas, não foi para saudar seus fãs, mas para sorrir à mulher de um deles, cujas mãos, enquanto acompanhava o julgamento, trabalhavam numa complicada tira de tricô — o perigo da dissidência ativa introduz o risco de prisão na vida cotidiana de pessoas corajosas. Entretanto, senti que os acontecimentos os haviam ultrapassado. A galeria pública segregada estava vazia de espectadores brancos e pretos. A luta estava a alguns quilômetros nas ruas de Soweto.

Mas é outro julgamento, que se prolongou por quase dois anos, que parece ter uma relação oposta aos acontecimentos atuais. Quatro anos atrás, os nove membros negros da Organização dos Estudantes Sul-Africanos acusados sob a Lei do Terrorismo pareciam ao público comum, negro e branco, representar um movimento marginal radical na ponta extrema do conflito de gerações. A evidência da acusação contra eles era literária e canhestramente esotérica — consistia em peças teatrais negras escritas no idioma do teatro negro de Nova York de sete anos atrás, cópias mimeografadas de versos de pé-quebrado da Consciência Negra que não podiam competir com gibis, leituras de poesia que certamente só tinham apelo para os jovens cultos.

As flores de papel da retórica literária adquiriram vida numa atmosfera de exaltação e disciplina trágicas que não pode ser explicada.

Nas ruas da cidade de Johannesburgo, os negros cuidam de sua vida de trabalho como sempre fizeram: empregados de escritório bem-arrumados, garçons com sua paródia folgada de uniforme militar, mensageiros temerários de capacetes brilhantes em suas motonetas, faxineiros de lojas, garotas elegantes que fazem chá em escritórios ou lavam o cabelo das clientes em salões de beleza para brancos. Sapatos engraxados, roupas limpas; e, na maioria das vezes, quando os jovens não os impedem de embarcar nos trens do distrito, todo mundo chega ao trabalho todo dia.

Como conseguem? A vida diária em Soweto está uma bagunça infernal. Um terço dos alunos das últimas séries em todo o país talvez não possa prestar os exames finais do ano escolar que termina em dezembro; nem todas as escolas na área de Johannesburgo reabriram. Aquelas que o fizeram funcionam irregularmente, ou porque os alunos militantes interrompem as aulas, ou porque professores suspeitos de simpatizar com a causa dos colegiais são detidos. Os ônibus e trens não circulam quando começam o apedrejamento e os incêndios; os que têm de viajar diariamente para o trabalho se espremem em velhos carrões americanos que servem de táxi ou caminham até estações fora da área. Ninguém sabe quando a casa do vizinho pode desmoronar ou pegar fogo porque ele é um policial. Se ele próprio tiver um carro precioso, o veículo também pode incendiar-se, se ele for suspeito de ser — ou até se for tomado erroneamente por — uma forma menos óbvia de colaborador.

Enquanto nós, brancos, fazemos piquenique, os domingos são os dias mais terríveis de todos em Soweto: os funerais, a única categoria de reunião pública não proibida, tornaram-se imensos encontros de massa em que as exéquias da vítima dos tumultos que está sendo enterrada são marcadas por novas mortes e outros feridos, quando a polícia ataca os pranteadores que entoam canções de liberdade e brandem saudações do poder negro. Um intelectual negro cujo compromisso com a causa da libertação ninguém questionaria, embora ele corra o risco de suscitar uma violenta desaprovação nos negros por ainda ter contato com brancos, me conta: "Quando vou para casa à noite, não sei do que ter mais medo — de a polícia me pegar quando eles atiram em qualquer coisa que se move ou de meu próprio povo me pegar quando atravesso o pátio para ir ao banheiro".

A Johannesburgo dos brancos parece ser a que sempre foi. Cruzando o *veld* na direção sudoeste, Soweto *foi* cortada da cidade, para continuar à deriva em sua fúria e desgraça. O lixo, retirado em veículos municipais que são símbolos vulneráveis do governo branco, é coletado quando possível. O oficial de Saúde de Johannesburgo alertou sobre possíveis surtos de sarampo e difteria em Soweto, bem como sobre o reaparecimento da poliomielite; os médicos e enfermeiros brancos que trabalham na maioria das clínicas tiveram de ser retirados. Já não é seguro para nenhum branco entrar ali. Apenas a polícia branca entra; monta guarda, as varas flexíveis de suas antenas de aço cromado traindo a presença de carros da brigada contra tumultos e de homens com macacão camuflados de paraquedistas nas encruzilhadas, onde Soweto conduz a Johannesburgo. E os trabalhadores negros saem toda manhã e voltam toda noite, apresentando rostos que não afligirão a cidade branca.

O que as roupas limpas, passadas a ferro, e as faces calmas podem levar escondido, de doença e violência, a uma cidade que arrancou de si essas coisas?

Pós-escrito: um jornal de Johannesburgo pergunta se aceitarei a indicação para "Mulher do Ano". Recuso. Outra pessoa terá essa honra, talvez até uma mulher negra da pequena elite profissional negra. Mas neste ano as únicas candidatas são certamente Winnie Mandela, que saiu da prisão domiciliar para se colocar entre a polícia e os colegiais e acabar presa, ou qualquer uma das mulheres negras do distrito que caminham ao lado de seus filhos na marcha, carregando água para lavar os olhos deles e remover o gás lacrimogêneo.

1976

O que Significa para mim Ser Sul-Africana

Palestra na Universidade da Cidade do Cabo

O que significa ser sul-africano? Quem decide?

O que significa para mim ser sul-africana? Tenho as qualificações necessárias? Claro, apenas os brancos na África do Sul chegam a sentir a necessidade de fazer a si mesmos ou uns aos outros tais perguntas. E isso leva à última pergunta para a qual teremos de encontrar uma resposta: existe este ser denominado africano branco? Quem decide?

Vocês terão determinado, ou determinarão antes que estas sessões terminem, muitos critérios para responder à primeira pergunta. O critério geográfico será geralmente considerado inadequado; viver aqui abaixo do Trópico de Capricórnio não é o bastante. O circunstancial é também inadequado; viver aqui sob o *apartheid* não é o bastante. A evidência está numa forma de ser que tem passado de algumas pessoas da geração assentada de meu avô que chamavam a Europa de "lar", a algumas pessoas da geração de vocês que se sentem tão distanciadas de nosso ambiente ideologicamente denso que tornam a não se sentir em casa. Há uma emigração interna que se pode dizer ter durado por quatro gerações. Uma parte da população branca tem vivido desde a conquista até o declínio sem jamais se tornar consciente de ser sul-africana.

Mas vocês não querem generalizações; vão querer adquirir as suas próprias, a partir de várias visões. O que significa para mim ser sul-africana? Em primeiro lugar, quais são meus direitos objetivos a ser uma sul-africana?

Nasci aqui, sim, e para mim esse é um fato de importância profundamente emocional, porque acredito, junto com os jesuítas e Freud, que os primeiros anos de vida são carregados dentro da criança para sempre, ela pode viver e descartar muitas fases de experiência, mas essa nunca. E acredito também que o choque do confronto com o mundo físico, a primeira paisagem para a qual seus olhos se abrem, o primeiro pedaço de terra em que seus pés cambaleiam, os primeiros rostos que se curvam sobre seu ser, embora passem além da recordação consciente, imprimem certo carimbo em sua percepção e interpretação do mundo. Quando estou na Europa ou na América, ou em qualquer lugar distante da África, a minha visão de casa — naquele estado meio acordado em que o tempo e a distância não existem — é o *veld* queimado ao redor de montes de dejetos das minas e dos morros de refugos das minas de carvão. Não é uma visão romântica. Não é uma cena que a maioria dos europeus reconheceria como África. Mas é África. Embora eu a ache agreste e feia, e a África e suas paisagens tenham passado a significar muitas outras coisas para mim, ela representa na minha vida o impacto primário de ser; tudo o mais que tenho visto e conheço é construído sobre essa visão. Muitas perguntas para as quais vou morrer ainda elaborando respostas começaram ali.

Tenho descoberto que minha pretensão a me considerar sul-africana em virtude das percepções pré-memória do nascimento e da primeira infância é às vezes contestada — por brancos. Posso ter nascido aqui há mais de cinquenta anos, mas isso não significa que andei por aqui *tempo suficiente*. Sou filha de imigrantes, minha mãe veio da Inglaterra, meu pai da Lituânia. Eles não eram do tipo que chamava a Europa de "lar", mas isso não ajuda. Na opinião de alguns brancos, é necessário poder acompanhar seus ancestrais até os *Voortrekkers*[57] ou os colonos ingleses de 1820 para ser aceito como sul-africano.

[57] Pioneiros em africânder. (N. T.)

A linhagem dos irlandeses famintos por falta de batatas ou dos judeus dos *pogroms* é de *parvenus*. Com o passar do tempo — e a cidadania natural até de brancos cuja ascendência remonta a Van Riebeck é questionada pelos negros, que por tanto tempo nem se teria pensado que tivessem algo a dizer a respeito —, a questão de quantas gerações um branco deve ter atrás de si para se habilitar à nacionalidade sul-africana parece singularmente irrelevante. Tenho um amigo intelectual africâner na cidade, educado em Oxford e Leyden, que gostava de me incomodar encerrando uma discussão com a observação: "Mas como você é europeia, Nadine!". Ao passo que ele, claro — com seu *pedigree* de carroções cobertos e infância a correr livre numa fazenda entre crianças negras que agora nem moram na África do Sul, mas se mudaram para Gazankulu ou Bophutatswana —, era um verdadeiro sul-africano. Gostaria de saber como é que ele se sente sendo polarizado, junto com o *parvenus*, como branco, simplesmente branco, para a proposição da consciência negra...

TENDO ARRISCADO UMA REIVINDICAÇÃO territorial que vai muito além de uma mera certidão de nascimento, como é que aos meus olhos tomou forma minha consciência de ser sul-africana? Bem, voltando à infância: subconscientemente, e *inocentemente* — e com isso quero dizer que o subconsciente estava armazenando impressões e experiências que eram tomadas em seu valor nominal. Quando somos crianças, o que quer que nos rodeie, em termos de comportamento humano e ambiente físico, é o modo como o mundo é. Imutável. Os adultos apresentam à criança um modo de vida; ela não conhece nenhum outro. Para essa criança, há uma casa de quatro quartos com um *stoep*[58] vermelho, um gramado na frente e no pátio dos fundos uma pimenteira, um quarto onde vive uma criada negra. O pai sai de bicicleta todo dia para abrir a loja. A criança caminha pelo subúrbio de bangalôs e atravessa o *veld* para ir à escola. Uma vez por semana ela acorda ao som de tambores e sabe que é domingo, porque os meninos da mina estão dançando no cercado. Eles são negros, usam mantos e às vezes os chapéus de ir à igreja das damas bran-

---

[58] Pórtico. (N. T.)

cas que foram jogados fora; fazem xixi no lado da estrada, estão sempre errando entre a mina e a cidade. Uma amiga de escola é filha do secretário da mina e convida a criança para a festa de Natal das crianças da equipe. As crianças são brancas, como ela, como todas as crianças na escola. Um cachorro de estimação é atropelado por um vizinho; a criada negra vai ver um irmão doente. *É assim que são as coisas.*

Há outro lugar onde as coisas são diferentes: além-mar, neve e tordos e caubóis, um rei e uma rainha, todos conhecidos na leitura de livros infantis. Esse lugar — o muito distante — é um mistério; tudo ali é exatamente o que é: os fatos dados são perfeitamente congruentes, nenhum destoa de sua categoria, assim como um objeto atrairia o olhar brilhante de uma criança num desses quadros de armar, destinados a treinar o poder de distinção cognitiva, em que uma ferramenta deve ser encontrada entre os brinquedos, ou um peixe sobre a terra. Passa-se um longo tempo antes que os fatos da vida cotidiana naquela pequena cidade mineradora comecem a ser classificados em grupos, numa tentativa de taxonomia. O animal de estimação morto não vai reaparecer nunca mais. Os meninos da mina são de fato homens (há evidência disso), embora eles não saibam que os homens não usam chapéus de damas e embora não sejam membros do Clube Recreativo da Mina. A criada é uma mulher que tem um irmão — outra vida —; ela não é apenas a "nossa Lettie", que borda fronhas ao sol na soleira de seu quarto. Os homens e Lettie são negros. Não pertencem aos clubes, não aparecem nos piqueniques, seus filhos não vão para o Convento de Nossa Senhora da Mercê, no outro lado do *veld*. O processo de classificar os fatos se acelera; os pequenos grupos crescem, alguns se fundem. No princípio de seleção, uma das normas é o conjunto de fatos que regem a vida da própria criança: se você for branco, *você começa a partir da premissa de ser branco. Eles* são diferentes porque são negros? Ou são negros porque são diferentes?

Nascer sul-africano é ser apresentado a fatos *dados* de raça que possuem o mesmo nível de realidade dos fatos *absolutos* de nascimento e morte. Talvez seja isso o que os brancos querem dizer quando falam da injustiça do ressentimento negro até contra "mulheres e crianças brancas inocentes" (as mulheres sendo crianças honorárias); e talvez seja o que os negros querem dizer quando argumentam que todo branco é culpado, por nascimento, da opressão dos negros. Várias vezes em minha vida tenho falado e escrito sobre um segundo nascimento ou um renascimento pelo qual muitos brancos sul-africanos passam. Com isso me refiro simplesmente ao que acontece quando a criança começa a perceber que o fato de o negro não entrar pela porta da frente da casa do branco não está na mesma categoria do fato de os mortos nunca voltarem. Das lembranças de amigos negros na infância e dos escritos de negros deduzo que, até muito recentemente, e ainda agora, em imensas áreas do país, os jovens negros têm um ingresso inverso numa segunda consciência — quando percebem que não está em nenhuma ordem natural e imutável das coisas chamar o pai das crianças brancas "*baas*" e "senhor".

DATO O DESENVOLVIMENTO da minha consciência de ser sul-africana, em vez de ter qualquer outra identidade social, a partir do nascimento dessa segunda consciência. O processo é essencialmente a descoberta da mentira. A grande mentira sul-africana. Em desacordo com opiniões populares, eu própria não equiparo essa consciência à culpa — aquela famosa culpa que corrói por dentro a personalidade sul-africana chega mais tarde, com a idade da razão e a vergonha da anuência... O que surge da descoberta imediata da mentira é a revelação: ninguém se sente culpado por ser enganado. Desde a época em que descobri que o que estava sendo oculto pela minha sociedade era o fato de os negros serem pessoas — e não rapazes da mina, e não a nossa Lettie, mas pessoas —, tive a oportunidade de me tornar o que acredito ser uma sul--africana. Tinha a responsabilidade de aceitar o que passara a conhecer. Isto é, acredito que é nesse ponto que a identidade será formada: abrindo seu caminho através da experiência central e definitiva do negro e do branco como pessoas, com direitos indiferenciados à vida, ainda que tudo o mais — pele, língua, cultura — faça com que sejam diferentes uns dos outros. Claro, não preciso dizer que isso não é tão bruscamente alcançável e bem delineado como parece. Quando atingi a idade embaraçosa da razão, procurei explicações e formulações ideológicas e políticas para o que os brancos estavam fazendo com os negros. Ser sul-africano é ser alguém para quem nenhuma dessas teorias é abstrata; muito antes que vocês ou eu tivéssemos idade para ler política e economia, demonstramos em nós mesmos a exploração capitalista de um campesinato e um proletariado, experimentamos isso em nossa vida, indo para uma escola grátis enquanto nossos irmãos negros carregavam tacos para nossos pais no campo de golfe ou tomavam conta de seu gado nas fazendas; muito antes que tivéssemos escutado sobre as teorias de raça de um Gobineau ou de um Hitler, participamos de uma demonstração da teoria democrática ocidental antimarxista, de que é a discriminação racista, e não a exploração capitalista, a base da opressão em nosso país.

Para mim, os mineiros negros estavam no cercado, antes que o termo mão de obra migratória fosse guardado em minha mente. Escutei na boca de um adulto naquela pequena cidade as palavras "cafre branco" como um termo insultuoso comum entre dois brancos que brigavam, antes que análises complexas da projeção de medos, antes que o conceito do Outro que sintetiza nossa própria ideia ingovernável chegassem ao meu conhecimento. Então comecei a interpretar. Comecei a compreender o que eu era, como branca sul-africana, em termos de evolução social, e a perguntar como — se — alguém poderia escapar para outro papel social. Muito importante, o contato com os negros como pessoas e seres iguais, às vezes um contato muito íntimo e pessoal, modelou minha consciência por meio de suas ideias sobre os brancos, sobre mim; suas exigências comigo e minhas dependências deles acabaram de arredondá-la.

Nesse período de intensa troca entre a ideia e a matéria, entre a teoria e a realidade diária, não só de aspirar a algo chamado justiça, mas de aspirar a tornar-se humano num modo como a sociedade sul-africana não era e não é, fui enganada pelo charme de uma "sociedade livre" entre quatro paredes, por assim dizer. Mas, fora daquele quarto, a barra de ferro da cor continuava sobre costas negras, não sobre as minhas. Como muitos outros, procurei compensar a situação dando importância demais aos grupos nos quais não havia "eles" e "nós", apenas Nós.

Durante esse período — e durou mais de uma década — tive também novas relações com brancos que desenvolveram minha percepção do que poderia estar envolvido em ser uma sul-africana. Em particular, houve minha amizade próxima com uma mulher que já vivia de um modo que parecia ter evoluído singularmente em resposta à situação. Ela era africâner, mas havia outros como ela, descendentes de judeus ou ingleses. Era uma branca pronta a assumir plena responsabilidade pelo passado que não pode ser mudado e pelo futuro que deve ser. Por meio dela, vim a compreender que nós, brancos, não somos europeus e que, para sermos *alguma coisa*, devemos mudar profundamente. Era na década de 1950, muito antes que tivéssemos sido assustados pelo conceito da consciência negra, e antes que o conceito da consciência branca tivesse começado a ser considerado algo que não fosse supremacia branca. À época ainda era possível trabalhar com negros; era o que ela fazia: não *por* eles. Ela considerava a procuração algo mutilador para aqueles em cujo nome as concessões eram solicitadas. Acreditava que ninguém podia avaliar as necessidades negras, a não ser os próprios negros: ninguém podia decidir por eles como poderiam se livrar da opressão branca; apenas eles sabiam o que era essa opressão. Ela discutia tática política apaixonadamente com os negros, mas não esperava que sua opinião prevalecesse com base na suposição de que "branco sabe mais", se não por despotismo, então por compaixão igualmente despótica. Eu a observava em sua vida diária, como organizadora de um sindicato misto, mais tarde dirigindo uma cooperativa, disposta e apta a trabalhar sob as ordens dos negros em atividades políticas em *seus* termos, espantosamente isenta de qualquer senso de autossacrifício ou nobreza nos riscos que corria — difamação, interdição e períodos de detenção —, numa aceitação simples e inabalável de que, se ela sofria, era tanto para refazer o significado de ser uma sul-africana branca quanto para refazer o de ser negro.

HÁ MUITA HIPOCRISIA no contexto de brancos, como você e eu sofremos de barriga cheia o dano psíquico dos muitos privilégios, mas, se quisermos tentar descobrir se há alguma validade no conceito de consciência branca, temos de examinar como o privilégio tolhe a vontade de mudar. E ainda me parece que pessoas como minha amiga viam os aspectos reais desse problema e tomavam suas próprias medidas duras para saná-lo.

Hoje, homens e mulheres como Beyers Naudé e alguns jovens que foram líderes estudantis mostram a mesma coragem.

Como um velho na metade de seus setenta anos, Jean-Paul Sartre diz que seu único pesar na vida é não ter sido mais radical; acho provável que também eu, nessa praia segura, diga a mesma coisa. Sei que não cheguei a ser tão valente quanto ser sul-africana mostrou requerer, e acontece que radicais ativos e bravura andam juntos na África do Sul.

Até que ponto posso culpar a carroça da história, cujo destino é improvável ser aquele ponto de encontro onde há lugar para todos? Até que ponto devo culpar a preguiça remanescente do privilégio, convicções não igualadas pela coragem; o fato de o escritor ter um sentido ferozmente exclusivo de sua existência por causa de seu trabalho? É difícil ser honesta sobre essas coisas, até comigo mesma.

"Basta conectar" era um vínculo frágil. Parte da minha consciência continuada de ser sul-africana tem sido aceitar, há muito tempo, sem escarnecer de seu valor limitado mas indubitável, que esse vínculo entre o negro e o branco quebrou, corrompido pelo "diálogo", a festa de chá de zoológico na qual ruídos extraordinariamente semelhantes a conversas humanas são produzidos. Esse vínculo foi rasgado como um tecido diáfano por remoções brutais, detenções medievais e, finalmente, fuzilamento de crianças.

EM NENHUMA ÉPOCA DA MINHA VIDA, minha consciência de ser sul-africana foi final e definitiva, e não o é agora. Ser sul-africana é um constante estado de responder a exigências; e exigências continuadas e mutáveis. Observo frequentemente como é diferente o modo de ser social de amigos americanos ou ingleses. Eles começam a me parecer uma espécie protegida; de certa maneira, eu poderia definir minha sul-africanidade pelo grau com que eles diferem de mim em sua consciência segura do que são. Uma vez maduros, talvez tenham de fazer mudanças para se adaptar a circunstâncias externas, talvez tenham de enfrentar crises e desemprego, mudanças no padrão de vida, até a possibilidade de aniquilação atômica coletiva, mas nunca terão de mudar o conceito de quem e do que eles são em relação ao seu país.

TEMPOS DE REFLEXÃO 319

É exatamente isso que está sendo exigido dos brancos na África do Sul: mudar o conceito de quem e do que são em relação à África do Sul agora. Após mais de trezentos anos, é o que os negros estão exigindo dos brancos; é o que brancos, como os estudantes que organizaram esta série de discussões e estudos, estão exigindo de si mesmos. Segundo o modo como os partidos políticos compreendem a natureza dessa exigência, há graus variáveis de sinceridade e realismo; o que temos de manter em primeiro plano em nossa consciência sul-africana é que, embora algumas palavras desvairadas tenham saído da boca do sr. Andrew Young, e embora as notas diplomáticas de protesto das grandes potências bem como as do sr. Pik Botha tenham chovido sobre a cabeça do sr. Andrew Young, quando ele disse que o governo da África do Sul era ilegal, apenas argumentos legalistas e sofísticos podem provar que estava errado. Moralmente, nosso governo é ilegal. Quando chegar a hora de nosso Nuremberg — e os julgamentos já estão em andamento, dentro de nós, em privado —, ninguém será capaz de negar que a "legalidade" de nosso governo consiste no fato de ele ser legal em nosso país para um Parlamento que legisla representando apenas uma minoria branca...

Não acho que o palanque público seja o lugar para mim, mas estou aqui porque levo a sério a intenção do Conselho Representativo dos Estudantes de examinar a viabilidade e a validade do conceito de consciência branca como resposta à nossa presente situação psicológica e prática. Não estou disposta a rejeitar a consciência branca como mera aceitação, ditada pelos negros, de um racismo às avessas. O fato de os negros jovens e não tão jovens rejeitarem o espectro branco do liberal ao radical é uma experiência traumática, não se iludam, para os brancos. Quanto a mim, posso dizer que racionalmente a compreendo e considero necessária, mas, como experiência individual, assim como todos os demais, acho que magoa. Não é fácil tomá-la como um novo ponto de partida. O pensamento negro insiste em que, recomeçando a partir da rejeição, os brancos devem realizar um trajeto social e psíquico com base na ideia de que chegarão tão mudados de volta ao ponto de partida que será então possível haver igualdade de aceitação. Pois os negros sairão de sua grande peregrinação para a plena individualidade; e será revelado que o fio que conduz para fora do labirinto da luta estava nas mãos de ambos e levou-os a um lugar de reunião, e não a algum salão onde os cartazes intolerantes do *apartheid* foram retirados às pressas.

Será isso apenas uma horrível versão-espelho do "desenvolvimento separado"? Espero fervorosamente que não. Mongane Serote escreveu certa vez um pequeno poema: "Brancos são brancos, devem aprender a escutar; negros são negros, devem aprender a falar". Aconteceu. Mas não devemos esperar que os negros nos digam o que *nós* devemos fazer, nem mesmo o que eles querem de nós. É frustrante, pois não farão, não podem fazê-lo.

Se declaramos a intenção de nos identificarmos plenamente com a luta por uma única consciência sul-africana comum, se existir essa tal de consciência branca como um caminho para a justiça humana e a autorrealização honesta, os brancos terão de analisar suas atitudes e montar de novo suas ideias de si mesmos. Teremos de aceitar a premissa negra de que todo o posto de observação de *ser branco* terá de mudar, quer esteja sob os pés daqueles que abominam o racismo e a ele se opuseram durante toda a vida, quer sob os pés daqueles para quem a discriminação racial é escritura sagrada.

Uma das coisas mais difíceis de enfrentar é que agora os pensadores negros estão falando como se preferissem, em princípio, brancos racistas e conservadores, aqueles que decretaram e executaram a perseguição dos negros com crueldade piedosa e húbris neutra, àqueles brancos do espectro liberal a radical, que defenderam a causa da libertação negra, na pior das hipóteses, sim, por um egoísmo disfarçado de paternalismo, na melhor das hipóteses, por um empenho em destruir o egoísmo assim como os brancos o conheceram, junto com o *apartheid*. Não há nenhuma razão objetiva para que a sinceridade feia dos racistas brancos seja considerada mais "sincera" que a sinceridade dos brancos que desejam acabar com o racismo. Mas o problema é que esses brancos fracassaram: o fracasso nas fileiras daqueles que detêm poder não é perdoado por aqueles sem poder. Mas esse fracasso dos brancos tornou-se um dos fatores mais importantes na consciência negra — sob a forma da compreensão de que a libertação não pode ser alcançada *em seu nome* por outros. A consciência branca — uma vez que se tenha decidido o que é e como colocá-la em prática — poderia propiciar um meio de os brancos participarem na libertação legal, econômica e espiritual dos negros? Descobrirá um modo pelo qual os próprios brancos possam ser ao mesmo tempo libertados da imagem do Jano Opressor, as duas faces estereotipadas arquetípicas, sorrindo racista ou chorando liberal, do mesmo tirano? É isso o que vem a ser a consciência? Vocês estão fazendo uma aposta pascaliana; e essa é a única maneira de descobrir.

1977

TRANSKEI

UMA VISÃO DE DOIS SÓIS VERMELHOS DE SANGUE

ENTRANDO NA NOVA "REPÚBLICA NEGRA" de Transkei[59] a partir do norte, tornei a sair da área quase imediatamente e depois entrei de novo. A estrada conduz através de uma área e de uma cidade "extirpadas" para os brancos. No mapa, essas manchas e pingos de preto e branco, separando os 87 por cento da República da África do Sul, reservados por 4 milhões de brancos para si mesmos, dos treze por cento oferecidos aos 18 milhões de negros, são um teste Rorschach cuja lógica só deve ser compreendida por iniciados na ideologia política do *apartheid*; da estrada, é de repente fácil para qualquer um. Passando diante dos olhos, os contornos perfeitos de imensas terras aradas e colheitas ceifadas à máquina, os celeiros cheios de equipamento agrícola brilhante, o gado de *pedigree*, a privacidade de árvores e jardins traçada ao redor das belas fazendas da área branca mudam abruptamente para as faixas irregulares da área negra cultivadas com arado manual, os morros nus com seus círculos de cabanas de barro e quadrados formados por cercados de agaves pontiagudos

---

[59] Nos pontos em que usei "Transkei" — o termo para o chamado "território independente" — em vez de "o Transkei" — denotando a região —, isso não implica nenhum reconhecimento de minha parte de que essa área integrante da África do Sul seja um país separado.

para animais variegados cuidados por crianças. A única maquinaria é o carro estragado de vez em quando, arrastado da estrada e limpo do que havia dentro.

Uma procissão de tochas composta de centenas de aloés que florescem no inverno — chama vermelha, azul, branca — passa por uma igreja sobre um morro numa infinidade de morros vazios. Uma série de sombras — as montanhas Drakensberg que formam a fronteira nordeste do Transkei — desaparece aos poucos com a luz que está abandonando uma paisagem feminina de curvas clássicas quebradas aqui e ali por ravinas intimamente forradas com florestas virgens. Nos pontos em que isso foi substituído por florestamento, já existe a penumbra europeia inapropriada gerada pelos grandes pinheiros. Um declive é um campo de futebol, porque jovens desportistas o usam para esse fim, e marca uma das vilas de "reabilitação" estabelecidas para controlar as pessoas sem terra e a erosão do solo causada por pastejo aleatório: várias centenas de cabanas redondas de barro e sapé em vez de coroas de duas ou três nos cimos dos morros, o novo lampejo de lata de um moinho de vento, quilômetros de cerca de arame. Muitas mulheres levando sobre a cabeça cargas de madeira com o dobro de sua altura, e um ou dois velhos com ternos antigos de corte conservador seguindo a cavalo ao longo de vias indefinidas como o campo de futebol. Caminhos largos feitos por esteiras puxadas por bois conduzem apenas a fontes de lenha e água. Para mim, a caminho de lugares com nomes onomatopeicos, *Tabankulu, Lusikisiki*, existe a única estrada ameaçadora. Pedras e sulcos; nenhuma sinalização. Como se para confundir o invasor — mas o invasor é apenas alguém que não conhece os sinais do terreno, tão firmemente marcados no período de vida dos moradores da área que eles caminham sozinhos, no escuro, velhos, mulheres, tão confiantes e muito mais seguros que seus contemporâneos ocidentais a trilhar o caminho desde a parada de ônibus suburbana até sua casa.

Grande espaço e aconchego humano. Pensar que o encontramos mesmo aqui é uma ilusão, no que diz respeito ao senso de espaço. Esta criação de um país maior que a Suíça (4,4 milhões de hectares) em 1976 está tão superlotada em termos de potencial agrícola que não poderá sobreviver, a não ser que se possam estabelecer muitas indústrias para afastar metade das pessoas do campo.

Mas o aconchego humano não é uma ilusão. Essas pessoas são inocentes; inocentes da alienação, nosso crime contra nós mesmos. Em certa ocasião, ao meio-dia, fui recebida no quarto de barro redondo e vazio que era a casa de uma mulher tão pobre que não se viam nem mesmo alguns dos utensílios domésticos comuns. Seus filhos tinham o ar parado e triste peculiar à subnutrição. Ela desculpou-se com graça social por não ser capaz de oferecer comida a seus convidados brancos, como se o suprimento do congelador caseiro se encontrasse por acaso vazio — mas não, estou projetando minha própria situação numa condição que eu nem podia conceber: ela pressupunha, sem perda de orgulho ou autoestima, uma compreensão perfeita de circunstâncias partilhadas. Como a maioria das famílias, a sua não tinha homem adulto morando na casa — os homens estão distantes trabalhando nas minas ou nos canaviais da África do Sul —, mas três jovens tinham aparecido para fazer uma visita. Ela estava animada e encantadora em seus trapos. Os jovens dividiram um cigarro enrolado com um pedaço de jornal que ninguém do grupo sabia ler, porém a atmosfera de comunicação tranquila estava fortemente presente como o aroma de sapé e fumaça de lenha que emana da pele e cabelo dessas pessoas quando nos sentamos entre elas.

No cimo de uma montanha com uma vista que nenhum milionário poderia adquirir na Europa, encontrei três meninas pequenas sozinhas tomando conta de duas cabanas, um bezerro amarrado, um galinheiro feito de ramos entrelaçados e um campo onde os pés de milho tinham sido ceifados. Uma figura saída dos livros de Grimm apareceu subindo a encosta com uma carga de lenha e um feixe de aspargo-samambaia silvestre que ela tinha cortado para fazer uma vassoura. Uma das crianças correu de maneira reverente para buscar uma lata de água. A velha zombeteiramente inteligente matou a sede. O que os brancos queriam visitando uma casa suja como a dela? Uma pergunta engraçada, confiante e hospitaleira. Aceitar seu convite para entrar no buraco cônico, largo e sombrio de sua cabana foi encontrar a ordem de uma casa bem cuidada. À parte o conjunto de mó e pilão para moer milho e o imenso pote de barro para fazer cerveja de milho que constituem o equipamento-padrão, havia canecas de cuia e vasilhas esmaltadas; o luxo cuidadoso de uma garrafa de parafina pendia entre a enxada e a foice enganchadas embaixo do beiral do sapé. Ao redor de uma curva, a base da parede estendia--se para formar um banco de barro baixo como um assento perto de janela, e havia alguns banquinhos de madeira empilhados: o lado masculino da casa. A avó e as crianças afundaram imediatamente numa peça calma, bem próxima, sobre as esteiras de dormir no lado das mulheres. Em lugar do tique-taque de um relógio, nessas casas o silêncio é o pipiar de pintos cuja mancha diminuta carrega a luz da única claridade do vão da porta, enquanto bicam grãos de farinha no chão liso de barro e estrume.

O filho da velha está nas minas; ela provê o sustento e cuida dos netos com os 144 rands que ganha por ano como pensão de idosa. E o dinheiro que seu filho ganha? Esse paga os impostos e o sustento da mulher e dos filhos menores. Um parente vem arar o campo íngreme da avó; ela própria cultiva e colhe o que plantou, assim como caminha pelas montanhas para buscar madeira e água. O amor ideal entre mulheres e crianças que vejo aqui por toda parte — é disso que é feito: dessa enorme carga de trabalho duro. Cada uma das meninas robustas acha algum pedaço do corpo da avó contra o qual se aconchegar com ternura; essa mulher magra com o escurecimento azulado da idade nas rugas da experiência é seu arrimo. Os fatos mais sombrios da miséria econômica são o segredo feio de tal amor.

A maior contribuição para a renda nacional de Transkei ainda é a venda de homens como trabalhadores migrantes. Nas primeiras eleições que simbolizaram a independência, 55 por cento dos votantes eram mulheres. Depois de trezentos anos de domínio branco na África do Sul, os homens de Transkei não podem ganhar a vida em casa. A terra concedida a eles na divisão da África do Sul em áreas de ocupação branca e negra não é suficiente para sustentar suas famílias, e as cidades e indústrias que eles trabalharam para construir ao longo de gerações, as minas de ouro e carvão que operaram, estão a centenas de quilômetros da pobre porção de terra que foram persuadidos a aceitar de uma África do Sul que não poderia ter realizado seu rico potencial sem eles.

Govan Mbeki é um homem do Transkei, culto, politicamente capaz, mas não foi honrado com uma chefia ou uma nomeação para o gabinete no novo governo negro. Está preso para toda a vida em Robben Island perto da Cidade do Cabo por atividades políticas que afirmavam o direito dos negros sul-africanos a participar num governo não racial em toda a África do Sul. Sempre me lembro de que ele descreveu o Transkei como um "campo de reprodução", onde os homens vão para casa por três meses para procriar, naquelas cabanas redondas, a próxima geração de mão de obra barata para os brancos.

O HOMEM BRANCO mal tinha marcado seu rastro de botas e rodas sobre essa região da África, antes que visões de como livrar-se de seu DOMÍNIO começassem a aparecer ao povo indígena.

Há 120 anos, uma Joana d'Arc negra viu e escutou os mortos ancestrais africanos. Para Nongqause, eles previram que se seu povo xhosa renunciasse à feitiçaria, matasse seu gado e destruísse as colheitas de milho como uma forma de sacrifício, em 18 de fevereiro de 1857 nasceriam dois sóis vermelhos de sangue, e um furacão impeliria os brancos de volta para o mar de onde tinham vindo. Novos campos de milho e novos rebanhos de gado apareceriam, e os guerreiros xhosas mortos nas guerras de fronteira reviveriam.

Os xhosas estavam travando uma batalha que não podia ser vencida. Não era só o escudo de couro de boi e o *assegai*[60] contra a arma de fogo, mas, em última análise, a atitude tecnológica autoritária do homem em relação a seu ambiente — adquirida nas revoluções industriais na Europa do século xix — contra o pacto com seu ambiente, que é a antiga solução da sociedade pastoral para o problema e mistério de nosso lugar na criação. A necessidade de um milagre era realidade xhosa: eles cumpriram o pedido da visão de Nongqause.

Em 18 de fevereiro de 1857, os dois sóis vermelhos de sangue não nasceram, e os brancos não foram varridos para o mar. Sessenta e oito mil xhosas morreram de fome, e aqueles que sobreviveram só conseguiram essa proeza abrindo caminho até Colônia do Cabo para implorar alimento e trabalho ao homem branco.

NA CAPITAL DE TRANSKEI, Umtata, entre as filas de lojas de comerciantes e sob os espelhos de vidro e aço de belos blocos administrativos construídos

---

[60] Lança. (N. T.)

com o dinheiro do governo sul-africano, há um edifício único na história de tudo o que existiu e existe na África do Sul. A imponência colonial em estilo holandês do Cabo sugere perfeitamente o que se pretendia expressar: um Parlamento exatamente igual ao do homem branco. Foi aqui que a visão de impelir o branco para o mar sofreu uma transformação para tornar-se a visão constitucional de obter o voto e a representação direta para os negros, junto com os brancos, no governo da África do Sul.

Em meados do século XIX, os britânicos da Colônia do Cabo controlavam o Transkei por meio da magistratura, e os negros tinham um voto restrito na legislatura do Cabo. A redução do direito de voto dos negros foi sucessiva até 1894, quando a anexação de todas as chefias do Transkei à Colônia do Cabo foi completada. Então Rhodes, o construtor de império que queria ver toda a África enrolada na bandeira do Reino Unido, introduziu uma lei que estabelecia um sistema de representação africana *fora* de uma sociedade comum de brancos e negros. Uma pirâmide de conselhos, em parte eleitos, em parte nomeados pelo governo dos brancos que escolhia entre os chefes, transmitia as necessidades do povo de Transkei para o governo branco; os conselheiros negros não tinham poderes de legislação e o governo não tinha a obrigação de agir segundo seus conselhos.

A Lei da África do Sul de 1909, que unificou o país na esteira da Guerra dos Bôeres, tirou desses negros, que ainda conseguiam reunir os requisitos para votar, o direito — até então nunca exercido — de eleger um negro para o Parlamento. Embora essa mesma lei consolidasse o direito de voto africano no Cabo, o processo de longo prazo era claro. No início dos anos 1930, foi dado aos brancos um direito de voto incondicional; em 1936, os votantes negros no Cabo foram retirados da lista dos votantes comuns. O conselho supremo de Transkei havia se mudado para uma elegante casa de boneca do poder onde, com um orçamento que dez anos mais tarde ainda não chegava a mais da metade do dinheiro gasto pelo governo sul-africano em impressos e selos, o conselho tinha a permissão de tratar apenas de educação, estradas, agricultura, limitação do gado e lei tribal da região.

O singular "Parlamento dos nativos" era chamado — como instituição e como prédio — o Bunga, derivado de uma palavra xhosa que significa "discussão". Além de aplacar os chefes pela sua perda de autoridade em relação aos magistrados brancos, o Bunga dava incidentalmente aos habitantes cultos de Transkei uma chance (única para negros sul-africanos) de aprender pela frustração o funcionamento da administração do governo ocidental.

O Bunga requeria representação direta para os negros no governo sul-africano ano após ano; ao mesmo tempo, requeria maiores poderes administrativos dentro do Transkei. Esses objetivos nunca foram aceitos pelos habitantes do Transkei como mutuamente exclusivos. Na década de 1950, o *apartheid* assim os tornou. O "autogoverno", para o qual as novas leis prepararam o terreno, aplicava-se somente a oito "bantustões" — pequenos Estados negros nascentes —, entre os quais estava o Transkei. O "autodesenvolvimento" era realizado por chefes nomeados pelo governo e até criados por ele (o atual primeiro-ministro tornou-se um chefe supremo) que funcionavam como "autoridades tribais", cujas decisões podiam ser vetadas pelo governo branco em Pretória.

O Bunga como instituição dissolveu-se em 1955. Em 1976, a casa de boneca Bunga, com seus painéis solenes e citações douradas de democracia, tornou-se a Assembleia Nacional de Transkei, em troca da renúncia a qualquer reivindicação de um assento para os habitantes de Transkei no Parlamento da África do Sul, ou a qualquer participação no governo central da África do Sul, onde mais de um terço do povo de Transkei mora e trabalha.

As DUAS SALAS DE RECEPÇÃO privadas no Holiday Inn de Umtata são chamadas Sala Kaiser Matanzima. Se isso for cautela, não é falta de imaginação. O primeiro-ministro Kaiser Matanzima não dá nenhuma chance a rivais que poderiam se habilitar a ter seus nomes enaltecidos. Um dos novos blocos administrativos é nomeado em homenagem ao presidente do Estado, chefe Botha Sigcau, recompensado com esse alto cargo por sua importância politicamente estratégica como chefe supremo do povo rebelde pondo; mas o retrato do presidente Sigcau não está dependurado na Câmara do Gabinete com o de Kaiser Matanzima, e Matanzima não repeliu a lei de detenção preventiva que, sob o governo sul-africano, manteve os líderes do partido da oposição na prisão durante as eleições para o primeiro governo independente

TEMPOS DE REFLEXÃO 329

do país. (O líder da oposição foi novamente encarcerado por Matanzima, enquanto eu estava em Transkei.) George Matanzima, atual ministro da Justiça, mas outrora cortado da lista de advogados por má conduta no exercício de sua profissão na África do Sul, parece contente em ser o mais próximo dos irmãos. Os irmãos Matanzima têm as mesmas cabeças de senador romano. O nome de sua família significa "saliva forte"; o sabor do poder torna-se venenoso quando Kaiser Matanzima ataca aqueles que o consideram um auxiliar do governo sul-africano branco, um homem que traiu o direito de o homem negro partilhar toda a África do Sul. De tempos em tempos, o veneno até estremece o governo que o levou ao poder.

O primo de Kaiser Matanzima, Nelson Mandela, e seus outros compatriotas, Walter Sisulu e Govan Mbeki, estão cumprindo penas de prisão perpétua. A visão constitucional tem retrocedido cada vez mais. Não é difícil ver por que a visão de Nongqause querendo libertar os negros do domínio branco seria transformada, ainda outra vez, num terceiro avatar. Para alguns negros, treze por cento da terra parece melhor que nada; um Estado negro mendigo dentro da África do Sul pode ser considerado um cavalo de troia por meio do qual a libertação seria capaz de suplantar a dominação branca.

Matanzima é o homem, bem como o oportunista, de seu tempo. Ele traz em sua personalidade as contradições da visão transformada. Optou pelo nacionalismo tribal, aceitou e aprovou o *apartheid*; às vezes ergue o punho do poder negro e declara solidariedade aos negros da África do Sul que rejeitam o *apartheid* e continuam a lutar por direitos plenos num Estado unitário. Prometeu que não declararia a independência enquanto o governo sul-africano não satisfizesse as demandas de mais terra para Transkei, e não garantisse para os negros que moram e trabalham em Transkei os direitos de cidadania usufruídos pelos negros na África do Sul. Obteve parte da terra dos brancos que reclamou — uma porção entregue como dádiva pessoal aos irmãos Matanzima. Mas abriu mão do direito à cidadania sul-africana para 1,3 milhão de pessoas que falam xhosa e não vivem em Transkei. Milhares delas não nasceram ali nem jamais viram Transkei. A língua que falam é declarada pelo governo sul-africano uma prova da nacionalidade Transkei; dessa maneira, o *apartheid* "mantém a África do Sul branca" transformando em residentes temporários "estrangeiros" a maioria da população negra urbana da África do Sul. Se eles se recusam a aceitar a cidadania do bantustão, tornam-se apátridas. Enquanto eu estava em Transkei, um imenso povoado de intrusos perto de Cidade do Cabo foi intimidado, e setenta por cento dos habitantes, de fala xhosa, receberam a ordem de ir "para casa" procurar Matanzima, que não tinha nem acolhida, nem terra, nem trabalho para lhes oferecer.

NENHUM DIGNITÁRIO ESTRANGEIRO compareceu às "comemorações da independência" de Transkei em 1976: os países do mundo não reconheceram oficialmente a existência dessa nação.

O único ganho que Transkei obteve no acordo da independência foi a abolição do padrão inferior de educação para os negros. Um acadêmico de Transkei, da organização dos ex-alunos da universidade missionária, agora critica a Unesco por recusar ajuda educacional: será que eu não poderia influenciar *alguém* — os americanos, os alemães ocidentais — a dar bolsas de estudo no exterior para os jovens de Transkei? Até os jovens da Uganda de Amin as recebem! "Todo mundo zomba de nós por recebermos ordens de Pretória — por que não nos ajudam a treinar as pessoas para tornar real nossa independência? Ordens... não é verdade... Bem, o que podemos fazer? Sabe que a biblioteca aqui em Umtata só foi aberta para os negros depois das comemorações em 1976? Não somos lacaios... precisamos de professores, bibliotecários..."

Seus olhos se movem pelo escritório do governo como se para flagrar um arquivo escutando e observando. Entretanto, ele tagarela, dando apartes indiscretos. Seu filho "desapareceu"; eu sei o que isso quer dizer? — sim, saiu da África do Sul onde estava estudando — fugiu para o exterior depois de ser detido durante os tumultos em 1976. Esses jovens não querem saber dessa independência... Lá fora, na rua, ele me acompanha cortesmente, mas sou apenas uma presença que ecoa suas preocupações. *Pretória, Pretória*, ele murmura — um zumbido em seus ouvidos.

No bar de um hotel em Umtata, um grupo de jovens negros atraentes com trajes de executivos se reúne cordialmente todas as noites: um advogado, um securitário, *"reps"* (caixeiros-viajantes) de empresas sul-africanas e funcionários da paragovernamental Development Corporation, financiada pela África do Sul. A Development Corporation está interessada em introduzir os negros nos negócios e atrair industriais estrangeiros brancos por meio do incentivo da redução de impostos e inexistência de salário mínimo e sindicatos. O jogo de cartas é terminado entre garrafas de cerveja, as caçoadas voam numa mistura de xhosa e inglês, uma bandeja de peixe frito passa ao redor em lugar de amendoins. O securitário acabou de ganhar uma menção honrosa de sua companhia pela média mensal mais elevada de vendas de seguro de vida; o caixeiro-viajante solta uma bravata: "Uma mina de ouro, vou contar para você, este país é uma mina de ouro".

Para quem se vende seguro de vida aqui?

Para avós cujo valor não poderia ser compensado por nenhum prêmio de seguro? Para homens que me dizem não saber onde encontrar os 2,50 rands do novo imposto de gado a pagar sobre cada cabeça do rebanho — seu único capital?

Em dois anos, a população de Umtata passou de 25 mil para 31.400. À parte os trabalhadores qualificados importados e os administradores empregados na universidade de 20 milhões de rands, no programa hidrelétrico, nos desenvolvimentos industriais e habitacionais, a nova classe afluente é uma burocracia com seus parasitas. Os 37,5 milhões de rands investidos num país pelos industriais sul-africanos e estrangeiros e os 59,5 milhões de rands da Development Corporation financiada pelos sul-africanos providenciaram apenas 12.500 empregos para os habitantes de Transkei. A menos que trabalhe para o governo ou tenha a educação mínima e a sorte máxima de ser capaz de tomar conta de uma loja branca financiada com empréstimo da Corporation, o habitante de Transkei tem poucas chances, a não ser trabalhar por pouco dinheiro na região ou empregar-se nas minas além da fronteira.

O relógio da Prefeitura de Umtata parou, e nem mesmo a independência faz com que assinale uma nova era. Ao meio-dia pelo meu relógio de pulso, velhas com suas saias tribais e turbantes arranjados como imensos caracóis negros sobre a cabeça estão regando os jardins públicos com latas de água; mais barato para a municipalidade que a despesa de uma mangueira, suponho. A vida ao longo da estrada no final da York Street continua a ser a realidade da capital para a maioria das pessoas. Motoristas de táxi tentam arrumar clientes nas filas de ônibus; algum *"rep"* [61] de vodca tem sido diligente: todos os ônibus trazem o imenso letreiro — SMIRNOFF, O ESPÍRITO DA LIBERDADE. No mercado, um camelô, vestido como um fazendeiro respeitável, vende poções armazenadas em cuias cobertas de contas que são os seus frascos de boticário, e entre as negociantes que costuram saias debruadas com estampas há uma que vende colherinhas de rapé, guardado numa lata que ela também usa para marcar a circunferência do adorno de tornozelos femininos, que ela corta de câmaras de pneus velhos. E ao longo de todo um lado da rua estão os escritórios que recrutam trabalhadores, com suas fachadas recém-pintadas, arrumadas e alegres como casas suburbanas de brancos, e seus cartazes engambeladores. Os mais antigos contam uma fotonovela: *assegais* e escudos invocando a virilidade, a volta ao lar do mineiro radiante que desce do trem para ser recebido por um grupo de mulheres e crianças com os olhos brilhantes de admiração. Os mais recentes reconhecem que os negros tribais entraram na espécie de mundo contemporâneo que lhes é oferecido, abandonando a esperança de qualquer outra coisa que não dinheiro: não há seres humanos, não há sorrisos — um capacete de mineiro, apresentado como uma cornucópia cheia de notas.

Nos pátios dos escritórios estão micro-ônibus e Land-Rovers que buscam os recrutas nas vilas. Há homens esperando ao redor com suas pastas de papelão e mantas. Alguns parecem muito jovens; há uma atmosfera de alheamento e silêncio no estoicismo de um destino inevitável, muito diferente da confiança ostentosa dos funcionários do governo que sobem correndo os degraus largos dos novos ministérios, e o prazer gratuito dos candidatos do Rotary Club em sua farra noturna num bar de hotel, do qual sua cor os teria excluído na África do Sul.

"Se eu recebesse um telex de Johannesburgo pedindo o envio de mil homens nesta semana, não teria dificuldade." O oficial branco, que recruta trabalhadores para a maior companhia mineradora de ouro da África do Sul, um grupo de minas de carvão, uma companhia de construção e uma associação de cultivadores de cana-de-açúcar, diz que mais homens do que nunca

---

[61] *Rep* é a forma abreviada para representante comercial. (N.T.)

TEMPOS DE REFLEXÃO 333

estão dispostos a sair para trabalhar por nove meses como empregados contratados para determinado serviço. Os salários dos mineiros negros têm aumentado muito nos últimos tempos; mas a defasagem entre os ganhos mensais médios dos brancos e os dos negros nas minas continua a crescer — atualmente é de assombrosos 700 rands em favor dos brancos. Os negros são alojados em barracas e alimentados de graça, como unidades de mão de obra, no interesse da eficiência que não leva em conta outras necessidades humanas.

Na maioria das antigas vilas de comércio não há mais brancos agora, exceto os que ficaram para trás sob anjos de mármore nos abandonados cemitérios europeus (os xhosas pranteiam os mortos com rituais elaborados, mas aram e plantam sobre os mortos de sua última estação). As lojas do comércio, o açougue e o único hotel foram todos tomados pelos negros, bem como as concessões para recrutar trabalhadores que costumavam fazer parte dos negócios do comerciante branco tanto quanto a venda de açúcar e mantas. Numa dessas vilas, observei jovens negros com brincos, fungando e pigarreando no frio de manhã cedo, conduzidos para o escritório do magistrado pelo agente local de recrutamento — uma jovem negra enérgica em cima de seus sapatos de plataforma. O magistrado leu para as faces fechadas e desesperançadas os termos do acordo pelo qual eles iriam para as minas; os homens tocaram na caneta esferográfica do escriturário como símbolo da assinatura do analfabeto no documento. A moça redigiu passes de ônibus e trem para a viagem. Foram conduzidos para fora, lançados numa profissão que devem exercer num lugar onde não lhes é permitido ficar por mais de nove meses seguidos, e para onde estão proibidos de levar mulher, filhos ou a família para ali viverem e formarem um lar com eles.

Os habitantes de Transkei são povos de doze grupos tribais, cada um com seu forte senso de identidade e território específico, embora todos falem dialetos xhosas.

Na década de 1880, a Pondolândia ainda era um país independente governado por seus próprios chefes, quando um grupo de colonizadores alemães do sudoeste da África (Namíbia) — então já anexada pelo Kaiser Wilhelm I — desembarcou em sua costa selvagem e obteve concessões grandiosas para exploração mineral e comercial, de um ancestral do atual presidente da República de Transkei, chefe Botha Sigcau. Em troca, dois filhos da tribo foram levados à Alemanha a fim de ser educados. Teria sido uma boa barganha para os alemães se os britânicos não tivessem chegado para lembrar aos pondos, com uma escolta militar, que a Pondolândia *já* fora doada — aos britânicos pelo pai de Sigcau. Os alemães partiram; ninguém soube me dizer se os dois jovens pondos completaram seus estudos e prestaram seu exame da *Abitur*.[62]

A Pondolândia foi o último território do Transkei a cair sob o domínio branco, e parece que será o último a aceitar a concessão da independência pelo *apartheid*. Nos anos 1950, numa reunião convocada para convencer os pondos a aceitar as "autoridades tribais" como uma forma de autogoverno, um homem literalmente virou as costas para Botha Sigcau, seu principal líder, e foi aplaudido: *Umasiziphathe uya Kusubenza sifile* — as autoridades (tribais) dos bantos vão operar sobre nossos cadáveres!

Foi o que fizeram. Um imenso movimento popular de resistência rebelou-se na Pondolândia em 1960, na mesma época dos levantes gerais na África do Sul que culminaram no massacre policial de negros em Sharpeville. Milhares de pondos desceram das montanhas a pé e a cavalo para exigir, entre outras coisas, a destituição do chefe supremo Botha Sigcau. Tanques e fuzis da África do Sul os enfrentaram. Trinta pondos morreram por sua participação na revolta, 4.769 foram mantidos em detenção preventiva.

Tudo isso não é inteiramente passado. Por toda parte, cabanas queimadas, crestadas até virarem cerâmica grosseira pela ação do fogo, aparecem entre as ocupadas: oh, sim, me dizem, aconteceu no ano passado, na "luta". Vendetas entre os chefes e seus povos, iniciadas durante a revolta, continuam, nas formas ditadas pelo novo status do país. Toda vez que o assunto do novo imposto de gado é mencionado, aparece, no grupo de homens comuns fumando seus cachimbos e mulheres escolhendo os grãos para a próxima refeição, um lampejo de resistência aceito como natural — "Ninguém vai pagar". Um intérprete extrapola: "Eles querem matar Sigcau".

---

[62] *Abitur* é o exame prestado na conclusão do ensino secundário na Alemanha. (N.T.)

Tempos de reflexão   335

É verdade que não seria a primeira vez que ele teria de fugir para salvar sua vida nessa paisagem exaltada. A Pondolândia é ao mesmo tempo pacífica e dramática em sua impossibilidade de reconciliação. Em estradas elevadas e terríveis, passamos através do céu por montanhas que somente nos pousam quando atingem o mar. Olhando de uma montanha para outras: terra arada escura arranjada em forma de redes; veludo de luz em contornos de grama rosa, amarela e bronze. Onde o capim foi queimado, formas azuis escuras como carvão; onde as primeiras chuvas caíram sobre esses pontos, manchas lívidas de vegetação espalham-se como fazem as sombras das nuvens. O torso da encantadora quimera da terra reclinando-se; as marcas pretas, douradas, marrons, verdes de sua pele; e, afundando no fluxo largo de um vale que é riscado por milharais ceifados onde o gado vermelho anda tropeçando, as grandes patas das montanhas se estiram e dobram. Os rios buscando a saída para o mar estão muito lá embaixo para ser escutados. Desaparecem por quilômetros atrás de declives gigantescos; de repente, quando já é quase noite, ressurgem brilhando das garras escuras da terra.

Os pondos parecem ser sempre vistos como silhuetas contra o céu. Numa alta curva sinuosa perto do rio Umzintlava, encontramos de repente jovens reunidos sobre uma pedra. Atrás deles despencam vales escarpados, e eles vivem por ali no que, para eles, é a vizinhança: encarapitados nos topos das montanhas, este ou aquele grupo de cabanas sem abertura nos fundos, cujas portas — e janelas, se houver alguma — estão todas viradas para o mesmo lado, não por ordem de algum planejador urbano, mas pela lógica mais antiga de que uma habitação deve virar as costas para a direção de onde sopra o mau tempo. Cabras sacodem seus berros através do espaço. Há um armazém diminuto equilibrado ali por perto, mas ninguém está comprando. Os jovens não estão indo para lugar nenhum. Estão apenas ali fora para ser apreciados uns pelos outros e por qualquer outra pessoa que apareça. O meu inventário do que estão usando será extraordinário, mas não há nada de exótico em sua indumentária. Não só porque são as vestimentas dos homens locais, equivalentes aos jeans e às camisetas em outras regiões do mundo, mas também porque os pondos dominam uma lei esotérica da estética, junto com os dândis e os dadaístas — o estilo é uma combinação de incongruências.

Eles usam algumas das inumeráveis variedades de coberturas para a cabeça inventadas por homens e mulheres de Transkei — uma toalha listrada pode ser tão intrincada e vistosa quanto um pedaço de tecido com enfeites de contas ou um diadema de contas e cabelo trançado. Usam longas saias sem costuras, mas caindo bem justas no corpo. Seus diafragmas estão nus e são sugados para dentro e para fora com risos de machos sexualmente confiantes. Todos carregam *knobkerries*[63] (cacetes talhados em casa) e bastões pontudos que são um substituto pouco disfarçado da lança dos tempos guerreiros, e que ainda podem matar e realmente matam, se usados com fúria. Um deles tem correias de relógio alastrando-se brilhantes pelos braços negros esbeltos; outro usa brincos pendentes. Todos usam cardigãs de golfista sem mangas com o ar de quem começa uma moda. Outro tem uma toalha de mesa florida amarrada displicentemente ao redor do punho da mão com que gesticula, e, quando o sol se põe, ele solta com um safanão esse pano, que se transforma num manto arranjado para cair em dobras gregas de seus ombros. Agora lhe deu na veneta usar uma bolsa de plástico de criança. Não importa. O que é a vestimenta tribal? Algo num constante estado de mudança desde que os africanos começaram a usar alguma coisa. Uma bolsa de plástico não é mais inautêntica que um turbante introduzido por árabes traficantes de escravos. Você precisa apenas saber como incorporá-la ao seu estilo.

Esses jovens têm o andar dos modelos da Vogue. Mas os nomes das minas em que trabalharam aparecem rapidamente em suas línguas: Stilfontein, Grootfontein, Durban Deep. Em sua *piazza* no topo da montanha, é difícil imaginar, curvada sob um paredão rochoso gotejante, encerrada num escuro úmido com vários quilômetros de terra acima dela, sua cabeça coberta com capacetes de aço.

À PRIMEIRA VISTA NÃO se divisam os centros a partir dos quais a vida é ordenada para as pessoas que vivem em cabanas redondas, que parecem ter vindo rodopiando para pousar, como fichas num jogo, por toda parte ao redor das montanhas. Mas cada comunidade aérea tem seu Grande Lugar do Chefe. O tribunal semanal está reunido em sessão num deles. Os cavalos estão amarrados na tradicional clareira sob as árvores, que era a forma original do

---

[63] *Knobkerrie* — maça de madeira com um calombo na ponta usada pelos zulus. (N. T.)

TEMPOS DE REFLEXÃO 337

tribunal africano em que o Chefe e os anciãos tribais deliberavam; há uma pequena edificação parecida com escola, vidraças quebradas tapadas com papelão, uma assembleia espremida nos bancos e no chão, o estrado do tribunal demarcado por uma barreira, e bancos de testemunha de uma imponente solidez de madeira entalhada representando a justiça da magistratura britânica anterior.

O promotor é o único gordo com que me deparo em Transkei, um Orson Welles negro, com talento para espetáculos sarcásticos. Diante do tribunal estão duas mantas listradas. O caso é uma acusação de adultério, e as mantas são a prova que o marido apresenta de que outro homem veio dormir com sua mulher e esqueceu as mantas ao partir. Os anciãos tribais do júri fazem comentários sobre o corno que não precisam de tradução. Quando o próximo caso é chamado, descubro que a bela mulher serena, cujos pés de Maillol [64] ao lado dos meus fazem tilintar colunas de tornozeleiras de latão, e cujo perfil e longo cabelo trançado com argila e contas me chamaram a atenção perto dos meus, é a querelante num divórcio. Seu marido lá em cima no banco dos réus é muito mais velho, com veias irritáveis saltadas nas têmporas fundas. O júri cheira rapé, entrando e saindo conforme sua atenção aumenta ou diminui. O jovem magistrado de jaqueta esportiva e sapatos engraxados — nomeado pela autoridade tribal —, que anota sua própria ata do processo em escrita comum, pergunta quantos filhos tem o casal. A mulher responde dez. O marido: "Vejo onze". A manta da mulher esconde essa evidência. Agora compreendo a fonte secreta de sua confiança; uma mulher que tem um amante. Ela está grávida e não se arrepende. O marido quer que ela retorne para tomar conta dos filhos, de qualquer maneira. O irmão dela está ali para dizer ao tribunal que, não só ela não retornará, como o marido deve pagar à família dela uma dívida de "preço da noiva" ainda em aberto.

Agora um curandeiro passa a depor. Descalço, com uma capa de chuva preta; e a única coisa que posso detectar que não seja inteiramente comum nesse rosto é algo tortuoso. Ele afirma ter curado uma criança epiléptica com

---

[64] Aristide Maillol foi um escultor e pintor francês do fim do século XIX e início do XX. Esculpiu primordialmente o nu feminino. (N.T.)

uma inalação herbácea e cortes da pele, e não lhe pagaram a vaca que era sua remuneração. Tem uma mulher astuta, leal e prudentemente modesta que sabe como agradar ao tribunal, mas depois contradiz uma evidência vital e põe a perder o caso de seu marido.

Os advogados não têm permissão de pleitear nada no tribunal de um Chefe, e os casos criminais são ouvidos nos tribunais consuetudinários nas cidades de mercado. Nesse Grande Lugar, um líder caolho cutuca a atenção das testemunhas com malícia ou humor — ele tem uma expressão diferente em cada lado do rosto, dependendo do lado em que o vejo. A razão para o promotor ser tão bem alimentado talvez seja porque as pessoas nessa posição, é o que me dizem, podem "arranjar" um veredicto a certo preço. Todavia, para mim alguma coisa da verdade intangível sobre nossas mentiras foi atingida em seu interrogatório minucioso...

O MAR PARA O QUAL os mortos ancestrais dos xhosas prometeram que os brancos e seu mundo seriam varridos é a fronteira sul de Transkei. Uma longa costa que tem a cada foz de rio um pequeno balneário criado pelo patrocínio de brancos sul-africanos comuns de classe média, que desfrutam o fausto da natureza ainda não poluída por eles mesmos.

A Corporação Desenvolvimento de Transkei apropriou-se do hotel bangalô na foz do rio Umgazi, mas emprega um gerente branco, e por enquanto os observadores de pássaros e os pescadores *habitués* ainda aparecem por lá. As paredes da sala de jantar são colagens de papéis registrando recordes de pescarias. Ostras custam 60 centavos de rand a dúzia. Dorme-se numa cabana de sapé, e não é preciso trancar a porta por medo de algum intruso, mas o banheiro é privado. A hora do pique escutada à noite é o esplêndido tráfego da maré do oceano Índico entrando no rio. O som puro e singular no fundo do poço do sono ao amanhecer vem dos toletes do barqueiro, enquanto ele rema para o trabalho vindo da outra margem do largo Umgazi; ele vai ficar à disposição dos hóspedes do hotel durante todo o dia, para levá-los de um lado para o outro da praia. Da mesma maneira que ele, todas as pessoas que trabalham como criados do hotel vêm da vila sobre os morros na outra margem do rio. O balneário branco e a vila negra se confrontam. Sentadas no terraço do hotel debaixo de flores nos ramos em forma de coral de grandes árvores eritrinas, as pessoas bebem cerveja e acompanham sem se mover, como uma melodia lenta que elas nem sabem que seus dedos estão tamborilando, o ritmo de outras vidas mais além; a procissão de bois curvados sob o chicote de um menino que leva a esteira de três pontas para buscar combustível nas galerias das praias que são verdadeiras esculturas de madeira flutuante; as mulheres indo e vindo com sacos de mexilhões equilibrados na cabeça, pretos como suas pernas molhadas, que mudam sua maneira de andar. À noite, jogos de dardos e licores depois do jantar no bar; há coroas de fogo suspensas na densa escuridão — mais além, as pessoas estão queimando seus pastos íngremes.

Cruzei o rio com o vigia noturno do hotel que voltava para casa de manhãzinha. Martins-pescadores travavam uma briga no meio do ar, e a maré estava tão longínqua que as imensas ondas do oceano Índico eram o horizonte do mar, rebentando forte como uma cascata. Foi uma longa caminhada até a casa do vigia na vila: sobre campos na beira do rio, depois por uma floresta de árvores de troncos amarelados e de seiva leitosa entretecidas por borboletas, e mais tarde subindo um caminho que teria sido mais fácil transpor balançando-se de árvore em árvore. Conchas de mexilhões sujavam o chão como cascas de amendoim atiradas por pessoas que mordiscam alguma coisa ao caminhar. Amigos do vigia nos alcançaram; lembraram-me de que passei toda a minha vida na África entre pessoas que se desculpam quando alguém dá um passo em falso e tropeça.

A família do vigia não ficou desconcertada com a intrusão matinal de uma estranha. Sempre a mesma pergunta: de *Egoli*? — "lugar de ouro", o nome africano de Johannesburgo, mas para os habitantes de Transkei significa as minas de ouro, em algum lugar além da fronteira. A porta da cabana está aberta diante dos porcos pretos que passam arrotando, os cachorros molambentos ainda duros do frio da noite; a cabana exala uma fumaça quieta. Lá dentro, duas mulheres, ambas jovens e belas, estão amamentando bebês — as mulheres do vigia. A mãe dele, outra daquelas velhas magras e autoritárias que nunca abrem mão da feminilidade de algum adorno, sorve chá num pires e as jovens mães bebericam o seu lentamente acima da cabeça dos bebês. Não há comida posta na mesa. Nenhuma mobília na cabana, exceto uma

340 *Nadine Gordimer*

armação de cama de ferro e um pequeno aparador de cozinha, feito de buxo numa imitação grosseira de uma peça vista na casa de um homem branco. O fogo a lenha, que nunca morre completamente na lareira rasa ao redor da qual todos se reúnem, tem um aroma doce. Um dia começou na pobreza, sem o despertador, o rádio, o café com ovos, o trem do subúrbio que não espera. Não adianta romantizar, mas há algo aqui que tenho de formular para mim mesma: respeito e integridade. O vigia tira uma tangerina bem pequena (deve tê-la surrupiado do jardim do hotel) e dá ao filho mais velho. A fruta diminuta é um luxo brilhante nessa casa.

Por volta de 27 mil novos empregos por ano têm de ser encontrados para os habitantes de Transkei. Em termos agrícolas, há dois programas de irrigação em andamento que podem ajudar a alimentar as pessoas um pouco melhor, mas não haverá excedente para exportação. A menos que vestígios de níquel, cobre e platina, que até agora não inspiraram grandes esperanças nos geólogos, provem ser depósitos extensos, a região não tem nenhum dos produtos primários de que o mundo precisa. Café, chá, píretro, nozes — começando a ser plantados e processados em programas estatais — e a silvicultura com seu desenvolvimento corolário de serrarias e fábricas de mobília propiciam uma introdução na atividade produtiva moderna que tenha alguma relação com o que a região possui e o povo conhece. A maioria das novas fábricas em Butterworth, a cidade do século xix designada como o mais importante "ponto de crescimento" para a instauração da indústria, não tem absolutamente nenhuma relação. As fábricas pertencentes a industriais sul--africanos manufaturam produtos como os derivados de carvão, borracha e plástico importados sem impostos da África do Sul, sob condições de um novo colonialismo. Os operários baratos dessas fábricas vivem literalmente no lado de fora de seus portões; fila após fila intercambiável de cabanas de tijolo idênticas em formação de caserna, sem nenhum ponto de referência arquitetônica a uma comunidade — acrescente-se ou retire-se uma fila aqui e ali, nada seria notado. Reconheço o modelo imediatamente: Soweto, o terrível paradigma dos *townships* segregados na África do Sul. Com toda a experiência mundial de humanizar habitações de baixo custo à disposição dos planejadores, os habitantes de Transkei estão passando de suas cabanas de sapé redondas para esse tipo de moradia.

POR FIM, É PRECISO procurar as pessoas em seus momentos de distração — festividades ou tristezas — para se aproximar de sua identidade. Isso acontece quando consideramos à distância o mistério dos costumes exóticos: arraigados, como os de todo mundo, em mitos sem os quais a progressão inevitável do nascimento à morte seria um círculo encadeado de mortalidade.

O povo do Transkei não proíbe a presença de estranhos nos lugares em que seus ritos cerimoniais ainda sublinham fortemente a adaptação aos rituais da igreja, do tribunal e da industrialização. Na obscuridade das cabanas, eu tinha visto a cruz pintada ou o emblema do mineiro pregado na parede; mas havia também retiros de circuncisão por todo o campo, se os visitantes soubessem reconhecer o emblema, uma bandeira amarela esfarrapada num pedaço de pau. Obtive a permissão de entrar num desses retiros em Bomvanaland, embora apenas homens maduros e garotas na pré-puberdade possam visitar os iniciados que, por três meses depois de terem sido ritualmente circuncidados, são ali isolados; como mulher branca cuja sexualidade não está codificada pelas mesmas sanções impostas às negras, eu era para todos os efeitos assexuada, assim suponho.

Dois homens enrolados em mantos a fumar ao lado da estrada estavam cumprindo seu turno de vigia de 24 horas no retiro. Os morros aos quais eles nos guiaram a pé não tinham sinal de seres humanos ou casas; mas ali, numa depressão curva da floresta onde supus que houvesse um arroio escondido, havia, também escondido, um grande hemisfério de capim entrelaçado sem aberturas no fundo de uma clareira rodeada de estacas em que tremulavam pedaços de trapos e plástico coloridos. Havia uma sensação de quietude ao se cruzar aquela fronteira simbólica. Mas, da lura de árvores contorcidas que seus movimentos durante meses tinham escavado, apareceram de repente três ou quatro rapazes que, com sociabilidade, estavam pintando os rostos fazendo gestos de mulheres e atores. O cosmético era o *ngceke*, grãos moídos de uma pedra branca arenosa e misturados com água do arroio na pequena cuia que cada um trazia pendurada num bracelete ao redor do punho. Todos

342 *Nadine Gordimer*

seguravam um manto de lã grossa ao redor de si mesmos para se proteger do vento. Não há quase nada para fazer durante três meses, exceto continuar retocando essa maquiagem branca que cobre todo o corpo, da cabeça aos pés, e também a face. Os gestos femininos, as brincadeiras e as farolagens grosseiras de qualquer grupo de rapazes eram desconcertantes — uma atmosfera de harém e acampamento militar, apropriada, mas ainda assim fora de lugar nesse contexto para o qual eu não tinha nem precedentes nem nomes.

Dentro do abrigo de capim (não era cabana nem casa; provocava uma sensação diferente das que já experimentei em qualquer outra habitação), o estado de espírito frívolo desaparecia com os mantos descartados. Esses seres estavam nus, à exceção da pintura e de uma pequena capa sobre a ponta do pênis, da qual pendia uma longa borla de palha que roçava as coxas quando eles se moviam. Lábios brancos feitos para oráculos e o escuro líquido dos olhos, olhos tão comoventemente, tão irresistivelmente vivos na fantasmagoria e na penumbra que afirmavam as faculdades desejosas de comunicação e compreensão — espírito e inteligência brilhando contra a presença dominada pelos corpos. Se eu não era uma mulher entre eles, éramos tão plenamente humanos, ali juntos.

Quatro dos oito jovens já tinham estado nas minas. Estavam deitados na plataforma primitiva de ramos que tinha sido sua cama comunal por muitas semanas; havia uma tora para a qual se inclinavam a fim de acender cigarros; os bastões de luta que lembram antigos conflitos e os cachorros praguejados que foram companheiros o tempo todo. Nenhuma outra posse. Nada nessa caverna de palha a não ser as sombras, nas mentes desses seres, do mundo lá fora, para o qual sairão quando seu período tiver sido cumprido e eles lavarem a tinta branca dos corpos e queimarem com a palha a era anterior, quando ainda não estavam aptos a entrar na plenitude da vida como homens. O que tudo isso vai significar, o que lhes estará reservado no terceiro avatar da visão de Nongqause?

1978

RELEVÂNCIA E COMPROMISSO

HÁ UMA PERGUNTA QUE EXPLODE com a tenacidade de uma toupeira lá debaixo da superfície de nossas pressuposições: os homens criam e podem criar uma cultura comum, se os seus interesses materiais estão em conflito?

Não ignoremos a toupeira; embora cega, ela sabe instintivamente onde está a luz do sol.

A natureza da arte na África do Sul de nossos dias está basicamente determinada pelo conflito de interesses materiais na sociedade sul-africana. Uma filosofia de libertação espiritual requer, entre outros elementos fundamentais, uma avaliação franca das instituições e das políticas das comunidades brancas que afetam as artes na África do Sul. Somos todos um paradoxo. Temos todas as perguntas e poucas respostas. Mas não nos resta nenhuma outra tribuna menos combativa da qual falar honesta e significativamente sobre as artes. Devemos enfrentar o fato de que a confraria apolínea já não é mais segura contra o fratricídio, quando lealdades divididas são exigidas pela sobrevivência imediata. Temos de nos questionar sem hipocrisia.

Pois suponho que todos reconheçamos que, assim como os problemas raciais, tanto materiais como espirituais, só podem ser resolvidos em circunstâncias de igualdade econômica, o potencial criativo de nosso país não pode ser discutido sem a compreensão e total aceitação de que a realização desse potencial só pode ser buscada com base na premissa das mesmas circunstâncias.

A igualdade de oportunidades econômicas, junto com direitos civis e parlamentares para todos os 26 milhões de sul-africanos,[65] é correta e inevitavelmente a base para qualquer consideração do futuro das artes. O homem não tem controle sobre quanto talento é dado a esse e negado àquele; mas o homem, por meio do Estado, controla as circunstâncias em que o artista se desenvolve. A criatividade inata pode ser falsificada, banalizada, desviada, condicionada, sufocada, deformada e até destruída pelo Estado e pelo estado da sociedade que ele decreta.

"Coragem na vida e talento na arte" é o preceito do artista, segundo um dos maiores, Albert Camus. Todo artista, em qualquer sociedade, tem de lutar por intermédio do que o poeta Pablo Neruda chama os "labirintos" de seu meio de expressão escolhido; essa é uma condição de seu ser. Quanto ao seu lugar no mundo exterior, duvido que algum artista jamais se ache na condição ideal da "consciência individual em relação integralmente harmoniosa com o poder externo da sociedade" formulada por Hegel. Mas devem ter sido poucos na história humana, se é que houve algum, os exemplos com o grau, variedade e intensidade dos conflitos que existem entre o artista sul-africano e o poder externo da sociedade. O poder externo em sua forma mais óbvia está nas leis da censura, correndo solta pela literatura e investindo contra as outras artes. Mas é no nível mais amplo da formação de nossa própria sociedade, e não em qualquer nível profissional específico, que o poder externo da sociedade entra no coração e no cérebro do artista e determina a natureza e o estado da arte. É da vida cotidiana da África do Sul que têm vindo as condições de profunda alienação que prevalecem entre os artistas sul-africanos. A soma de vários estados de alienação *é* a natureza da arte na África do Sul atual.

Não estou invocando o conceito de alienação no sentido marxista, como a consequência da relação do homem com os meios de produção, embora isso tenha indubitavelmente sua pertinência na industrialização dos negros sob o *apartheid* e, portanto, de nossa sociedade como um todo. Há muitas maneiras de um homem se tornar separado dos outros e distanciado de si mesmo. A

---

[65] Em 2010, 49.320.500. Aumento incomum, não decorrente da taxa de natalidade, mas do influxo de refugiados, principalmente do Zimbábue.

alienação como tal é uma condição de rejeitar e/ou ser rejeitado. O artista negro vive numa sociedade que rejeitou sua cultura por centenas de anos. Ele virou sua alienação contra aqueles que o rejeitaram e fez de sua falsa consciência o inevitável ponto de partida para sua verdadeira individualidade. O artista branco pertence à cultura branca que rejeitou a cultura negra, sendo agora ela própria rejeitada pela cultura negra. *Ele* é o não europeu, cuja sociedade ainda assim recusou reconhecer a cultura indígena e nela criar raízes. É o não negro, a quem os negros veem como apartado da cultura indígena. Ele ainda não sabe se isso é um beco sem saída ou se pode ser transformado num novo começo.

Qualquer homogeneidade na natureza da obra produzida por esses artistas é obtida antes por aquilo que os acorrenta que pelo que partilham. Os artistas sul-africanos pertencem à "consciência desintegrada" dionisíaca, definida, segundo Hegel, pelo antagonismo que demonstra ter ao poder externo da sociedade — se por nada mais, eles estão unidos no desejo de se livrar de circunstâncias sociais impostas, ainda que as possam definir de acordo com uma experiência amplamente divergente da realidade circunstancial. A partir de uma consciência desintegrada, todos procuram a integridade em si mesmos e uma reconexão com a voltagem do dinamismo social. A oposição a uma sociedade existente implica a fome de criar e identificar-se com outra melhor. A abjuração de um conjunto de valores implica a intenção de criar e relacionar-se com outro conjunto. Para o artista, essas implicações tornam-se parte das transformações da realidade, que são o seu trabalho.

"Relevância" e "compromisso" são conceituações desse movimento. Tornam-se o conteúdo reivindicado pelos artistas que, individualmente, atribuem a essas duas palavras um sentido diferente; tornam-se também as exigências impostas aos artistas pelo seu povo. Relevância e compromisso pulsam, de um lado para outro, entre o artista e a sociedade. Numa época e num lugar como os nossos, tornaram-se, nas palavras de Lionel Trilling, "os critérios da arte e as qualidades da vida pessoal dos homens que podem ser intensificados ou diminuídos pela arte".

Quão próximos são esses termos que questionam a existência do pintor, escultor, escritor, compositor, fotógrafo, arquiteto na África do Sul atual? De fato, eles são justapostos tanto quanto cognatos. E nisso, mais uma vez, representam a tensão entre o artista e a sociedade em que a criatividade dele é gerada. Pois a relevância tem a ver com acontecimentos externos, e o compromisso vem de dentro.

Para o artista negro nesse estágio de seu desenvolvimento, a relevância é o critério supremo. É por ela que sua obra será julgada *pelo seu próprio povo*, e *eles* são a autoridade suprema, porque é somente por meio deles que ele será capaz de romper sua alienação. O pensador da Consciência Negra, Bennie Khoapa, afirma que a única opção do artista negro é a transformação pessoal; ele deve estar pronto a concluir uma etapa de seu desenvolvimento e abandonar o papel de ser o mensageiro do que o poeta Mafika Pascal Gwala chama a "cultura do trailer e da piscina" oficial branca. A realidade externa pela qual a relevância mede com passos o valor de sua obra não está a um passo de distância dele: outro escritor, Njabulo Ndebele, diz que "os negros estão operando" dentro de "um ambiente educacional e intelectual assolador". A máxima filosófica de Sartre resume: "Os explorados experienciam a exploração *como sua realidade*" — o artista só precisa fazer o que todo artista deve realizar para tornar-se artista: enfrentar sua própria realidade, e assim terá interiorizado o padrão de relevância estabelecido no lado de fora. Então, teoricamente, ele resolve o problema estético e social, posiciona-se numa relação significativa com sua sociedade.

Mas a relevância, no contexto dos valores absolutos impostos ao artista negro pela nova sociedade com que está comprometido, tem outra exigência. A luta é o estado da consciência coletiva negra, e a arte sua arma. Ele aceita isso como o imperativo de seu tempo. Espera-se inevitavelmente que as armas sejam usadas dentro de uma ortodoxia prescrita pelo tratamento dado a essas coisas. Há um kit de expressões emotivas confiáveis para escritores, uma estética já pronta para ser usada por pintores e escultores, um índice não escrito de assuntos para dramaturgos e uma lista de imagens aprovadas para fotógrafos. A propaganda de agitação e rebeliões ata o artista com o meio pelo qual procura libertar as mentes do povo. É a licença para uma subarte falsa. Todavia, o artista negro tem consciência de que está comprometido, não apenas como um ato voluntário, mas pela sobrevivência de seu próprio ser e personalidade, com a libertação negra. É nesse ponto que, como artista, o compromisso assume a primazia, a partir de dentro, a partir da relevância, e o artista negro tem de afirmar o direito de procurar seu próprio vocabulário demótico artístico com que insuflar nova vida e coragem em seu povo. Seu compromisso é o ponto em que os mundos interno e externo se fundem; seu objetivo de dominar sua arte e seu objetivo de mudar a natureza da arte, criar novas normas e formas a partir e em prol de um povo em processo de recriação, tornam-se um só.

Para o artista negro, nem se discute a tendenciosidade da natureza da arte. Ele não pode escolher os termos de sua relevância ou compromisso, porque em nenhuma outra comunidade, a não ser naquela predeterminada que os negros interiorizaram, seus valores constituem a norma. Em qualquer outra parte ele não possui individualidade. O artista branco não está de todo na posição contrária; isso seria arrumado demais para a complexidade do estado da arte. Se quiser, ele pode encontrar o referente de sua obra num movimento estético ou ontológico dentro do sistema de valores tradicional para os brancos. Se o fizer, a cultura sul-africana branca não o repudiará. Ainda que decidisse ser relevante apenas para si mesmo e se comprometesse apenas consigo próprio, mesmo assim poderia encontrar alguma espécie de validade artística, desde que se contentasse em permanecer dentro do tipo de liberdade oferecido por esse sistema de valores fechado. Entretanto, a natureza em geral tendenciosa da arte na África do Sul, característica esmagadora na escrita, ainda que menos consciente na pintura e nas artes plásticas, mostra que poucos artistas brancos adotam essas opções. Pode-se inverter a proposição e afirmar que eles não "optam por dizer não" — não fosse o fato de que a rejeição de valores só para brancos não implica absolutamente a opção de dizer sim para a cultura negra. O artista branco, que vê ou sente por instinto que valores baseados exclusivamente nos brancos estão num estado não reconhecido de alienação, sabe que não será aceito, não pode ser aceito pela cultura negra, que procura se definir sem referência a esses valores que sua própria presença entre os negros representa. Todavia, por muito tempo — ao menos uma geração — o artista branco não viu seu referente confinado dentro de valores brancos. Por muito tempo supôs que a realidade objetiva pela qual sua relevância seria medida estava em algum ponto entre negros e brancos e abrangendo os dois. Agora descobre que não existe tal relevância; o negro tem recuado de uma posição em que a arte, segundo sua visão, assumia o papel liberal que Nosipho Majeke definiu como conciliador entre opressor e oprimido.

Se o artista branco romper sua dupla alienação, ele também terá de reconhecer uma falsa consciência dentro de si mesmo, também terá de descartar um sistema de valor baseado nos brancos que é moda dizer que "já não" corresponde às entidades reais da vida sul-africana, quando de fato nunca correspondeu. Mas, ao contrário do negro, ele não tem uma ligação direta, natural, congênita com essas entidades. Não estamos falando de modos e formas artísticas nesse ponto, mas da substância vital de que o artista tira sua visão. A exploração, que os negros *experimentam como sua realidade*, é algo que o artista branco repudia, do qual se recusa a ser o agente. Está fora de si mesmo; ele a experimenta por meio de uma atitude moral ou uma empatia racional. A criação negra de uma nova individualidade está baseada numa realidade que ele, como branco, não pode reclamar e que não poderia lhe servir se o fizesse, porque não está na sua ordem das coisas. Se ele quiser encontrar sua verdadeira consciência, expressar na sua obra as realidades de seu tempo e lugar, se quiser alcançar o estágio em que o compromisso cresce dentro de si e passa a um novo conjunto de valores baseado nessas realidades, tem de admitir de forma aberta que a ordem de sua experiência como branco difere completamente da ordem da experiência negra. Ele tem de ver a necessidade concomitante de encontrar um modo diferente daquele aberto diante do artista negro, de reconectar sua arte, por meio de sua vida, com a realidade total do presente desintegrador, e tentar, repensando suas próprias atitudes e concepções, a mesma posição que o artista negro busca alcançar: ser visto como relevante e tornar-se comprometido com entidades culturais comumente compreendidas, comumente criadas, que correspondem a uma realidade comum — uma cultura indígena.

Suponho que serei acusada de usar o esquema de uma filosofia de Consciência Negra. É uma indicação do repensar e refazer necessários nos contextos culturais sul-africanos, nos quais durante anos ninguém, nem mesmo os negros, jamais questionou o emprego exclusivo de análises culturais brancas. Na minha opinião, esta conferência não deve temer que cartazes políticos com as palavras "chute-me" sejam pregados em suas costas; deve asseverar a necessidade e o direito urgentes de usar quaisquer ideias, de qualquer fonte, que reflitam os fatos da vida ao nosso redor e penetrem a catarata de preconceitos que cresceram sobre nossa visão. Isso é coerente com o abandono das antigas posições dos brancos e negros na cultura e com o descarte da suposição de que a cultura baseada nos brancos é o meio-termo, tanto para os brancos como para os negros.

O que esbocei até agora é uma breve análise dos imperativos impostos aos artistas sul-africanos pela sua sociedade. Claro que não é tudo assim tão bem delineado. Quando nos voltamos para a natureza da obra que o artista produz, percebemos os problemas terríveis em que ele se enreda ao observar esses imperativos, ainda que, como no caso dos artistas negros, se sinta seguro de saber o caminho. A natureza da arte contemporânea aqui na África do Sul é, quanto ao tema, didática, apocalíptica, impregnada de autopiedade e autoacusação tanto quanto de denúncias. O *apartheid* em todas as suas manifestações, o insignificante bicho-de-pé que incomoda embaixo da pele, a bala que atinge o coração, molda o ethos do que é produzido até por um pintor não objetivo ou um arquiteto que busca uma estética para casas baratas que vão substituir uma encruzilhada demolida. Como Pieyre de Mandiargues diz num de seus romances: "Quando se experimentou um desastre que parece ultrapassar todas as medidas, não se deve recitá-lo, comentá-lo?".

Mas, quando propomos uma arte pós-*apartheid* — e devemos fazê-lo, *agora*, pela necessidade implícita dos fatos examinados até o momento, é expressa sem rodeios na pergunta do artista branco Andrew Verster: "Existe uma arte sul-africana ou ainda está por acontecer?" —, desligamos o terrível dinamismo de desintegração e desastre. O artista negro tem consciência de uma grande força prestes a eletrizá-*lo*, o impulso yeatsiano de "expressar uma vida que nunca encontrou expressão", sua parte na recriação de seu povo à sua imagem. Para ele, a nova orientação talvez já esteja estabelecida em termos psicológicos, mas não está absolutamente formulada por inteiro. O importante debate cultural que estava acontecendo no início e em meados dos anos 1970, em publicações como a *Black Review* anual e as publicações dos Programas da Comunidade Negra, foi interrompido pela proibição de organizações e indivíduos envolvidos. A arte negra não se visualizou realmente fora dos protestos. Nem chegou a lidar com aspectos da arte atual que depreciam a própria finalidade que a relevância lhes impõe — por exemplo, a conversão em mercadoria da escultura e pintura da "imagem negra", a produção de artefatos de protesto que o homem branco dependura na parede, assim como guarda uma bengala entalhada no corredor. Esses aspectos podem ter efeitos perigosos sobre o futuro da arte, podem acarretar uma distorção do momento de identificação entre o artista e seu tema, que Proust define como estilo. No calor do sopro do dragão no presente, essa negligência é mais que compreensível. Mas a compreensão não afasta os problemas que vão confrontar a nova cultura negra. Os pensadores negros têm consciência deles. Ezekiel Mphahlele e Lewis Nkosi começaram uma investigação há vinte anos, e seus ensaios foram proibidos. Nesta década, é uma ação sempre vergonhosa e criminalmente estúpida da parte do governo sul-africano ter reduzido o debate cultural negro a um caso clandestino que se mostra aqui e ali em revistas brancas e/ou literárias.

Os artistas negros estão primariamente interessados numa ressuscitação da cultura pré-colonial como um alicerce, concretado pela interrupção de uma cultura de base puramente branca, para uma moderna cultura africana indígena. Eles penetram o concreto com os tambores e a epopeia folclórica que celebram o passado e colocam efetivamente os heróis da presente luta de libertação — Mandela, Sobukwe, Biko, Hector Petersen — num Partenon de heróis culturais inspiradores junto com Plaatje e Mofolo, mas, para encarnar a realidade objetiva dos negros modernos, eles devem sintetizar com tudo isso as aspirações das pessoas que querem TV e jeans — o que George Steiner chama "a vida de sonhos e o vernáculo" da vida individual contemporânea. É relativamente fácil criar a arte de um povo — isto é, uma expressão estética da experiência fundamentalmente partilhada, durante um período em que a experiência central de todo mundo, intelectuais, trabalhadores e camponeses, é opressão: as leis do passe são um sombrio unificador cultural. É uma história totalmente diferente quando o impacto da experiência se fragmenta em categorias divergentes de experiência de classe. O objetivo negro confesso é uma cultura que nasce do povo e pertence ao povo, não a uma elite. Essa nova orientação implica afastar-se da Europa, mas ao mesmo tempo estabelecer uma relação essencial entre o passado e o presente tecnológico, reconhecido como algo distinto da ameaça inerente da cultura só branca, algo que não pode ser negado e está com os negros na África para sempre. O pós-*apartheid*, mais além da libertação no sentido político, e prosseguindo dentro do contexto total de libertação em que a cultura negra visualiza seu futuro — a menos que os artistas negros possam realizar uma forte síntese orgânica segundo essas diretrizes, sua arte será nostálgica, haverá para eles um hiato entre a vida moderna e a arte. Vão correr o perigo de passar para uma nova fase de alienação. As questões de relevância e compromisso aparecerão de novo. Isso pode não parecer uma grande preocupação na feroz urgência dos perigos atuais, mas é um dos muitos cuidados que torna permanente a luta do artista negro em busca da verdadeira consciência, e o futuro da arte na África do Sul incerto.

Se o artista branco passar a expressar uma vida que nunca encontrou expressão, isso pressupõe, por um lado, que a cultura branca se reconstituirá e, por outro, que a cultura negra o aceitará como alguém que começou a se empenhar por uma cultura indígena. Essa reconstituição poderia moldar sua visão, substituir as forças demoníacas da desintegração, que não só o impeliram para a alienação, como foram o seu tema. Mas, se isso não acontecer, ele conhecerá cada vez menos e verá cada vez menos, com a profunda compreensão e o olho interno necessário para a criação, as realidades objetivas que passou a reconhecer, quando rejeitou a falsa consciência constituída na cultura tradicional de base branca. Na era pós-*apartheid*, a posição do branco dependerá muito mais das forças externas que do artista negro. Tendo mudado sua vida, o artífice branco talvez demarque seu lugar numa verdadeira cultura indígena do futuro, reivindicando esse lugar pela natureza implícita do artista como agente de mudança, sempre em busca da verdade, da verdadeira consciência, porque a própria arte está fixada na obtenção dessa essência das coisas. Está *em sua natureza* querer transformar o mundo, assim como é uma *decisão política* para aqueles que não são artistas querer transformar o mundo. O sentido revolucionário, em termos artísticos, é o sentido da totalidade, a concepção de um mundo "íntegro", no qual a teoria e a ação se encontram na imaginação. Se esse mundo "íntegro" é o lugar em que a cultura branca e negra poderia se tornar alguma outra coisa, desejada tanto pelos negros como pelos brancos, é uma pergunta que não podemos responder, apenas buscar a resposta.

Embora eu seja branca e tenha pleno discernimento de que minha consciência tem inevitavelmente o mesmo matiz da minha pele, quando falei de atitudes e opiniões brancas, não assumi a responsabilidade de falar pelos brancos, mas citei atitudes e opiniões expressas pelos próprios brancos, ou manifestadas (na minha opinião) na obra deles. Quando falei de atitudes e opiniões negras, não assumi a responsabilidade de falar pelos negros, mas citei atitudes e opiniões expressas pelos próprios negros ou (na minha opinião) manifestadas na obra deles. É difícil terminar com o costumeiro tom promissor; o estado da cultura na África do Sul não o estimula. Entretanto, quando chego a ponto de empregar "nós" para falar pela nossa cultura, o pronome em si mesmo já expressa uma espécie de intenção coletiva obstinada que supõe haver ao menos a possibilidade de uma natureza única, comum, indígena para a arte na África do Sul. Qualquer otimismo só é realista se nós, brancos e negros, pudermos justificar nossa presença considerando-nos o que Octavio Mannoni, em seu estudo dos efeitos do colonialismo, chama "aprendizes da liberdade". Somente nessa qualidade podemos talvez esperar, vindo pelas Hex River Mountains ou pelo Drakensberg, aquele "convidado do futuro" que Nadezhda Mandelstam invoca, o artista como profeta da resolução de culturas divididas.

1979

Pula!

Botsuana

PULA. NO MEIO DO SUL DA ÁFRICA há um país cujo brasão de armas possui, em vez de algumas citações latinas alardeando poder e glória, uma única palavra: *chuva*.

No mapa, Botsuana aparece como um deserto grande tal qual a França. E às vezes, em Botsuana, olhando para as figuras de homens, o tronco de um espinheiro ou palmeira, um único burro, quebrando a luz branca, a terra parece uma imensa bandeja de areia em que esses figurantes estão cravados eretos como brinquedos de chumbo. Mas eles estão arraigados ali. A areia do Kalahari os nutre — capins, espinheiros, floresta de *mopane*, pássaros, animais e 600 mil habitantes. Eles vivem sobre a terra, dentro da terra e dela tiram seu sustento. Em alguns lugares a terra endurece formando uma crosta de sal; traga, no noroeste, as águas de um grande delta. Mas até a dessecação final do sudoeste provê uma subsistência árdua para aqueles — animais e homens — que sabem onde encontrar o alimento, e para aqueles que sabem como espaçar sua sede existe água, se cavarem a terra.

UM DESERTO É UM LUGAR sem expectativas. Em Botsuana, há sempre a possibilidade de chuva. A esperança de chuva. Chuva *é* esperança: *pula* significa realização e também chuva. Como lema político, o grito tem um som menos abafado que muitas variantes da palavra "liberdade".

Desde os tempos da conquista do sul da África pelos brancos no século XIX até 1966, Botsuana foi o protetorado britânico de Bechuanaland e, salvo para alguns grupos de antropólogos, que procuravam na região uma viagem de volta à cultura da Idade da Pedra ainda existente entre os bosquímanos do Kalahari, representava a "linha do trilho" entre a África do Sul e a Rodésia, que subia penetrando na sua fronteira ao longo da faixa de terra fértil colonizada pelos brancos. A Linha do Trilho ainda está ali, duas ou três cidades de fronteira — uma rua com a varanda do hotel e as lojas diante da estação ferroviária —, mas como modo de vida já não resume o país, apenas o passado colonial. A ferrovia de Botsuana era — e é — propriedade de um país vizinho, a Rodésia, também encarregado de administrá-la, e a capital de Botsuana era até recentemente uma cidade um pouco fora de suas fronteiras, na África do Sul. A capital nova em folha, Gaborone, fica só um pouco dentro das fronteiras; a força da gravidade econômica continua inevitavelmente puxando para o sul, onde estão estabelecidas as companhias mineradoras internacionais, cujas descobertas de cobre, níquel e diamantes embaixo da areia significarão, daqui a dez anos, o dobro da renda *per capita*, atualmente sobre a linha da pobreza. Gaborone está situada na Linha do Trilho, mas não faz parte dela, uma cidade completa e pronta para usar: uma Exposição da Independência em cujos pavilhões, depois das comemorações, as pessoas permaneceram. Residências consulares com bandeiras ondulando, um museu nacional, igrejas com campanários contemporâneos, o complexo de hotel/cinema/companhia aérea nacional/shopping que inclui até uma embaixada americana — uma civilização urbana de um só centro. Na praça do shopping, alguns espinheiros foram deixados para comprovar a savana vazia lá fora, mas os barbeiros, os mendigos e os vendedores de uma cidade africana são por demais assustados para montar seu negócio embaixo deles. Moças negras emancipadas bebem cerveja entre os homens num bar do hotel, agora, ao meio-dia. Dentre as alegres conversas na língua tsuana, escuta-se de repente, em inglês, com o tom autêntico de Gaborone: "Vou lhe dar três anos e depois me mando".

TEMPOS DE REFLEXÃO 355

MAIS DE VINTE ANOS ATRÁS, Seretse Khama, chefe nomeado dos bamangwatos e chefe supremo nomeado de todas as tribos de Botsuana, casou-se com uma moça branca enquanto estudava direito na Inglaterra, e foi exilado, pela administração colonial britânica, de sua casa ancestral em Serowe. Foi um dos maiores escândalos políticos da África, com todas as intrigas privadas de uma dinastia africana, a família Khama, para complicar a questão. Sir Seretse Khama, sagrado cavaleiro pelos britânicos, eleito pelo voto democrático, é agora o primeiro presidente de Botsuana; os bamangwatos continuam a ser a maior e mais ilustre tribo; Serowe permanece a sede dos Khamas, bem como a capital da província mais rica e provavelmente a última cidade africana — em oposição a colonial — do século XIX ao sul do Equador.

Em seu Grande Lugar, para onde os Khamas vão quando morrem, eles são menos enterrados que instalados em seu último turno de vigia sobre os bamangwatos. Chega-se ao Grande Lugar por um caminho íngreme atrás do *kgotla* varrido e cercado por uma paliçada — o tribunal e local de reunião da tribo ao ar livre embaixo de uma grande árvore — e dos silos onde água comunal ou grãos são armazenados. Sobre um morro que domina toda a cidade e ainda além, existe um terraço de túmulos construído com pedras rosadas — as urnas gregas, volutas de mármore e querubins da "arte funerária". O monumento real é o que a terra expeliu e tombou num afloramento para um lado, a Thataganyana Rock. Pequenos *dassies*[66] corcovados atiram-se atarantados para dentro e para fora de seus buracos petrificados que lembram bolhas estouradas.

Thataganyana é um soberbo posto de observação tanto para os vivos como para os mortos; apoiados no muro quente do terraço, olhamos para baixo sobre toda a vida dessa cidade tão diferente de qualquer outra, uma cidade ordenada guirlanda por guirlanda, e não em ruas ou quarteirões, anel após anel de seringueiras verdes cercando casas circulares agrupadas ao redor de paliçadas para gado feitas de troncos de árvore empedernidos e cinzentos. Bem ao longe, a quadra de um campo esportivo marcado no mesmo verde, e depois a planície felpuda coberta, pelo olhar, de várias camadas de capim

---

[66] Híraxes das rochas – mamíferos placentários de pequeno a médio porte, que existem atualmente apenas na África. (N. T.)

356 *Nadine Gordimer*

amarelo e arbustos verdes, até que ele rodeia alguns morros, um deles de cimo chato, que são exatamente os únicos morros lanudos desenhados em mapas antigos da África. Uma visão do olhar de Deus; pode-se também espiar dentro do quintal de cada casa, decorado e cercado por muros de barro. Uma mulher zumbe em sua máquina de costura. Homens batem papo encostados nos muros. Um bebê de tanga cambaleia ao redor; um velho com um terno preto de pastor, de chapéu e bengala, faz uma visita. Pode-se também escutar a vida de todo mundo: é tarde de sábado, e aquelas pessoas que decidiram matar um bode, fazer um pouco de cerveja de milho e armar uma festa — um modo popular de ganhar dinheiro, pois cobram ingresso — amplificam o jazz africano acima da batida oca de madeira sendo cortada. Continuamos a observar, enquanto a lua surgia e mal se distinguia com nitidez o pequeno gamo de bronze, símbolo dos bamangwatos em cima do túmulo de Khama III.

EM SEROWE, numa casa fria desolada com os drinques e as armas preparados na varanda, vive Sekgoma Khama, formado na Universidade de Dublin e primo do presidente. Ele é um jovem magnífico, belo e de olhos amendoados, com um riso estranhamente fatal — quando uma arma disparou entre nós, enquanto nos sacudíamos num caminhão cruzando o *veld* atrás de elandes, e a bala chamuscou a orelha de seu amigo íntimo, ele quebrou o choque com esse riso, não por zombaria insensível, mas como uma espécie de sorriso aos acasos da vida. A própria caçada tinha a natureza de uma busca: como autoridade tribal (o título democrático para chefe; ele está atuando nessa qualidade em lugar de um irmão mais velho que está no exterior estudando os problemas de países em desenvolvimento), ele tem o direito de matar uma só cabeça da rara espécie por estação. Partiu cedo conosco entre um grupo de amigos hospedados em sua casa — um jamaicano, um geólogo africano (ainda mais raro que o elande), uma bela jovem sueca que estava ajudando a fundar uma indústria têxtil artesanal na cidade, e todo um círculo de homens armados. Meia hora fora de Serowe o vermelho *hartebeest* [67] com suas peles de um cobre fosco apareceu, não reconhecendo a morte quando um dos seus

---

[67] Antílope africano. (N. T.)

tombou, mas um pequeno rebanho de elandes foi tão elusivo quanto qualquer unicórnio. Seus largos flancos claros sempre parecem se apresentar unidimensionalmente, assim como surgem nas pinturas dos antigos bosquímanos; eles nos guiaram numa dança da savana para o cerrado, onde desapareceram com cautela entre biombos de árvores, enquanto até mesmo a pontaria exímia de Sekgoma errava o alvo.

Quando o irmão voltar, Sekgoma Khama retomará sua ocupação integral de administrar as terras e o gado da família Khama e de servir nos Conselhos da Terra que, tanto quanto a troca para economia monetária, mudarão a estrutura da sociedade de Botsuana. Ele considera a mudança não como um abandono, mas uma transposição de instituições tradicionais: o gado como uma riqueza não de capital — que constituía a base da economia — torna-se "uma operação da fazenda"; o monopólio tribal da terra se atenua, quando a alocação de terras se torna uma questão de requerer a um conselho governamental em vez de a chefes locais. Ele se sentiu em casa na Dublin de Joyce; homem de sorte, isso não o faz sentir-se nem um pouco menos à vontade ao se sentar sob a árvore no *kgotla*, conciliando alguma disputa entre os 36 mil habitantes de Serowe. Demonstra inquietação apenas em relação a uma coisa: "As descobertas minerais até agora estão todas em nossa Província Central.... talvez seja uma situação delicada, politicamente...".

Os bamangwatos, ao que parece, não podem deixar de ser um povo favorecido; para eles, o grito *Pula* não fica sem resposta.

Como a posse de gado, a caça foi sempre o modo de vida dos habitantes daqui, ao passo que em outras regiões da África nos tempos coloniais tornou-se rapidamente o privilégio dos brancos. Num país sem quadros de avisos (nem mesmo sinalização nas estradas), um par de chifres numa árvore marca uma saída da estrada ou o caminho para um entreposto de gado, e em qualquer lugar com habitações, ossos e peles da caça dependurados para secar são familiares como um jardim diante da casa no contexto de outras vidas.

Apesar disso, Botsuana é um dos poucos países da África que ainda tem grandes rebanhos de caça, não só nas reservas, mas vivendo ao lado dos homens. O Kalahari, hostil à agricultura, é o que tem salvado os animais, e eles aprenderam a subsistir com peles lisas durante os meses da seca aproveitando o denso orvalho do deserto condensado na vegetação dura. Agora há um conflito entre, de um lado, o governo refletindo o interesse do mundo ocidental em preservar a vida selvagem no Terceiro Mundo e, de outro, a curiosa aliança inconsciente de interesses entre os africanos que sempre caçaram para comer e os brancos que caçam para obter troféus de caça e casacos de pele. Nos dias que correm, o vocabulário de estudos ambientais em voga está sendo invocado por pessoas do comércio de peles e ossos. Em Francistown, na Linha do Trilho, ao caminharmos numa "indústria de caça" em meio a montes de patas de elefante decepadas e tonéis de peles de impala e zebra imersas em líquidos, escutamos uma aula erudita sobre a viabilidade ecológica de todo esse negócio altamente lucrativo — os povos indígenas continuam a se sustentar com a caça de animais indígenas, em lugar de desenvolver o emprego agrícola e industrial para o povo e a proteção para os animais. O próprio equilíbrio da natureza estava sendo preservado, disse nosso informante branco culto, pois só se compravam dos africanos as peles de espécies abundantes e utilizava-se toda sobra do produto — e a essa altura tínhamos abandonado o cheiro enjoativo dos barracões de tratamento das peles e estávamos numa oficina onde belas e nobres criaturas como as que tínhamos perseguido na planície fora de Serowe começaram finalmente a aparecer: na forma de suporte para guarda-chuvas feito com patas de elefante, luminárias de patas de avestruz e banquinhos de bar forrados com pele de zebra. No departamento de taxidermia, um leão de algum caçador de safári estava tendo sua pele ajustada sob medida, com pequenas tiras de fita cosmética para mantê-la no lugar sobre o enchimento. Uma medonha situação ecológica a que se tinha dado uma licença científica duvidosa para continuar a húbris colonial na beleza dos animais selvagens consumida de forma *kitsch*.

Há uma única estrada para o oeste, e ela conduz por 482 quilômetros de Francistown até Maung, o último lugar no mapa que significa mais que um armazém, um poço e uma vila de barro. No início da estrada, a terra escasseia e o Kalahari se inicia, depois a estrada contorna a crosta branca das salinas de Makgadikgadi, e as coroas de palmeiras ilalas aparecem eretas como moinhos de vento quebrados. Como se suas partes separadas tivessem voltado a se reunir, encontramos ao longo da estrada impalas, antílopes órix coroados com chifres retos como antenas, kudus de chifres elaboradamente curvos, avestruzes com patas de dançarinos num "balé *drag*".

No fim da estrada, Maung tem a irrealidade de qualquer oásis; nenhuma relação entre o azul-escuro e verde do rio Thamalakane brilhando entre altas figueiras agrestes e a monótona vila de cabanas cinzentas sobre uma infindável areia cinzenta a cem metros de distância. Riley's Hotel (a velha missão da antiga Sociedade Missionária de Londres convertida em hotel por um aventureiro pioneiro irlandês, agora morto e legendário) e Riley's Garage são a fonte de tudo: o grande bar atrás de telas contra mosquitos onde africanos de colarinho branco adotaram o jogo de dardos entre *habitués* brancos pesadões, os poços de graxa onde se tira dos caminhões e Land-Rovers a areia que entope as peças internas dos motores. Veículos de carga pesada com tração nas quatro rodas são para Maung o que os navios são para um porto — sua imagem de poder e liberdade não só traça a linha divisória entre a estrada e a areia com a impressão do rastro dos pneus, mas também domina a imaginação das crianças negras: seus brinquedos são miniaturas de caminhão feitas em casa com arame dobrado sobre rodas improvisadas com latas de leite condensado.

Caminhando pela vila, lemos um novo tipo de anúncio de "Homem Procurado". Oferecia-se recompensa por Diphetho Monokrwa, "visto pela última vez seguindo um rebanho de búfalos". Às nove da manhã, encontramos um grupo de mulheres usando vestimentas vitorianas embelezadas com joias e turbantes orientais, e elas estão sentadas na areia como bonecas de capas para telefone,[68] e comendo descansadamente um lanche composto de chá e mingau. Antes da guerra de 1914-1918, o povo herero fugiu do genocídio alemão no Sudeste da África (Namíbia); aqui eles ainda vivem, suas extraordinárias mulheres pavoneando-se entre as galináceas tsuanas. Essas são as mulheres que desempenharam o papel de Lisístrata sem jamais terem ouvido falar dela — recusaram-se a ter filhos enquanto os homens se subme-

---

[68] Em muitas casas burguesas da primeira metade do século xx, era um costume elegante cobrir o aparelho telefônico com uma capa encimada por uma pequena boneca, em geral de porcelana.

tessem à opressão alemã. Somente esse tipo de espírito feminino poderia sustentar uma vaidade assim colossal, arrastando largas saias pela areia, andando espartilhadas até a garganta no calor, engomando babados com ferros de passar aquecidos no fogão, criando na pobreza um esplendor reciclado com pedaços do que se desgastou. Depois da refeição, elas passaram ao redor uma xícara de sal e um espelho de mão; cada uma limpou os dentes com um dedo coberto de anéis e deu uma olhada crítica em seu rosto no espelho.

Maung é o último lugar onde se pode comprar um pão por muitas centenas de quilômetros. É também a plenitude do delta Okavango, e pode-se escapar da desolação e voar até lá em poucas horas para andar de canoa, pescar e observar os pássaros e a caça. O Okavango, chamado erroneamente de pântano, é um vasto sistema de braços de água clara estagnada, criado pelo rio Okavango e pelas águas das enchentes sazonais que em maio descem da região montanhosa de Angola. Ao menos um dos campos safáris que estão se estabelecendo na área tem sua própria pista de aterrissagem. A pouca distância da Reserva de Caça Moremi, num *"kraal*[69] de caça" de estilo próprio, construído com junco e colmo para abrigar uma espécie rica de turista, cada suíte tem sua privada portátil em cores pastel e cada hóspede o seu criado pessoal. Pois os Francis Macombers de vida dura estão sendo substituídos pelos cultores da vida selvagem, e os caçadores brancos, empurrados para o sul até Botsuana, já foram até onde podem ir, e muitos estão se dedicando, por questão de sobrevivência, a guiar safáris fotográficos e a estudar ornitologia para agradar aos clientes observadores de pássaros. Derek "Kudu" Kelsey é um desses adaptáveis, agora tão pronto a direcionar a câmera do fotógrafo amador para que ele possa levar para casa a foto troféu quanto outrora o caçador branco devia colocar seu cliente na posição em que a arma não poderia errar o alvo. Mas embora o sr. Kelsey seja um perfeccionista, limando o espinho adunco maligno de cada calombo das magníficas árvores *mukoba* de seu *kraal* para que o hóspede não venha a sofrer nem um arranhão nas mãos da África, ele retém um traço de bufonaria encantadoramente espontânea dos tempos coloniais mais turbulentos. De manhã, ele nos levou de canoa, com

---

[69] Vila de cabanas. (N. T.)

pleno conhecimento da área, pelas vias aquáticas criadas pelos hipopótamos através dos papiros, vias que seguem numa viagem de muitos dias Okavango acima; à noite apareceu de smoking e calças arregaçadas acima dos tornozelos nus e sapatos *veldskoen*,[70] e tinha arranjado uma "música para o jantar" a ser providenciada pelos avôs, esposas e bebês de uma vila próxima, que se sentaram ao redor do fogo batendo palmas e entoando seus cantos narrativos. Mais tarde, apareceram dançarinas, na forma das filhas de seis ou sete anos dos garçons, que abandonavam uma doce timidez para requebrar freneticamente seus pequenos corpos enfiados em saias de capim.

COMPRAMOS AQUELE ÚLTIMO pão em Maung.

Carregando nossa água e gasolina, bem como alimentos, partimos de novo para o oeste entrando no Kalahari. Há estradas marcadas no mapa, mas uma meada frouxa de trilhas enreda a areia a partir de Maung, e não importa realmente que trilha se escolhe, desde que ela seja adequada à bitola das rodas do veículo e que se permaneça nela.

Chegamos ao lago Ngami à noite, estendemos os sacos de dormir sobre areia anônima numa escuridão anônima. Nossos faróis mostravam estranhamente que as cabinas dos caminhões tinham escavado túneis decorativos em densos espinheiros. Não sabíamos de que lado estava o lago, apenas que as poucas luzes no mato eram da vila de Sehithwa. Não se pode estar sempre seguro da presença do lago por ali: quando Livingstone o viu, em 1849, ele tinha 112 quilômetros, mas há anos em que desaparece completamente; é um dos pontos mais longínquos em que o delta é tragado pelo deserto.

Neste ano está ali, com aproximadamente treze quilômetros, pela manhã. A princípio, como um longo raio de luz visto entre a fenda das pálpebras. Não há árvores nas margens; não há margens. Às vezes por minutos, quando nada está voando, parece vazio de vida. Mas depois, de um certo ângulo, os pássaros roçando pela água e as ameias da massa líquida são uma coisa só, de modo que toda a superfície é feita de asas cinzentas. O que parece ser beiradas de água e lama são milhares de patos a deslizar, quietos e unidos; uma margem de areia

---

[70] Botas de cano curto. (N. T.)

branca na distância é realmente um bando sólido de flamingos. O mato está recuado, a oitocentos metros da água. De repente, vejo explosões silenciosas de poeira se erguerem do meio dos arbustos, e, enquanto observo, rebanho após rebanho de gado, pretos, castanho-avermelhados, brancos e malhados, variações pontilhadas e matizadas dessas cores, explodem do mato e avançam em câmera lenta, por causa da umidade pesada que suga seus cascos; através das linhas horizontais de capim, céu e água. De vez em quando passam vaqueiros a cavalo com cachorros magros a enfiar focinhos de roedores em cada rastro; em meio a todo esse gado, um dos homens se aproxima e me pede leite. Os cavalos, com água pelos joelhos, sacodem as crinas como garotas vaidosas banhando-se. Pelicanos na água transformam o lago numa banheira infantil cheia de brinquedos de plástico. Os flamingos não se mexem até a tardinha, quando, ao se elevar, a cor embaixo de suas asas parece escorrer na água como sangue vazando de um corte no dedo. À medida que o dia avança, interpõem-se névoas de calor — entre a terra e a água, entre uma camada de pássaros ou animais e outra —, novas superfícies transparentes de uma água que já não existe. A paz, nascida das incertezas passivas deste belo lugar, num ano um lago, no outro um leito seco de juncos! Sobre o horizonte trêmulo podem-se apenas divisar dois morros atraentes — Os Peitos da Cabra. Em anos de seca, dizem, é possível atravessar o lago de carro e passar reto entre esses morros. É o caminho para Ghanzi, por onde passam as grandes boiadas tangidas para o sul; e seguindo adiante, no deserto profundo, até os não lugares onde os bosquímanos se refugiam da ameaça de outros homens.

Ninguém tinha sido capaz de concordar sobre onde se encontraria gasolina ou água potável nos 320 quilômetros até os morros Tsodilo. Mas ninguém nos tinha falado tampouco da existência do bar do Marcos, descoberto no deserto cinza pálido da vila de Sehithwa, onde nos sentamos, sem acreditar, para beber uísque gelado e discutir a respeito de um problema matemático do curso por correspondência que o jovem balconista do bar da vila estava fazendo.

As vilas eram ainda mais austeras que os trechos desabitados, reduzidas a casas de barro sem sombra, um único armazém, num vazio limpo de espinheiros pelo apetite dos bodes e necessidade de combustível. Austeras, mas não desoladas: o armazém estava sempre cheio de pessoas comprando conchas de açúcar e farinha de milho diante de prateleiras de arame trançado que ofereciam tônicos para o sangue e brincos dourados, e armações nas quais se viam vestidos empoeirados atados em cadeia. Não havia verduras para comprar; apenas as frutas marrons brilhantes da palmeira ilala, arranjadas em pirâmides frugais sobre a areia. Quando comi uma laranja de nossas provisões, me vi saboreando cada sorvo e bocado até o cerne; a casca brilhante jogada fora era uma extravagância de fragrância e cor.

A estrada como experiência abrangente preenchia cada quilômetro e hora, quer se estivesse rodopiando o volante em decisões de segundos e batendo para diminuir cada vez mais a marcha, quer simplesmente se concentrando em manter o equilíbrio na lugar do carona. Em algumas partes, a areia não tinha fundo, sem leito de rochas: buracos cobertos com ramos e espinheiros quebrados pareciam ser e eram armadilhas — as rodas de outros veículos os tinham escavado. A companhia da estrada era a dos desamparados: grandes caminhões encalhados, desvalidos, seus passageiros filosoficamente fazendo chá e amamentando os bebês em sua sombra. Independentemente de sua condição, o código da estrada tornava impossível dizer quando e aonde se esperava chegar, pois parava-se para ajudar com água e cigarros, ou uma corda de reboque e qualquer tração humana que se pudesse reunir. Há uma galhardia da mata no modo como os botsuanos saíam por esse seu deserto sem uma bomba de ar ou estepe de pneu, sobrepondo calmamente a carga humana de um caminhão sobre o outro quando os veículos quebravam.

Aqui se torna verdade que é a viagem que importa, e não a chegada; esquecemos que tínhamos um destino. Mas, na vila de Sepopa, arrumamos um guia com o chefe e fomos informados de que tínhamos apenas oitenta quilômetros pela frente. Uma trilha não identificada virava abruptamente para a esquerda, de lugar nenhum para lugar nenhum. Durante quilômetros, nos vimos deslocados, fora da África, ainda dando guinadas sobre a areia, sim, mas passando por um bosque de faias europeu, incendiado de outono — estávamos numa floresta de *mopane*. Atrás das árvores, a primeira visão de um fundo azul enevoado; e então, quando a floresta se diluiu numa planície pálida, um morro em forma de baleia saiu da mata, o morro Macho do Tsodilo.

O Tsodilo é chamado de morro, mas uma montanha ser uma montanha ou um morro ser um morro não é uma questão de altura, mas de presença. Depois de centenas de quilômetros de linhas horizontais de areia, esse mastodonte de rocha é a presença de uma montanha; e a emoção que se experimenta na sombra escura fria que ele projeta sobre a tarde é a inquietação engendrada pela autoridade primeva de uma montanha. Atrás do Macho está o morro Fêmea, a escarpa e o declive de cores calcárias suaves, flancos de pedra que são oliva, rosa, violeta esfumaçado, e atrás desse existe uma série de anfiteatros escondidos, baías de calor e quietude. E, quando se sobe o morro em meio ao último luxo real que restou, um silêncio ilimitado, denso de muitos anos, descobrem-se por acaso, com uma estranha contração da percepção, pinturas feitas sobre a rocha. É como se, a partir desse silêncio, esse lugar falasse. Há rinocerontes, zebras; numa ameia ocre-escura — totalmente livre de blocos de rocha circundantes cintilando com escamas lívidas de líquen — um elande e uma girafa. Numa fenda fria, deitamos de costas (como o artista deve ter feito ao trabalhar) para ver uma linha de dançarinos com inocentes pênis eretos, que não têm significação erótica e persistem como uma característica permanente da anatomia dos bosquímanos, mesmo hoje. Entre os animais, desenhos esquemáticos e homens, havia em terracota impressões das mãos dos artistas, ou talvez de outros, menos talentosos, que desejavam asseverar sua presença. Eram do tamanho da mão de uma criança; inevitavelmente, medi as minhas por esse modelo, roçando desajeitada através do passado. Ninguém sabe com exatidão a idade dessas pinturas bosquímanas, mas os bosquímanos erraram nessa região da África por mil anos, e os sobreviventes perderam há muito tempo a arte, não se tendo registro em nossa memória viva de que pintem. As pinturas só foram reveladas para o mundo na década de 1950; e novas pinturas são encontradas por qualquer um que tenha alguns dias para passar procurando. Mas são muito poucas as pessoas que viram até essas que são conhecidas; em agosto, éramos apenas o oitavo grupo de viajantes a visitar Tsodilo naquele ano.

Havia uma vila de 25 ou trinta pessoas logo além do alcance da sombra vespertina do morro Macho de Tsodilo. Era um pequeno clã de mbukushus, cujo mito de criação do mundo tem como sítio os morros Tsodilo. Nyambi (o deus) fez os homens e os animais descer do céu por uma corda até o Tsodilo, e assim o mundo começou.

Fomos visitar a vila com nosso guia, que tinha uma carta para um dos habitantes. Mais além de Maung, não há agências de correio, e as cartas serão levadas pelo caminhão que por acaso estiver seguindo para o ponto mais próximo do endereço do destinatário. Ninguém na vila sabia ler; a velha, para quem a carta fora enviada, devolveu-a a nosso guia e acomodou-se de cócoras para escutar, enquanto ele lia em voz alta. Era do filho dela, que trabalhava numa mina de ouro perto de Johannesburgo, a mais de 1.600 quilômetros na República da África do Sul. O nosso guia, quando jovem, estivera também afastado nas minas; uma das mudanças que o governo de Sir Seretse Khama está determinado a fazer é acabar com a necessidade de Botsuana exportar seus homens como mão de obra contratada, mas a experiência de ir para as minas está entranhada profundamente na vida remota e mudou para sempre antigos padrões de existência — o alcance mais longínquo, consequentemente muito além de seu poder militar, do sul branco. A carta das minas foi lida mais uma vez — podia-se ver a concentração vívida das reações estremecendo a face da velha — para que ela se lembrasse com precisão das palavras a ponto de poder se referir ao texto.

Enquanto isso, as mulheres e crianças tinham se reunido, e eu distribuíra os restos de um pacote de doces que por acaso tinha. Não era o bastante para todos; mas o ascetismo gerado num ambiente parcimonioso tem seus próprios prazeres. Essas crianças que nunca ganhavam doces exibiram até o contrário de um anseio por eles. Um doce dava para quatro, dividido escrupulosamente de boca em boca. O papel de embrulho foi chupado. Os dedos, lambidos tão lentamente que a pele morena rosada aparecia entre a sujeira. Uma menina bosquímana tannekwe e seu irmão pequeno receberam sua cota — um tímido par amarelo com olhos orientais e narinas delicadas como conchas. Eram provavelmente os filhos de uma família escravizada pelos mbukushus.

As mães mbukushus, bonitas, negras e redondas, tinham uma rainha entre elas, que se mantinha alta e um pouco afastada, com um sorriso divertido de recusa na boca sardônica. Ela usava perversamente uma velha toalha listrada que cobria pela metade seu saiote feito à mão com contas, conchas, penas de avestruz e tiras de couro, e suas longas pernas com braceletes de cobre e couro nas panturrilhas, mas seus delgados ombros de rapaz e os seios chatos, que seu corpo parecia quase desdenhar, a afirmação de seu longo pescoço e a cabeça rapada resolviam todas as contradições estéticas. A parte dianteira do morro Macho erguia-se atrás dela. Às vezes encontramos uma criatura, humana ou animal, que expressa o lugar em que existe como nenhuma outra. No Kalahari, essa mulher dos mbukushus era tal criatura.

Quando seus ancestrais migraram do norte no início do século XIX, ganharam entre as tribos tsuanas a reputação de grandes fazedores de chuva. Praticavam sacrifícios de animais para fazer chuva; hoje fazer chuva está sendo substituído por projetos de conservação da água, como o do rio Shashe no sul, e planos de irrigar o deserto com a água do Okavango, mas os mbukushus ainda falam por Botsuana quando seu fazedor de chuva pede a Nyambi, empregando a antiga fórmula: "Não faça raios demais; apenas nos dê uma água tranquila para que possamos ter alimentos".

1979

Os Anos 1980

A Prisão do Colonialismo

Olive Schreiner de Ruth First e Ann Scott

Quem está habilitado a escrever sobre quem? Os indivíduos não obtêm muitas vezes os biógrafos que suas obras e vidas requerem; são transformados, depois da morte, no que não foram. Deve haver bastante fúria fumegante além-túmulo.

Olive Schreiner foi uma das mais mal servidas, da versão de sua vida apresentada pelo marido, de acordo com o que um marido gostaria que sua famosa esposa escritora fosse, à seletividade hagiográfica de duas ou três outras biografias que apareceram desde sua morte, em 1920. Por fim, apresentaram-se candidatas perfeitamente habilitadas: duas pessoas que representam uma combinação dos aspectos dominantes do caráter de Schreiner; seu feminismo e seu senso político; e cada uma delas corrige o viés preocupante da outra.

O feminismo de Schreiner seguiu o empuxo dos laços coloniais com um "lar" europeu, foi concebido em relação à posição das mulheres na Europa do final de século XIX; com seu tratado, *Woman and labour*, é a Mãe Fundadora da libertação das mulheres na Grã-Bretanha, e uma de suas duas novas biógrafas, Ann Scott, é uma jovem inglesa feminista. A consciência política de

Schreiner era específica, pela sua compreensão da relação do imperialismo capitalista com o racismo na África do Sul; e Ruth First, sua outra biógrafa, é uma ativista radical sul-africana,[1] pensadora e excelente escritora que foi para o exílio na Grã-Bretanha anos atrás, mas está agora novamente perto de seu — e de Olive Schreiner — verdadeiro lar, ensinando na Universidade Eduardo Mondlane, em Moçambique.

First e Scott formam uma soberba combinação, e fica-se curioso para saber como superaram as tremendas diferenças entre suas duas abordagens ideológicas. Tome-se a declaração: "Tentamos criar uma mulher psicologicamente verossímil do final do século XIX, baseando-nos em grande parte na linguagem psicanalítica do século XX". Terá Ruth First sido capaz de adotar essa abordagem básica por causa da nova atitude em relação à psicanálise que tem penetrado o pensamento marxista pela obra de Jacques Lacan e outros desde o fracasso do levante estudantil de 1968 em Paris? O livro é um modelo de colaboração e erudição desinteressada, e a conciliação que alcança entre os pontos de vista das autoras e seu tema propicia grande proveito ao leitor.

Essa biografia estabelece um nível de investigação que nenhum biógrafo anterior estava talvez em posição de tentar. Tão à frente de seu tempo, Schreiner foi obscurecida nos anos que se sucederam pelo tipo de avaliação crítica então predominante. Agora First e Scott podem escrever:

> Consideramos o relato da vida de Olive Schreiner um produto de uma história social específica. Não examinamos apenas o que ela experimenta, mas como ela, e outros, percebiam essa experiência; o conceito com que seus contemporâneos compreendiam o mundo e, além disso, a consciência que era possível para o seu tempo — depois de Darwin, antes de Freud e durante o período em que *O capital*, de Marx, foi escrito.

Olive Schreiner nasceu de pais missionários, na África do Sul, e, como uma governanta de 21 anos, escreveu em 1886 *The story of an African farm*, um romance que lhe trouxe imediata fama mundial, que tem perdurado

---

[1] Ruth First foi assassinada pelo regime do *apartheid* em agosto de 1982. Um pacote aparentemente comum que lhe foi enviado em Moçambique explodiu — continha uma bomba —, quando ela o abriu, matando-a. Em 2010, ela é uma das reverenciadas heroínas da luta sul--africana pela liberdade.

desde então. Tanto em sua obra como na vida (ela tinha a percepção missionária de que eram uma coisa só), torna-se claro nesse estudo que ela foi tolhida crucialmente pela necessidade de combater os modos de pensamento que a aprisionavam e a outros, equipada apenas com os métodos disponíveis dentro desses conceitos. Apenas uma vez inventou uma forma para transmitir sua percepções avançadas: uma forma literária, para *The story of an African farm*. Sua novela sobre a conquista da Rodésia, *Trooper Peter Halket*, apresenta uma interpretação tão verdadeira de realidades históricas, relidas durante a semana de comemorações da independência de Zimbábue, quanto Schreiner reivindicava ter realizado, quando a escreveu durante a conquista de Mashonalândia pela Rodésia; mas tem o tom monótono nasal, moralizador de um sermão. Quando quis encontrar um modo de expressar sua visão política, adotou a forma da alegoria, típica do moralismo vitoriano hipócrita que rejeitara com suas crenças religiosas.

Sobre sexo, mentia a si mesma continuamente — protestando a seus amigos masculinos que queria "amor e amizade sem nenhum elemento de sexo" em cartas cuja própria sintaxe sublinha um desejo sexual ansioso. Reconhecia as necessidades sexuais das mulheres num período em que eram treinadas para acreditar que seu papel consistia meramente em "suportar" as necessidades sexuais dos homens, mas ela usava subterfúgios vitorianos (no mesmo nível da "melancolia"), disfarçados de feminismo, para esconder uma sensação de vergonha em relação à ideia de seu próprio apetite sexual. O espetáculo da rebelde espatifando-se contra as vidraças frias da convenção é o de uma criatura duas vezes capturada numa armadilha: por uma história social específica e pela consciência que lhe era possível na época.

First e Scott sugerem ainda que a reputação de Schreiner como escritora imaginativa tem sofrido com a "visão persistente de que seu comentário social é importuno e nocivo para a obra"; o romance — *The story of an African farm* — em que essa reputação se assenta tem sido aclamado, às vezes por pessoas que não partilhavam nem mesmo de suas opiniões liberais, muito menos do elemento radical nelas contido, como uma obra cujo engenho está em "transcender a política" e, por extensão, o zelo político de Schreiner. As presentes biógrafas terão interesse em saber que uma tendência inversa está aparecendo agora na crítica sul-africana; Schreiner já não é elogiada por pairar acima da política, mas atacada por se revelar nada mais que o albatroz de asa quebrada do pensamento liberal branco. C. I. Hofmeyer, um jovem conferencista branco numa universidade "étnica" para indianos sul-africanos, disse numa conferência recentemente:

> Embora Schreiner soubesse da capacidade do especulador e do capitalista para triunfar por causa de seu acesso ao poder, ainda assim continuou a nutrir um otimismo tênue de que a justiça, a igualdade e a retidão da democracia liberal viriam a triunfar por meio da ação dos remanescentes liberais "esclarecidos" da comunidade inglesa. Claro, isso não aconteceu, e a democracia burguesa, em que Schreiner depositara suas esperanças, logo se transformou no Estado colonial repressivo. Esse desenvolvimento é significativo na medida em que mostra as fraquezas no pensamento de Schreiner e de sua classe.

Se Schreiner foi um "gênio", continuou o conferencista, essa era "uma categoria crítica que obscurece até que ponto ela estava enraizada nas pressuposições do século XIX".

Que se possa ou não engolir essa (antiga) visão de gênio como um conceito determinado pela classe em vez de um atributo inato e congênito — e que Schreiner o tivesse ou não —, o certo é que a tensão em sua relação com essas pressuposições do século XIX, tão brilhantemente transmitida nesse livro, foi a fonte de suas realizações e fracassos.

Como outros escritores sul-africanos (William Plomer, Roy Campbell, Laurens van der Post) num período que se estende até depois da Segunda Guerra Mundial, quando autores negros e brancos se tornaram exilados políticos, Olive Schreiner tinha os olhos voltados para a Europa e rumou para o velho continente. Alguns iam de modo permanente, depois do sucesso inicial da obra nascida especificamente de sua consciência sul-africana. Outros iam de modo ostensivo, porque tinham sido insultados por desmascarar o "tradicional" modo de vida sul-africano mostrando o que ele é (Plomer, *Turbott Wolfe*). Mas o motivo era uma profunda sensação de privação, de que, vivendo na África do Sul, eles estavam cortados do mundo das ideias; e subjacente a esse fato incontestável (particularmente para Schreiner, em seu tempo) estava outra razão, que alguns tinham uma suspeita inquietante de ser a *real* fonte de sua alienação, embora só conseguissem expressá-la de modo negativo: que o ato de embarcar no navio de correio Union Castle rumo ao que era o único "lar" cultural que podiam imaginar, por mais que todos repudiassem o jingoísmo, pertencia ele próprio ao filistinismo do qual queriam estar a um oceano de distância. Até Sol Plaatje, um dos primeiros escritores negros, tinha esse instinto, pois empregava gêneros ocidentais — jornalismo, o diário, o romance — para expressar a consciência negra.

Eles partiam porque a cultura em que seus escritos podiam deitar raízes não estava sendo criada: uma cuja base seriam as culturas negras indígenas interpenetrando-se com as formas culturais europeias, entre as quais estava a literatura; e porque as obras que tinham escrito — ou teriam considerado seu dever tentar escrever, se quisessem expressar a vida ao seu redor — eram contradições solitárias do modo como essa vida estava sendo conceituada política, social e moralmente.

Olive Schreiner sentia-se sufocada (a asma de que sofria é uma metáfora perfeita) pela falta de qualquer troca de ideias que questionasse a sociedade da fronteira em que vivia. Suponho que se deva admitir que ela tinha o direito de se preocupar com um dilema genérico, universal: o do sexo feminino. Durante seus anos inquietos de exame de consciência na Inglaterra e na Europa, e sua associação com Havelock Ellis, Eleanor Marx, Karl Pearson, sufrágio feminino e socialismo inglês na década de 1880, ela estudou intensivamente teorias sobre raça e evolução, e participou de movimentos sociais e políticos progressistas; mas o feminismo era sua motivação mais forte. Contudo, o fato é que na África do Sul, agora como naquela época, o feminismo é considerado, pelas pessoas cujo pensamento sobre raça, classe e cor Schreiner antecipou, uma questão sem relevância para o problema real do país — que é libertar a maioria negra do domínio da minoria branca.

Suas biógrafas apontam que, vivendo novamente na África do Sul, ela se demitiu da Liga pela Emancipação das Mulheres, quando a definição da qualificação necessária para votar foi alterada de modo a excluir as mulheres negras. Mas, no contexto sul-africano, ao qual sempre sentiu que pertencia e ao qual sempre retornou, no final, para morrer, a questão das mulheres definha se comparada com a questão do Estado sem voto e sem poder dos negros sul-africanos, independentemente do fator sexo. Era tão bizarro então (quando uns poucos negros na Colônia do Cabo tinham um voto muito limitado por ressalvas) quanto agora (quando nenhum negro na República da África do Sul tem voto) considerar uma campanha pelos direitos das mulheres — negras ou brancas — igualmente relevante para a situação sul-africana. Schreiner não parece ter visto que seu senso de identidade ultrajado, como mulher, que sua libertação era uma questão secundária dentro de sua situação histórica. Ironicamente, nesse ponto pelo menos, ela partilhava a característica mais persistente de seus colegas colonos (não levando em consideração as prioridades das entidades reais ao redor dela), ainda que acreditasse estar protestando contra o racismo.

First e Scott fornecem um relato fascinante do neuroticismo dessa mulher surpreendente, em cuja consciência torturada e intensificada existiam todas as contradições inerentes a seu sexo e tempo. Entramos nessa biografia como numa boa discussão com pessoas mais bem informadas que nós sobre o assunto.

Quanto a mim, sou levada a perceber a questão da realização de Olive Schreiner exclusivamente como escritora imaginativa, em relação aos fatores conceituais determinantes dentro dos quais vivia, mesmo enquanto os combatia. First e Scott citam o argumento — e acho que elas a veem injustiçada por esse raciocínio — de que depois de *African farm* sua criatividade desapareceu "nas areias da panfletagem liberal". A observação foi originalmente minha. A biografia confirma, para mim, que, apesar de tudo o mais que possa ter realizado, Schreiner dissipou sua criatividade escrevendo folhetos e panfletos em vez de ficção. Isso *não* é desconsiderar sua missão social e política; tampouco tentar fixá-la no escaninho do *Tendenzroman* do *apartheid*. É afirmar que, ao abandonar a busca de uma forma de ficção adequada para conter a experiência sul-africana, depois de seus experimentos abortivos com uma alegoria "distanciada", ela acabou sendo incapaz de colocar o que de melhor possuía — o poder de sua imaginação criativa — a serviço de suas convicções ardentes e profundas, bem como de sua compreensão política e humana. É verdade que, como afirmam First e Scott, "quase sozinha ela percebeu os conflitos raciais durante a Revolução Industrial da África do Sul em termos de uma luta mundial entre o capital e a mão de obra". Mas ela escreveu *sobre* esses *insights* em vez de transformá-los, por meio da criação de personagens vivos, numa expressão das vidas que esses conflitos moldavam e distorciam. Somente isso poderia ter realizado, para Olive Schreiner, a síntese real de vida e obra, de ideologia e práxis, despertando a consciência do oprimido de seu pesadelo colonial, e a do opressor de seu sonho colonial, e dizendo ao mundo o que ela conhecia, exclusivamente, sobre a qualidade da vida humana deformada por essas experiências.

1980

Carta do 153º Estado

Temos de ser bem-sucedidos em nossa tentativa de estabelecer uma sociedade não racial, em nossa tentativa de estabelecer liberdades civis... Assim que a conciliação entre as raças for completa, assim que tivermos as forças opositoras em harmonia, então, qualquer que seja a diferença na esfera política, teremos ao menos aquela unidade que sustenta uma sociedade democrática. Acho que funcionará também como um fator de consolidação para Moçambique, Zâmbia, Botsuana, Angola e até para os antigos territórios do Alto Comissariado Britânico, Lesoto e Suazilândia. As forças progressistas na África do Sul terão uma base para exigir que a transformação ocorra tão rapidamente quanto possível em sua sociedade.

...Deixem-me dizer que nossos princípios permanecem... como partido defendemos a ideologia socialista derivada, em certa medida, do marxismo e do leninismo. Não o escondemos. Ao mesmo tempo, não somos governados apenas por esses princípios. Temos igualmente nossa própria tradição, e os princípios que desenvolvemos aqui sob a influência do cristianismo, enquanto estávamos sob a ocupação do Ocidente. Em outras palavras, embora sejamos adeptos de princípios socialistas bem definidos, há um veio de moralidade que os perpassa, e essa moralidade é uma síntese de nossa tradição e de nossa prática cristã... Temos sempre vivido como uma sociedade coletiva. A terra pertence a todos. Verdade, cada pessoa tem seu próprio gado e cabras, mas sempre houve uma distinção entre o que era comunal e o que o indivíduo adquiria como sua propriedade. Os rios e as árvores frutíferas sempre foram comuns a todos nós. (Robert Mugabe, primeiro-ministro, Zimbábue)

APENAS DEZOITO SEMANAS depois da criação de um novo Estado africano, para o qual seu primeiro-ministro não está só ao predizer uma influência definitiva no futuro de todo o sul da África, tive a oportunidade de visitar pessoalmente esse Estado. Ir para o Zimbábue (ou para qualquer outro país africano que não é mais governado por uma minoria branca) como sul-africana é diferente de ir como europeia ou americana; e viajar em caráter particular, como uma pessoa acostumada a observar o mundo do ponto de vista não oficial do romancista, é diferente de chegar com a habilidade e experiência do jornalista determinado a encontrar notícias. Fui menos informada do que um bom jornalista seria; como alguém africana e branca, acho que compreendi o que vi por mim mesma — o que é diferente do que poderia ouvir relatado ou comentado — com um pouco mais de acuidade do que um visitante europeu ou americano compreenderia.

Entretanto, é difícil, no estado de alerta a farejar o ar, com a solenidade canhestra de pisar pela primeira vez a pista da mudança, não ler como se fosse manchete o que atrai o olhar. Sempre me policio dizendo que há dois lugares dos quais não devo generalizar nenhuma impressão: aeroportos e bares. O oficial branco da imigração no aeroporto de Salisbury virava as páginas de meu passaporte com um bico de metal no lugar da mão. De imediato vi essa valente adaptação como a metralhadora transformada em ferramenta da paz. Para mim, o homem tinha perdido o braço combatendo numa guerra absurda em favor da Declaração Unilateral de Independência de Ian Smith, e sua mão artificial, eficientemente manipulada a serviço de um governo de maioria negra, era a aceitação de que essa guerra, como a mão de carne e osso, estava perdida e terminada.

Mas que prova tinha eu de que ele não perdera o braço num acidente comum na estrada?

O bar no meu hotel de segunda classe estava cheio, assim como os bares de hotéis mais grandiosos por perto, e durante a minha estada nunca foi diferente. Os rostos eram negros, em geral jovens, a bebida era cerveja, e a atmosfera tão espessamente recoberta de vozes e fumaça quanto em bares comparáveis de qualquer outro lugar.

Essa cena era algo que sei ler com mais segurança que a mão artificial do oficial de imigração. Nos lugares em que a barreira da cor foi relutantemente afrouxada na África governada pelos brancos, a prática tem sido deixar os negros frequentar os bares antes de lhes abrir as bibliotecas, os clubes esportivos e recreativos, e outras instalações de diversão e atividade criadas pelos brancos para seu próprio lazer urbano. Esse abarrotamento dos bares por jovens negros não significa para mim que os zimbabuenses, mais do que outros jovens urbanos, não têm outro interesse senão beber, mas que os bares foram provavelmente o primeiro dos prazeres do homem branco a lhes ser permitido, quando os rodesianos protelavam a partilha de poder providenciando placebos, e os velhos hábitos coloniais e arranjos de lazer ainda não haviam sido substituídos por novos.

Todos sabemos como a sociabilidade da garrafa está próxima da agressão da garrafa. Um dos erros mais estúpidos que os brancos cometeram na África foi tornar o bar o primeiro lugar público em que se misturaram socialmente com os negros, e beber o primeiro prazer a ser abertamente partilhado por negros e brancos. Quase sem exceção, os incidentes de violência esparsos que estão ocorrendo no novo Estado, quer sejam insultos raciais seguidos de brigas entre negros e brancos, quer sejam lutas políticas entre negros, acontecem no entorno dos bares. A resposta imediata para Zimbábue está — ai de nós! — somente numa percepção retrospectiva: durante seu próspero governo de noventa anos na Rodésia (dato o período desde o estabelecimento do acampamento da Coluna Pioneira de Cecil John Rhodes em Salisbury, setembro de 1890), os brancos deveriam ter criado mais oportunidades para que brancos e negros pudessem se conhecer enquanto estavam sóbrios. E os brancos deveriam ter aberto aos negros outros lugares que não bares, nos quais a energia dos homens que voltavam da guerra pudesse ser empregada de modo mais construtivo que perigoso.

A resposta de longo prazo será adotada dentro do movimento de toda a sociedade, político e econômico. No momento, a cidade de Salisbury[2] — a mais bela cidade colonial da África — é um cenário ensolarado e amplo. O drama teatral para o qual as sedes agrícolas e comerciais do governo britânico, das mineradoras internacionais e dos colonizadores brancos foram construídas — com seus pilares, varandas e palmeiras são mais mansões que prédios públicos, uma estética arquitetônica imperialista que expressa perfeitamente o conceito das colônias como uma espécie de propriedade particular mais extensa da família do Império Britânico —, esse drama terminou.

[2] Agora Harare. (N. T.)

Casais negros urbanos com seus filhos erram pelas ruas do tamanho de um campo de polo vendo as vitrines, velhas chegadas do campo carregam longas esteiras enroladas equilibradas sobre a cabeça numa inversão esquisita de caminhar sobre a corda bamba, rapazes apregoam, discretamente como se estivessem oferecendo cartões-postais sujos, jogos de xadrez esculpidos na pedra local: todos estavam por aqui antes, mas agora sua presença tem um significado diferente. Os acessórios cênicos da cidade capital são seus, uma cidade concebida por outros; eles ainda não parecem tê-la ocupado psicologicamente. Há algumas construções — não necessariamente de paredes brancas, belas portas de teca e encaixes de latão — que eles talvez nunca queiram ocupar, e outras que seu governo, recém-comprometido com um socialismo de economia mista, distribuição de terras e desenvolvimento agrário para manter a população rural na agricultura, está determinado a tomar medidas para que não ocupem.

PASSEI A MAIOR PARTE DE MEU TEMPO em duas dessas mansões coloniais. Em ambas permaneciam as paredes, mas a construção humana interna havia sido reiniciada. Uma das mansões era a Casa da Assembleia. O lacaio oficial, uma figura C. Aubrey Smith do cenário daquela peça que terminou, entrava a esmo para segurar a clava dourada com bola na ponta diante do Orador da Casa, naqueles pontos dos procedimentos parlamentares decretados pela tradição. Aqui, a mudança de poder, da minoria de 230 mil brancos para a maioria de uns 6,8 milhões de negros, é determinada claramente pela mudança de cor, como as rosas de Lewis Carroll pintadas sob encomenda no jardim da duquesa. Não há oposição oficial ao primeiro-ministro do governo de Robert Mugabe. O governo é dominado pelo seu próprio Partido Zanu-PF, que ainda assim inclui Joshua Nkomo, líder do Partido da Frente Patriótica rival (ele teria sido primeiro-ministro se a Rodésia tivesse se tornado Zimbábue como resultado de uma negociação anterior, e não pela ação extrema da guerra civil), e dois ministros brancos. David Smith, da Frente Rodesiana, é o ministro do Comércio. Os brancos têm direitos de minoria a um número garantido de assentos no Parlamento por vinte anos. Os membros da Frente Rodesiana, todos brancos, sentam-se juntos num lado da

Casa, como se numa fotografia de grupo tirada em alguma reunião dos velhos rapazes. A boa aparência de membro de clubes (segregados) — faces rosadas, cabelo com mechas prateadas — prevalece. Comentários mordazes vindos desse lado da Casa — saliva amarga voa de ambos os lados — soam antes em sotaque britânico que colonial.

Os membros negros do Parlamento não são apenas homens de língua afiada e altamente articulados como o dr. Herbert Ushewokunze. Ele é o ministro da Saúde, cujo adiamento irregular, no dia em que eu estava presente, de um debate sobre estimativas ministeriais, para as quais a Frente Rodesiana havia preparado seus argumentos, provocou trocas sarcásticas e a saída de cinco membros da FR ("para a cantina", o dr. Ushewokunze não deixou de sugerir). Enchendo os bancos dos fundos ("fundos" apenas no sentido parlamentar) estavam homens e mulheres que haviam se educado a duras penas fora das escolas miseráveis providenciadas por sucessivos governos brancos na sua busca do paraíso "do interior" de Cecil Rhodes para brancos. Quando um membro de um distrito eleitoral rural se levantou para falar sobre o projeto de lei do ministro da Educação, Dzingai Mutumbuka, que propõe educação primária gratuita para todas as crianças, o homem de pé num terno domingueiro amarrotado era um mestre-escola cuja própria educação, ele explicou, e a de seus filhos representaram dificuldades árduas para seus pais e, mais tarde, para si mesmo. Um a um, outros homens e mulheres se levantaram com interesse e até paixão, apresentando no supremo fórum da democracia parlamentar as reivindicações das pessoas de seus distritos em prol de novas escolas e mais professores.

A língua do Parlamento é inglês. Alguns nem sempre achavam as palavras apropriadas para a expressão de suas ideias; mas as ideias correspondiam com uma sinceridade desesperada a entidades reais na vida das pessoas que representavam. Quando esses membros do Parlamento agradeceram o ministro por algo que todas as décadas de governo branco num país rico nunca providenciaram, não se tratava de palmadinhas efusivas de congratulações nas costas do partido, mas a resposta a uma realização havia muito tempo negada. Durante aquela semana, quando a imprensa britânica e americana estava dando espaço na primeira página ao escândalo do alegado assassinato de um fazendeiro branco por um ministro do gabinete negro, Edgar Tekere, e à "defecção" do general Walls de sua curiosa posição como comandante das forças ex-guerrilha que combatera no passado, não suponho que tenha surgido mais de uma linha para o evento verdadeiramente gigantesco da educação gratuita para as crianças zimbabuenses.

Aliás, os membros brancos do Parlamento não demonstraram muito interesse pelo projeto de lei. Bem, sempre houvera dinheiro do governo para as escolas das crianças brancas. Esses restos das divisões raciais mostraram-se de forma muito deprimente num debate sobre o projeto de lei do emprego proposto pelo ministro do Trabalho, sr. Kumbirai Kangai. Uma cláusula que provocou na Casa um clima de fria tensão foi a concernente à nova legislação que cuida das queixas de criados domésticos contra demissões injustas. Vozes do passado pareciam soar de forma abafada pela boca do presente. Como os brancos são (quase exclusivamente) os empregadores e os negros são os criados, o debate, sem que ninguém de qualquer um dos lados admitisse, seguia o roteiro familiar. Eu poderia ter servido de ponto ao diálogo resultante, sentada atrás do vidro (à prova de balas? uma precaução da guerra?) na galeria dos visitantes.

Alguns partidários da Frente Rodesiana (FR) estavam muito interessados nessa cláusula. Com um decoro de pressão pertinaz, eles a abordavam exclusivamente a partir da experiência subentendida do senhor e da madame com os meninos e as meninas. Se a reclamação de demissão injusta por parte dos criados fosse de fato rejeitada, o empregador desobrigado seria indenizado pelo tempo gasto na audiência e pelo tempo de trabalho perdido por outros criados a seu serviço que poderiam ter passado dias prestando depoimentos?

Os membros negros do Parlamento, igualmente ferrenhos, ocultavam suas simpatias pelos ressentimentos e indignidades do pátio dos fundos insistindo que a proposta do ministro de transformar o criado sem status num trabalhador com direitos (e salário mínimo!) igual a qualquer outro não devia ser reduzida por emendas. Certamente não havia nas famílias dos homens e mulheres negros com assento naquela Casa, nem mesmo de doutores, acadêmicos e pessoas com educação universitária, algum membro que não tivesse limpado "os refugos do homem branco!". (A expressão é de Ezekiel Mphahlele — o escritor sul-africano negro.)

TEMPOS DE REFLEXÃO 383

A OUTRA MANSÃO EM QUE PASSEI bastante tempo era real, uma casa particular da era rodesiana de ... *E o vento levou.*

"The Ranche House" fica numa crista situada no que é agora um subúrbio de Salisbury, mas deve ter mantido a soberania da vista de seu proprietário original, que abarcava prados virgens estendendo-se até os morros de pedra e as árvores *msasa*, que mudam de cor tal como os bordos, só que na primavera, em vez do outono. O jardim com sua perspectiva formal de largos degraus rasos ainda está ali. A casa branca de um único andar espalha-se para os lados bem mais do que eu tinha antecipado ao subir os degraus — quando foi construída, aqueles para quem foi edificada achavam que havia todo o espaço do mundo a ser conquistado. Havia dinheiro para observar graça e estilo; em cada lado da cumeeira simples da casa de fazenda podia-se satisfazer o capricho de colocar respiradouros em forma de janelas olho de boi barrocas. É uma fachada muito encantadora. Uma pena que a beleza arquitetônica tenha frequentemente suas implicações políticas...

Não conheço toda a história da adaptação interna da casa ao longo do período da Declaração Unilateral de Independência de Ian Smith, em 1965, e os sete anos de guerra que se seguiram; mas quem a ocupou pela última vez, no estilo e filosofia política para o qual foi construída, foi certamente o sr. juiz Robert Tredgold, presidente do Tribunal da Federação Centro- -Africana da Rodésia do Sul, Rodésia do Norte e Niassalândia. Com a saída de Niassalândia como o novo país de Malawi, essa federação tornou-se um erro cartográfico quase no mesmo momento em que estava sendo traçada no mapa, e quando a Rodésia do Norte tornou-se Zâmbia, em 1964, parecia um desenho europeu do mapa africano tão distante e presunçoso quanto a Conferência de Berlim de 1885, que distribuiu a África entre as potências europeias. Infiro que por alguns anos The Ranche House foi usada por várias instituições educacionais; há salas de aula em barracas, e foram construídos um salão e uma cantina, onde agora jovens negros falam francês durante seu tradicional almoço africano de ensopado e *putu* (mingau de milho, semelhante à polenta e igualmente delicioso) porque estão fazendo um curso intensivo daquela língua como parte de seu treinamento para ingressar na equipe das novas missões diplomáticas de Zimbábue no exterior.

Quando eu me encontrava ali, The Ranche House estava acolhendo uma "oficina de mídia". Eu era uma dentre vinte personagens improváveis que só poderiam ter sido reunidos pela pesquisa sobre um autor como Mugabe. Os negros incluíam rapazes do partido do governo a tomar notas de forma conscienciosa, funcionários de relações-públicas do Zanu-PF, jornalistas do serviço de informações do governo, locutores-produtores da Corporação de Radiodifusão e TV (estatal) de Zimbábue, jornalistas dos principais jornais, um pesquisador com cara de astro do cinema pertencen-te ao departamento de literatura da Universidade de Zimbábue. Esses títu-los inofensivos designavam, entre outros, os dois homens sentados atrás de mim que até poucos meses atrás eram os comandantes regionais das forças guerrilheiras, e um jovem alto, com o forte nariz semítico que os árabes traficantes de escravos parecem ter deixado nas suas incursões pela África Central, que se juntou ao exército de libertação assim que saiu de uma escola rural, e passou parte da guerra no Egito estudando meios de comu-nicação na Universidade do Cairo.

Aqueles membros negros de nossa oficina que não tinham sido comba-tentes da liberdade eram quase todos veteranos de períodos de detenção política nas prisões do homem branco; cada *curriculum vitae* listava a carrei-ra passada "dentro", senão "fora" (infiltrando-se nas forças da guerrilha), e os termos militares entravam furtivos nos bate-papos dos intervalos — as pes-soas falavam em esperar ser deslocadas para novas posições em vez de procu-rar um novo emprego. Um dos comandantes Zanla (sigla de Exército Africano de Libertação Nacional do Zimbábue) usava um casaco safári de mangas curtas de um verde vagamente militar nos primeiros dias, e vários braceletes de cobre girando sobre o relógio de tipo militar em seu elegante braço preto; mas ele apareceu com um terno de três peças "reformado", de corte perfeito, no último dia.

Os participantes brancos da oficina consistiam principalmente naqueles Old Africa Hands,[3] com frequência com ocupações parajornalísticas, que se movem de um território para outro, servindo a governos brancos e pretos,

---

[3] Velhos Amigos da África. (N. T.)

azeitados por um profissionalismo que lhes permite passar ilesos de mão em mão, de Estados coloniais para os capitalistas negros e para os socialistas negros, de democracias para ditaduras e vice-versa. Aqui estavam eles de novo: entre um oficial de ligação e imprensa para ministros do governo, um oficial de treinamento editorial para um grupo jornalístico (ainda propriedade de uma companhia sul-africana) e um funcionário terrivelmente intitulado oficial de informação sênior para toda a mídia, estava um sujeito alegre que outrora geria um hotel em que me hospedei, havia 25 anos, na Zâmbia. Existia outro — esse, mais um personagem de Graham Greene que de Pirandello, com um longo queixo de comediante, um humor regional afiado da Inglaterra e olhos brilhantes bem junto do nariz —, cujo emprego anterior era o de chefe da polícia secreta do presidente Kamuzu Banda no vizinho Malawi conservador.

Mas, à exceção de dois irascíveis alemães competindo com sussurros invejosos pelo privilégio de nos organizar (a oficina era patrocinada pela Fundação Friedrich Ebert, da Alemanha Ocidental, que parece ter uma ligação próxima com o Partido Democrático Social), não havia desavenças na antiga mansão. Em seis dias de discussão, nunca houve sequer um sopro dos velhos ódios exalados na Casa da Assembleia. As pessoas se chamavam de "camarada", e se, inicialmente, essa forma de tratamento era para alguns oportunistas ideológicos uma garantia, ou para outros participantes uma afirmação de convicções políticas, o termo acabou se tornando a expressão comum do sentimento de camaradagem que cresceu entre todos. Aparentemente protegidas por algum feitiço, nossas discussões se estendiam sobre temas minados, do ponto de vista das diferenças de cor e de partido. Os homens do Zanu-PF na radiodifusão e TV debatiam respeitosamente com pessoas como Ronald Mpofu, um individualista de meia-idade que reclamava de entusiastas do partido Zanu-PF entre os locutores de rádio, por introduzirem nas arengas dos *disc jockeys* o que ele chamava de "slogans de lua de mel" que faziam propaganda do partido. Stanley Mhondoro, o homem que fora direto da escola para a guerra, aconselhou: "Como nação devemos aprender a distinguir entre questões do partido e assuntos nacionais". Quando o tema da terminologia ofensiva foi introduzido pelo jovem acadêmico literário Musaemura Munya, as opiniões não eram identificáveis pela cor; havia consenso de que termos como *kraal*, cujo significado literal é um lugar onde o gado fica confinado, mas que tem sido usado por toda a África colonial anglófona para denotar as casas dos negros rurais, deviam ser abandonados pela mídia, porque os homens na África independente não são considerados como gado.

A principal atividade da oficina tratava de maneiras e meios de abrir a mente de uma população havia muito tempo desamparada, não só para transmitir informações, mas, bem mais importante, para educá-la de modo a fornecer os meios de avaliar essas informações com inteligência. Sobre essa questão, alguns Old Africa Hands de um tipo diferente foram embevecidamente escutados. Alexander Katz, um perito contador americano que há muitos anos deixou os Estados Unidos por causa dos interrogatórios McCarthy e veio morar no que era então a Rodésia, falou sobre "o colonialismo das profissões". Num regime colonial, "os colonos sabem tudo; o povo, nada". No colonialismo das profissões, que sobrevive facilmente à derrubada do colonialismo, "os profissionais sabem tudo; o público leigo, nada".

Continuou a analisar o relatório anual da Corporação de Radiodifusão e TV de Zimbábue, apontando quão pouco o documento revelava de como o dinheiro público tinha sido gasto durante o regime Smith, e perguntando sem rodeios se os zimbabuenses se deixariam intimidar pelo jargão dos contadores e aceitariam um estado comparável de ignorância sobre o que eram agora seus negócios públicos. Ruth Weiss, uma jornalista inglesa (refugiada, quando criança, na África do Sul, para escapar da Alemanha nazista) que tem o status de amiga dos tempos difíceis do próprio Robert Mugabe, disse algumas verdades evidentes sobre interdependência e dependência entre os Estados do sul da África.

Mas a questão que continha todas as outras estava sempre ali, e a discussão enfrentava, com uma honestidade considerável, ainda que não completa, aquelas paredes escarpadas e escorregadias, quando ela avultava contra todos: a ética da mídia será decidida no interesse da nação ou da verdade?

Mesmo neste momento em que escrevo, não sei se coloco os "interesses da nação" entre aspas, pois isso talvez também indique um viés ético pessoal... Para um povo recém-saído do domínio colonial como vencedores de uma guerra de sete anos, em que tiveram de destruir suas próprias casas, bem como as do povo que combatiam, a terrível máxima de Lênin de 1920 talvez pareça a voz da razão e do direito: "Por que se deveria permitir a liberdade de expressão? Por que um governo que está fazendo o que acredita ser correto deveria permitir que outros o critiquem?".

Repetidas vezes, a licença quase divina de "fazer o que acredita ser correto" era uma presença sintática em nosso debate, se não uma declaração explícita; será difícil para o Zimbábue não compensar simplesmente com fúria o que *sabe ser errado*: o controle absoluto, exercido pelo governo Smith, sobre a mídia, para promover exclusivamente visões e informações favoráveis à justificação do governo da minoria branca. Mas sempre se erguia entre nós alguma mão negra pedindo permissão ao presidente para formular a pergunta — quão inalienável é *o direito de* um governo *acreditar que está certo*? Que ética silencia a crítica? O ministro da Informação, dr. Nathan Shamuyarira, um ex-editor de jornal, aboliu todas as restrições do governo rodesiano branco a reportagens e à entrada de jornalistas estrangeiros assim que o governo Mugabe tomou posse. Alguns dos últimos, acha ele, têm abusado de sua acolhida fazendo reportagens sensacionalistas, especialmente transformando comentários secundários em declarações políticas. Quando todos nos separamos, parecia como se um Conselho da Imprensa pudesse ser criado como resultado da oficina de The Ranche House. O problema com que esse conselho terá de lidar não é, como o mundo exterior talvez se apresse a concluir, apenas preservar a liberdade de imprensa, mas antes criá-la dentro de um continente onde raramente existe, num novo país lutando com um passado que, embora dominado pelos brancos e pelos ocidentais, alienou a maioria do povo de qualquer tradição desse tipo.

DURANTE A SEMANA QUE PASSEI em Zimbábue, o país tornou-se o 153º membro das Nações Unidas. A televisão de Zimbábue ainda apresenta séries refinadas da classe média britânica (*The Pallisers* seguiu-se a *The Forsyte saga*) e mimosos programas infantis americanos condizentes com o gosto da maioria das pessoas que podem se dar ao luxo de comprar aparelhos de televisão — brancos para quem a Inglaterra não é o lar e os Estados Unidos são terra estrangeira, mas que não possuem uma cultura indígena. Na noite do evento, vimos Robert Mugabe, um negro, o primeiro-ministro do país de que víamos a cena, recebendo sorrisos debaixo das bandeiras da comunidade internacional das nações. Seus radiantes anfitriões americanos sorriam com especial emoção em Washington. Mas ele voltou para casa sem nada de substancial. Disse que o presidente Jimmy Carter mostrava-se "disposto a prestar mais ajuda ao Zimbábue, talvez não no futuro próximo, mas a longo prazo".

De fato, não neste mandato; somente depois da eleição presidencial americana; e então o dinheiro aparecerá se Ronald Reagan não se tornar presidente em lugar de Carter?

Vistos de Salisbury, aqueles longíquos banquetes tinham algo de vergonhoso, com discursos vibrantes, apertos de mãos fraternais. O que significa a pompa, se não quer dizer ajuda prática para tornar a nova entidade humana capaz de sobreviver?

Mugabe voltou com muito pouco para um país que, embora florescendo com seu *potencial* para investidores mundiais em minérios como cromo e ferro, produtos agrícolas como tabaco e açúcar, até etanol (combustível extraído do milho), acaba de sair de uma guerra economicamente devastadora, e está resistindo a uma seca que por dois anos engendrou o aspecto agrícola dessa devastação. Zimbábue está enfrentando as expectativas de 30 mil combatentes da liberdade, que conquistaram a independência do país e estão agora ociosos em acampamentos, esperando ter a vida normal pela qual lutaram. Nas conversações de Lancaster House, a Aliança da Frente Patriótica concordou em compensar fazendeiros brancos "desapropriados", sob a condição de que a Grã-Bretanha e o Ocidente fornecessem o dinheiro da compra de qualquer terra que fosse necessária para satisfazer os requerimentos dos negros zimbabuenses. A quantia discutida estava entre 560 e 800 milhões de (então) dólares rodesianos, e lorde Carrington indicou que seria fundado um Banco de Desenvolvimento Africano, com a Grã-Bretanha suprindo o capital inicial e estimulando apoio ocidental mais amplo. A metamorfose dos combatentes da liberdade em cidadãos da paz está diretamente relacionada à questão da terra; imaginava-se que a maioria cultivaria a terra de acordo com um projeto chamado Operação Semente. Mas essas promessas do Ocidente parecem correr o risco de se tornar procrastinação. Do total de 250 milhões de dólares em ajuda internacional disponível neste ano, até agora os Estados Unidos só doaram 22 milhões, e a declaração do presidente Carter a Robert Mugabe em agosto parece lançar dúvidas sobre os 25-30 milhões de dólares que os Estados Unidos prometeram para o ano fiscal que começa em outubro de 1980, bem como os 20-25 milhões de dólares para garantias de habitação ora em discussão com os Estados Unidos. Dos 750 milhões de libras prometidos pela Grã-Bretanha ao longo de três anos, apenas 7 milhões foram doados.

O povo de Zimbábue não pode esperar que o potencial de seu país seja concretizado; Robert Mugabe não pode defender durante um período de transição indeterminado aqueles padrões civilizados que o Ocidente, depois de sua reviravolta ao deixar de considerá-lo terrorista, agora tem grandes esperanças de que ele consiga manter. O Ocidente deve introduzir ajuda adequada no país imediatamente, não só porque foi prometida por Kissinger ou garantida pelo acordo da Lancaster House, mas porque desvencilhar-se de Mugabe agora com a conversa fiada de ajudá-lo um pouco amanhã é tornar impossível que ele tente o que aqueles sorrisos e apertos de mãos festivos na ONU estavam certamente reconhecendo — sua "proposta de estabelecer uma sociedade não racial... liberdades civis... e um fator consolidador em todo o sul da África".[4]

1 9 8 0

---

[4] 2010: transformado em ditador, Mugabe mergulhou seu país em sofrimento e desastre.

O Censor Sul-Africano:
Nenhuma Mudança

Ao partilhar as preocupações de meus colegas escritores, fui a primeira a expressar a convicção, que agora se tornou uma posição geral, de que a liberação de alguns livros proibidos de escritores brancos famosos não é uma vitória capital para a liberdade de escrever e de que a ação traz consigo duas implicações sinistras: primeiro, aqueles dentre nós que são opositores intransigentes da censura, com amplo acesso à mídia, podem ser influenciados pelo tratamento especial concedido a nossos livros; segundo, a extensão da solidariedade conquistada a duras penas que existe entre os escritores brancos e negros pode ficar dividida, ao se "favorecerem" os escritores brancos com esse tratamento especial, pois nenhuma proibição de obra de escritor negro tem sido impugnada por petição da Diretoria à Junta de Apelação.

Não reivindico nenhuma presciência ou mérito por ter formado cedo essa convicção — *A filha de Burger* (1979), meu romance,[5] foi por acaso o primeiro liberado em consequência da nova tática da Diretoria. Era natural que eu examinasse o pacote com muito cuidado, quando o livro me foi devolvido — aparentemente intato, depois de todos os maus-tratos por que tinha passado. Era inevitável que eu encontrasse os dispositivos bem-arrumados, preparados para detonar na companhia de meus colegas. Não foi

---

[5] Publicado e proibido naquele ano.

surpreendente que eles reconhecessem por si mesmos essas armadilhas explosivas montadas para todos nós, porque uma ou duas semanas mais tarde André Brink recebeu o mesmo pacote contendo seu romance *Uma estação branca e seca* (1979). E depois, a tempo para abril e para a posse do novo presidente da Junta de Apelação, veio o ovo de Páscoa da literatura africâner, todo montado para Etienne Le Roux com as rosas de açúcar do arrependimento da antiga Junta de Apelação e a fita vermelha desafiando a Aksie Morale Standaarde, o NGK e o dr. Koot Vorster — claro, *Magersfontein, O Magersfontein!*,[6] não foi liberado, como os outros livros, em consequência da própria apelação da Diretoria contra as proibições de sua Junta, mas sua liberação em resposta a uma última apelação encaminhada pelos editores do autor pertence claramente à mesma estratégia pela qual os outros dois livros foram "reintegrados".

Sou alguém que sempre acreditou e ainda acredita que nunca nos livraremos da censura enquanto não nos livrarmos do *apartheid*. Pessoalmente, acho necessário começar com esta declaração sem rodeios qualquer comentário sobre os efeitos da censura, as mudanças possíveis em seu escopo, grau e metodologia. Qualquer consideração sobre como conduzir a luta contra a censura, como agir para a obtenção de fins imediatos, é uma resposta parcial, pragmática e existencial, entrevista contra um fator constante e predominante. Hoje como sempre, o emblema está atrás de mim, o texto decisivo escrito com giz no quadro-negro, e no pano de fundo dessa cena digo o que tenho a dizer. *Não nos livraremos da censura enquanto não nos livrarmos do* apartheid. A censura é a arma do controle mental, tão necessária para manter um regime racista quanto aquela outra arma da repressão interna, a polícia secreta. Sobre toda vitória aparente que possamos ter contra os poderes da censura, paira a questão: a vitória é de fato contida pelo *apartheid* ou é possível afirmar que ela vai corroê-lo por dentro.

O que exatamente mudou desde 1º de abril de 1980?

O que exatamente significa o evangelismo cultural "renascido" encenado com a última aparição definitiva do juiz Lammie Snyman, e as

---

[6] Romance de Etienne Leroux.

pré-estreias do vigor intelectual vibrante demonstrado pelo dr. Kobus van Rooyen de 37 anos?

A Lei da Censura permanece a mesma. Ainda está no código de leis. A prática do embargo vai continuar. Os mesmos comitês anônimos vão ler e proibir; o Comitê de Censura foi definido em 1978 pela Divisão de Apelação do Supremo Tribunal como "um corpo extrajudicial, operando na condição de órgão administrativo, cujos membros não precisam ter formação legal, diante do qual o apelante não tem direito de audiência, do qual nas suas delibera-ções não é exigido que leve em consideração as regras da justiça destinadas à realização de um julgamento justo, cujos procedimentos não são realizados em público, e do qual não é exigido que ofereça nenhuma razão para suas decisões". O grupo aumentado de especialistas tem alguns dos velhos nomes, entre os quais está ao menos um conhecido Broederbonder, e os novos são recrutados dos mesmos velhos quadros brancos. Os poderes da Junta são o que sempre foram.

Portanto, não há mudança na lei nem no procedimento. Nem qualquer mudança está prometida ou sequer sugerida.

O que temos é um novo presidente da Junta de Apelação, numa posição cujo poder já conhecemos: embora ele não tome as decisões sozinho, o pre-sidente da Junta de Apelação é a autoridade máxima na hora de tomar deci-sões em todo o processo da censura. Sabemos igualmente que o chefe de qualquer instituição — e a censura é uma instituição em nossa vida nacional — interpreta os absolutos doutrinários e dirige o curso tático na direção dos objetivos professados daquela instituição, segundo suas ideias pessoais de como esses fins devem ser alcançados. Seu instinto — pelo qual terá sido escolhido, todas as outras qualificações sendo iguais — influenciará o proce-dimento, criará inovações na maneira como *as mesmas coisas* são feitas, quer a instituição seja um banco acumulando capital, quer uma Diretoria de Publicações controlando a mente das pessoas.

Portanto, só pode ser a filosofia e a psicologia da censura que muda-ram. *Por que* e *como* é algo que teremos de aprofundar nos próximos meses, indo além de uma primeira compreensão precipitada do que estava claro por trás da liberação de um pequeno grupo de livros em rápida sucessão

— a esperança de aplacar certos escritores brancos, a sugestão de uma tentativa de dividir os interesses de escritores negros e brancos. Essas ações já foram certamente produto do pensamento do dr. Van Rooyen, pois ele já estava dirigindo a Junta de Apelação por algum tempo antes de ser nomeado presidente, em abril de 1980. Elas foram a primeira amostra da qualidade de inteligência, conceito de cultura, conceito da relação da literatura com a sociedade, a economia, a classe e a cor, que são próprios do novo presidente, e dos quais — como veremos — dependerá a natureza do que vamos agora enfrentar.

Desde que tomou posse, ele tem feito declarações políticas — de cuja significação será possível traçar a estrutura de seu objetivo. Admitindo-se os motivos comuns da ambição pessoal e boa remuneração na sua aceitação do emprego de censor-chefe, precisamos saber como ele vê sua missão particular. Precisamos saber qual é seu sentido do *eu* e do *outro*. Pois esse é o fator vital na práxis da censura, o fenômeno da censura como uma forma de controle social e cultural. Em termos filosóficos, a autoridade da censura é concebida sobre esse sentido do eu e do outro. Um *nós* controlando um *eles*. O dr. Van Rooyen não vai nos dizer qual é esse sentido privado que decide seus pensamentos e ações amplamente afetivos; mas temos o direito de descobrir. Vou pedir que atentem para a evidência de suas atuais declarações; primeiro, quero rever a evidência de suas ações — ou ações por trás das quais se pode detectar sua mão — a liberação de certos livros altamente controversos.

André Brink apontou que na semana em que foi liberado seu romance, que lida com a morte pela brutalidade da polícia e o abandono de um negro na prisão, a coletânea de contos de Mtutuzeli Matshoba, *Call me not a man*, foi proibida. O motivo para a proibição fornecida à editora de Matshoba foi a objeção a somente uma das histórias, "A glimpse of slavery", que trata das experiências de um negro contratado como mão de obra prisioneira por um fazendeiro branco.

Morte na prisão ou detenção; o abuso do trabalho na fazenda. Ambos são assuntos cuja base factual tem sido denunciada e confirmada nos processos de casos no tribunal e, ao menos numa ocorrência, numa comissão de inquérito. Dois escritores, cada um dos quais pode fazer junto com

Dostoiévski uma declaração da ética do escritor: "Tendo tomado um aconte-cimento, eu tentava apenas esclarecer sua possibilidade em nossa socieda-de"; a obra de um deles é liberada; a do outro, proibida.

Ora, numa preparação para o novo regime, do qual estamos sendo per-suadidos a esperar um novo respeito pela literatura, atitude que somos indu-zidos a aceitar como uma nova justificação para a censura, tem-se enfatizado a qualidade literária nas decisões recentes da Junta de Apelação. Ao que parece, o dr. Kobus van Rooyen quer substituir o *kerrie* da mentalidade es-treita e da pudicícia pela espátula de cabo prateado do bom gosto como a arma arbitrária. Mas, embora um comitê de censura tenha decidido que havia "considerável mérito em grande parte dos escritos dessa coletânea de contos do escritor africano Mtutuzeli Matshoba... com respeito tanto à qua-lidade da escrita quanto à compreensão das situações humanas que o autor interpreta", embora os membros do Comitê tenham considerado as histórias "geralmente de elevada qualidade", eles proibiram o livro por causa de uma única história. Assim fizeram — mais uma vez deixo que falem por seus anônimos eus — ostentosamente a partir do novo ângulo "literário", afirman-do que essa história em particular estava escrita de modo insípido e o acú-mulo de seus acontecimentos era improvável. Mas o que estava incubado embaixo das penas de pavão era a avestruz com seu chute familiar. Eles proibiram o livro por causa de um sétimo de seu conteúdo, para ser precisa. Ao lidar com um escritor negro, retornaram ao preceito seguido no passado, quando uma obra não devia ser julgada "indesejável" ou "desejável" em rela-ção à qualidade do todo, mas podia ser condenada por causa de um único capítulo, página ou até parágrafo.

A única base para a proibição do livro de Matshoba assentava, em última análise, num cálculo declarado feito segundo os imperativos da repressão policial, e não segundo a qualidade literária, embora essa seja invocada — o Comitê afirmava que o apelo ao leitor da história "não estava na *criação lite-rária*, mas antes na *natureza objetável* dos acontecimentos que são apresenta-dos... ainda que todas essas situações... tivessem ocorrido nesse contexto em que são inseridas na história, *a apresentação dessas cenas num meio de comu-nicação popular seria indesejável*".

TEMPOS DE REFLEXÃO 395

Os itálicos são meus. O padrão empregado pelos censores nesse caso é o do controle político sobre o conteúdo da leitura que provavelmente atingirá as massas negras. Se não é assim, vamos desafiar a Diretoria a agir de acordo com a declaração do dr. Van Rooyen, de que a proibição de um livro pelo "método de isolamento" seria agora rejeitado, e portanto pedir que a proibição do livro de Matshoba seja revista pela Junta de Apelação.

Meu romance *A filha de Burger* foi liberado pela Junta de Apelação, embora, entre todas as outras seções sob as quais fora considerado ofensivo, houvesse numerosos exemplos citados sob a Seção D 47 (2) da Lei da Censura. Um desses exemplos era o comentário de meninas colegiais anglófonas repetindo preconceitos que ouviram dos pais: "Bôeres sanguinários, holandeses burros, africâneres obtusos".

O romance de Miram Tlali, *Muriel at the metropolitan*, na versão considerada inofensiva e posta à venda por vários anos, foi proibido em 1979 com base numa única objeção de três delitos sob a mesma seção da lei, sendo o principal a referência feita pelo personagem narrador a uma mulher de língua africânder como uma "bôer nojenta".

Bem, esses feios epítetos racistas não são meus, nem o são, acho, de Miriam Tlali; mas são escutados em nosso entorno todos os dias, e certos personagens têm uma incapacidade habitual de se expressar sem eles, outro fato de nossa sociedade que nenhum escritor honesto pode falsificar. Entretanto, o livro de Tlali, sob outros aspectos bem inofensivo de acordo com o ponto de vista dos censores, é categoricamente proibido enquanto o meu é categoricamente liberado. É um insulto maior para um sul-africano ser injuriado num livro por um personagem negro que por um branco? O que está claro é que um comitê de censura considera necessário impedir que os leitores negros leiam seus próprios preconceitos, suas próprias frustrações, expressados na obra de um escritor negro; fora das considerações a serem assiduamente levadas em conta por uma nova e esclarecida censura, há uma adicional, em vigor apenas para escritores negros, que anula a maioria das concessões no que concerne a esses escritores negros — eles não podem dizer o que os escritores brancos dizem, porque se calcula que tenham um público leitor negro mais amplo, e que falem aos negros a partir do centro da experiência de ser negro, articulando e portanto confirmando, encorajando o que as próprias massas negras sentem e compreendem sobre sua vida, mas que a maioria não pode expressar.

E com essa tendência assumida pela Diretoria de Censura no período que nos prepara para o advento de um novo presidente, chegamos ao acontecimento em si e às declarações políticas do dr. Kobus van Rooyen desde 1º de abril.

Ele não tem falado muito; e uma de suas declarações foi no sentido de que pretende falar ainda menos: anunciou que não participará de debates públicos sobre a censura. O editorial de *The Star* (5/4/1980) apontou sobre os debates públicos: "Foram essas percepções do funcionamento da mente de um censor que ajudaram a acelerar a saída de seu predecessor. Sua falta será sentida".

Realmente.

Seria improvável que o dr. Kobus van Rooyen apresentasse a imagem que emergia das aparições e declarações públicas de seu predecessor. Ainda assim, o dr. Van Rooyen não pretende correr riscos. O que nos interessa mais é que ele não quer fazer proselitismo aberto de sua filosofia de censura, tampouco pretende estar aberto à influência de opiniões contrárias. Essa é uma abordagem autocrática — não a chamemos de arrogante. A partir dela, podemos compreender que esse homem tem uma visão elitista da cultura, é alguém em cuja mente, conscientemente ou não, está assentada a ideia de uma norma cultural oficial. O fato de que sua versão dessa norma tenda a apresentar, aqui e ali, divergências de ênfase não significa que seja nem um pouco menos fundamentalista do que a definida de modo implícito, junto com o código, na Lei da Censura. A mudança na ênfase é um ajuste de *realpolitik* para acompanhar a mudança na relação da literatura com a vida que ocorreu na África do Sul, e que um homem inteligente não pode ignorar. O conceito — de que um único grupo de poder tem o direito de decidir o que é cultura — continua a ser a grade sobre a qual a estrutura global deve ser aceita, embora — como os prédios mais funcionais das empresas contemporâneas — toda sorte de arranjos de espaço livre interior possam ser realizados para convir ao inquilino. O mito da cultura sul-africana sustenta um homem tão convencido de sua maneira de abordar seu trabalho que não está disposto a discuti-lo, muito menos admitir qualquer necessidade de defendê-lo.

Roland Barthes observa que o mito tradicional explica as origens de uma cultura a partir das forças da natureza; os mitos modernos justificam e impõem um poder secular ao apresentá-lo como uma força natural. Os funcionários sofisticados desse governo podem se mostrar abertamente céticos sobre alguns dos aspectos mais ritualistas de nosso mito social — a Lei da Imoralidade, a terrível maldição de palavras de quatro letras etc. —, mas a sofisticação nunca deve ser tomada por esclarecimento; a aceitação de um conceito de cultura baseado numa outorga da elite às massas que não podem criar nada válido por si mesmas, a aceitação do papel da literatura na vida segundo essa cultura ainda estão firmemente baseadas num mito particular de poder.

Somente a partir do cerne desse mito é que o juiz Lammie Snyman poderia ter adotado o ponto de vista que revelou ao dizer, no início deste mês, que os negros são "povos inarticulados, que, tenho certeza, não estão interessados" em censura (*The Star*, 8/4/1980). E que relâmpago esclareceu para nós toda uma mentalidade oficial quando, ao resumir todos os cinco anos em que foi responsabilidade sua decidir "o que era propenso a corromper ou depravar uma mente imatura, ou se tendia a horrorizar ou repugnar" o povo da África do Sul, ele acrescentou: "Dos negros, não tenho nenhum conhecimento".

Seu "sul-africano comum médio" — cujos padrões de moralidade e julgamento literário ele constantemente invocou durante o exercício de seu cargo — não seria encontrado entre a maioria da população sul-africana. Por essa razão, o dr. Kobus van Rooyen abandonou a criatura. Mas não a ideia de que tem o direito de criar outra criatura própria, cujas sensibilidades e suscetibilidades imaginárias ou antes condicionadas serão o fator decisivo no que deve ou não ser lido por todos nós. O que é considerado a mais importante declaração do dr. Van Rooyen é a comunicação de que sua criatura será o "leitor provável". É importante, mas não, receio, pelas razões supostas por alguns.

A pressuposição é que a explicitação sexual, como parte integrante da literatura sofisticada escrita no idioma das pessoas cultas, será agora aprovada. E que obras complexas que tratam de personagens e acontecimentos contenciosos ou políticos radicais acima do nível da simples retórica serão também aprovadas. E aí o efeito da mudança aparentemente termina, e só assim pode ser considerada benéfica; afinal, se o leitor não tem a formação educacional e o intelecto treinado para acompanhar essas obras, isso não é responsabilidade dos censores.

Não é? Ao colocar no topo da estante, fora do alcance daquelas massas que Lammie Snyman confessou desconhecer por completo, a apresentação imaginativa, analítica das questões cruciais que dizem respeito à sua vida, não se está impedindo o desenvolvimento cultural sadio que a censura pretende estar guardando?

Gostaríamos de poder fazer essa pergunta ao novo presidente da Junta de Apelação, que evidentemente conhece muito sobre essas massas. Ele vê a justificativa desse impedimento numa missão de ajustar a estratégia do mito das forças hostis que ele compreende tão bem?

Por que os leitores intelectuais podem manejar inflamáveis?

Será porque esse público leitor é predominantemente branco, e a iniciativa radical de brancos tem sido contida por detenção, exílio, interdições e a ameaça do terrorismo da direita, enquanto a iniciativa moderada, ainda mais a revolucionária, de mudança social tem passado esmagadoramente para os negros, e não é contida?

Por que os escritores brancos podem lidar com inflamáveis?

Será porque a nova administração da censura compreendeu algo importante para a censura como arma de repressão — enquanto os escritos brancos têm um tom predominantemente crítico e protestante, os escritos negros são inspiradores, e essa é a razão pela qual o governo os teme?

É possível chegar à definição do "provável leitor" pelos velhos testes do lápis no cabelo e das unhas, acreditem-me. O critério para o material de leitura que é permitido a tal leitor não é o valor literário, mas sua cor.

Como um protótipo cultural e não apenas politicamente manipulável, o "provável leitor" é uma criatura da hierarquia de classe e cor. Ele não pode ser visualizado, em nossa sociedade, por aqueles dentre nós com uma mentalidade suficientemente isenta para perceber que a cultura na África do Sul é algo ainda a ser criado, algo que não pôde ser transportado com a maquinaria das minas no porão de um navio, nem foi alcançado pela realização genuinamente extraordinária de criar uma língua indígena a partir das europeias. Ele não pode ser visualizado por alguém que compreende a cultura não como um adorno de lazer para as classes médias, mas como a força vital gerada pelos talentos, artes, lendas, canções, danças, línguas, subliteratura e literatura — a expressão viva da autorrealização — na vida das pessoas como um todo.

Por trás do "provável leitor" está certamente o conceito não expresso do "provável escritor". O novo presidente da Junta de Apelação *lhe* assegurou que "a escrita satírica terá permissão para se desenvolver". Para a maioria de nós, essa é uma concessão elitista. Claro, ninguém impede o outro de escrever sátira, qualquer que seja sua cor. Mas na relação da literatura com a vida no presente é improvável que a sátira atraia os escritores negros. Ela requer um distanciamento do tema que torna improvável que os escritores negros, vivendo bem próximos de seu material, consigam adquirir; requer um licença para autocrítica que a lealdade à luta negra por uma identidade espiritual não concede. Por mais eficaz que possa ser a arma da sátira, como uma sonda social em certas circunstâncias ou estágios históricos, ela não cairá, na medida em que é uma concessão desse governo à liberdade de expressão, nas mãos do provável escritor "errado"...

Da mesma forma, a nova diretiva de que o público geral (a condição do provável leitor de novo) "não tem de aceitar obras literárias e de que o escritor é um crítico de sua sociedade e está, portanto, em frequente conflito com os valores morais, religiosos e políticos aceitos" beneficiará — se é que vai beneficiar alguém, porque ainda temos de nos provar não perniciosos e inofensivos a qualquer provável leitor ao qual nossa obra é reservada, na consideração dos censores — escritores de obras de gênero crítico e analítico, mas não retirará as barreiras para as inspiradoras. Entretanto, não há como ignorar o fato de que o traço inspirador é uma dinâmica de nossa literatura no presente. O modelo de Franz Kafka, de que "um livro deve ser um machado de gelo para quebrar o mar congelado dentro de nós", não é o dos censores. Tampouco há um sinal de aceitação de que na África do Sul nós, escritores, brancos e negros, somos os únicos a registrar o que o poeta Eugenio Montale chama "história inconfessada".

Essa tem sido feita, e está sendo feita todos os dias, muito abaixo dos relatórios de comissões e das notícias da SABC; é a força comum decisiva nos carregando a todos, removendo a roupagem protetora de "leitores prováveis" como fantasias carnavalescas de papel derretidas pela chuva.

Na análise final, a nova orientação da censura é a manifestação pragmática de uma antiga visão convencional da cultura, já morta, que serve antes à repressão que às artes, e seu tardio reconhecimento de padrões literários é sua principal estratégia. Esse reconhecimento é bastante astuto para ver o que Lammie Snyman não viu — que a validade objetiva de padrões literários como um conceito (há obras de criação genuína e há lixo) podia ser invocada para um propósito no qual, de fato, eles não têm lugar nem autoridade. Os critérios pelos quais a qualidade da literatura pode ser avaliada não têm nada a ver com o cálculo de seu possível efeito sobre o leitor, provável ou improvável. Os conhecedores literários que são instruídos a levar em consideração esse fator, e que assim agem, não estão exercendo nenhuma função válida como juízes de literatura.

E na afirmação da liberdade de expressão, que é a única base inflexível da oposição à censura, o valor literário ou outro aspecto de uma obra não é um fator — o que está em jogo cada vez que um livro cai nas mãos do censor é o direito de esse livro ser lido. O valor literário não tem nada a ver com esse princípio.

Não devemos falsificar essa verdade. A obra ruim tem tanto direito a ser lida — e devidamente julgada como tal — quanto a obra de gênio. O valor literário só pode ser avaliado por críticos e leitores livres para ler o livro; é um julgamento desinteressado, complexo e difícil que às vezes leva gerações. Há uma promessa de que os futuros julgamentos dos censores "refletirão mais prontamente as opiniões de especialistas literários nomeados". A invocação de padrões literários pelos censores como um sinal de esclarecimento e afrouxamento das restrições à liberdade da obra; a recepção desse conceito respeitado e erudito pelo público como algo que pudesse ser entronizado entre censores — ambas são inválidas. Não devemos nunca esquecer — e não devemos deixar o público sul-africano permanecer na ignorância do que sabemos: a censura pode ter relação com a literatura; mas a literatura não tem nada a ver com a censura.

1981

História Inconfessada

Ah, but your land is beautiful, de Alan Paton

O último romance de Alan Paton, *Too late the Phalarope*, foi publicado há quase trinta anos. Os acontecimentos centrais nesse seu novo romance são uma explicação oblíqua para o intervalo: o ativismo político do homem impediu o escritor de exercer o que Harry Levin chama "aquela especial concentração do ego" que torna um escritor capaz de "descobrir o poder dentro de si mesmo". Num afastamento honrado da política, Paton liberou o poder dentro de si mesmo; e é inevitável que encontrasse sua expressão no que Czeslaw Milosz chama "história inconfessada": a dimensão pessoal de acontecimentos que só podem ser percebidos por meio de sua recriação em obras imaginativas.

O novo romance, projetado para ser o primeiro de uma trilogia, começa aproximadamente no período da história sul-africana em que o romance anterior estava situado. *Ah, but your land is beautiful* dá passos largos e vigorosos através dos anos, desde o primeiro governo nacionalista africâner até seu apogeu ideológico, a chegada ao poder, em 1958, do primeiro-ministro Hendrik Verwoerd, que, assumindo a posição de ente supremo do *Volk*[7] elei-

---

[7] Povo. (N. T.)

to branco, prometeu a criação de "liberdades separadas" para os negros e os brancos que seriam alcançadas, não em seis dias, mas por volta de 1976. Algumas das questões que ocorrem dentro do espaço de tempo do livro (seis anos durante a década de 1950) foram: a Lei da Educação Bantu, a Lei da Supressão do Comunismo, a consolidação dos "*homelands*"[8] (sim, treze por cento da terra, e a perda da cidadania sul-africana para a maioria negra) e a retirada dos votantes mestiços da lista comum no Cabo. A década de 1950 também presenciou a formação do Partido Liberal (o único partido não racial legal, visto que o Partido Comunista foi banido); o estabelecimento do controle governamental da sociedade secreta Broederbond; a aliança dos movimentos de massa negros, indianos e de mestiços com os movimentos esquerdistas brancos no Congresso do Povo, no qual a Carta da Liberdade (semelhante à Carta das Nações Unidas, e agora banida) foi adotada; o início do movimento de boicote contra o racismo no esporte sul-africano e da oposição da Igreja ao Estado na questão dos cultos "mistos". Foi a era dos grandes movimentos de massa da resistência passiva dos negros (entremeados de brancos) a leis injustas. Presenciou o começo do terrorismo urbano da direita branca, muitos anos antes que os movimentos de libertação negros suprimidos e proscritos se voltassem num desespero trágico para o terrorismo urbano esporádico que apavora os sul-africanos hoje.

NOS ROMANCES DE PATON ESCUTAM-SE VOZES. Esse é o seu método. Deriva talvez — fascinantemente — do nível secreto em que o suprarracional da imaginação criativa e o suprarracional da crença religiosa jorram juntos dentro dele. Em *Phalarope*, uma voz deu testemunho da destruição de um rapaz pelas leis racistas que transformaram uma infidelidade sexual passageira num ato criminoso. Uma parente amorosa observou o que ela não foi capaz de prevenir; a sua era a voz da compaixão. Em *Ah, but your land is beautiful*, a observadora torna-se espiã. As ações dos personagens são vistas por olhos hostis e desfiguradores, e registradas nas cadências malignas de cartas venenosas. A técnica de Paton continua a mesma, mas seu ponto de vista mudou

---

[8] Territórios. (N. T.)

da compaixão pesarosa para a ironia. Compare-se o choque abafado com que Paton descreveu a "queda" de Pieter van Vlaanderen (ele manteve relações sexuais com uma moça negra) que perdeu o amor da esposa e da família, a honra e a autoestima em *Phalarope*, com a tagarelice lasciva da Orgulhosa Mulher Branca Cristã, quando ela escreve anonimamente para Robert Mansfield, um líder do Partido Liberal: "Como vão suas bonequinhas negras?... Sua esposa gosta de ser cutucada pelo mesmo pau que anda cutucando as bonequinhas negras?".

O falaropo, raro pássaro de compreensão que chegou tarde demais entre pai e filho no primeiro romance, é reconhecido entre as gerações no modo orgulhoso como a família indiana rica, os Bodasinghs, aceitou o envolvimento de sua filha na Campanha Desafio contra leis injustas. E, muito mais tarde na narrativa, o pássaro aparece de novo na origem de conflitos morais internos e sua solução liberal dentro de antigos racistas hipócritas como Van Onselen, um funcionário público e uma das "vozes" do romance, e sua tia Trina, a quem é dirigido seu rápido comentário sobre os acontecimentos centrais e os protagonistas do livro. Esse tipo de conversão final feliz é às vezes difícil de acreditar e um pouco constrangedora de ler. Talvez seja mais bem considerada como outro símbolo: o da fé constante do homem Alan Paton no poder de ver a luz, que está em tensão com a dúvida irônica do escritor de que seu raio de luz consiga percorrer o caminho até uma mudança na estrutura de poder. A "conversão" da orgulhosa Mulher Branca Cristã, por outro lado, é provocada por uma circunstância brutal que, ai de nós, parece estar mais próxima da realidade da mudança na África do Sul: a ameaça de sua própria morte. Ela está morrendo de câncer, assim como há sinais de que a sociedade branca está começando a compreender que pode morrer de *apartheid*.

Entretanto, com poucas exceções, o escritor prevalece sobre o homem. O episódio mais perigoso do livro, do ponto de vista daqueles que veem as declarações de fé de Paton como escorregadelas no sentimento, é duro e silenciador. Um juiz africâner, na fila de espera da mais elevada honra jurídica da região, desqualifica-se ao lavar e beijar cerimoniosamente, numa igreja negra, os pés de sua velha criada, para reparar um abuso de confiança entre os brancos que administram um gueto negro e os negros que nele vivem. A estranheza e a solenidade constrangida são de certa forma intensificadas pelos expedientes da ironia que também denunciam a loucura sul-africana do incidente. Os comentários dentro do livro assumem a forma de fragmentos de supostas reportagens jornalísticas que imitam deturpada e astuciosamente as atitudes e os vocabulários da esquerda e da direita. A crítica da esquerda é esvaziada:

> O episódio é totalmente sem sentido e irrelevante, e mostra mais uma vez como não tem relação com nossas realidades os valores burgueses da boa vontade e da benevolência esporádica em nossa situação sul-africana... um exemplo da condescendência branca em seu pior feitio... os salários que ela ganha chegam provavelmente a três ou quatro por cento do salário do juiz. Essas desigualdades gritantes não são desfeitas por nenhum volume de lavação ou beijos.

Cada palavra é verdadeira, e Paton sabe disso; mas para ele essa verdade existe junto com a outra, sua fé.

Agora ele será provavelmente acusado de maniqueísmo. O problema de ser uma figura política pública como ele tem sido é que o escritor será sempre julgado em relação a essa figura. Mas a Paton, com essa obra, devia ser concedida a liberdade do escritor e a obrigação de mostrar os elementos maniqueístas na sociedade, que é seu material. Como ele é um escritor fervorosamente pessoal, suas próprias convicções talvez dominem, mas ele realiza uma visão de escritor ao perceber tudo o que existe *ali*. Ele evita esquivar-se muito. Sabe que, se a década de 1950 constituiu os melhores anos do liberalismo branco, ela também presenciou, mais significativamente, o início do período revolucionário para os negros. O Chefe Luthuli, falando com o fictício Robert Mansfield, líder do Partido Liberal, sobre a aliança do Congresso Nacional Africano com o Partido Comunista, diz: "Quando a minha casa está queimando e estamos todos correndo do fogo, não falo ao homem ao meu lado: Me diga primeiro, onde conseguiu seu balde, de onde tirou a água?". Da boca de outro dos personagens reais que conversam com fictícios, o dr. Monty Naicker, vem a seguinte frase: "Esta vai ser a nossa vida daqui por diante. Alguns de nós têm de ser destruídos agora para que a liberdade possa chegar a outros mais tarde".

TEMPOS DE REFLEXÃO *405*

ANTES QUE SOUBESSE que ia resenhar esse livro, eu o li e escrevi uma resposta a Alan Paton. O que disse continua válido para mim depois de reler a obra mais como crítica que como colega escritora, e vou tomar a liberdade de me parafrasear abaixo.

Não se pode ler esse livro sem a absorção total que vem do reconhecimento de sua verdade e da admiração pela verdade artística em que ela foi transposta. Há muitos personagens, mas esse é menos um romance que uma meditação sobre os temas e os personagens de um romance. Paton tornou a meditação sua própria forma romanesca. Ele parece mais interessado — e consegue tornar o leitor mais interessado — em suas reflexões sobre os personagens e acontecimentos que nessas próprias pessoas e fatos. Quando seus personagens falam — até as "vozes", os maravilhosos atos de ventríloquo da Orgulhosa Mulher Branca Cristã e Van Onselen —, é simplesmente Alan Paton falando. Essa era, acredito, uma falha em alguns de seus primeiros trabalhos. Ele nem sempre conseguia criar o que Patrick White chamou o "elenco de personagens contraditórios de que o escritor é composto". Mas dessa vez, sim, Alan Paton está falando, e tal é sua habilidade, tão individual a música de seu lirismo, a vivacidade de seu *staccato*, a beleza de sua sintaxe, que o que devia ser uma falha torna-se de algum modo a força da obra. O estilo é uma questão de encontrar a única maneira de dizer exatamente o que se tem a dizer. O que Paton quer dizer aqui é tão central para sua própria experiência, nos níveis consciente e inconsciente, que é natural escutá-lo na sua própria voz.

Por que um romance, então, e não apenas outro volume de sua autobiografia (um foi publicado recentemente)? Ah, mas essa não é a *sua* história; é parte da nossa, dos sul-africanos. Isso demanda uma transposição imaginativa. Essa é realizada com inteligência e mordacidade brilhantes, o livro de um jovem com a vantagem da experiência de um velho na batalha com a vida e as palavras.

1982

Incesto Misterioso

Flaws in the Glass: a self-portrait, de Patrick White

O que esperar de uma autobiografia? Aqueles que as escrevem são tão incertos a esse respeito quanto aqueles que as publicam. Eles nem sequer usam mais o termo. Czeslaw Milosz deu à sua o subtítulo de uma busca de autodefinição; Sartre, dotado pela natureza com a possibilidade física de jamais olhar alguém nos olhos, enfatizou que sua autobiografia não era senão palavras. O romancista australiano Patrick White escreveu uma das duas autobiografias-chave dos escritores contemporâneos (minha outra indicação é a de Milosz) que se ajustam com perfeição na fechadura do processo criativo. Mas ele tem insistido que seus editores representam erroneamente e subestimam seu livro, ao afirmarem na sobrecapa que é "meramente" um autorretrato na forma de esboços.

Todos esses adendos de advertência à forma: biografia, bem sim; *auto* — aí já é pedir demais. Demais do quê? Há outra decisão. Uma resenha que li numa revista literária inglesa reclamava amuada que Patrick White não havia escrito bastante sobre o fato de ser homossexual. Eu, pessoalmente, teria ficado desapontada se ele tivesse escrito mais sobre ser homossexual do que sobre tornar-se e ser escritor. A autobiografia é a história de uma personalidade, ou da obra que tornou o sujeito um objeto de suficiente interesse público para merecer que escreva sobre si mesmo? Se o sujeito é um artista, e em particular um escritor, para quem o ato é executado com o meio de sua própria arte, o que se deseja e espera é uma revelação do misterioso incesto entre a vida e a arte.

Em seus próprios livros, White encontra um pouco da tese do "homem desconhecido" que os escritores esperam encontrar quando visitam o autor, e que ele é "incapaz de apresentar". Esse homem desconhecido é o escritor dessa autobiografia; nem White, o romancista, nem White, o homem, mas o produto de sua escura união: *ele* é que produziu a revelação. Ela é lida à luz dos clarões do sol australiano e das labaredas da guerra europeia, na primeira e principal parte, uma narrativa quebrada que contém perfeitamente a proposição filosófica de seu título, *Flaws in the glass*, e na segunda parte, "Viagens", ao brilho de uma espécie de reflexo que sobe das travessias no mar, que são também conexões de uma natureza não narrativa. A terceira parte fragmentária parece à primeira vista um enchimento de que o livro poderia prescindir. Ao ler anedotas improvisadas, incidentes esquisitos e uma conversa ao telefone brilhantemente elíptica, percebe-se que tudo isso são gêneses de contos não escritos — uma condição que oferece adendos à existência do homem desconhecido.

Patrick White nasceu na Inglaterra em 1912, de pais australianos, e foi levado de volta para a Austrália quando já podia se sentar ereto. Teve babás inglesas importadas e mais tarde realizou as ambições coloniais dos pais ao ser enviado "para casa" — distante — em Cheltenham, onde sofreu os tormentos tradicionais suportados por escritores embrionários nas escolas públicas inglesas — e outras desgraças, se acreditarmos que na época zombarias anticoloniais eram tão ruins quanto o racismo. (Eu própria me pergunto se o seu esnobismo infantil — um rancor reprimido de ser colono, uma vergonha da aparente grosseria de seu povo em comparação com a indiferença elegante detestável da linhagem garantida — não o faz exagerar esse fenômeno paradoxal do império.) Como jovem adulto, ele voltou para tentar viver na terra australiana — a região Monaro que continuou a elaborar sua relação com a consciência do rapaz, sendo magnificamente recriada cinquenta anos mais tarde em *The Twyborn affair*. Indo para a Inglaterra com o objetivo de obter uma educação universitária, ali permaneceu depois de Cambridge para se tornar escritor numa quitinete alugada em Londres.

CLARO. ESSA É A PEREGRINAÇÃO do artista colonial dos anos 1920 e 1930 — e de antes. Na África do Sul do final do século XIX, Olive Schreiner sentia-se "sufocada" (metáfora significativa para a asmática que foi, assim como é o próprio White) nos bolsões das salas de visitas da cultura colonial, e foi para a Inglaterra respirar. Na Austrália, White não conseguia "chegar a um acordo com os habitantes"; longe da Austrália, o "consolo da paisagem" sempre o puxava de volta: mas — era uma "paisagem sem figuras". O autoexílio intermitente, na Inglaterra, nos Estados Unidos e, durante a guerra, na África e no Oriente Médio, representa a divisão do ser que é a fase inicial do empuxo doloroso da vida na direção da arte.

A Austrália era a terra *materna*, a terra *paterna*, num sentido extraordinário. White se refere à sua mãe real sempre como "Ruth"; ela é antes uma personagem que o parente mais próximo no parentesco de sangue. Ele parece sentir que a habitou, isso é tudo, por um tempo — como qualquer outro alojamento deixado para trás. A Inglaterra — o país materno para os colonos — tampouco se revelou uma mãe substituta a quem recorrer; a alienígena terrestre da mãe. Com setenta anos, ele se preocupa com o quebra-cabeça de sua relação com o pai — o pai e a terra paterna tornam-se uma coisa só numa análise que se abre como uma grande ferida mais além de suas referências familiares. "Se eu tivesse sido capaz de falar com ele, e se tivesse existido, arriscando ser pedante, algum solo vagamente intelectual em que pudéssemos ter nos encontrado, eu teria amado meu pai."

Ele teria amado a *Austrália*. Se ele tivesse se sentido capaz de falar com australianos de sua própria camada superior, se tivesse existido algum solo... a Austrália não teria sido para ele uma paisagem inescapável sem figuras, um lugar de silêncio entre o extermínio do povo e cultura indígenas e o murmúrio do almoço dominical da família no Sydney Club. Esse homem de aparência aristocrata (na Austrália, ele foi o único nativo que conheci sem a cadência coloquial da vogal miada em seu inglês de Cambridge) procurava as Lizzies,

Flos e Matts que eram os criados da família. Ele passou a amá-los "por meio da ligação deles com a realidade de todos os dias". Em contraste: *"Eu nunca tinha visto meu pai no contexto da realidade"* (itálicos meus). Isso é nada menos que uma definição da cultura colonial. Todos os seus referentes estavam num ou noutro dos velhos países. Essa cultura não estava ligada com as entidades reais do país a que alegava pertencer. As Lizzies, Flos e Matts não tinham pretensões a nenhuma cultura; mas viviam de acordo com a realidade cotidiana na terra australiana. Era dali que viria a substância de uma cultura viva. O instinto da criança o orientava com fidelidade.

A "IRREALIDADE" DA VIDA COLONIAL criava relações familiares "irreais"? O fato de eu poder estender a experiência de Patrick White à que existe ao meu redor numa outra sociedade colonial empresta algum crédito à ideia. Mas os escritores se "constroem" a partir desses impasses. White escreve: "Tenho permanecido fiel a meus princípios [os da classe média instilados pelos seus pais] embora sabendo em minhas profundezas irracionais o que é ser um assassino ou ser assassinado". Esse conhecimento começou ao saber o que é ser Lizzie, Flo e Matt. Todos os escritores têm de descobrir o caminho para o conhecimento que permanece, para a maioria das pessoas, enterrado dentro de si mesmas. Atirar-se no conflito entre a irrealidade da vida colonial (segurança burguesa) e a realidade de entidades nativas da terra e/ou do povo (perigo revolucionário da natureza, massas e costumes indômitos) é o começo do caminho para os escritores nas sociedades coloniais, quer a questão da cor esteja envolvida, quer não. White "chegou a um acordo" com os australianos reconhecendo o *em si mesmo* nas profundezas irracionais do escritor além de classe, raça ou sexo, ao mesmo tempo que se mantém afastado deles. Ele fala a seus conterrâneos australianos sobre eles próprios ao criá-los em sua obra. Surpreendente que ainda se dê ao trabalho, nesse livro, de responder a acusações de ser duro com eles; ele é duro consigo mesmo, na criação deles.

O problema do colonialismo, social e político, foi resolvido para a vida pela obra — quase. Havia outro problema, alimentado pela mesma corrente sanguínea. White sabia desde tenra idade que era homossexual. Isso dobrava sua sensação de exclusão, pois ele se sentia isolado, ainda que de forma diferente, tanto na Austrália como em Londres. Sabe agora que uma existência solitária é a condição normal para os artistas. Mas, ao levar essa vida de jovem escritor em Londres, ele punha a culpa de seu isolamento "erroneamente no meu temperamento homossexual, forçado, naquele período pelo menos, a se rodear de sigilo, e não na necessidade instintiva de proteger o âmago de meu ser contra intrusões e abusos".

Da homossexualidade como um elemento no desenvolvimento de um escritor, ele faz a afirmação familiar de que o temperamento homossexual "fortalece nossa experiência como homem, mulher, artista", e com a mordacidade que é um elemento tão grande de sua originalidade de olho de camaleão, girando para observar tudo a partir de ângulos não familiares, ele não tem medo de acrescentar: "A sociedade homossexual como tal nunca me atraiu muito. Aqueles que discutem a condição homossexual com um interminável deleite histérico... sempre me pareceram uns chatos colossais. Por isso os evito, e sem dúvida sou rotulado de homossexual enrustido. Vejo-me menos como homossexual que como uma mente possuída pelo espírito de homem ou mulher segundo as situações reais ou as personagens que me torno ao escrever". White é um sábio em definições. Mas essa "mente possuída" é uma definição de qualquer escritor, de qualquer sexo; White a teria experimentado mesmo que tivesse se casado com a moça escolhida pela sua mãe e gerado seis pequenos australianos. Somos todos pansexuais em atividade. Além disso, ele está numa fase em que se considera que escreve "para disfarçar"; no seu caso, desejos sexuais não aprovados — para outros escritores, para todos os escritores, um disfarce que é também uma forma em que a vida se torna arte?

AINDA QUE TIVESSE NASCIDO uma geração mais tarde, questiona-se se White teria a disposição de ser "gay" em vez de simples homossexual. O isolamento emocional que sentia foi resolvido no seu caso quando, durante a Segunda Guerra Mundial, conheceu Manoly Lascaris. Essa "improvável relação entre um grego ortodoxo e um australiano anglicano não praticante, egotista, agnóstico, panteísta, ocultista, existencialista, pretenso, mas malogrado cristão, durou quarenta anos". É uma relação que descreve sua própria parábola por

TEMPOS DE REFLEXÃO *411*

meio da obra de White. E não estou me referindo apenas ou principalmente ao personagem Angelos Vatzatis, composto de respeito, amor e ironia em *The Twyborn affair*. White escolhe outro símbolo. Ele afirma com um único gesto verbal de profunda emoção que Manoly Lascaris tornou-se "a mandala central no desenho de minha vida até então confuso". Esse símbolo, operando interiormente, tornou-se central num de seus livros, *The solid mandala*.

Qualquer artista ciente do que significa sustentar uma longa relação com um parceiro, enquanto o ego, que é o gênio da criação, clama a vida inteira, reconhecerá uma realização comovente a serviço do homem e do gênio. É claro que Manoly foi capaz de harmonizar os dois mundos em que White não conseguia viver — Austrália e Europa. Manoly ajudou a resolver a alienação australiana-colonial-classista de White ao solver a alienação pessoal sem mãe, sem pai homossexual. Esse estranho e grego foi o único capaz de levar Patrick White de volta à Austrália depois da guerra, e tornar possível que ele a aceitasse e habitasse como lar, um australiano entre australianos, apesar das vogais de Cambridge e da falta de reconhecimento de seu trabalho (alega ele) até que se tornou visível na tela larga do Prêmio Nobel. A ligação genuína, essencial com a Europa, por meio da cultura e da personalidade de Manoly, deu certamente a White a liberdade na qual recriar a consciência australiana com sua compreensão única do concreto, do relativo e do transcendente. A responsabilidade da Europa pela Austrália está sempre ali. Não há antípodas a que a natureza humana possa despachar o que lhe é intrínseco.

Todo mundo está sempre imensamente interessado em saber qual de suas obras o escritor acha que é a melhor. A lista de White: *The aunt's story, The solid mandala* e *The Twyborn affair*. Ele é um dos poucos escritores que cuidam e são capazes de dar a gênese de seus romances sem inibição. O que ele não pode dar, claro, é o produto gerado por magia, meio infusão das bruxas, meio elixir, que transforma a velha casa de fazenda em que outrora viveu na eterna residência de um romance, ou os dois aspectos gêmeos de si mesmo em seus personagens, os irmãos Brown. Embora seus três romances prediletos — um dentre seus primeiros trabalhos, outro de seu período intermediário, e o terceiro dentre seus últimos trabalhos — sejam muito diferentes, *The Twyborn affair* é a expressão culminante da visão de White, uma visão que fez do carneiro cozido e do pudim com uvas-passas australianos um carnaval de Ensor.[9] As cabeças gigantescas e oscilantes são reconhecíveis em toda parte. Como o espírito de Carnaval, ele as leva pelas ruas, beldades dançando e bêbados vomitando, numa celebração da vida; e com o conhecimento de que o Rei Carnaval será sempre morto.

O anzol da consciência social de White (que parece ter acompanhado, ainda que um tanto desajeitadamente, seu movimento de escritor) deslocou-se do retiro dos escritores para subir no palanque público em apoio ao governo Gough Whitlam e na esperança de uma "Austrália com um rosto humano". Artimanhas políticas abateram esse governo, e White se vê mais uma vez como o "esqueleto na festa australiana" de Mammon.[10] O que esse grande artista lamenta — um pesar que abrange as esperanças frustradas de um socialismo australiano — é a situação de que todos os artistas contemporâneos se queixam. Os futuristas sonhavam que na nossa época a tecnologia teria liberado a imaginação de forma ilimitada. O que aconteceu é que a tecnologia ultrapassou a imaginação de um modo inimaginável; captando respostas humanas nos baixios, instilando um desejo de coisas em vez de revelações. Levantando o olhar dos plásticos e garrafas quebrados que flutuam no porto de Sydney, o mais próximo que White consegue chegar de uma visão otimista é a mensagem sombria, petulante: "Não se desesperem... é possível reciclar merda".

1982

[9] James Ensor foi um pintor e gravador belga da segunda metade do século XIX e primeira metade do XX. Ficou famoso por seus desenhos e pinturas de máscaras e multidões. Temas como carnavais, máscaras, bonecos, esqueletos e alegorias fantásticas predominam em suas obras. (N.T.)
[10] Mammon é citado na Bíblia como o pecado da ganância e avareza, símbolo da riqueza material e da cobiça. Ao longo da história, veio a adquirir o status de uma divindade maligna, sempre representada com um saco de moedas de ouro com que suborna os homens para se apoderar de suas almas. (N.T.)

A Criança É o Homem

Aké: the years of childhood, de Wole Soyinka

NEM SEMPRE É POSSÍVEL reencontrar a criança. Proust conseguiu, não somente por causa de seu gênio, mas porque a força emocional da relação pais-filho jamais foi suplantada por nenhuma outra em sua estranha vida. Nesse sentido, ele nunca recordava; a criança Marcel estava com ele. Mas outros escritores, mesmo maravilhosos, não foram igualmente bem-sucedidos. Czeslaw Milosz encontrou seu caminho de volta ao vale do Issa por meio daquilo que nunca o abandonou: a comunhão com a natureza que era a alegria da infância e — de acordo com uma entrevista recente — consola o exilado que está envelhecendo, recebendo honras longe de casa, e assegurando aos americanos que essa comunhão só pode ser realizada fora de suas cidades violentas. Mas a infância no vale do Issa não torna a ser habitada; antes é conscientemente interpretada a partir da distância da vida que se seguiu.

Como autobiógrafo da infância, o escritor africano tem uma vantagem tão especial quanto a de Proust, ainda que muito diferente da desfrutada pelo francês. Seu senso de identidade é *au fond* sua africanidade. Sua experiência adulta como poeta, romancista, dramaturgo, frequentemente exilado, está misturada com outros países, línguas, culturas, dos quais sua cor sempre o distingue.

A infância pertence à experiência africana e não terminou: permanece com ele para sempre em sua negritude, uma identidade essencial jamais suplantada por nenhuma outra. A história da escravização, opressão e preconceito de classe lhe assegura essa identidade. A vantagem estende-se ao leitor. O velho adágio é parafraseado — o prazer da autobiografia reside no fato de que a criança não é só o pai do homem excepcional, mas ainda é o homem. *L'enfant noir*, do escritor guineano Camara Laye, publicado no início da década de 1950, deve parte de seu status de clássico menor a esse exotismo, que é mais do que territorial.

Wole Soyinka, da Nigéria, é realmente um homem excepcional. Poeta, dramaturgo, romancista, ele produziu algo que Camus se desesperava de ver qualquer ativista realizar — viveu o drama de seu tempo e mostrou-se à altura de escrever a respeito. Durante a Guerra Civil nigeriana, ele desafiou suas lealdades iorubás em prol de outra maior, e fez campanha contra a venda de armas para ambos os lados. Tentou parar a guerra; foi torturado, aprisionado pelo general Gowon por dois anos em condições horríveis, e sobreviveu para preencher magnificamente, com *The man died*, a necessidade (em suas próprias palavras) de "um testemunho do confinamento solitário de um prisioneiro político, que se tornasse uma espécie de cadeia de cartas pairando permanentemente sobre a consciência de chumbo do mundo".

Soyinka, um escritor elegante, tende a ser exageradamente retraído em seus romances recentes. Pela melhor das razões — ele nunca é complacente, sempre procurando a maneira mais surpreendente e completa de dizer o que tem a dizer —, às vezes produz o mau resultado de tornar o leitor consciente de escolhas não resolvidas do escritor. Palavras demais, inversões demais, orações clamorosas demais, que a pontuação não consegue manejar de forma inteligível. Esta é a sentença inicial de *Season of anomy*: "Uma anomalia esquisita, há muito tempo tinha se governado e policiado a si mesma, tão individualmente entrelaçada que obtinha uma tributação para todo o populacho e pagava o devido, em dinheiro vivo, antes da partida do assessor de capacete colonial, mantinha toda a propriedade em comum, literalmente, até o último fiapo na roupa de cada cidadão — esse anacronismo proporcionava muita diversão condescendente para o sentimento cosmopolita de uma sociedade com fome de lucros".

Não é surpreendente, portanto, que sua abordagem dos anos da infância tenha mais a ver com *Tristram Shandy* que com Proust ou Laye, embora o lar de Laye fosse também a África Ocidental. Nas primeiras noventa páginas, o tom é divertido. O diálogo anedótico "elaborado" de seus pais e outros é lido como invenções baseadas no que são realmente ditos familiares — cuja origem é pertinente, toda uma visão de vida em lugar de uma resposta a um único acontecimento. É difícil acreditar que um menino com menos de cinco anos pensasse na mãe como uma "cristã louca", ainda que o fato de todo mundo se referir a seu pai como "HM" (diretor de escola) o levasse naturalmente a tomar as letras por um nome para uso íntimo, e não um título. É difícil aceitar que os revides atrevidos de um menino de três anos e meio fossem tão bem fraseados quanto o adulto extremamente articulado agora os "escuta" na sua memória. E quanto a redescobrir as dimensões de tempo da infância, a organização fragmentária da primeira parte do livro não expressa absolutamente os períodos de tempo dilatados da criança e o tamanho dos acontecimentos que incham com essa dilação, não medida nem pelas estações, nem por datas.

Talvez essa parte do livro seja uma reunião de fragmentos previamente escritos. Há, pelo menos, uma boa história entre as lembranças comuns de castigos e prazeres que os adultos "arranjam" como o padrão dos primeiros anos — o conto delicioso do velho Paa Adatan, que, em troca do preço de uma refeição num quiosque de mercado, incumbiu-se de defender qualquer propriedade contra a chegada "daquele maluco do Hitler certa vez". Suas habilidades de surpreendente força compreendiam desde desenhar uma linha mágica na poeira na frente de uma loja ("Se tentarem cruzar esta linha, os fuzis vão virar vassouras nas mãos deles. Então, vão começar a varrer este mesmo chão até eu voltar") a executar temíveis danças guerreiras. Como outros desajustados astutos em tempos e em países diferentes, ele sabia como fazer da vilania do mundo uma escusa para sua existência de vagabundo: "Agora este patife de Hitler. Quando a guerra acabar, vocês vão ver. Vão me ver como eu sou, um senhor de mim mesmo".

Quando o povo em sua vila de Aké começa a perceber a guerra distante de 1939-1945, o pequeno Wole parece realmente assumir a interpretação de sua própria experiência, talvez porque a essa altura já fosse suficientemente crescido para separar o quente e o frio das impressões sensuais em alguma ordem compreensível para a memória. Formamos por nós mesmos a imagem oblíqua desse menino, sem a interferência do artifício do Soyinka adulto. A cristã louca e o HM já não são ideogramas de idiossincrasia, mas aqueles seres muito misteriosos de nossas vidas, os pais. Na amorosa batalha diária entre a mãe (que distribuía caridade cristã e disciplina com tanta prática quanto repartia o conteúdo de suas panelas) e o pai (agnóstico estudado tanto em relação aos deuses cristãos quanto aos nigerianos) e seu filho imprevisível, esse surge como inocência original, e não pecado original, como seus pais às vezes pareciam acreditar. Fazendo uma visita familiar certo domingo ao palácio de Odemo, o chefe da vila de Isara que era o berço natal de HM, o menino de oito ou nove anos insultou a nobreza africana reunida ao não se prostrar diante de um deles. "O fato de vir diretamente do culto aos domingos talvez tenha inspirado a resposta" na cabeça da criança — "Se não me lanço por terra para Deus, por que deveria me prostrar para você? Você é apenas um homem como meu pai, não?".

A inocência original ainda existia no homem adulto quando, sabendo muito bem, dessa vez, que estava desafiando o poder do chauvinismo e a indústria mundial de armamentos, adotou seu próprio "lado" e também o "lado" de Biafra, identificando o único inimigo na guerra que estavam travando.

Os pais são geralmente os bodes expiatórios para todas as nossas inadequações adultas. Houve, portanto, algo na infância de Wole Soyinka, uma segurança que tivesse produzido a coragem física e intelectual, preparando-o para as exigências bizarras que seu tempo lhe cobraria? Mas seu ambiente não é revelado como o paraíso natural que os escritores menores editam, com o desejo negro de uma situação pré-conquista ou o desejo branco de uma situação pré-industrial, a partir de uma sequência da realidade. Para começar, seus pais eram da classe média, sua mãe uma comerciante e cobradora de dívidas, bem como cristã louca, seu pai mais interessado em livros que em posses de status tradicional; e no meio, nas modernas sociedades africanas, o terreno do confronto entre o modo africano de vida e o modo europeu em que, como Chinua Achebe narrou de forma definitiva, as coisas se despedaçam.

O registro das surras, administradas por todo adulto de Aké investido em qualquer forma de autoridade, é certamente vitoriano, embora não haja sugestão de que os britânicos tenham importado esse estilo de castigo. Na década de 1940 na Nigéria, até as criadas adolescentes (negras) eram espancadas por suas senhoras (negras) por urinarem nas esteiras de dormir; e, realmente, a alta incidência de pessoas que urinavam na cama relatada pelo jovem Wole, que sofria dessa umidade a se alastrar quando dormia numa esteira comunal, seria no Ocidente mais provavelmente atribuída às surras do que "curada" por elas. Trinta e seis varadas para um colegial adolescente que "engravidara" uma colega não eram consideradas um castigo cruel nem uma injustiça por atingir somente uma das duas pessoas necessárias para fazer um bebê.

Terá o trauma de todas essas surras se dissolvido talvez nas testemunhas que as acompanhavam? Elas não aconteciam nas câmaras, entre a vítima e o castigador, a sós com o pecado, mas na confusão de lares apinhados e até numa espécie de dança pelas ruas. A intenção pode ter sido humilhação pública, mas, como todo espectador tinha sido ou na próxima vez poderia ser a vítima, devia haver um bálsamo de sentimento de solidariedade fluindo para as feridas no mesmo momento em que eram infligidas. Em todo caso, a criança nunca duvida de que seja amada, o que significa que, embora se esfole contra incidências de falta de compreensão dos pais e uma espécie de brincadeira adulta sádica de briga de galos (que o coloca contra seu irmão mais novo), ele nunca parece considerar-se infeliz, ou melhor, nunca parece ter *esperado* ser mais feliz. Além disso, isso talvez tenha algo a ver com o forte senso de comunidade, não só com as outras crianças, mas com a esfera particularmente ampla de relações fornecidas pela sociedade — "chefes, pessoas de grande poder, sacerdotes e sacerdotisas, anciãos...".

Como um pedaço de *etu*, o rico pano tecido no local, as relações sociais formavam uma roupa cujo peso cerimonial fornecia ao mesmo tempo uma proteção aconchegante. A criança nunca se sentia apavorada por isso; podia aninhar-se ali, assim como os percevejos (para a surpresa divertida desta leitora branca de classe média) tinham seus próprios interstícios caseiros no lar de classe média de Soyinka com seus criados e biblioteca. As diferentes coordenadas — que estilo de vida combina com qual classe, quais convenções com que tipo de respeito, que esnobismo com qual pretensão — são para os não africanos, que (claro) conhecem somente os estilos de vida que combinam com *suas* categorias sociais, a fonte de um fascínio que cativa desenrolado pela mão da criança.

Quando o não por inteiro céu que era a vila natal de Wole se estende, junto com as relações dos pais, ao território natal de seu pai em Isara, o fascínio se torna completo. O avô, com uma dolorosa cerimônia de escarificação, põe o menino aos cuidados do deus Ogum, assim como a cristã louca o colocou aos cuidados de Cristo. O resultado não é um trauma, porém mais segurança para a criança. E o escritor chega até o menino com uma felicidade de evocação e expressão no "eixo de gostos e cheiros", ao longo do qual a preparação dos alimentos fornece uma genealogia da família, um *primeiro* sentido maravilhosamente sensual do eu, do outro e do pertencer. O cheiro de sabor idêntico em pratos preparados por mãos diferentes, gerações diferentes, é a própria historiografia e sistema de parentesco da criança. Assim como os visitantes e requerentes no pátio de HM, apesar do "cheiro forte de fumaça e anil" que exalam, lembram alguém do pátio do pai de Isaac Bashevis Singer no gueto polonês, os padrões da vida percebidos pela papila gustativa evocam a interpretação culinária de Günter Grass sobre os desastres e sobreviventes da Europa. Para um estranho, os prazeres de entrar na infância de Wole Soyinka não consistem apenas nas diferenças, mas também nas correspondências.

1982

Vivendo no Interregno

Os arquivos da polícia são nossa única pretensão à imortalidade.
Milan Kundera

Vivo a 1.829 metros numa sociedade que rodopia, bate o pé, oscila com a força da mudança revolucionária. A visão é estonteante; a imagem da dança demoníaca é acurada, não romântica: uma imagem de ações nascendo da emoção, jogando a deliberação para o lado. A cidade é Johannesburgo, o país, a África do Sul e a época, os últimos anos da era colonial na África.

É inevitável que o colonialismo do século XIX chegasse finalmente a seu termo, porque ali atingiu sua expressão máxima, escancarado em sua forma legal de apoderar-se da terra e dos minérios, escancarado na exploração da mão de obra dos povos indígenas, escancarado no racismo constitucionaliza-do, institucionalizado, que foi encoberto pelos britânicos sob a noção pia de melhora social, pelos franceses e portugueses sob a noção matreira da assi-milação seletiva. Um cruzamento extraordinariamente pertinaz de holande-ses, alemães, ingleses, franceses na população dos colonos brancos sul-afri-canos produziu uma rudeza que tirou o véu do refinado racismo branco de todo mundo: as bandeiras da civilização europeia tombaram, e ali restou, desavergonhadamente, a criação mais hedionda do homem, e eles a batizaram na Igreja Reformada Holandesa, chamaram-na de *apartheid*, cunhando o supremo termo para toda manifestação de preconceito racial ao longo das eras e em muitos países. Todo país, bem como a maioria dos povos, pode ver ali suas semelhanças.

O sol, que nunca se punha num ou noutro dos impérios coloniais do mundo no século xix, está finalmente baixando na África do Sul. Desde os levantes negros de meados da década de 1970, coincidindo com a independência de Moçambique e Angola, e mais tarde com a de Zimbábue, o passado começou rapidamente a desaparecer de vista, mesmo para aqueles que gostariam de continuar a viver nele. As coordenadas históricas não se ajustam mais à vida; as novas, onde existem, não têm acoplamentos para os governantes, mas para os governados. Não é por nada que escolhi como epígrafe para meu último romance uma citação de Gramsci: "O velho está morrendo, e o novo não pode nascer; nesse interregno surge uma grande diversidade de sintomas mórbidos".

Nesse interregno, eu e todos os meus conterrâneos e conterrâneas estamos vivendo. Com bastante frequência, vou deixar os acontecimentos experimentados pessoalmente, enquanto eu estava pensando em escrever ou escrevendo este texto, interromper o fluxo teórico, porque essa interação — essa ruptura essencial, essa intromissão na coerência existencial a que chamamos conceito — é o próprio estado de ser que devo tentar transmitir. Nunca antes exprimi um ponto de vista tão pessoal. À parte as costumeiras razões joycianas de sigilo e astúcia — a que acrescentaria o guardar ciumento da experiência privada para ser transmutada em ficção —, há para mim um tabu peculiarmente sul-africano.

Na consciência sul-africana oficial, o ego é branco: sempre vê toda a África do Sul ordenada ao seu redor. Até o ego que procura abdicar dessa alienação assim age na pressuposição de sua própria salvação, que em si mesma expressa ego e alienação. E a imprensa do mundo ocidental, ela própria de maioria branca, alimenta constantemente esse ego com o seu próprio. Jornalistas, parlamentares, congressistas visitantes vêm à África do Sul perguntar aos brancos o que está acontecendo ali. Encontram negros por meio de brancos; raramente despendem tempo e esforços, por sua própria iniciativa, para conhecer mais que o homem que entra no quarto de hotel para retirar as garrafas de cerveja vazias. Com a exceção de filmes feitos clandestinamente por ativistas políticos sul-africanos, negros e brancos, sobre eventos da resistência, a maioria dos documentários televisivos estrangeiros, embora condenando os brancos com palavras que saem de suas próprias bocas, está ainda assim preocupada com o que acontecerá aos brancos, quando o regime do *apartheid* desaparecer.

Evitei a arrogância de interpretar meu país por meio da vida privada que, como diz Theodor Adorno, "arrasta-se apenas como um apêndice do processo social" num tempo e lugar dos quais faço parte. Agora vou quebrar a inibição ou destruir o privilégio da privacidade, qualquer que seja o ângulo de considerar a questão. Tenho de me oferecer como o espécime desse interregno que observei mais de perto; entretanto, continuo a ser escritora, e não uma oradora pública: nada do que digo aqui será tão verdadeiro quanto minha ficção.

Há outra razão para a confissão. O segmento particular da sociedade sul-africana a que pertenço, pela cor da minha pele, goste eu disso ou não, representa uma crise que tem uma ligação particular com o mundo ocidental. Acho que isso talvez se torne evidente antes de eu chegar ao ponto da explicação; não é a velha cumplicidade admitida no tráfico de escravos ou no preço das matérias-primas.

TENHO EMPREGADO O TERMO "SEGMENTO" ao definir meu lugar na sociedade sul-africana, porque dentro da parte branca dessa sociedade — menos de um quinto da população total atualmente,[11] que pelas previsões deve cair a um sétimo até o ano 2000 — há um segmento preocupado, no interregno, não com planos de fuga, nem com maneiras de sobreviver física e economicamente no Estado negro que está por vir. Não posso lhes dar números para esse segmento, mas na extensão de uma fé na possibilidade de estruturar humanamente a sociedade, na posse de habilidades e intelecto para dedicar a esse fim, há

[11] População total em 1980, 20 milhões, dos quais 4,5 milhões são brancos. *Survey of race relations in South Africa 1981*, Instituto Sul-Africano de Relações Raciais, 1981.

algo a oferecer ao futuro. O modo de oferecê-lo é nossa preocupação. Como as habilidades técnicas e intelectuais podem ser compradas em outros mercados que não os da potência colonial vencida, embora sejam importantes como mercadorias à mão, elas não constituem uma reivindicação do futuro.

Essa reivindicação reside em outra coisa: como oferecer *o próprio ser*.

Aos olhos da maioria negra que governará uma nova África do Sul, os brancos da antiga África do Sul terão de se redefinir numa nova vida coletiva dentro de novas estruturas. Do Parlamento todo branco ao *country club* todo branco e aos canais de televisão "brancos" separados, não se trata de os negros se apoderarem das instituições brancas; trata-se de conceberem instituições — de creches a departamentos do governo — que reflitam uma estrutura social imensamente diferente da construída para as especificações do poder e privilégio brancos. Essa imensa diferença será evidente mesmo que o capitalismo sobreviva, porque o capitalismo da África do Sul, assim como a democracia só para brancos da África do Sul, tem sido diferente de qualquer outro. Por exemplo, a livre-iniciativa entre nós é apenas para os brancos, pois os capitalistas negros só podem negociar, e com muitas limitações na sua "livre"- -iniciativa, nos guetos negros.

Uma distribuição mais equitativa pode ser imposta pelas leis. A hierarquia da percepção, que as instituições e os hábitos de vida brancos implantam por meio da experiência diária em todo branco desde a infância, só pode ser mudada pelos próprios brancos a partir de dentro. O ordenamento esquisito da vida coletiva na África do Sul tem introduzido sua lente de contato especial nos olhos dos brancos; *vemos* realmente os negros de modo diferente, o que inclui não ver, não perceber sua ausência pouco natural, pois há tantas cenas da vida cotidiana — o cinema, por exemplo — em que os negros nunca tiveram permissão de entrar, e assim esquecemos que eles poderiam — talvez pudessem — ser encontrados ali.

ESTOU ESCREVENDO EM MEU RECINTO DE INVERNO, sentada a uma velha mesa de pinho na varanda ao sol; pelo canto do olho, vejo algumas cartas de propaganda, a brochura de uma cadeia de livrarias assegurando-me da expansão constante do serviço e apresentando a equipe de uma filial recém-aberta —

sra. Fulano de Tal, sr. Sicrano e Beltrano, e (um rosto negro) "Gladys". Que forma amistosa, informal de identificação numa empresa de "oportunidades iguais"! Gladys é vista pelos colegas de trabalho, pelo fotógrafo que anotou os nomes, e — supõe-se — pelos leitores de um modo muito diferente de como os trabalhadores brancos são vistos. Eu a contemplo como eles fazem... Ela é simplesmente "Gladys", o nome pelo qual é adotada pelo mundo branco, usada e largada de novo, como o copo em que o rei bebe no poema de Rilke.[12] Seu sobrenome, seu nome africano, pertence a Soweto, que é menos provável que seus companheiros brancos sorridentes cheguem a visitar Nova York ou Londres.

O dispositivo ajustado com sucesso ao olho do espectador é algo de que o sul-africano branco médio não tem consciência, porque o *apartheid* é sobretudo um hábito; o inatural parece natural — uma ilustração, que está longe de ser banal, da banalidade do mal de Hannah Arendt. O segmento da população branca a que pertenço tornou-se altamente consciente de sua dependência de uma visão distorcida induzida desde a infância; e estamos cientes de que com o olho interior "temos visto demais para ainda sermos inocentes".[13] Mas esse tipo de consciência, representada pela culpa branca na década de 1950, tem sido abandonada, porque, como diz Czeslaw Milosz, "a culpa solapa a crença do homem moderno no valor de suas próprias percepções e julgamentos", e temos necessidade dos nossos. Precisamos acreditar em nossa capacidade de encontrar novas percepções e em nossa capacidade de julgar a verdade de cada uma delas. Quando choramos sobre o que aconteceu, desistimos de nos alegrar pelo que Günter Grass chama nascimento de ideias, aqueles partos atenienses do futuro apresentado aos negros pelos brancos.

Nem todos os negros sequer concedem que os brancos podem participar do novo que ainda não conseguiu nascer. Um importante líder negro que faz tal concessão, o bispo Desmond Tutu, define essa participação:

---

[12] Rainer Maria Rilke, "Ein Frauenschicksal" (O destino de uma mulher), in *Selected poems of Rainer Maria Rilke*, traduzido por C. F. MacIntyre, University of California Press, Berkeley, 1941.
[13] Edmundo Desnoes, *Memories of underdevelopment*, Penguin, Harmondsworth, 1973.

Esse é o que considero ser o lugar do homem branco nesta luta — popularmente chamada — de libertação. Sou firmemente não racial e assim acolho a participação de todos, tanto negros como brancos, na luta pela nova África do Sul que deve surgir a qualquer custo. Mas quero afirmar que, nesse estágio, a liderança da luta deve estar firmemente em mãos negras. Eles devem determinar quais serão as prioridades e a estratégia da luta. Os brancos infelizmente têm o hábito de assumir o comando, usurpar a liderança e tomar as decisões cruciais, em grande parte, suponho, por causa da vantagem inicial que tiveram em educação e experiência desse tipo. O importante é que, por mais que queiram se identificar com os negros, trata-se de um fato existencial... que eles não foram realmente vítimas dessa perniciosa opressão e exploração. É uma linha divisória que não pode ser cruzada e que deve dar aos negros a primazia em determinar o curso e a meta da luta. Os brancos devem estar dispostos a seguir.[14]

Os negros devem aprender a falar; os brancos devem aprender a escutar — escreveu o poeta negro sul-africano Mongane Wally Serote nos anos 1970. Essa é a premissa em que o segmento branco a que pertenço baseia sua vida no presente. Parece uma abdicação da vontade? É porque aqueles que vivem numa democracia estão acostumados a exercer o direito de fazer afirmações abstratas de princípios, para as quais, ao menos, existem as estruturas da realização prática; a ação simbólica dos que têm a mesma opinião ao assinar uma carta para o jornal ou ao fazer *lobby* no Congresso é uma lembrança dos direitos constitucionais a ser invocados. Para nós, a premissa de Tutu impõe um despertar da vontade, uma desesperada sacudida vital na faculdade de rebelião contra leis injustas declarada ilegal pelo poder moribundo e nas faculdades de renovação que são frequentemente rechaçadas pelo poder que está lutando por surgir. O adendo que Desmond Tutu não acrescentou à sua declaração é que, apesar de se esperar que o apoio dos brancos seja ativo, é também esperado que a posição diferente dos brancos nas estruturas ainda existentes da velha sociedade requeira ações que, embora complementares às dos negros, devem ser diferentes das apresentadas pelos negros. Espera-se que os brancos encontrem suas próprias formas de luta, que podem coincidir somente às vezes com as dos negros.

Que possa haver, ao menos, essa cooperação coincidente é tranquilizador; essa, pelo menos, deveria ser uma forma honesta de ativismo. Mas

---

[14] Bispo Desmond Tutu, *Frontline*, número 5, vol. 12, abril de 1982.

não é; pois nesses tempos de sintomas mórbidos, há contradições dentro da própria luta de libertação dos negros, baseada não apenas, como seria de esperar, nos alinhamentos ideológicos de oposição do mundo exterior, mas na confusão moral de reivindicações — quanto a terras, quanto a povos — do passado pré-colonial em relação ao Estado unitário a que a maioria dos negros e o segmento dos brancos declaram ser favoráveis. Assim, para os brancos, não é simplesmente uma questão de seguir o líder atrás dos negros; é assumir, como os negros, escolhas a serem feitas no meio da confusão — empírica, pragmática, ideológica ou idealisticamente — sobre as moralidades práticas da luta. Essa é a condição, imposta pela história, se quiserem, naquelas áreas de ação em que a participação dos brancos e dos negros coincide.

Estou numa reunião pública no City Hall de Johannesburgo certa noite, depois de trabalhar neste ensaio durante o dia. A reunião é realizada sob os auspícios do Partido Federal Progressista, a oposição oficial no Parlamento sul-africano composto somente de brancos. A questão é uma transação que está sendo feita entre o governo sul-africano e o reino de Suazilândia, pela qual 7.770 quilômetros quadrados do território sul-africano e 850 mil cidadãos sul-africanos, parte do "homeland" KwaZulu dos zulus, seriam dados à Suazilândia. Os principais oradores são o chefe Gatsha Buthelezi, líder de 5,5 milhões de zulus, o bispo Desmond Tutu e o sr. Ray Swart, um liberal branco e líder do Partido Federal Progressista. O chefe Buthelezi recusou consistentemente assumir a assim chamada independência para KwaZulu, mas — embora declarando-se a favor do banido Congresso Nacional Africano —, ao aceitar todos os estágios do assim chamado autogoverno até o último, transgrediu o princípio inegociável do Congresso Nacional Africano, uma África do Sul unitária.

O bispo Tutu defende o princípio de uma África do Sul unitária. A constituição do Partido Federal Progressista toma providências para uma estrutura federal numa nova África do Sul não racial, reconhecendo como entidades de fato os "homelands" cuja criação pelo governo do *apartheid* o partido ainda assim contesta. Também no palanque estão os membros do Black Sash, a organização de mulheres brancas que tomou uma posição radical como aliada branca da luta dos negros; essas mulheres apoiam uma África do Sul unitária. Na plateia de cerca de 2 mil pessoas, um pequeno número de brancos fica perdido entre zulus exuberantes, ululantes, aclamadores. A ordem — e mais, a camaradagem — é mantida pelos seguranças de Buthelezi, equipados, por baixo do garbo de uma milícia privada tirada de seu movimento tribal Inkatha, com músculos zulus em lugar de armas.

O que o bispo Tutu está fazendo aqui? Ele não reconhece os *"homelands"*.

O que as mulheres do Black Sash estão fazendo aqui? Elas não reconhecem os *"homelands"*.

O que o Partido Federal Progressista está fazendo aqui — um partido firmemente dedicado apenas à ação constitucional — servindo de anfitrião para uma reunião em que a saudação de libertação negra proibida e o grito de batalha — *"Amandhla!" Awethu!"*: "Poder — para o povo!" — sacode as colunas dóricas municipais, e o exército tribal de um negro em vez da polícia sul-africana está mantendo a paz?

O que estou fazendo aqui, aplaudindo Gatsha Buthelezi e Ray Swart? Não reconheço os territórios nem apoio uma África do Sul federal.

Eu estava ali — *eles* estavam ali — porque, afastada de suas áreas de interesse especial (a preocupação "nacional" de KwaZulu com a terra e o povo pertencente aos zulus), a questão era mais um plano do governo em busca de apoio para uma proposta "constelação" de Estados sul-africanos reunidos protetoramente ao redor do presente regime sul-africano, e para privar os negros sul-africanos de sua cidadania sul-africana, reduzindo desse modo a razão entre a população negra e a branca.

Mas esfriou a vermelhidão das minhas palmas estimuladas; que paradoxo eu havia acomodado em mim mesma! Movida por uma demonstração de lealdade tribal, quando acredito na unidade negra, aplaudindo um líder dos "territórios", acima de tudo, escandalizada pela excisão de parte de um "território" da África do Sul, quando a política dos "territórios" é ela própria a destruição do país como entidade. Mas essas são as confusões com que os negros têm de viver, e, se pretendo acompanhá-los mais além do *apartheid*, devo também compartilhá-las.

O ESTADO DO INTERREGNO é um estado da consciência desintegrada de Hegel, de contradições. É a partir de seu atrito interno que a energia deve ser de certo modo alcançada, para nós, brancos; a energia para quebrar o vácuo do qual somos subconscientemente cientes, pois, por mais odiada e vergonhosa que tenha sido para nós a vida coletiva do *apartheid* e suas estruturas, há agora o medo não admitido de existir sem estruturas. O interregno não é apenas entre duas ordens sociais, mas entre duas identidades, uma conhecida e descartada, a outra desconhecida e indeterminada.

Qualquer que seja o custo humano da luta de libertação, quaisquer que sejam os "venenos maniqueístas"[15] que devem ser absorvidos como estimulantes no interregno, o negro sabe que estará em casa, por fim, no futuro. O branco que tem se declarado a favor desse futuro, que pertence ao segmento branco que nunca se sentiu em casa na supremacia branca, não sabe se por fim encontrará sua casa. É suposto, não apenas por racistas, que isso depende inteiramente da disposição dos negros a deixá-lo entrar; mas nós, se vivemos nossa situação conscientemente, agindo baseados numa aposta pascaliana de que existe esse lar do africano branco, sabemos que isso também depende de descobrirmos nosso caminho em meio à confusão perceptiva de velhas fotografias das relações senhor e escravo, os discos 78 rpms da história repetindo o condicionamento do passado.

Um homem negro, que posso certamente chamar de amigo porque sobrevivemos a um tempo em que ele não achava possível aceitar a amizade de um branco, e a um tempo em que eu não achava que poderia aceitar que fosse ele a decidir quando esse tempo tinha passado, disse para mim neste ano: "Os brancos aprenderam a lutar". Não era uma advertência, mas um sincero encorajamento. Expresso em termos políticos, o curso de nossa amizade, as palavras e a atitude dele significam a inutilidade corrente, a marcar o fim de uma etapa, da ala extrema do movimento da Consciência Negra, com seu separatismo dos últimos dez anos, e o retorno aos princípios do movimento negro que dispõe da base mais ampla e do maior prestígio, o banido Congresso Nacional Africano. Esses são o não racialismo, a crença de que a opressão racial faz

---

[15] Czeslaw Milosz, "The accuser", in *Bells in winter*, Ecco, Nova York, 1978.

parte da luta de classes e o reconhecimento de que é possível aos brancos dizer não ao privilégio de classe e raça e identificar-se com a libertação negra.

Meu amigo não estava se referindo, nem é preciso dizer, àqueles brancos, de Abram Fischer a Helen Joseph e Neil Aggett, que têm se arriscado e em alguns casos perdido a vida na luta política com o *apartheid*. Seria confortável supor que ele tampouco estivesse se referindo às vanguardas articuladas do segmento branco, intelectuais, escritores, advogados, estudantes, progressistas dos direitos religiosos e civis, que mantêm os chicotes do protesto estalando. Mas sei que ele *estava* se dirigindo, afinal, àqueles de nós que pertencemos à vanguarda e que temos nossas ações vigiadas pelas reportagens jornalísticas e pela polícia secreta, enquanto cabriolamos de um lado para o outro, cada vez mais próximos da fina linha divisória entre ser cidadãos empenhados na luta e ser revolucionários sociais. Talvez o encorajamento fosse destinado a nós e também à base do segmento — aqueles na plateia, mas não no palanque, jovens e a geração de seus pais, que devem procurar um modo efetivo, no cotidiano de sua vida pessoal, de ingressar na luta pela libertação que acabará com o racismo.

Por um longo tempo, esses brancos têm sentido que estamos fazendo todo o possível, à exceção de violência — um terrível limiar que nenhum de nós está disposto a cruzar, embora cientes de que isso pode significar deixar o trabalho sujo a cargo dos negros. Mas agora os negros estão fazendo uma pergunta para a qual todo branco deve ter uma resposta pessoal, sobre uma questão que não pode ser tratada por mãos erguidas numa reunião ou por uma assinatura numa petição; uma questão que vai até dentro da casa e entra em toda família. Os negros estão agora perguntando por que os brancos para quem o *apartheid* é algo que deve ser abolido, e não defendido, continuam a se submeter à convocação do exército.

Nós, brancos, temos suposto que o serviço militar seja um exemplo da "impotência do indivíduo envolvido num mecanismo que funciona independentemente de sua vontade", nas palavras de Czeslaw Milosz. Se recusamos o serviço militar, nossas únicas opções são deixar o país ou ir para a prisão. A objeção conscienciosa não é reconhecida na África do Sul do presente; a legislação talvez a estabeleça sob alguma forma em breve, mas, se isso ocorrer, trabalhar como escrivão do Exército não é funcionar como parte da máquina de guerra?

Essas são razões suficientes para que todos — exceto um punhado de homens que escolhem a prisão por razões antes religiosas que políticas — entrem no Exército sul-africano a despeito de sua oposição ao *apartheid*. Essas não são razões suficientes para que ajam dessa maneira, sob a condição de os negros poderem aceitar o compromisso dos brancos com a libertação mútua. Entre as atitudes branca e negra em relação à luta está o comentário escutado por acaso de uma jovem negra: "Eu infrinjo a lei porque estou viva". Nós, brancos, ainda não enfiamos a pá embaixo das raízes de nossa vida; para a maioria de nós, incluindo a mim mesma, a luta ainda é algo que tem um lugar. Mas para os negros está em toda parte ou em lugar algum.

O que é a poesia que não salva nações ou povos? (Czeslaw Milosz)

Já delineei minha presença em meu país natal na escala de uma minoria dentro de uma minoria. Agora vou reduzir ainda mais meu direito a alguma importância. Uma branca; uma branca dissidente; uma escritora branca. Devo presumir que, embora os problemas de uma escritora branca não tenham importância comparados com a libertação de 23,5 milhões de negros, a relação peculiar da escritora na África do Sul como intérprete, tanto para a África do Sul como para o mundo, de uma sociedade em luta transforma o corredor estreito pelo qual conduzo os leitores num caminho em que as portas se abrem sobre o tremendo acontecimento experimentado pelos negros.

Por um tempo mais longo que a primeira metade deste século, a experiência dos negros na África do Sul foi dada a conhecer ao mundo pela interpretação dos brancos. As primeiras obras imaginativas amplamente lidas que exploravam o fato central da vida sul-africana — o racismo — foram escritas na década de 1920 por brancos, William Plomer e Sarah Gertrude Millin. Agora reconhecidas como os clássicos da primeira literatura negra, as obras de Herbert e Rolfes Dhlomo, Thomas Mofolo e Sol Plaatje eram lidas pela seção culta da população negra sul-africana, pouco conhecidas entre os brancos sul-africanos e desconhecidas fora da África do Sul. As obras moralistas desses escritores tratavam da vida negra contemporânea, mas sua ficção era principalmente histórica, uma tentativa desesperada de garantir, em formas de arte de uma cultura imposta, uma identidade e uma história desconsideradas e despedaçadas por aquela cultura.

Nos anos 1950, os negros urbanos — Es'kia Mphahlele, Lewis Nkosi, Can Themba, Bloke Modisane, seguindo Peter Abrahams — começaram a escrever apenas em inglês, e sobre a experiência industrializada urbana em que os negros e os brancos se atritavam por meio das barreiras da cor. A obra desses escritores negros interessava tanto aos negros como aos brancos naquele nível improvisado, conhecido como intelectual na África do Sul: consciente seria um termo mais preciso, designando a consciência de que a classe média branca predominante não era, como afirmava, o paradigma da vida sul-africana e a cultura branca não era a cultura sul-africana definitiva. Em algum lugar ao alcance dos escritores negros, enquanto escreviam, a agitação da independência chegava a um país colonizado após o outro, ao norte da África do Sul. Mas eles escreviam ironicamente sobre sua vida sob a opressão; como vítimas, e não como lutadores. E mesmo aqueles escritores negros que eram ativistas políticos, como o romancista Alex la Guma e o poeta Dennis Brutus, faziam de sua amargura ideologicamente canalizada não mais que a catarse aristotélica, criando no leitor a empatia com o oprimido em vez de despertar a rebelião contra a repressão.

A ficção dos escritores brancos também produziu o efeito aristotélico — e incluiu no preço da edição de capa dura e capa mole uma catarse da culpa branca para o escritor e o leitor. (Foi nesse estágio, incidentalmente, que os resenhistas no exterior acrescentaram aos nossos sua migalha de sintomas mórbidos, inventando "coragem" como um valor literário para os escritores da África do Sul...) O tema de escritores negros e brancos — que eram as entidades reais da vida sul-africana em vez daquelas definidas por entradas separadas para brancos e negros — era surpreendentemente novo e importante; qualquer coisa que um escritor, negro ou branco, ousasse explorar era considerada terreno ganho para aumentar o escopo de todos os escritores. Não havia tradição iconoclástica; apenas um único romance, *Turbott Wolfe*, de William Plomer, escrito trinta anos antes, cuja compreensão *do que cons-*

tituía realmente nosso tema ainda estava uma década à frente de nosso tempo, quando ele cunhou o aforismo absoluto: "A questão nativa — não é uma questão, é uma resposta".

Nos anos 1970, os escritores negros começaram a dar essa resposta — para si mesmos. Ela tinha sido vociferante na consciência da política de resistência, manifesta na ação política — organizações de massa negras, o Congresso Nacional Africano, o Congresso Pan-Africanista e outras — nos anos 1960. Mas à exceção do nível oral folclórico das canções de "liberdade", era uma resposta que ainda não vinha da única fonte que nunca estivera em território conquistado, nem mesmo quando a industrialização recrutou trabalhadores nos lugares que a conquista militar já tinha devastado: o território do subconsciente, no qual o modo particular de o povo dar sentido e dignidade à vida — a base de sua cultura — permanece inacessível. Os escritores, e não os políticos, são seus porta-vozes.

Com a proscrição das organizações políticas negras, a proibição de canções de liberdade e discursos de palanque, veio dos negros uma atitude alterada em relação à cultura e em relação à literatura como cultura verbal, facilmente acessível. Muitos escritores negros tinham entrado em conflito — e sido desafiados pelos ativistas políticos: vocês vão lutar ou escrever? Agora lhes diziam, na retórica do tempo: não há conflito se vocês fizerem de sua pena a arma de nosso povo.

A catarse aristotélica, aliviando a autopiedade negra e a culpa branca, não era claramente o modo pelo qual os escritores negros poderiam dar a resposta que a resistência negra exigia deles. O modo iconoclástico, embora tivesse sua função onde os fetichistas raciais haviam montado ídolos de porcelana em lugar dos "pagãos" de madeira, era demasiado irônico e distanciado, direcionado para o outro. Os povos negros tinham de ser conduzidos de volta para si mesmos. A partir de sua própria situação, os escritores negros chegaram à descoberta de Brecht: seu público precisava ser educado para *se espantar com as circunstâncias sob as quais funcionava*.[16] Começaram a mostrar aos negros que suas condições de vida constituem sua história.

[16] Walter Benjamin, "What is epic theater?" *Illuminations*, Schocken, Nova York, 1969.

À África do Sul não faltam seus Chernyshevsky para apontar que a estrada principal da história não são as calçadas dos centros comerciais suburbanos da elegante Johannesburgo branca, assim como tampouco eram as do Nevsky Prospekt.[17] Nos beliches dos trabalhadores migrantes, nas filas das quatro horas da madrugada entre o quarto único para a família e a fábrica, nos sonhos bêbados discutidos ao redor de braseiros está a história da derrota dos negros pela conquista, a escala da falta de valor que os brancos lhes infligiram, a degradação de sua própria aquiescência a essa desvalorização; a salvação da revolta está também ali, um fósforo que os construtores de todo gueto deixaram cair, esperando para ser riscado. A razão para a dificuldade e até o tédio que muitos brancos sentem quando leem histórias ou veem peças teatrais de negros nas quais, como eles dizem, "nada acontece" é que a experiência transmitida não é "o desenvolvimento de ações", mas "a representação das condições", um modo de revelação e experiência artísticas para aqueles em cuja vida o conteúdo dramático está em suas condições.[18] Esse modo de escrever foi o início da função do escritor negro como revolucionário; foi também o início de uma concepção de si mesmo diferente daquela criada pela autoimagem do escritor branco. Para o escritor negro, a consciência de si mesmo como escritor surge agora de sua participação naquelas condições de vida; no julgamento de seu povo, que é o que o torna escritor — a autoridade da própria experiência, não a maneira como ele a percebe e transforma em palavras. Os princípios da crítica estão assim baseados na participação do crítico naquelas mesmas condições de vida, e não em sua capacidade de julgar a qualidade com que o escritor realizou "a disposição do material natural num resultado formal que deve iluminar a imaginação" — essa definição da arte formulada por Anthony Burgess seria considerada por muitos negros como algo proveniente das premissas baseadas nas condições de vida dos brancos e nos padrões de pensamento que elas determinam: um

---

[17] Nikolai G. Chernyshevsky, *Polnoye sobraniye sochinenii*, v. 3. Parafraseado da citação na tradução inglesa de Tibor Szamuely, "The highroad of history is not the sidewalks of the Nevsky Prospekt", *The Russian Tradition*, editado por Robert Conquest, McGraw-Hill, Nova York, 1975.

[18] Walter Benjamin, "What is epic theater?".

arabesco da fumaça de um charuto caro. Se temos nossos Chernyshevsky, sentimos falta de Herzen. Os padrões literários e os padrões da justiça humana estão irremediavelmente confundidos no interregno. É bastante ruim que, no caso de escritores sul-africanos brancos, alguns críticos no país e no exterior tenham medo de rejeitar o sensacionalismo e a banalidade grosseira de execução, desde que o tema de uma obra seja "corajoso". Para os escritores negros, o silogismo do talento diz o seguinte: todos os negros são irmãos; todos os irmãos são iguais; portanto, você não pode ser um escritor melhor do que eu. O escritor negro que questiona a última proposição está traindo as duas primeiras.

Como colega escritora, eu própria acho difícil aceitar, mesmo pela causa da libertação dos negros na qual estou empenhada como cidadã sul-africana branca, que um escritor negro de poder imaginativo, cuja arte está à altura do que ele tem a dizer, não deva ser considerado superior a alguém que saiu — admiravelmente — de uma detenção política com um pedaço de papel em que está anotado um arranjo, rico em aliterações, de slogans de protesto. Para mim, não se discute a necessidade de o escritor negro encontrar modos imaginativos à altura de sua realidade existencial. Mas não posso aceitar que ele deva negar, como prova de solidariedade com a luta de seu povo, as torturantes qualidades interiores de presciência e percepção que sempre o diferenciarão de outros e que o tornam um escritor. Tampouco posso aceitar que lhe sirvam, como acontece agora com o escritor negro, uma ortodoxia — um kit de expressões emotivas, um índice não escrito de temas, uma tipologia.

O problema é que essa propaganda política, não reconhecida sob esse ou qualquer outro nome, tem se tornado a primeira forma de arte contemporânea que muitos sul-africanos negros sentem que podem chamar de sua. Ajusta-se à sua raiva; e isso é tomado como prova de que é um desenvolvimento orgânico da criação negra a se libertar, em vez da antiga casca em que realmente consiste, habitada muitas vezes pela raiva de outros. Sei que essa propaganda política ata o artista com o meio pelo qual pretende libertar as mentes do povo. Posso ver agora como ela muitas vezes frustra no escritor negro tanto o objetivo comum de dominar sua arte quanto o objetivo revolucionário de mudar a natureza da arte, criar novas normas e formas para e a

434 *Nadine Gordimer*

partir de um povo que se recria a si mesmo. Mas como pode meu colega escritor negro concordar comigo, até mesmo admitir o conflito que crio nele com essas afirmações? Há aqueles que acreditam secretamente, mas são poucos os que afirmariam em público, com Gabriel García Márquez: "O dever de um escritor — o dever revolucionário, se quiserem — é tão somente escrever bem". O escritor negro na África do Sul sente que tem de aceitar os critérios de seu povo, porque somente na comunidade da privação negra está de posse de sua identidade. É apenas por meio de uma identificação sem reservas, exclusiva, com os negros que ele pode quebrar a alienação de ser o "outro" por quase 350 anos na sociedade ordenada pelos brancos, e apenas submetendo-se à categoria de colmeia de "operário cultural", programado, é que ele pode quebrar a alienação do artista-elitista na massa negra dos operários industriais e camponeses.

E, finalmente, ele pode jogar o conflito de volta para o meu colo com as palavras de Camus: "É possível estar na história embora ainda se referindo a valores que a ultrapassam?".

O escritor negro está "na história", e seus valores ameaçam expulsar à força os transcendentes da arte. O branco, como escritor e sul-africano, não conhece seu lugar "na história" nesse estágio, nessa época.

Há dois valores absolutos em minha vida. Um é que o racismo é o mal — a danação humana no sentido do Antigo Testamento —, e nenhum compromisso, assim como nenhum sacrifício, será demasiado grande na luta contra ele. O outro é que um escritor é um ser em cuja sensibilidade está fundido o que Lukács chama a dualidade da interioridade e do mundo exterior, e nunca se lhe deve pedir que rompa essa união. A coexistência desses absolutos me parece frequentemente inconciliável dentro de uma só vida. Num outro país, em outra época, eles não apresentariam conflito, porque operariam em partes não relacionadas da existência; na África do Sul da atualidade, eles têm de ser coordenadas para as quais o acoplamento deve ser encontrado. As moralidades da vida e da arte saíram de suas categorias no fluxo social. Se não podemos conciliá-las, não há como evitar que se engalfinhem dentro de nós.

Para mim, "a compreensão divinatório-intuitiva do inatingível e portanto inexprimível significado da vida" de Lukács é o que um escritor, por menos desenvolvido que seja para a tarefa, foi criado para atingir. Assim como os peixes que nadam sob o peso de muitas braças escuras se parecem com quaisquer outros peixes, mas num exame cuidadoso descobre-se que não têm olhos, os escritores, parecendo-se muito com outros seres humanos, mas movendo-se profundamente sob a superfície das vidas humanas, têm pelo menos algumas faculdades de supraobservação e hiperpercepção desconhecidas de outros. Se um escritor não submerge e usa essas faculdades — ora, ele é apenas um peixe cego.

Exatamente — diz a nova ortodoxia literária: ele não vê o que está acontecendo no mundo visível, entre as pessoas, no nível da ação, nos pontos em que é travada a batalha com o racismo todo santo dia. Ao contrário, digo, ele traz de volta o material de vida temático que sublinha e motiva as ações das pessoas. "A arte está no coração de todos os acontecimentos", escreve Joseph Brodsky. É a partir dali, das profundezas do ser, que vem a mais importante intuição da fé revolucionária: o povo sabe o que fazer antes dos líderes. Foi a partir desse nível que o anelo de colegiais negros por uma educação decente se transformou em revolta em 1976; sua força veio do profundo lodo da repressão e dos destroços abandonados de levantes que ali afundavam antes de eles nascerem. Foi a partir desse nível que uma ação de pessoas comuns pelo seu povo conseguiu outro dia algumas linhas bem embaixo numa página de jornal: quando alguns operários migrantes contratados de um dos *"homelands"* estavam sendo demitidos numa fábrica, outros operários com documentos de residência permanente na área "branca" pediram que fossem demitidos em seu lugar, porque a posse de papéis significava que podiam ao menos trabalhar em outro lugar, enquanto os operários migrantes seriam mandados de volta aos *"homelands"*, sem emprego.

"Ser um 'autor' tem sido desmascarado como um papel que, conformista ou não, permanece inescapavelmente responsável por determinada ordem." Em nenhum outro lugar a afirmação de Susan Sontag é mais verdadeira que na África do Sul. O escritor branco tem de tomar a decisão de continuar responsável pela ordem branca moribunda — e mesmo como dissidente, se ele não for além dessa posição, continua *negativamente* dentro da ordem branca — ou declarar-se positivamente responsável pela ordem que está lutando para nascer. E declarar-se pela última é apenas o início; assim como é para os brancos que possuem uma posição menos especializada, só que ainda mais. Ele tem de encontrar um modo de conciliar o inconciliável dentro de si mesmo, estabelecer sua relação com a cultura de um novo tipo de comunidade proposta, não racial, mas, de certo modo, concebida com os negros e por eles liderada.

Assumi esse compromisso com confiança e a sensação de descobrir a realidade, despertando para a vida de uma nova maneira — acredito que os romances e contos que escrevi nos últimos sete ou oito anos refletem isso —, pois, para mim, uma África do Sul em que os valores e os costumes da classe média branca contradizem as realidades tornou-se há muito tempo a irrealidade. Entretanto, admito que estou realmente determinada a encontrar meu lugar "na história", ainda me referindo como escritora aos valores que estão além da história. Nunca abrirei mão deles.

O artista poderá atravessar a torrente com seu precioso punhado de talento amarrado numa trouxa sobre a cabeça? Ainda não sei. Só posso relatar que a maneira de sair de um regime branco moribundo e começar a entrar na história passa por reveses, encorajamentos e recusas de outros, e frequentes decepções dentro de si mesmo. Um necessário processo de aprendizado...

Tiro uma folga de escrever.

Estou num país negro vizinho numa conferência sobre "Cultura e resistência". Está sendo realizada fora da África do Sul, porque os artistas exilados e aqueles de nós que ainda vivemos e trabalhamos na África do Sul não podemos nos encontrar em nosso país. Alguns artistas brancos não vieram porque, não sem razão, temem as consequências de ser vistos, pelos espiões da polícia secreta sul-africana, na companhia de exilados que pertencem a organizações políticas banidas na África do Sul, especialmente o Congresso Nacional Africano; alguns não foram convidados porque os organizadores consideram sua obra e opiniões políticas reacionárias. Alguns brancos sul-africanos me chamam de a queridinha dos negros, porque fui convidada a fazer o discurso de abertura numa sessão dedicada à literatura; mas me pergunto se aqueles que me acham favorecida teriam gostado de receber o tiroteio que, tenho certeza, há de vir contra mim daqueles cantos da sala em que se agrupam os separatistas negros. Eles estão aqui menos pelo direito democrático que pela solidariedade negra; paradoxalmente, porque a conferência é em si mesma uma declaração de que, segundo a convicção dos participantes e organizadores, a luta de libertação e a cultura pós-*apartheid* são não raciais. Entretanto, há aquele vínculo das condições de vida que enlaça todos os negros dentro de uma lealdade que contém, sem reprimir ou resolver, diferenças políticas amargas.

Se acho que os escritores brancos devem escrever sobre negros?

Uma pergunta simples da plateia disfarça tanto um ataque pessoal ao meu trabalho como um preceito publicamente imposto aos escritores brancos pela mesma ortodoxia que prescreve normas para os negros. No caso dos brancos, ela proíbe a criação de personagens negros — e pela mesma razão, cara ou coroa, apresentada para medir o valor dos escritores negros: o escritor branco não partilha as condições de vida *totais* dos negros, portanto não deve escrever sobre eles. Há alguns brancos — não escritores, acredito — na sala que partilham dessa opinião. Na tensa troca que se seguiu, respondo que há áreas inteiras da experiência humana, em situações de trabalho — em fazendas, fábricas, na cidade, por exemplo — nas quais os negros e os brancos têm-se observado uns aos outros e interagido por quase 350 anos. Provoco meu desafiador a negar que haja coisas que conhecemos uns dos outros que nunca são comentadas, mas que ali estão para ser escritas — e recebidas com o espanto e a consternação, em ambos os lados, de ter sido descobertas. Dentro dessas áreas de experiência, limitadas, mas intensamente reveladoras, há todas as razões para que os brancos devam criar personagens negros, e os negros personagens brancos. Quanto a mim, tenho criado personagens negros na minha ficção: se o fiz com sucesso ou não, cabe ao leitor decidir. O certo é que não há representação de nossa realidade social sem aquela estranha área de nossa vida em que temos conhecimento uns dos outros.

Não me porto tão honestamente um pouco mais tarde, quando se discute a perseguição aos escritores sul-africanos por meio de interdições. Alguém faz uma ligação disso com a perseguição de escritores na União Soviética, e um jovem salta para replicar que a percentagem de escritores em relação à população é mais elevada na União Soviética que em qualquer outra parte do mundo e que os escritores soviéticos trabalham "numa trincheira de paz e segurança".

A adequação da imagem bizarra, o inferno para o refúgio que ele deseja ilustrar, não gera sorrisos dissimulados entre nós; para além da estranha substituição de palavras está todo um arsenal de contradições atormentadas que podiam explodir a conferência.

Alguém diz, no meio do silêncio, calma e distintamente: *"Asneira"*.

Há silêncio de novo. Não pego o microfone e digo ao jovem: não há contraste a ser traçado entre o tratamento de escritores na União Soviética e na África do Sul, há uma forte analogia — a África do Sul interdita e silencia os escritores, assim como a União Soviética, embora não tenhamos censores residentes nas editoras sul-africanas e os escritores dissidentes não sejam enviados para manicômios. Fiquei em silêncio. Fiquei em silêncio porque, nos debates do interregno, qualquer crítica ao sistema comunista é compreendida como uma defesa do sistema capitalista que produziu o pacto do capitalismo e do racismo que é o *apartheid*, com seus julgamentos de traição igualando os julgamentos de Stálin, suas detenções de dissidentes igualando as detenções soviéticas, seus banimentos e desarraigamentos brutais de comunidades e vidas individuais igualando-se, se não superando, ao *gulag*. A repressão na África do Sul tem sido e está sendo vivida e enfrentada; a repressão em outras regiões é um relato num jornal, livro ou filme. A escolha, para os negros, não pode ser considerada à distância numa forma qualquer de objetividade: eles acreditam na existência da chicotada que sentem. Nada podia ser pior do que aquilo que conheceram como a "paz e segurança" do capitalismo.[19]

Fui covarde e serei com frequência de novo, em minhas ações e afirmações como cidadã do interregno; é um lugar de terreno instável, prognosticado para mim nos montes de escória ardente das minas de carvão, que as crianças costumavam atravessar com pedais de bicicletas furiosamente acionados e corações em disparada, na cidade do Transvaal onde nasci.

---

[19] *The Star*, Johannesburgo, 4 de agosto de 1982.

E AGORA CHEGOU A HORA de dizer que acredito que o mundo ocidental está em terreno instável comigo, porque, numa estranha peregrinação pelas escolhas de nossa era e suas consequências, a esquerda democrática do mundo ocidental chegou por muitas rotas planejadas e desvios penosos ao mesmo destino não previsto. O ideal da democracia social parece ser um atalho abandonado. Houve consternação quando, no início deste ano, Susan Sontag teve bastante coragem e honestidade de acusar publicamente a si mesma e a outros intelectuais americanos da esquerda de terem sentido medo de condenar a repressão dos regimes comunistas, porque isso era visto como um endosso da guerra americana no Vietnã e do conluio com os regimes direitistas brutais na América Latina.

Esse equívoco moral da esquerda americana é paralelo ao meu no congresso de escritores, bem longe na África, que ela me deu a coragem, de segunda mão, de confessar. Correndo guidom contra guidom pela escória do carvão, os dois equívocos revelam o mesmo medo. Qual é o seu significado? É o medo do abismo, do maior interregno das esperanças e do espírito humanos, em que contra o socialismo de Sartre como o "horizonte do mundo" vê-se silhuetado o contorno acorrentado do Solidariedade da Polônia, e, em todo o entorno, nas valas de El Salvador, nas prisões da Argentina e da África do Sul, nas habitações desarraigadas de Beirute, as vítimas dos padrões ocidentais de humanidade.

Minto, e a esquerda americana mente, não porque seja verdade que o capitalismo ocidental se revelou por fim justo e humano, mas porque sentimos que agora não temos nada a oferecer senão a rejeição desse sistema. O comunismo, na prática desde 1917, tampouco se revelou justo ou humano; fracassou ainda mais cruelmente que o capitalismo. Isso significa que temos de dizer aos pobres e despossuídos do mundo que não há nada a ser feito senão abandonar os chefões do comunismo pelos chefões do capitalismo?

No rico Estado capitalista da África do Sul, estufado com as finanças ocidentais, 50 mil crianças negras morrem de subnutrição e doenças relacionadas à subnutrição por ano, enquanto o Ocidente observa piedosamente que os Estados comunistas não conseguem fornecer carne e manteiga a seus povos. Em duas décadas na África do Sul, 3 milhões de negros foram ejetados do contexto de sua própria vida, removidos à força de suas casas e empregos e "reassentados" em áreas áridas e não desenvolvidas, por decreto de um governo branco apoiado pelo capital ocidental. É difícil apontar aos sul-africanos negros que as formas do capitalismo ocidental estão mudando rumo a uma justiça social ampla a exemplo de países como a Suécia, a Dinamarca, a Holanda e a Áustria, com suas economias mistas de bem-estar social, quando tudo o que os sul-africanos negros conhecem do capitalismo ocidental é o terror político e econômico. E esse terror não é alguma relíquia do passado colonial; está sendo financiado *agora* pelas democracias ocidentais — concorrentemente com a própria evolução da democracia capitalista ocidental em direção à justiça social.

O fato é que sul-africanos negros e brancos como eu já não acreditamos na capacidade de o capitalismo ocidental produzir justiça social onde vivemos. Não vemos nenhuma evidência dessa possibilidade em nossa história ou em nosso presente vivo. Seja o que for que tenham feito por si mesmas, as democracias ocidentais fracassaram e estão fracassando, com seu grande poder e influência, em fazer o mesmo por nós. Essa é a resposta àqueles que perguntam: "Por que requerer uma esquerda alternativa? Por que não um capitalismo alternativo?". Mostre-nos um capitalismo alternativo que trabalhe no exterior por uma justiça real em nosso país. Quais são as condições ligadas ao empréstimo do Fundo Monetário Internacional de aproximadamente 1 bilhão de dólares que obrigariam o governo sul-africano a parar com as remoções de população, a introduzir um padrão único de educação não segregada para todos, a reintegrar milhões de sul-africanos negros privados de cidadania?[20]

Se a esquerda americana desiludida acredita que as injustiças do comunismo não podem ser reformadas, deve-se supor que as do capitalismo de mais longa história, constantemente monitoradas pela mão compassiva do liberalismo, possam ser? A máxima que citei antes continha, sei, sua suprema

---

[20] Os Estados Unidos têm uma fatia de 20 por cento no sistema de voto ponderado do FMI e assim vencem, na votação, todos os opositores do empréstimo combinados. Dessa forma, os Estados Unidos têm uma responsabilidade correspondente pelo modo como o dinheiro que a África do Sul recebe está sendo gasto. Há alguma evidência de que essa responsabilidade esteja sendo assumida?

ironia: a maioria dos líderes no mundo comunista traiu a intuição básica da democracia, a de que "o povo sabe o que fazer" — o que talvez seja a razão para Susan Sontag ver o comunismo como um fascismo com face humana. Mas, ao contrário de sua visão, acho que podemos "distinguir" entre o comunismo e as democracias socialistas, assim como entre as democracias ocidentais, e estou certa de que, longe do calor de uma frase de palanque, ela também faz essa distinção. Se os Estados Unidos e a Suécia não são a África do Sul de Botha, o Chile de Allende era a Alemanha Oriental, embora ambos estivessem no campo socialista?

Nós, da esquerda, em toda parte, devemos certamente "distinguir" até o ponto de incorporar o real significado do desafio essencial de Sontag, amar a verdade o bastante, pegar a causa envergonhada e suja de sangue da esquerda e tentar recriar a esquerda de acordo com o que pretendia ser, e não com o que 65 anos de perversão do poder a tornaram. Se, como ela diz com razão, no passado não compreendíamos a natureza da tirania comunista, agora a conhecemos, assim como sempre compreendemos, em primeira mão, a natureza da tirania capitalista. Essa não é uma equação maniqueísta — determinar qual é deus e qual é o diabo não é uma questão que a evidência poderia facilmente decidir, de qualquer maneira — e não autoriza recuo e desespero. A essa altura aprendemos um pouco a respeito dos pontos em que o socialismo erra, quais de seus preceitos são mortalmente perigosos e conduzem, na prática, ao controle fascista do trabalho e à total supressão da liberdade individual. A feitiçaria dos tempos modernos não acabará sendo exorcizada por esse conhecimento?

No interregno em que coexistimos, a esquerda americana — desiludida pelo fracasso do comunismo — precisa reunir com a esquerda democrática do Terceiro Mundo — evidência viva do fracasso do capitalismo — a obstinação cósmica de trabalhar confiando na possibilidade de uma esquerda alternativa, uma democracia sem o terror econômico e militar que existe atualmente em regimes da esquerda e da direita. Se não formos capazes disso, a possibilidade de uma real democracia social vai se extinguir para o nosso tempo, e quem sabe quando, depois de que tempos ainda mais sangrentos, será redescoberta.

442 *Nadine Gordimer*

Nada de esquecer como poderíamos viver, se ao menos pudéssemos encontrar o caminho. Devemos continuar a ser atormentados pelo ideal. Esse é o ponto em que a responsabilidade da esquerda americana — e dos liberais? — se encontra com a minha. Sem a vontade de caminhar na direção dessa possibilidade, as relações dos brancos do Ocidente com os povos outrora dominados pelo Ocidente jamais poderão se libertar do passado, porque o passado era, para eles, a selva do capitalismo ocidental, e não a luz que os missionários pensavam trazer consigo.

1981

A Ideia de Jardinagem

The life and times of Michael K, de J. M. Coetzee

A ALEGORIA É GERALMENTE considerada uma forma literária superior. É julgada capaz de remover o transitório dos pulmões do leitor e enchê-los com um sopro profundo de transcendência. O Homem torna-se Todo Mundo (esse chato).

Do ponto de vista do escritor, a alegoria não é mais que uma entre outras formas. Mas acredito que haja uma distinção entre o escritor escolher conscientemente a alegoria e a alegoria escolher o escritor. No primeiro caso, desprendida das antigas fontes do mito, magia e moralidade pelo passar do tempo, a alegoria é às vezes arrebatada do ar para elevar uma imaginação pedestre ou distanciar o escritor, por razões suas, de seu tema. No segundo caso, a alegoria é uma dimensão *descoberta*, o aparecimento de um significado não buscado pelo escritor, mas presente quando o livro é escrito.

J. M. Coetzee, escritor com uma imaginação que se eleva como uma cotovia e observa lá de cima como uma águia, escolheu a alegoria para seus primeiros romances. Parecia agir assim por uma espécie de desejo antagônico de se manter distante dos acontecimentos e de suas consequências diárias, imundas, trágicas, em que, como todos os demais que vivem na África do Sul, está atolado até o pescoço e sobre os quais sentia uma compulsão interior de escrever. Assim ali estava a alegoria como um fastio imponente; ou um estado de choque. Ele parecia capaz de lidar com o horror que via escrito no sol[21] somente — ainda que brilhantemente — se esse fosse projetado em outro tempo e plano. Seu *À espera dos bárbaros* era o polo norte em relação ao qual a propaganda política dos escritores negros angustiados (e de alguns escritores brancos que pegavam carona para a livraria no carro blindado) era o polo sul; um mundo a ser tratado com mentiras entre os dois extremos. É a vida e os tempos de Michael K, que Coetzee então assume.

MICHAEL K (a inicial significa provavelmente Kotze ou Koekemoer e não tem, nem precisa ter, referência a Kafka) não é Todo Mundo. De fato, ele é marcado, desde a infância, por um lábio leporino indelevelmente descrito como encrespado tal qual uma pata de lesma. Sua mãe é uma criada em Cidade do Cabo, o que significa que ele é uma pessoa mestiça, e cresce sem pai numa casa para crianças deficientes. Sua deformidade distorce sua fala, bem como suas imagens da realidade e de si mesmo. Ele se encolhe diante da dificuldade de comunicação por palavras e diante da repugnância que percebe mantê-lo à distância nos olhos dos outros; assim ele parece ser, e talvez seja, retardado — um desses seres inclassificáveis que fascinavam Dostoiévski, um "homem simples". Está convenientemente empregado como jardineiro na municipalidade da Cidade do Cabo. Uma guerra civil se encontra em andamento por um tempo não especificado — como tais guerras costumam ser, não declaradas e sem fim — e em várias regiões do país — como tais guerras são travadas em nosso tempo, o tempo de Michael K —, com a destruição errante poupando alguns trechos de calma isolada. Michael tem tão pouca consciência dessa guerra quanto de tudo o mais na sociedade que o ignora (mulheres, a possibilidade de amigos), até que sua mãe, morrendo de hidropisia e falta de cuidados num hospital superlotado, implora para ser levada "para casa", uma fazenda na região quase desértica do Karoo, onde ela nasceu filha de trabalhadores.

---

[21] "Mas espere até ver o horror,/ meu filho, escrito no sol." Friston, o missionário, na África do Sul, em *Turbott Wolfe*, de William Polmer, The Hogarth Press, Londres, 1965.

TEMPOS DE REFLEXÃO   445

Ela e sua bolsa de economias são levadas para a estrada num abrigo montado num carrinho de mão pelo filho simples. Mandados de volta na primeira vez por falta de licenças, atacados de forma violenta por bandidos tão desesperadamente sem teto quanto eles próprios, não chegam muito longe antes de a mãe morrer. Um objetivo para a continuação de sua existência aparentemente desnecessária se forma aos poucos na mente de Michael K: ele vai levar as cinzas de sua mãe, entregues a ele num pacote de papel pardo, para que fossem enterradas na "casa" de que ela falava. Ele a encontra, ou o que talvez seja a casa, abandonada pelos proprietários brancos; os trabalhadores mestiços deixaram a terra havia muito tempo, num daqueles planos para arrebanhar os negros e separá-los dos brancos, que constituíram os primórdios da guerra.

Ele vive ali no *veld*, semeando e cuidando de um punhado de sementes de abóboras, até ser afugentado pela chegada de um desertor do Exército; é pego e enviado para um campo de trabalhos forçados; retorna à fazenda, que é visitada por guerrilheiros dos quais se esconde, só para ser capturado, faminto, pelo Exército. Interrogado como suspeito de ser o homem de contato das guerrilhas, é confinado no hospital improvisado de um campo de "reabilitação" para rebeldes capturados, montado numa antiga pista de corrida na Cidade do Cabo. Certa noite, ele desaparece de sua cama e é dado como tendo sido encontrado morto em algum lugar além dos muros.

Mas Michael K está vivo. Fugindo — mais uma vez — dos cuidados sinistros de uma gangue de vagabundos de praia que lhe dispensou, por piedade, vinho e sexo (arremedo de alegrias não experimentadas), ele se esconde entre a mobília praieira abandonada no apartamento em que sua mãe trabalhava no passado.

> Escapei dos campos; talvez, se me abaixo, vou escapar também da caridade. O erro que cometi, pensou, voltando atrás no tempo, foi não ter muitas sementes, um pacote diferente de sementes para cada bolso... Depois o meu erro foi plantar todas as minhas sementes juntas num único pedaço de terra. Devia tê-las plantado uma de cada vez, bem espalhadas por quilômetros de *veld* em pedaços de solo não maiores que a minha mão, e traçado um mapa e guardado o desenho comigo o tempo todo, para que toda noite eu pudesse dar uma volta por todos os locais e regar as sementes.

Esta é, portanto, a história simples de um homem "simples". E começa de maneira nada excepcional, o itinerário previsível de um refugiado qualquer fugindo com grande esforço da fome e da falta de moradia, sem muita esperança de que esses não estarão à sua espera de novo no final do percurso. Pode-se balançar a cabeça decentemente sobre mais uma evocação da miséria banal; a única reação particular, dessa vez, uma leve sensação de impaciência — tinha de ser tudo tão exagerado? O homem tinha de ter um lábio leporino etc., além de todas as outras desgraças?

Mas logo se percebe que a forma de Coetzee, desde o início, surgiu apenas das necessidades do conteúdo, sendo pura e perfeitamente realizada. À medida que o leitor é absorvido pelo romance, surge a ocorrência extraordinariamente rara de sua resposta aos acontecimentos da trama desenvolver-se junto com a do próprio personagem central. Esse é o reverso da identificação fácil, uma compreensão preênsil se agita para assumir o comando ali onde o entendimento da familiaridade não penetra. Um colega do campo de trabalhos forçados diz a Michael K: "Você passou dormindo toda a sua vida. É tempo de acordar". Para o leitor, também.

É aqui que ocorrem os símbolos alegóricos. A obra fala: uma voz dentro do leitor. Michael K é um ser humano real com um corpo individual, mas para alguns de nós ele será todos os povos negros da África do Sul, quaisquer que forem as gradações de cor em que a Lei do Registro da População Sul-Africana os classifica; para alguns, será o interno de Auschwitz ou dos campos de concentração de Stálin. Outros verão o lábio dividido e a fala estrangulada como a distorção da personalidade que as leis raciais sul-africanas geraram, de uma maneira ou outra, em todos nós que ali vivemos, negros e brancos. Da mesma forma, pode-se ver o privilégio branco chegar ao fim numa das imagens implosivas de Coetzee, quando o refrigerador portátil do guarda branco é despedaçado e seu conteúdo derramado — "uma caixinha de margarina, uma espiral de linguiça, pêssegos e cebolas avulsos... cinco garrafas de cerveja".

Entretanto, a abstração da alegoria e do símbolo não dará acesso ao que é muito importante nesse romance magnífico. Vê-lo como uma visão do futuro tampouco o decifrará. Se está situado à frente de seu tempo, isso é construído como um modo de poder ver — como se tivesse aflorado à superfície

TEMPOS DE REFLEXÃO 447

— o que existe embaixo da superfície do presente. A atormentada falta de moradia de Michael K e sua mãe é a experiência, em 1984, de centenas de milhares de negros nas favelas e nos campos de "reassentamento" na África do Sul. Uma guerra civil está em andamento em 1984 nas fronteiras da África do Sul, entre os negros e os brancos. Coetzee venceu (ou perdeu?) sua luta interior e agora escreve, entre o cheiro de corpos cansados, uma obra do mais íntimo e profundo envolvimento com os povos vitimados durante a vida e os tempos de Michael K.

As afirmações políticas são feitas implicitamente por meio das situações e reações de Michael K, que não têm nenhum significado político óbvio. O desertor que chega à fazenda é neto do fazendeiro branco da infância da mãe de Michael: o descendente de Visagie e o de sua empregada estão tendo vidas paralelas agora que a velha estrutura está destruída, um deles fugitivo do dever dentro do exército que caça e mata, o outro fugitivo da perseguição desse exército. Na presença dos dois na fazenda está contido o cerne da propriedade — essa é a terra que foi tomada por uma conquista, e depois por escrituras de venda que negavam aos negros até o direito de comprar de volta o que fora usurpado deles. Os fugitivos não podem se acomodar entre si? Nenhum sabe como fazer isso fora do padrão fantasmagórico de senhor-criado. Assim Michael instintivamente sai correndo; e, quando retorna para descobrir que o rapaz partiu, nem mesmo então se muda para a casa Visagie.

Quando pronuncia a razão, ela não vem de um porta-voz do autor, mas como o que existe em desenvolvimento dentro de Michael, algo não dito, incapaz de ser formado pelo seu lábio deformado. "Seja por que foi que retornei, não é para viver como os Visagies viviam, dormir onde dormiam, sentar no seu *stoep* e ficar olhando a terra deles... Não é pela casa que vim... O pior erro, disse a si mesmo, seria tentar fundar uma nova casa, uma linhagem rival, sobre tão pequenos primórdios." (Suas abóboras escondidas.) Eis a expressão concreta, por meio da imaginação criativa, do debate político a respeito do futuro da África do Sul sob o domínio da maioria negra: se deveria ou não adotar o que tem sido a versão sul-africana branca do sistema capitalista.

Entretanto, o aspecto único e controverso dessa obra é que, embora seja implícita e altamente política, os heróis de Coetzee são aqueles que ignoram a história, não a fazem. Isso fica claro não só na pessoa de Michael K, mas em outros personagens, como, por exemplo, o médico e a enfermeira brancos no campo de "reabilitação", que estão "vivendo em suspensão", embora para a mulher que lava os lençóis o tempo esteja tão cheio dessas tarefas quanto sempre esteve, e para o médico seja um estado de estar "vivo mas não vivo", enquanto para ambos "a história hesitava quanto ao curso que deveria tomar". Ninguém nesse romance tem ideia de participar na determinação desse curso; não é apresentado ninguém que acredite saber o que deveria ser esse curso. A sensação é de máximo mal-estar: de destruição. Nem mesmo o opressor acredita mais no que está fazendo, quanto mais o revolucionário.

Essa é uma posição desafiadoramente questionável para um escritor adotar na África do Sul, que ninguém se engane. A apresentação da verdade e significado do que o branco fez ao negro sobressai em toda página, celebrando com isso a energia criativa destemida e extraordinária de seu autor; mas nega a energia de resistir ao mal. Que *essa* energia extraordinária existe com infatigável e invencível persistência entre os negros da África do Sul — o povo de Michael K —, torna-se evidente, sim, heroicamente, na aflição de todo dia. Não está presente no romance.

Exceto na pessoa de Michael K?

Nesse caso, isso só pode ocorrer porque Coetzee, embora tenha ardentemente ultrapassado a compreensão comum da situação difícil dos negros, não acredita na possibilidade de eles estabelecerem um novo regime que será muito melhor. (Se Michael K é apresentado como alguém que se vê "como um parasita a cochilar nas tripas", ele nunca desenvolverá a metáfora tornando-se o rebelde clandestino interno que destrói o corpo da sociedade inimiga que habita.) Campos com muros altos terão sempre sua utilidade, reflete o médico do campo. A liberdade é definida negativamente: é estar "fora de todos os campos ao mesmo tempo" segundo Michael K, que nesse contexto parece ter de vez em quando reflexões conceituais que pertencem realmente à inteligência sofisticada do médico. Embora "tenhamos todos tropeçado na borda e caído dentro do caldeirão", o médico, que assume a narrativa na primeira pessoa até o final do romance, acha Michael K "uma alma abençoadamente intocada pela doutrina, intocada pela história", uma criatura que nenhum "órgão do Estado" recrutaria como um de seus agentes. Esse liberal branco sente-se escolhido pela vítima de sua própria sociedade; o devastado Michael K torna-se a carga do médico e sua única esperança de salvação. Ele acredita que Michael K pode conduzi-lo para fora da história daquelas "áreas que existem entre os campos e não pertencem a nenhum campo". Uma repulsa contra todas as soluções políticas e revolucionárias aumenta com a insistência da canção das cigarras até o clímax do romance.

Não acho que o autor negaria que se trata de sua própria repulsa.

E assim J. M. Coetzee escreveu uma obra maravilhosa que não deixa nada não dito — e não poderia ser mais bem dito — sobre o que os seres humanos fazem a seus semelhantes na África do Sul; mas ele não reconhece o que as vítimas, que já não se veem como tais, têm feito, estão fazendo e acreditam que devem fazer por si mesmas. Isso impede seu romance de ser grandioso? Meu instinto é dizer um veemente "Não". Mas o organicismo que George Lukács define como a relação integrante entre o destino privado e social é aqui distorcido mais do que o permitido pela subjetividade que existe em todo escritor. A exclusão é uma característica central que pode corroer o coração da unidade entre a arte e a vida na obra.

Pois existe uma ideia de sobrevivência que pode ser realizada inteiramente fora de uma doutrina política? Existe um espaço entre os campos? Além disso, esse livro é incomum ao propor sua resposta, enquanto os escritores em geral dizem que lhes cabe apenas explorar as questões. O lugar é a terra, não no sentido cósmico, mas naquele do pó comum. A ideia é a da jardinagem. E com ela flui para dentro do livro, ainda outra vez, muito mais do que parecia ser seu tema: a presença de uma ameaça, não só da destruição mútua de brancos e negros na África do Sul, mas da matança, em toda parte, por se queimar, poluir, descuidar, contaminar de radioatividade o pó sob os nossos pés. Dessa perspectiva, a longa história de guerras terríveis, cuja razão tem sido proposta como "aumentar a felicidade humana", poderia, suponho, ser abandonada; apenas a morte do solo é o fim da vida. A única alegria segura que Michael K pode experimentar é o sabor de uma abóbora que cultivou, às escondidas dos justos e injustos da história saqueadora. Sob o barulho das cigarras, com delicadeza e segurança, Coetzee extraiu da terra a força para manter vivos seu protagonista decepcionantemente passivo e a vitalidade apaixonada desse livro.

Ao LONGO DA OBRA, o moribundo Michael K cresceu. O processo começa quando ele fertiliza a terra com a carga das cinzas de sua mãe; essa, oculta a seus olhos, era sua verdadeira razão de ser. Na única vez em que é tentado a entrar na história — seguir atrás do bando de guerrilheiros quando ele os vê deixando a fazenda —, ele sabe que não irá "porque muitos homens já tinham ido para a guerra dizendo que o tempo da jardinagem era para quando a guerra terminasse; então, devia haver homens para ficar para trás e manter viva a jardinagem, ou ao menos a ideia de jardinagem; porque uma vez rompida essa corda, a terra se tornaria dura e esqueceria seus filhos. Esse era o porquê". Para além de todos os credos e as moralidades, essa obra de arte afirma, há apenas um: manter a terra viva, e apenas uma salvação, a sobrevivência que vem da terra. Michael K é um jardineiro "porque essa é a minha natureza": a natureza do homem civilizado *versus* o caçador, o nômade. A esperança é uma semente. Apenas isso. Tudo isso. É melhor viver de joelhos, plantando alguma coisa...?

1 9 8 4

PÓS-ESCRITO: J. M. Coetzee adotou a cidadania australiana em 2006.

NOVAS NOTAS DOS SUBTERRÂNEOS

MOUROIR, DE BREYTEN BREYTENBACH

MOUROIR É A OBRA DAQUELA RARIDADE que Camus desesperava de encontrar, um indivíduo que viveu, como protagonista *e* vítima, a experiência central produzida pelo seu tempo e lugar, e que possui uma capacidade criativa à altura de sua experiência. Poeta e pintor, confrontado com uma injustiça diante da qual as palavras e os pigmentos pareciam fracassar, Breytenbach pôs de lado sua pena e seu pincel e tornou-se um revolucionário. Se foi um bom revolucionário ou não, é tema de debate para aqueles de nós que vivemos seguros atrás de nossas escrivaninhas. Ele passou sete anos numa prisão sul-africana de segurança máxima, o coração da luta contra a opressão na África do Sul. Para um homem branco, ter passado por esse aperto é ter chegado o mais próximo possível *da* experiência na África do Sul — a dos negros.

Entretanto, esse não é um livro de prisioneiro. Será uma injustiça crassa de subestimação e simplificação se for apresentado e recebido dessa maneira. Nele, o foco temporal comum da percepção de um homem foi rearranjado extraordinariamente por uma experiência definitiva que, compreende o escritor, pertence tanto ao tempo anterior como ao tempo posterior à sua ocorrência. A prisão irradia esse livro com esclarecimentos temíveis; os lugares escuros e ocultos do país que dão origem à obra fosforescem com ela.

Breytenbach é poliglota; escreveu seu livro em inglês e africânder com um título francês. Embora *mouroir* seja o termo para "asilo de idosos", ele parece tê-lo reinterpretado como uma montagem de *mourir* (morrer) e *miroir* (espelho). O que Breytenbach sabe, e mostra por meio de seus espelhos recorrentes, anulando, invertendo, quebrando acontecimentos, emoções e percepções, é que a presença da morte na prisão está sempre ali num país onde as pessoas oprimem e são oprimidas. Um alvo no *stoep*, montado para a diversão inocente de jovens africâneres entretendo-se numa casa de balneário, não é apenas o negro que seus pais e mentores estão sendo preparados para matar, mas também os próprios jovens, a serem abatidos por sua vez. "Terça-feira", uma viagem interminável criada com esse título a partir de uma viagem real e lembrada durante todo o livro com a regularidade de um calendário, é o dia da libertação: o dia em que o próprio Breytenbach saiu da prisão, e também o dia da liberdade, a que se deve dar um nome se chegar a vir, para encarcerado e carcereiro, o dia em que, como Breytenbach expressa de forma *total*, "a vida deve ser tentada de volta aqui na terra". Em outra faceta do livro existe uma passagem que é uma metáfora perfeita para a cultura colonial:

> Com enorme dificuldade transportamos árvores crescidas, por exemplo, da costa para a casa — pelo caminho, as folhas e os frutos arrastavam-se pela poeira; era a abdução de uma princesa exótica de um império distante; depois cavamos um buraco fundo e colocamos a árvore ereta dentro dele. Às vezes levava semanas, até meses, antes que a árvore transplantada mirrasse inteiramente e tivesse de ser desenterrada — isto é, se não tivesse caído sozinha sobre tudo nesse meio-tempo... Mas nunca criava raízes. Árvores ou arbustos, qualquer coisa que pudesse capturar o vento e dar-lhe som, são ainda assim sempre necessários ao redor de uma casa. Porque, do contrário, perdemos toda a memória de nós mesmos e somos tragados pelo nada para nos tornarmos parte da noite.

Breytenbach é um escritor que carrega toda a sua vida dentro dele, o tempo todo. A sua obra empreende a enorme tarefa de assumir plena responsabilidade pelo que foi e é; o eu não pode ser renegado, nem pelo jovem africâner crescendo como um membro do *Volk* eleito, falando a língua do senhor, nem pelo artista que fugiu para Paris (duas gerações de intelectuais africâneres fugiram com efeito, numa época posterior, mas exatamente como os Hemingway e os Fitzgerald, procurando sem esperança uma saída para deixar de ser o que eram), nem pelo revolucionário fracassado. Todas essas *personas* estão presentes em cada um dos movimentos da consciência de trabalho de Breytenbach — a consciência do escritor, que é diferente daquela que serve para fazer a barba ou comprar alface. Essa fusão é o que torna impossível que ele escreva uma obra que possa ser convenientemente encaixada até no conceito amplo de "coletânea de contos" ou "romance".

Isso não quer dizer que Breytenbach tenha escrito um livro de fragmentos, que não haja narrativa na obra. A narrativa é uma velha ferrovia na qual o serviço foi descontinuado. Mas claro que o serviço continua; outras formas de transporte executam a função da ferrovia. A lógica interior (conceitos, sonhos e símbolos) também narra. Ela tem uma sequência própria, e uma sequência de qualquer tipo é narrativa. Mas essa sequência — ao contrário da temporal — é altamente individual, diferente em cada subconsciente e consciência, e poucos, muito poucos escritores têm a capacidade de usá-la como a forma ímpar de sua obra. Breytenbach é um desses, os extraordinariamente talentosos. Essa lógica interior, para a qual não há forma literária reconhecida (com certeza não é o fluxo de consciência há muito poluído nem a renúncia surreal do controle), é a sua forma. (Mesmo ele não consegue lhe dar um nome: "Notas de espelho de um romance" — o seu subtítulo — não servirá.)

Com a derrubada dos valores do tempo na escrita de Breytenbach, surge um libertar-se concomitante da ligação a personagens individuais. Se não vamos ser informados do que lhes acontece a seguir, não temos obrigação de nos identificar com Minnaar ou Levedi Tjeling. Como o próprio Breytenbach observa com ligeireza (um de seus espelhos é o da autoestima irônica), esses dois assim chamados personagens "desaparecem da história, porque nunca tiveram nenhuma importância para o seu desenvolvimento, exceto talvez como fantasmas a quem falar...". A princípio, por razões de hábito, sentimos falta de personagens, esqueletos de palavras a serem vestidos com o que lhes acontece "a seguir". Mas logo uma liberdade hilariante como a de um filme de Buñuel é concedida: se alguém entrar num quarto em que os personagens estão sendo "desenvolvidos", por que não abandoná-los e partir com essa pessoa entrando na sua vida? Eis uma obra em que todas as escolhas (quanto ao caminho que poderia seguir) estão presentes.

Será, então, uma autobiografia alternativa? (Breytenbach poderia ter sido, poderia ser, todas essas pessoas.) Ele escreve sobre "liquidar o 'eu'", mas também sobre "um 'eu', uma partida". Ele próprio é a centrífuga da qual todas as sementes são lançadas e semeadas de novo: o horror, o humor, o amor, o conhecer e o não conhecer, tudo ele recebeu por viver em seu mundo e sua época. Entretanto, não há nada da obsessão por si mesmo de um Henry Miller ou um Céline. Um mundo não é definido pelo eu: ele é que se define por um mundo — esse mundo em que "o branco é uma postura, uma norma de civilização". A África do Sul produziu nesse escritor uma exacerbada auto-consciência, exatamente o que a Rússia de Stálin criou em Anna Akhmatova — o que o crítico inglês John Bayley chamou "o poder... de generalizar e falar pelas dificuldades humanas em situações extremas". Akhmatova escreveu versos sublimes sobre a morte de seu marido, a prisão de seu filho. Ela vivera separada do marido por muitos anos; seu filho fora criado pelo avô. A tristeza e a raiva do poema não eram por si mesma, mas pela "ferida de outra pessoa", por outros que estavam sofrendo tragédias como essas. Breytenbach tem (conquistou) esse poder de extrapolar o sofrimento além do que ele próprio sofreu. E quanto à responsabilidade pelo sofrimento, a parábola-paródia de uma página e meia intitulada "Conhece a ti mesmo" deixará alojada dentro de cada leitor uma parcela dessa obrigação.

Ao escrever na língua inglesa, Breytenbach é um fenômeno de natureza mais nabokoviana que conradiana. (Não tenho espaço aqui para examinar o que acredito ser a diferença sutil, salvo dizer que Conrad está incomparavel-mente à vontade na língua, enquanto o desempenho de Nabokov é realização *dele*.) Falante nativo de uma língua menor — o africânder, derivado do ho-landês —, Breytenbach tem alguns fracassos em criar novas palavras inglesas a partir de uma colagem de antigas. Em contraste, suas imagens são tão re-finadas, assustadoras, aforísticas, espirituosas que somos lembrados de como esse antigo e muito belo atributo da escrita caiu em desuso na prosa. Alguém "veste as calças assim como montaria um cavalo" e tem "um bigode preto grosso, atado como uma segunda gravata embaixo do nariz"; um céu chuvoso é "o céu com sua barba cinzenta". Num complexo urbano hiper-real, em vez de irreal, Breytenbach coloca "um jardim de cerejeiras artificiais fazendo vibrar o vento"; de um prisioneiro condenado à morte (por enforcamento na África do Sul), ele diz: "Sua vida seria enrolada com uma corda". O sonoro e o visual são combinados: vozes murmurantes por trás das paredes soam "como se toda a prisão estivesse cheia de água corrente rápida". O visual e o onomatopaico: um *"flock-a-flap"*[22] de pássaros. O visual e o visceral: a maré "muito recuada, como uma imensa sede". E repetidas vezes Breytenbach acende uma centelha transformando um clichê em algo novo sem deixar de manter a imagem original: "A vida se desdobra, ganha dobras, rugas".

Se as imagens de Breytenbach devem ser comparadas com as de outro, é com as de Czeslaw Milosz, com quem ele partilha uma intensa reação à natureza e um modo de interpretar politicamente determinados acontecimentos e suas consequências humanas por meio das sutilezas do mundo físico. Mais uma vez uma fusão da imaginação criativa cria a realidade a partir de meros fatos. Quanto ao resto, não acho que seja necessário procurar comparações para avaliar o livro de Breytenbach. Ele é seu — talvez o maior elogio que um escritor pode receber.

É difícil dizer exatamente qual é a posição política de Breytenbach agora. A questão não é irrelevante; se fosse, esse livro belo e devastador seria traído, porque sua química é a política, essa química de homem opondo-se a homem, do bem lutando com o mal, da qual vemos — com um dar de ombros — surgirem tanto cogumelos atômicos como obras de arte. Como Régis Debray (citado por Walter Schwarz no *Guardian* de março passado), Breytenbach se considera "essencialmente emocional, não notabilizado por seu discernimento, trancado em concepções míticas do mundo externo que ele recria como a efígie de suas próprias obsessões"?

A convicção política de Breytenbach não é uma concepção mítica do mundo externo; ele estava convencido da crueldade e da vergonha concretas e indefensáveis da opressão branca dos negros, e da necessidade de se aliar com a luta de libertação dos negros. Sua obsessão era que, para fazer essa aliança, precisava pular a cerca de arame farpado entre o artista e o revolu-

---

[22] Bater de flapes. (N. T.)

cionário, o que ele chama "a contradição entre os sonhos e a ação". Ele caiu — de que modo duro e humilhante logra-se ter alguns vislumbres. Mas quando escarnece ou lamenta o espetáculo de si mesmo, isso não significa que negue a verdade em que estava baseada a obsessão: que a África do Sul está apodrecendo em seu racismo, tanto sob uma nova Constituição (que transforma os negros em estrangeiros sem direitos em seu próprio país, e com a qual os Estados Unidos de Ronald Reagan optam por estar "construtivamente envolvidos") quanto sob o velho nome de *apartheid*.

Ele escreve a partir do subterrâneo que é o exílio. É impossível, para seus conterrâneos e para todos nós, tampar os ouvidos contra a penetração cruciante do que ele tem a dizer.

1984

O Gesto Essencial

Quando comecei a escrever, com nove ou dez anos, eu escrevia com o que passei a acreditar ser a única verdadeira inocência — um ato sem responsabilidade. Pois basta observar crianças muito pequenas brincando juntas para ver como o impulso de influenciar, exigir submissão, defender a primazia trai a presença do "pecado" humano natal, cujo castigo é a carga da responsabilidade. Eu estava sozinha. Nem sabia como meu poema ou história saíam de dentro de mim. Não era dirigido a ninguém, nem lido por ninguém.

A responsabilidade é o que nos aguarda fora do Éden da criatividade. Nunca teria sonhado que este mais solitário e maravilhoso dos segredos — o impulso de *criar* com palavras — se tornaria uma vocação pela qual o mundo e esse inquilino vitalício, a autopercepção conscienciosa, reivindicariam o direito de me pedir contas, a mim e a todos os meus congêneres. O ato criativo não é puro. A história o evidencia. A ideologia o demanda. A sociedade o exige. O escritor perde o Éden, escreve para ser lido, e passa a compreender que deve responder pelo seu ato. O escritor *é julgado responsável*, e a expressão verbal é ameaçadoramente acurada, pois o escritor não só é obrigado a responder pelas várias interpretações das consequências de sua obra, ele é "julgado" antes de começar a escrever pelas reivindicações de diferentes conceitos de moralidade — artística, linguística, ideológica, nacional, política, religiosa — que lhe são feitas. Aprende que seu ato criativo não era puro, nem mesmo enquanto estava sendo formado em seu cérebro: já carregava então a responsabilidade congênita pelo que precedeu a cognição e a volição: pelo que ele representava em termos genéticos, ambientais, sociais e econômicos quando nasceu de seus pais.

Roland Barthes escreveu que a linguagem é um "*corpus* de prescrições e hábitos comuns a todos os escritores de um período".[23]

Ele também escreveu que o "empreendimento" de um escritor — sua obra — é seu "gesto essencial como ser social".

Entre essas duas afirmações encontrei meu tema, que é sua tensão e conexão: a responsabilidade do escritor. Pois a linguagem — a linguagem como a transformação do pensamento em palavras escritas em qualquer língua — não é apenas "um", mas *o corpus* comum a todos os escritores em nosso período. A partir do *corpus* da linguagem, dentro da associação partilhada com colegas escritores, o escritor modela seu empreendimento, que então se torna o seu "gesto essencial como ser social". Criado no terreno comum da linguagem, esse gesto essencial é individual; e com ele o escritor abandona a comuna do *corpus*; mas com ele entra na porção comum da sociedade, o mundo de outros seres que não são escritores. Ele e seus colegas escritores são imediatamente isolados uns dos outros em muitos lugares pelos vários conceitos, em diferentes sociedades, do que é o gesto essencial do escritor como ser social.

Se compararmos o que é esperado deles, os escritores têm frequentemente pouco ou nada em comum. Não há responsabilidade proveniente do status do escritor como ser social que pudesse requerer de Saul Bellow, Kurt Vonnegut, Susan Sontag, Toni Morrison ou John Berger textos sobre um tema que acarretariam o fato de eles serem silenciados por uma proibição, condenados a um exílio interno ou detidos na prisão. Mas na União Soviética, na África do Sul, no Irã, no Vietnã, em Taiwan, em certos países latino-americanos e em outras nações, esse é o tipo de demanda que a responsabilidade pela importância social de ser escritor exige: uma dupla demanda, a primeira

---

[23] De *Writing degree zero*, in Barthes, selected writings, editado e introduzido por Susan Sontag, Fontana: Londres, 1983, p. 31.

partindo dos oprimidos para que o escritor seja seu porta-voz; a segunda partindo do Estado, para que aceite a punição por esse ato. Inversamente, não é concebível que uma Molly Keane, ou qualquer outro escritor do exótico culto doméstico-gótico ora descoberto por críticos e leitores perspicazes nos Estados Unidos e na Grã-Bretanha, fosse levada a sério em termos das interpretações do "gesto essencial como ser social" suscitadas em países como a União Soviética ou a África do Sul, se ele ou ela morasse ali.

Mas esses críticos e leitores que vivem a salvo do domínio das prisões à meia-noite e do confinamento solitário, que é o condomínio escuro do Oriente e Ocidente, têm igualmente demandas aos escritores desses lugares. Para eles, o gesto essencial do escritor como ser social é assumir riscos que eles próprios não sabem se assumiriam.

Isso resulta em certas distorções estranhas e desagradáveis na personalidade de algumas dessas pessoas seguras. Qualquer escritor de um país de conflitos confirmará o que digo. Quando entrevistado no exterior, há frequentemente uma decepção de o escritor estar ali, e não na prisão de seu país. E como ele não está na prisão — por que será? Ah... isso significa que ele não escreveu o livro que deveria ter escrito? Dá para imaginar essa espécie de inquérito hipócrita contra um John Updike por não ter feito do trauma da guerra americana no Vietnã o tema de sua obra?

Há outra pista de suspeita. No *Daily Telegraph*, de Londres, o resenhista de meu recente livro de contos disse que devo ter exagerado: se meu país fosse realmente um lugar em que tais coisas aconteciam, como é que eu podia escrever sobre isso? E depois há a distorção de desejos que se querem realizados, uma deformação que nasce da projeção dos sonhos de quem está de fora sobre o escritor exótico: o jornalista que cria um herói falso com a imagem do escritor que sabe que a caneta, no país em que vive, não é uma arma mais poderosa que a espada.

Uma coisa é clara: o nosso é um período em que poucos podem afirmar o valor absoluto de um escritor sem referência a um contexto de responsabilidades. O exílio como uma forma de gênio já não existe: em lugar de Joyce, temos os fragmentos de obras aparecendo no *Index on censorship*. Esses são os trapos de literaturas suprimidas, traduzidos de uma babel de línguas; os gritos entrecortados de exilados reais, não aqueles que rejeitaram a terra natal, mas os que foram forçados a abandonar — sua língua, sua cultura, sua sociedade. Em lugar de Joyce, temos dois dos melhores escritores contemporâneos do mundo; Czeslaw Milosz e Milan Kundera; mas ambos consideram--se sensibilidades amputadas, não livres da Polônia e da Tchecoslováquia no sentido em que Joyce estava livre da Irlanda — íntegro: no mundo, mas ainda de posse da língua e cultura de seu país. Em lugar de Joyce, temos ao menos, pode-se argumentar, Borges; mas em sua velhice, e por causa do que ele vê em sua cegueira, que não percebia quando podia ver, há anos ele vem falando melancolicamente de um desejo de investigar as trilhas abertas pelas vidas comuns, e não o padrão arcano de forças abstratas das quais elas são a pintura com os dedos. Apesar de sua rejeição de ideologias (ganhando do mundo o inescapável e talvez acurado empurrão para as fileiras da direita), até ele sente naquelas pálpebras abaixadas as responsabilidades que tentam chegar aos escritores com tanta persistência em nosso tempo.

Que direito tem a sociedade de impor a responsabilidade aos escritores e que direito tem o escritor de resistir? Não quero examinar o que nos é proibido pela censura — conheço essa história bem demais —, mas o que nos é solicitado. Quero considerar o que é esperado de nós pela dinâmica da consciência coletiva e pela vontade de liberdade em várias circunstâncias e lugares; se devemos reagir e, nesse caso, como fazê-lo.

"É A PARTIR DO MOMENTO em que não serei mais que um escritor que vou deixar de escrever." Um dos grandes de nosso período, Camus, podia afirmar tal coisa.[24] Em teoria pelo menos, ele aceitou como escritor a base da demanda mais extrema e premente de nosso tempo. A torre de marfim foi finalmente tomada de assalto; e não foi com uma bandeira branca que o escritor saiu, mas com manifestos desenrolados e braços dobrados para enlaçar os cotovelos do povo. E não foi apenas como seu cronista que o pacto foi selado; o maior valor, pode-se notar, foi colocado na *persona* fora do "escritor": ser "não mais que um escritor" era aniquilar a justificativa para a própria existência da *persona* de

[24] Albert Camus, *Carnets* 1942-1951.

"escritor". Embora o aforismo em sua nitidez caracteristicamente francesa pareça envolver todos os possíveis significados de sua afirmação, não o faz. A decisão de Camus é tanto oculta como manifesta. Não se trata apenas de que ele tenha pesado dentro de si mesmo seu valor existencial como escritor contra o de outras funções como um homem entre homens, e tenha se posicionado independentemente em favor do homem; a balança foi montada por uma demanda fora dele próprio, pela sua situação mundial. Ele aceitou, de fato, a condição de que a maior responsabilidade é com a sociedade, e não com a arte.

Muito antes que fosse projetada no caos de uma guerra mundial, e novamente depois da guerra, a situação *natal* de Camus era a de um escritor no conflito da descolonização do mundo ocidental — a questão moral de raça e poder pela qual o século xx será caracterizado junto com sua descoberta do máximo grau satânico de poder, o meio da autoaniquilação humana. Mas a demanda que lhe é feita e o imperativo moral que ele internalizou são os de um escritor em qualquer lugar onde as pessoas entre as quais vive, ou quaisquer agrupamentos delas marcados pela raça, cor ou religião, são discriminados e reprimidos. O fato de ele próprio pertencer materialmente aos oprimidos ou não torna sua pressuposição de responsabilidade extraliterária menos ou mais "natural", mas não altera muito o problema do conflito entre integridades.

A lealdade é uma emoção, a integridade uma convicção a que se adere por valores morais. Portanto, não falo aqui de lealdades, mas de integridades, ao reconhecer que o direito de a sociedade fazer demandas ao escritor é igual ao do compromisso do escritor com sua visão artística; a fonte do conflito é em que consistem as demandas e como devem ser satisfeitas.

O caso mais próximo de conciliação que conheço vem de meu próprio país, a África do Sul, entre alguns escritores negros. Não se pode dizer que tenha ocorrido em dois dos mais importantes escritores africanos fora da África do Sul, Chinua Achebe e Wole Soyinka. Eles se tornaram "mais que escritores" em resposta à crise de guerra civil de seu país — a Nigéria; mas essa demanda não desenvolveu sua criatividade em nenhum sentido. Ao contrário, ambos sacrificaram por alguns anos a energia de sua criatividade às demandas do ativismo, que incluiu, para Soyinka, a prisão. O mesmo poderia ser dito de Ernesto Cardenal. Mas é por serem "mais que um escritor" que muitos homens e mulheres negros na África do Sul *começam* a escrever. Todos os obstáculos e inseguranças — falta de educação, de uma tradição de expressão literária escrita, até da oportunidade de formar o hábito diário da leitura que faz germinar o talento de um escritor — são superados pelo imperativo de dar expressão a uma maioria não silenciosa, mas cujos atos e cuja volubilidade orgulhosa e irada contra o sofrimento não receberam a eloquência da palavra escrita. Para esses escritores não há oposição de demandas internas e externas. Ao mesmo tempo que estão escrevendo, eles são ativistas políticos no sentido concreto, ensinando, fazendo trabalho de proselitismo, organizando. Quando são detidos sem julgamento, talvez seja pelo que escreveram, mas, quando são julgados e condenados por crimes de consciência, é pelo que fizeram como "mais que um escritor". "África, meu início... África meu fim" — esses versos de um poema épico escrito por Ingoapele Madingoane[25] resumem essa síntese de criatividade e responsabilidade social; o que incita o escritor e o modo como o incita estão perfeitamente de acordo com as demandas de sua sociedade. Sem essas demandas, ele não é um poeta.

O crítico marxista Ernst Fischer chega antes de minha interpretação dessa resposta com sua proposição de que "um artista que pertencia a uma sociedade coerente [aqui, lê-se a África do Sul antes da conquista] e a uma classe que não era um obstáculo ao progresso [aqui, lê-se ainda não infectada pelas aspirações da burguesia branca] não sentia nenhuma perda de liberdade artística, se certa gama de temas lhe fosse prescrita", porque esses temas eram impostos "em geral pelas tendências e tradições profundamente arraigadas no povo".[26] Claro, isso pode propiciar, em geral, um pretexto sinistro para um governo invocar certas tendências e tradições que sejam convenientes a seu propósito de proscrever temas de escritores, mas, aplicada aos escritores negros da África do Sul, a história evidencia a provável verdade da proposição. Sua tendência e tradição por mais de trezentos anos têm sido libertar-se da dominação branca.

---

[25] Ingoapele Madingoane, *Africa my beginning*, Ravan Press, Johannesburgo, 1979; Rex Collings, Londres, 1980.
[26] Ernst Fischer, *The necessity of art: a marxist approach*, traduzido por Anna Bostock, Penguin, Harmondsworth, 1963, p. 47.

A ARTE ESTÁ AO LADO DOS OPRIMIDOS. Pense antes de se arrepiar com a máxima simplista e sua definição herética da liberdade da arte. Pois se a arte é liberdade do espírito, como pode existir dentro de opressores? E há alguma evidência de que cessa de existir. Que escritor de algum valor literário defende o fascismo, o totalitarismo, o racismo numa época em que esses ainda são pandêmicos? Ezra Pound está morto. Na Polônia, onde estão os poetas que cantam a epopeia dos homens que desmantelaram o Solidariedade? Na África do Sul, onde estão os escritores que produzem brilhantes defesas do *apartheid*?

Continua difícil dissecar o tecido entre aqueles para quem escrever é uma atividade revolucionária não diferente de outras — e a ser praticada concomitantemente a dirigir um sindicato político ou fabricar um passaporte falso para algum fugitivo — e aqueles que interpretam a demanda social de ser "mais que um escritor" como algo que ainda pode ser realizado pela natureza da própria escrita. Se essa última interpretação for possível, depende da sociedade dentro da qual o escritor trabalha. Até "apenas" escrever pode tornar alguém "mais que um escritor", como no caso de um autor como Milan Kundera, que continua a escrever o que vê e conhece a partir de dentro de sua situação — seu país sob repressão — até que a proibição de publicar seus livros lhe roube seu "gesto essencial" de ser escritor. Como um de seus próprios personagens, ele deve então limpar janelas e vender ingressos na bilheteria de um cinema para ganhar a vida. Isso, ironicamente, é ao que ser "mais que um escritor" ficaria reduzido no seu caso, se ele tivesse de optar por permanecer em seu país — algo que não sei se Camus visualizou muito bem. Há sul-africanos que se descobriram na mesma posição — por exemplo, o poeta Don Mattera, que por sete anos foi proibido de escrever, publicar e até ler sua obra em público. Mas num país de total repressão da maioria, como a África do Sul, em que ainda assim a literatura só é meio reprimida porque a maior parte dessa maioria negra é mantida semianalfabeta e não pode ser influenciada por livros, há — justamente — a possibilidade de um escritor ser "apenas" um escritor, em termos de atividade, e ainda assim "mais que um escritor", em termos de satisfazer as demandas de sua sociedade. Encontrou-se uma categoria honrada para ele. Como "operário cultural" na luta de classe-raça, ele ainda pode ser considerado útil, mesmo que não marche contra o gás lacrimogêneo e as balas das armas de fogo.

Nesse contexto, muito antes de o termo "operário cultural" ser tirado do vocabulário de outras revoluções, os escritores negros tinham de aceitar uma responsabilidade social que os brancos não precisavam pôr nos ombros — a de ser os únicos historiadores dos acontecimentos entre seu povo; Dhlomo, Plaatje, Mofolo criaram personagens que tornaram vivos e preservaram acontecimentos, ou não registrados pelos historiadores brancos, ou registrados unicamente do ponto de vista da conquista branca.[27] A partir desse início houve uma intensificação lógica das demandas de responsabilidade social, com a discriminação e a repressão estabelecendo-se nas leis e nas instituições ao longo das décadas, e a resistência tornou-se uma luta de libertação. Esse processo culminou durante o levante negro de 1976, recrutando a poesia e a prosa num ímpeto de acontecimentos ainda não exauridos ou plenamente explorados pelos escritores. O levante começou como uma revolta dos jovens e suscitou nos escritores uma nova consciência — ousada, sedutora, messianicamente temerária. Impôs também aos escritores novas demandas em relação ao gesto essencial que os ligava a um povo a pular na ponta dos pés diante do raiar da liberdade e da ameaça de morte. As emoções privadas eram inevitavelmente anuladas pelos ativistas políticos que não tinham tempo para nenhuma delas; esperava-se que os escritores negros provassem sua negritude *como uma condição revolucionária*, submetendo-se a uma ortodoxia não escrita de interpretação e representação em seu trabalho. Enfatizo não escrita, porque não havia nenhum Sindicato dos Escritores do qual ser expulso. Mas havia um grupo de líderes políticos, os intelectuais e a nova categoria dos jovens alertas, envergonhando os outros com sua valentia física e mental, para condenar ao ostracismo um livro de poemas ou prosa, se fosse considerado

---

[27] Ver H. I. E. Dhlomo, "Valley of a thousand hills", reimpresso em seu *Collected works*, editado por N. Visser e T. Couzens, Ravan Press, Johannesburgo, 1985; Sol T. Plaatje, *Mhudi*, editado por Stephen Gray, introdução de Tim Couzens, Heinemann, Londres; Three Continent Press, Washington D.C., 1978; *Native life in South Africa*, Longman, Londres, 1987; e *The Boer war diary of Sol T. Plaatje*, editado por J. L. Comaroff, Macmillan, Johannesburgo, 1973; Thomas Mofolo, *Chaka: an historical romance*, nova tradução de Daniel O. Kunene, Heinemann, Londres, 1981.

irrelevante para a criação formal da imagem de um povo anonimamente e muitas vezes espontaneamente heroico.

Alguns de meus amigos entre os escritores negros têm insistido que essa "imposição" da ortodoxia é uma interpretação dos brancos; que vinha de dentro o impulso para descartar a lanterna da verdade artística que revela o valor humano por meio da ambiguidade humana, e para enxergar à luz das chamas de veículos incendiados apenas as linhas fortes e grossas que delineiam os heróis. Para ganhar sua liberdade, o escritor devia abrir mão de sua liberdade. Quer o impulso viesse de dentro ou de fora, quer de dentro e de fora, para o escritor negro sul-africano tornou-se um imperativo tentar essa salvação. Continua assim; mas, na década de 1980, muitos escritores negros de qualidade entraram em conflito com a demanda de fora — a responsabilidade como ortodoxia — e começaram a negociar o direito a ter sua própria interpretação interior do gesto essencial pelo qual participam da luta dos negros.[28] A responsabilidade revolucionária do escritor negro pode ser postulada por ele como a descoberta, em suas próprias palavras, do espírito revolucionário que resgata para o presente — e para o futuro pós-revolucionário — aquela nobreza nos homens e mulheres comuns a ser encontrada somente entre suas dúvidas, culpabilidades, deficiências: sua "coragem apesar de".

A QUEM ALGUNS ESCRITORES sul-africanos devem responder em seu gesto essencial, se eles não estão na situação histórica e existencial dos negros, e se (axiomático para eles em graus variáveis) estão alienados de sua "própria", a situação histórica e existencial dos brancos? Apenas uma parte dos negros faz alguma demanda aos escritores brancos; aquele agrupamento dentro dos negros radicais que concede integridade aos brancos que se declaram a favor da luta pela liberdade negra. Ser um desses escritores é em primeiro lugar receber uma responsabilidade política, se não uma real ortodoxia: a tarefa do escritor branco como "operário cultural" é despertar a consciência dos brancos que, ao contrário dele mesmo, não acordaram. É uma responsabilidade ao

[28] Entre os exemplos mais recentes: Njabulo Ndebele, *Fools*, Ravan Press, Johannesburgo, 1983; Longman, Londres, 1986; Ahmed Essop, *The emperor*, Ravan Press, Johannesburgo, 1984; e Es'kia Mphahlele, *Afrika my music*, Ravan Press, Johannesburgo, 1984.

mesmo tempo menor, em comparação com a depositada sobre o escritor negro como compositor de hinos de batalha, e ainda assim ameaçadora, se a honra e acolhida que aguardam o escritor negro, no meio dos negros, for comparada com a marca a fogo de traidor ou, na melhor das hipóteses, as costas viradas com indiferença que aguardam o branco, no grupo sociopolítico dominante dos brancos. Com uma ironia afortunada, entretanto, é uma responsabilidade que o escritor branco já assumiu, por si mesmo, se a outra responsabilidade — para com sua integridade criativa — o mantém escrupuloso ao escrever sobre o que sabe ser verdadeiro, quer os brancos gostem de escutar a verdade, quer não; pois a maioria de seus leitores são brancos. Ele usa alguma influência para exercer pressão sobre os brancos, embora não sobre o governo branco; ele pode influenciar aqueles indivíduos que já estão recobrando a consciência ao abandonarem perplexos a sedução do poder, e aqueles que ganham coragem lendo a expressão manifesta de sua própria rebelião reprimida. Duvido que o escritor branco, ainda que dando expressão aos mesmos temas que os negros, tenha muita utilidade social encorajando os negros, nem que seja necessário para esse fim. Partilhar a vida dos guetos negros é a qualificação primária que falta ao escritor branco, no que diz respeito aos interesses populistas. Mas os escritores negros partilham com os brancos o mesmo tipo de influência sobre aqueles brancos que os leem; e assim as categorias que o Estado queria manter afastadas acabam misturadas pela literatura — um "gesto essencial" imprevisto dos escritores dentro da sua responsabilidade social num país dividido.

Os oprimidos não esperam que o escritor branco que se declarou responsável em relação a eles seja "mais que um escritor", pois não se considera que sua posição histórica lhe permita ser central para a luta negra. Mas uns poucos escritores têm desafiado essa definição assumindo exatamente as mesmas responsabilidades revolucionárias de escritores negros, como Alex La Guma, Dennis Brutus e Mongane Serote, que não fazem distinção entre as tarefas da atividade clandestina e o ato de escrever uma história ou um poema. Como Brutus, os escritores brancos Breyten Breytenbach e Jeremy Cronin foram julgados e aprisionados por aceitarem a necessidade que percebiam de ser "mais que um escritor". Sua interpretação da responsabilidade de um escritor, em seu país e sua situação, continua um desafio, particularmente àqueles que discordam de suas ações, embora partilhando com eles a política de oposição à repressão. Não há autoridade moral como a do sacrifício.

Na África do Sul, a torre de marfim é demolida mais uma vez a cada lar de negro destruído para dar lugar ao de um branco. Entretanto, há posições entre a torre de marfim demolida e a prisão de segurança máxima. Aquele que considera sua responsabilidade ser "somente um escritor" ainda tem de decidir se isso significa que pode realizar seu gesto essencial para a sociedade apenas acondicionando sua criatividade às dimensões de um realismo social que *aqueles que o libertarão de sua situação* têm a autoridade de lhe exigir, ou se será capaz de realizá-lo por um trabalho que George Steiner define como "escrupulosamente discutido, não declamado... fundamentado, em cada nó e articulação da proposta, com um senso justo da natureza complexa, contraditória da evidência histórica".[29] O grande mentor dos escritores revolucionários russos do século XIX, Belinsky, aconselha: "Não se preocupe com a encarnação das ideias. Se você for poeta, suas obras as conterão sem o seu conhecimento — serão não só morais, como nacionais, se você seguir sua inspiração com liberdade".[30] Falando do México pelas necessidades do Terceiro Mundo, Octavio Paz vê uma função fundamental de crítico social para o escritor que é "somente um escritor". É uma responsabilidade que remonta às origens: o *corpus* da língua do qual surge o escritor. "A crítica social começa com a gramática e o restabelecimento de significados."[31] Essa foi a responsabilidade assumida na era pós-nazista por Heinrich Böll e Günter Grass, e está sendo cumprida no presente pelos escritores sul-africanos, negros e brancos, ao desmascararem o verdadeiro significado do vocabulário de eufemismos racistas do governo sul-africano — termos como "desenvolvimento separado", "reassentamento", "Estados nacionais", e sua gramática de uma legislatura racista, com câmaras segregadas para os brancos, as assim chamadas pessoas

---

[29] George Steiner, resenha de E. M. Cioran, *Drawn and quartered*, *The New Yorker*, 16 de abril de 1984, p. 156.
[30] Vissarion Belinsky, 1810-1848. A citação é de meu caderno de anotações: incapaz de localizar a fonte.
[31] Octavio Paz, "Development and other mirages", de *The other Mexico: critique of the pyramid*, traduzido por Lysander Kemp, Grove Press, Nova York, 1972, p. 48.

mestiças e os indianos, e absolutamente nenhuma representação para a maioria dos sul-africanos, aqueles classificados como negros.

Se o escritor aceitar a demanda social realista que lhe é exigida a partir de fora, estará distorcendo, paradoxalmente, sua própria capacidade de oferecer a criação de uma nova sociedade? Se aceitar a outra responsabilidade autoimposta, até que ponto as necessidades imediatas de sua sociedade será capaz de atingir? Os famintos encontrarão a revelação nas ideias que sua obra contém "sem o seu conhecimento"? A única certeza, na África do Sul como uma situação histórica específica, é que não há como dizer não às duas opções. Ali fora está uma sociedade em decadência estéril, suas realizações culminando nas linhas de banheiros de lata montados no *veld* para pessoas "reassentadas" à força. Seja o escritor negro ou branco, na África do Sul o gesto essencial pelo qual ele entra na irmandade do homem — a única definição de sociedade que tem alguma validade permanente — é um gesto revolucionário.

"DEUS ALGUM DIA EXPRESSOU SUA OPINIÃO?" — Flaubert escreveu a George Sand. "Acredito que a grande arte é científica e impessoal... Não quero sentir nem ódio, nem piedade, nem raiva. A imparcialidade da descrição seria, então, igual à majestade da lei."[32]

Quase um século se passou antes que os escritores do *nouveau roman* tentassem esse tipo de majestade, tirando de outro meio de expressão a forma da natureza-morta. A obra aspirava a ser o objeto em si mesmo, embora composto de elementos — palavras, imagens — que jamais podem ser descarregados da "parcialidade" de inúmeras conotações. Os escritores foram o mais longe possível a partir de qualquer demanda social. Haviam tentado com tanta intensidade que sua visão tornou-se fixada na marca na parede de Virginia Woolf — e como um fim, não como um início. Entretanto, o antimovimento parece ter sido, afinal, uma variação negativa de uma espécie de responsabilidade social que alguns escritores têm assumido, ao menos desde

---

[32] *The letters of Gustave Flaubert 1857-1880*, selecionadas, editadas e traduzidas por Francis Steegmuller, Harvard University Press, Cambridge, MA e Londres, 1982.

o começo do movimento moderno: transformar o mundo pelo estilo. Isso foi e é algo que não serve como o gesto essencial do escritor em países como África do Sul e Nicarágua, mas teve suas possibilidades e às vezes prova sua validade nos lugares em que a complacência, a indiferença, a acídia, e não o conflito, ameaçam o espírito humano. Transformar o mundo pelo estilo foi o gesto essencial iconoclasta tentado pelos simbolistas e dadaístas; mas qualquer transformação social (em formar uma nova consciência), que eles talvez tenham favorecido ao quebrar velhas formas, foi horrivelmente suplantada por meios diferentes: a Europa, o Extremo Oriente, o Oriente Médio e o Oriente Próximo, a Ásia, a América Latina e a África subvertidas por guerras; milhões de seres humanos errando sem a estrutura básica de um teto.

Os sucessores dos simbolistas e dadaístas, no que Susan Sontag chama "a revolução cultural que se recusa a ser política", têm entre os membros do grupo seus "...aventureiros espirituais, párias sociais determinados a se desestabilizar... a não ser moralmente úteis para a comunidade" — o gesto essencial negado por Céline e Kerouac.[33] Entretanto, a responsabilidade chega ao manifesto e reivindica os "videntes" dessa revolução. Pela transformação por meio do estilo — o laconismo despersonalizado da palavra até quase a Palavra —, Samuel Beckett assume como seu gesto essencial uma responsabilidade direta pelo destino humano, e não por qualquer célula da humanidade. Essa é a atitude de um mensageiro dos deuses, e não de um operário cultural. É uma desestabilização do temporal; ainda assim, uma espécie de afirmação final exigida pelo temporal. Beckett é o escritor mais livre do mundo, ou ele é o mais responsável de todos?

Kafka foi igualmente vidente, alguém que procurou transformar a consciência pelo estilo e que estava fazendo seu gesto essencial pelo destino humano, e não pelo fragmento europeu a que pertencia. Mas ele não tinha consciência de seu sinal desesperado. Acreditava que a arte de escrever fosse um ofício de distanciamento que conduzisse os escritores "com tudo o que

---

[33] Susan Sontag, "Approaching Artaud", in *Under the sign of Saturn*, Farrar, Straus and Giroux, Nova York, 1980, p. 15; "... autores... reconhecidos pelo zelo em se desestabilizar, pela vontade de não ser moralmente úteis para a comunidade, pela inclinação a se apresentarem não como críticos sociais, mas como videntes, aventureiros espirituais e párias sociais".

possuímos, para a lua.[34] Ele não tinha consciência da natureza estarrecedoramente impessoal, apocalíptica, profética de sua visão naquela antessala do quarto de dormir de seus pais em Praga. Beckett, ao contrário, recebeu sinais de chamamento e reagiu conscientemente. O chamado veio de seu tempo. Seu lugar — não é Varsóvia, San Salvador, Soweto — não tem nada específico para exigir dele. E, ao contrário de Joyce, ele nunca vai estar no exílio em qualquer lugar que opte por viver, porque escolheu ser responsável pela condição humana do século XX, que tem seu campo em toda parte ou em nenhum lugar — seja qual for a forma em que se considere Vladimir, Estragon, Pozzo e Lucky.[35]

OS ESCRITORES QUE ACEITAM uma responsabilidade profissional na transformação da sociedade estão sempre procurando meios de concretizá-la que suas sociedades nunca poderiam imaginar, muito menos exigir: demandando de si mesmos meios que penetrarão como uma furadeira para liberar o grande jorro primal de criatividade, alagar os censores, limpar os códigos civis removendo sua pornografia de leis racistas e sexistas, lavar as diferenças religiosas, extinguir as bombas de napalm e os lança-chamas, eliminar a poluição da terra, mar e ar, e conduzir os seres humanos à rara fonte estival de alegria pura. Cada um tem sua própria varinha de vidente, mantida sobre o coração e o cérebro. Michel Tournier considera as responsabilidades dos escritores quanto a "romper o estabelecido em proporção exata à sua criatividade". Essa é uma responsabilidade global ousada, embora mais órfica e terrestre que a de Beckett. Poderia ser igualmente tomada como uma admissão de que isso é *tudo* o que os escritores podem fazer; pois a criatividade vem de dentro, não pode ser produzida pela vontade ou por uma ordem se ali não existir, embora possa ser esmagada pela ordem. A própria criatividade de Tournier — esse escritor aparentemente fantástico e não comprometido — está ainda assim tão próxima do povo que ele respeita como se fosse uma maravilha — e assim

---

[34] Carta a Max Brod, citada em Ronald Hayman, *K: a biography of Kafka*, Weidenfeld & Nicolson, Londres, 1981, p. 237.
[35] Vladimir, Estragon, Pozzo e Lucky são os personagens de *Esperando Godot* de Samuel Beckett. (N.T.)

a torna para seus leitores — a história diária das vidas comuns conforme revelada nos montes de lixo da cidade.[36] E ele está tão fundamentalmente comprometido com o que aliena os seres humanos que imagina para todo mundo a restauração da integridade (a totalidade que a arte revolucionária procura criar para o homem alienado) numa forma de ser que ambos os sexos experimentam como um só — algo mais próximo de uma sociedade sem classes que de uma curiosidade sexualmente hermafrodita.

A *transformação da experiência* permanece o gesto essencial básico do escritor; retirar de uma categoria limitada algo que só revela seu pleno significado e importância quando a imaginação do escritor o expande. Isso nunca foi mais evidente que no contexto de experiências extremas de horror pessoal prolongado que são centrais para o período dos escritores do século xx. O crítico John Bayley escreveu sobre Anna Akhmatova:

> Um dístico violentamente lacônico no final das seções do *Réquiem* registra seu marido morto, seu filho na prisão... É um exemplo tão bom quanto qualquer outro do poder da grande poesia de generalizar e falar pelas dificuldades humanas em situações extremas, pois de fato ela nunca havia amado Gumilev, de quem vivera separada por anos, e seu filho fora criado pela avó. Mas o sentimento [do poema] não era por ela própria, mas pelo "seu povo", com quem ela estava a essa altura tão totalmente unida no sofrimento.[37]

Os escritores na África do Sul que são "apenas escritores" são às vezes reprovados por aqueles, negros e brancos, que são em termos revolucionários práticos "mais que escritores", pelo fato de escreverem sobre acontecimentos como se eles próprios tivessem estado no coração da ação, da resistência e do sofrimento. No que diz respeito aos escritores negros, ainda que as humilhações e privações da vida diária sob o *apartheid* lhes impusessem a responsabilidade social, muitos deles não estavam entre as crianças sob tiroteio da polícia nos anos 1970, nem estão entre os estudantes e mineiros atacados por tiros, gás lacrimogêneo e pancadas nos anos 1980, nem vivem como

---

[36] Michel Tournier, *Gemini*, traduzido por Anne Carter, Londres: Garden City, NY: Doubleday, 1981.

[37] John Bayley, resenha de *Akhmatova: a poetic Pilgrimage*, de Amanda Haight, Observer, 31 de outubro de 1976, p. 29.

combatentes da liberdade no mato, assim como Akhmatova não era uma esposa de coração partido ou uma mãe separada do filho que ela havia criado. Dadas essas circunstâncias, seu direito de generalizar e falar por dificuldades humanas em situações extremas vem do menor ou maior grau de sua *capacidade de fazê-lo*; e o desenvolvimento dessa capacidade é sua responsabilidade em relação àqueles com quem estão unidos por essa extrapolação de sofrimento e resistência. Os escritores brancos que são "apenas escritores" estão sujeitos a reprovações semelhantes por "roubarem as vidas dos negros" por ser bom material. Seu direito a esse "material" é o mesmo dos escritores negros numa importante mudança existencial, que ninguém deixaria de levar em conta. Seu gesto essencial só pode ser realizado na integridade exigida por Tchekhov: "Descrever uma situação tão verdadeiramente... que o leitor não poderá furtar-se a ela."[38]

O escritor está eternamente em busca de enteléquia em sua relação com a sociedade. Em toda parte do mundo, ele precisa ser deixado em paz e, ao mesmo tempo, ter uma ligação vital com os outros; precisa de liberdade artística e sabe que ela não existe sem seu contexto mais amplo; sente as duas presenças dentro de si — a autoabsorção criativa e a percepção conscienciosa — e deve decidir se essas estão travadas em combate mortal ou se são realmente fetos de fecundidade geminada. O mundo o deixará — e ele saberá como — ser o ideal do escritor como ser social, o contador de histórias de Walter Benjamin, aquele "que podia deixar o pavio de sua vida ser consumido completamente pela chama tênue de sua história"?[39]

1985

---

[38] De Isaiah Berlin, *Russian thinkers*, The Hogarth Press, Londres, 1978, p. 303.
[39] "The story-teller", in *Illuminations*, pp. 108-9.

CARTA DE JOHANNESBURGO

CAROS...,

Eu me pergunto o que é que precisam saber sobre nós que não podem ler como simples reportagem.

Bem, talvez haja uma indicação na ambiguidade do pronome "nós". Quando eu, como sul-africana branca anglófona, emprego o termo nesse contexto, de quem estou falando? De quem os americanos compreendem que eu esteja falando? Pois vocês perguntam sobre a "posição em que os não africâneres se encontram depois da declaração do Estado de Emergência na África do Sul", e supõem que seja dessa posição que eu respondo porque sou branca, anglófona etc. Mas sua pergunta logo revela que uma antiga concepção errônea ainda é corrente no exterior: os africâneres são os malvados e os anglófonos são os bonzinhos entre os brancos de nosso país; todos os africâneres apoiam o Estado de Emergência[40] e as ações sádicas da polícia e do Exército que acarretaram tal medida, ao passo que todos os anglófonos implodiriam o *apartheid* amanhã, se fosse possível prevalecer contra o Exército africâner que guarnece a fortaleza africâner. Isso me surpreende porque qualquer um que siga as reportagens dos correspondentes

---

[40] Um "Estado de Emergência" na África do Sul foi declarado pelo governo em 1960, abolido, redeclarado, estendido, ao longo dos anos até 1986, intermitentemente.

da imprensa estrangeira na África do Sul deve estar ciente de que, em novembro de 1984, o então primeiro-ministro, sr. P. W. Botha, recebeu um esmagador "sim" na votação para a nova Constituição com seu Parlamento de três Câmaras, para brancos, indianos e as assim chamadas mestiças, e total exclusão da maioria negra. O referendo realizado era aberto apenas a brancos, africâneres e anglófonos; o sr. Botha não teria recebido um mandato se os anglófonos tivessem votado "não". "Sim", disseram, votando junto com os seguidores do sr. Botha no Partido Nacional. "Sim", disseram, 15,5 milhões de negros não terão voz no governo central da África do Sul.

E "sim" disse o governo Reagan, entrando num compromisso construtivo com uma política destrutiva da justiça e da dignidade humana, embora fazendo reverências em voz baixa à execração do *apartheid* como aqueles crentes não praticantes que fazem o sinal da cruz ao entrar numa igreja.

Não há essa posição especial, "aquela em que os não africâneres se encontram" agora, nem houve tal coisa por um tempo muito longo. As categorias não se ajustam de modo assim tão ordenado. A divisão real entre os brancos incide entre aqueles — a maioria — africâneres e anglófonos que apoiam, direta ou indiretamente, a nova Constituição como um passo válido para "acomodar as aspirações negras" (nada de invocar justiça), e aqueles — a minoria — anglófonos e africâneres que se opõem à Constituição por ser irremediavelmente injusta e injustificável. Há menos africâneres que anglófonos na última categoria, mas o apoio dos anglófonos na primeira representa uma maioria em seu grupo linguístico. Quando os negros falam sobre os "bôeres" hoje, o termo tornou-se mais genérico que étnico: é provável que se refira a um modo de comportamento, uma atitude mental, uma *posição* em que a nomenclatura abarca todos os brancos que voluntária e conscientemente colaboram na opressão dos negros. Nem todos os africâneres são "bôeres", e muitos anglófonos com linhagens que remontam aos colonizadores de 1820 são...

Seria de esperar que os estados de espírito e modos de vida sob a crise seguissem mais ou menos as linhas de divisão, e acredito que tal acontece com os estados de espírito. Em todo lugar aonde vou, sinto um relaxamento dos músculos faciais entre os brancos, que pareciam degustar as cinzas da boa vida, quando Soweto estava em chamas na semana antes de o estado de emergência ser declarado. A aprovação da ação do Estado não é frequentemente explícita na minha companhia, porque se sabe que pertenço à minoria dentro da minoria branca que se opõe à Constituição como uma nova ordem de opressão em desrespeito à justiça, e compreende o estado de emergência como um ato de desespero: uma demonstração do fracasso do *"new deal"* atroz do governo apenas alguns meses depois de ter sido instituído. O sentimento geral entre os brancos é que o medo foi afugentado — ao menos por enquanto. Os cães da polícia estão guardando os portões do paraíso. É só se manter longe das estradas que passam por onde os negros e a polícia-exército estão contidos em seu vórtice de violência, e a vida continua como de costume. Pode-se voltar a atenção para questões que afetam as pessoas diretamente e podem ser enfrentadas sem ninguém ensanguentar as mãos: fazer *lobby* pelo mundo todo contra o desinvestimento e os boicotes esportivos — uma área em que pessoas sofisticadas se compreendem ao tratar de seus interesses pessoais econômicos e de lazer; para muitos, a única irmandade que transcende a nação e a raça. Há um cordão de isolamento físico e mental em torno das "áreas de inquietação". A polícia e o Exército cuidam do primeiro caso, e aquele extraordinário senso de brancura, de sempre ter sido diferente, sempre favorecido, sempre protegido das vulnerabilidades da pobreza e impotência, cuida do segundo. Nós, brancos, na África do Sul apresentamos uma versão atualizada do conto das roupas do imperador; não temos consciência de nossa nudez — ética, moral e fatal — vestidos como estamos em nossa pele. No rádio, hoje de manhã, a notícia da retirada de mais diplomatas estrangeiros da África do Sul e da ameaça constante da retirada de bancos estrangeiros foi seguida por uma explosão de desafio em música pop na Corporação de Radiodifusão Sul-Africana estatal, em nome dos brancos africâneres e anglófonos. *Aliados*, berrava um ídolo de *disco music, somos aliados, encurralados contra a pa-re-de...*

Quanto aos menos mundanos entre a maioria branca, eles expressam abertamente sua aprovação da violência do governo nos últimos meses, e há um grupo para o qual ela ainda não foi suficiente. "O governo deveria fuzilar todo o grupo." Esse comentário foi dito a meu amigo, o fotógrafo David

Goldblatt, em toda sua louca seriedade, e não apenas como um modo de falar: há brancos em cujo subconsciente o poder da arma na mão de um branco é mágico (como a sua pele?) e poderia eliminar uma população inteira quase quatro vezes maior que a dos brancos. Isso, num paralelo histórico bizarro, é a contrapartida da crença da profetisa xhosa de meados do século XIX, Nongquase, que disse a seu povo que, seguindo suas instruções, eles poderiam fazer com que todos os que usavam calças (os homens brancos) fossem varridos por um redemoinho...

Não é verdade que o governo sul-africano seja propenso ao genocídio, como alguns demagogos negros asseveraram (o negro é útil demais para que se faça tal coisa); mas é verdade que a vontade inconsciente de genocídio existe em alguns brancos. Assim como a crença na antiga justificação bíblica para o *apartheid*, que tem sido embaraçosamente repudiada até pela Igreja Reformada Holandesa. Num almoço recente na fazenda de seu pai no Transvaal, conheci um africâner jovem e bonito que estava de licença do serviço militar. A ação de graças foi dita; quando levantou a cabeça inclinada, o jovem começou uma exposição da justificação bíblica que era toda sua, acredito: os negros são os descendentes de Caim e uma maldição sobre a humanidade. Não mordi a isca; mas meus olhos devem ter traído que eu mal podia acreditar no que estava ouvindo. Quando, entre as mulheres da família, fui apresentada à sua nova aquisição, um lava-louça branco imaculado que havia substituído a criada negra, ele aproveitou a oportunidade para disparar contra mim: "Sim, é uma boa cafre branca".

Durante as semanas que levaram ao estado de emergência, os *townships* do Cabo Oriental tinham se tornado ingovernáveis — mesmo nas ruas de Grahamstown, a resposta-modelo da Associação dos Colonizadores Ingleses de 1820 ao Monumento dos Afrikaner Voortrekker em Pretória, os soldados e os veículos encouraçados haviam tomado o lugar dos visitantes do festival. A maioria dos brancos na África do Sul estava num estado de angústia quanto ao resultado da determinação do governo da Nova Zelândia para suspender a excursão de rúgbi do All Blacks da África do Sul. Foi somente quando Soweto se tornou um inferno, ao qual os trabalhadores negros de Johannesburgo retornavam toda noite da melhor maneira possível (os ônibus não se aventuravam a passar além das fronteiras de Soweto), que os rostos brancos em Johannesburgo se tornaram tensos.

Mas o estado de espírito da minoria dentro da minoria branca não precisou esperar por nenhuma declaração para saber que havia uma emergência mais além dos campos nacionais de rúgbi. Pessoas como o bispo Tutu, o reverendo Beyers Naudé e Sheena Duncan, do Black Sash — uma organização de mulheres que tem feito mais que qualquer outro movimento para desmascarar as estarrecedoras remoções forçadas dos negros rurais —, haviam avisado durante meses que um levante era inevitável: estava embutido na nova Constituição como sua própria consequência. O governo estava prendendo os líderes sindicais e os líderes da Frente Democrática Unida não racial. Assim como, no exterior, podia-se resmungar contra o horror do *apartheid* e continuar a financiá-lo moral e materialmente, o governo também continuava (e continua) a reiterar uma litania de devotamento a consultas e mudanças, enquanto prende quase todo líder negro que tenha alguma pretensão a ser consultado sobre mudanças. No lado da minoria da linha divisória entre brancos e brancos, surgira uma nova organização em resposta urgente ao emprego de recrutas do exército contra o povo do *township* de Sebokeng em outubro passado. De repente, a resistência à conscrição já não era uma defecção marginal por motivos religiosos de um punhado de adventistas do sétimo dia, mas uma onda de repulsa contra "defender seu país" mutilando, matando e invadindo as casas humildes dos negros. Nesse horroroso contexto doméstico, a Campanha para o Fim da Conscrição realizou um encontro de três dias em Johannesburgo, no qual uma grande multidão de rapazes e suas famílias debateram as questões morais da objeção conscienciosa e definiram sua posição não como pacifista, mas como uma recusa a defender o *apartheid*. Ali fiz a leitura de poemas de escritores sul-africanos negros e brancos em cuja obra, como a dos dramaturgos, esse tem sido recentemente o tema. O assunto tem de ser tratado com cautela, quer na poesia, quer na prosa de palanque; é um delito de traição, na África do Sul, incitar alguém a recusar o serviço militar. A Campanha para o Fim da Conscrição ainda não é um movimento de massa, e talvez não venha a ser, mas o governo está suficientemente alarmado a ponto de ter detido vários membros.

478 *Nadine Gordimer*

Durante anos, quando se perguntava aos negros por que eles permitiam que a polícia negra os atacasse e prendesse, respondiam: "Nossos irmãos têm de fazer o que os brancos mandam. Somos todos vítimas juntos". Agora, os rapazes negros são confrontados com o que certamente sempre foi claro que seria a distorção máxima de sua vida pelo *apartheid*: irmãos, cooptados pelo poder branco como informantes da polícia e das autoridades da cidade, tornando-se inimigos.

Muitos de nós que pertencemos à minoria dentro da minoria branca já estávamos acostumados, antes do estado de emergência, a usar o telefone para o tipo de chamada que em outros países só é feita em filmes de ação. Quando a Força de Defesa Sul-Africana atacou a capital de um de nossos países vizinhos, Botsuana, no início deste ano, tememos pela vida de amigos que ali viviam exilados. Por alguns dias, só conseguimos reunir dados de seus destinos trocando notícias sigilosas de boca em boca. Para meu colega escritor Sipho Sepamla, as notícias eram ruins; ele cruzara a fronteira de Botsuana para o funeral de um parente assassinado no ataque, e estávamos nervosos que tivesse decidido viajar, porque o ataque brutal — que resultou em matança indiscriminada, de tal modo que até crianças morreram — era expressamente contra os revolucionários do Congresso Nacional Africano, e a demonstração de qualquer conexão até com vítimas casuais podia ser tomada como culpa por associação com suspeitos. Com o início do estado de emergência ocorreram prisões em massa, e aplicavam-se penalidades severas a quem revelasse sem autorização a identidade de qualquer detento. Os nomes que sabemos estão limitados àqueles que a polícia permite que sejam publicados. Quem pode dizer quantos outros estão detidos? Assim nosso tipo agourento de papo matinal aumentou — e continua o medo de que o indivíduo a quem se telefona não responda, porque ele ou ela foi preso(a).

Alguns de nós têm amigos entre aqueles que são réus, principalmente sindicalistas e líderes da Frente Democrática Unida, nos julgamentos de traição já em andamento ou prestes a começar. Telefono a meu velho amigo, Cassim Saloojee, assistente social e funcionário administrativo na Frente Democrática Unida. Ele está em casa sob fiança, depois de muitas semanas de detenção antes de ser formalmente acusado de traição. Descobre-se nesses dias que existe a jovialidade genuína, é um subproduto da coragem. Ele tem apenas uma queixa, que é expressa de um modo que me surpreende: "Tenho passado meu tempo vendo filmes pornográficos". E com meu riso delicadamente imperturbável, lembro que a resistência ativa ao *apartheid* é pornografia política na África do Sul. O Estado apreendeu videocassetes de reuniões públicas realizadas pela Frente Democrática Unida como registros de suas atividades. Para fins de sua defesa, os acusados devem estudar o que agora pode ser usado como evidência contra eles. "Noventa horas de vídeos..."

O caso está *sub judice*, assim suponho que não posso dar aqui minha versão da possibilidade de os encontros particulares de que participei (a UDF é um movimento não racial, não violento e legalmente constituído) serem apresentados como violentos e traiçoeiros, mas espero que entre todas as sequências filmadas haja ao menos um registro da vez em que a multidão numa sala de Johannesburgo soube que a polícia estava molestando alguns partidários no vestíbulo, e do palanque Cassim Saloojee conseguiu impedir que a multidão saísse desgovernada em busca de um confronto, que teria sem dúvida resultado em violência policial.

Enquanto estava escrevendo esta carta, recebi um telefonema de um jovem estudante branco da Universidade de Witwatersrand, mais além na estrada, que é ele próprio um veterano em detenções e cujo irmão está agora detido pela segunda vez. Por fim, depois de mais de duas semanas, os pais de Colin Coleman conseguiram obter a permissão de visitar Neil Coleman na prisão — como muitos milhares de outros, ele não foi acusado. Os pais são membros fundadores do sólido Comitê dos Pais de Detidos, um título e status que indica o estado de espírito resistente, estoico, mas ativo sem se deixar intimidar, de todos os prisioneiros de consciência, negros e brancos, membros da família ou não, que prevalece entre brancos como esses. Colin telefonou para me pedir a participação num painel de discussão sobre a cultura sul--africana a ser realizado pelo Comitê de Liberdade Acadêmica dos estudantes. Irrelevante, enquanto estamos num estado de emergência? Junto com o envolvimento na luta política pelo fim do *apartheid*, existe a consciência da necessidade de uma nova concepção de cultura, particularmente entre os brancos. Jovens como esses estão cientes de que uma *mudança de consciên-*

cia, do senso de identidade branco, tem de ser realizada junto com a mudança do regime, a fim de que haja alguma coisa de que falar quando os negros se sentarem para discutir com os brancos. As artes na África do Sul às vezes contêm uma relação com as entidades reais da vida sul-africana que os eufemismos e evasões da política dos brancos não possuem.

Esses são os *estados de espírito* da maioria dos sul-africanos brancos e da minoria dentro da população branca. Nos primeiros, as preocupações dos segundos não são mais que histórias de jornais que vocês também leem a milhares de quilômetros de distância: desde que os monstros encouraçados Casspir patrulhem os *townships* e até funerais em massa sejam proibidos, a maioria se sente segura, porque não há possibilidade de que possam ser detidos por um senso de justiça demasiado ativo, ou encontrem algum membro de suas famílias ou de seus amigos na prisão, em julgamento ou correndo o risco de perder a vida em ataques de terroristas da direita. Tampouco há qualquer possibilidade de que um de seus advogados seja abatido a tiros, como o foi uma advogada de uma equipe de defesa num julgamento de traição no lado de fora de sua casa há algumas noites.

As *condições de vida*, para os brancos, são uma outra história. Mesmo aqueles poucos brancos que têm membros de suas famílias na prisão continuam a acordar toda manhã como faço, escutando o canto de tecelões e o zumbido mecânico de capitães do mato num subúrbio de brancos. Soweto fica apenas a treze quilômetros da minha casa; se eu não tivesse amigos morando ali, não saberia das batalhas de pedras contra armas de fogo e gás lacrimogêneo que estão acontecendo em suas ruas, pois as imagens numa tela de TV vêm por satélite tão facilmente do outro lado do mundo quanto de treze quilômetros de distância, e podem ser compreendidas como estando a uma igual distância do espectador. Como é possível que o sol de inverno esteja brilhando, as pombas despudoradas estejam anunciando a primavera, os criados domésticos dos quintais estejam apostando no jogo dos números — *fah--fee* — com o biscateiro chinês, como de costume, toda tarde? Em termos de *modos de vida*, as condições da vida diária são sinistramente muito parecidas para todos os brancos, aqueles que conseguem ignorar a crise em nosso país e aqueles para quem ela é o estado de espírito determinante. Alguns vão a comícios de protesto, outros jogam golfe. Todos vamos para casa em ruas quietas, saímos para ir ao teatro e ao cinema, fazemos boas refeições e temos abrigo seguro para a noite, enquanto nos *townships* milhares de crianças não vão mais à escola, pais e filhos desaparecem em vans da polícia ou jazem baleados em ruas escuras, as reuniões sociais são em torno de caixões e as relações sociais se limitam a prantear os mortos.

Na noite em que o estado de emergência foi declarado, eu estava numa festa realizada num centro de educação alternativa, a Open School, na área do centro em que os bancos e os palácios de vidro das companhias mineradoras diminuem de tamanho e tornam-se mais escassos, até acabarem em lojas indianas e filas de ônibus de negros. A escola é dirigida por Colin e Dolphine Smuts (negros, apesar do sobrenome africâner) para jovens e crianças negros que ali estudam drama, pintura, dança e música — disciplinas não oferecidas pela educação "banto" do governo. A ocasião era uma celebração: a escola, que estivera em perigo de fechar por falta de fundos, tinha recebido uma doação da Fundação Ford. Colin não sabia, até a noite começar, se a nova proibição de reuniões não seria aplicada à celebração; Dolphine fora em frente e preparara a comida. Houve discursos polidos, música, percussão e declamação de poesia, o que faz parte da retórica da resistência desde que os jovens começaram a compor na prisão, em 1976, e distingue essas reuniões de suas equivalentes em outros países. Soweto foi fechada por barricadas militares. Mas os convidados negros tinham dado um jeito de passar, revistados por inteiro dentro das roupas "elegantemente casuais" que todos nós, negros e brancos, usamos para honrar esse tipo de ocasião. Perguntei a um casal que acabara de conhecer como era estar em Soweto agora, olhando para eles com o modo inibido, um pouco estupefato, que se tenta não deixar transparecer para pessoas que saíram vivas de uma provação inimaginável. O homem deu uma mordida numa coxa de frango e engoliu o bocado com seu drinque. "Na rua, um dia está tudo bem. No dia seguinte, você pode cruzar a rua quando um Casspir surge dobrando a esquina, e você vai morrer. É como Beirute."

Sim, se vocês querem saber como andam as coisas por aqui, é mais como Beirute do que ele imaginava. Lembro um filme que vi certa vez, no qual a câmera se movia da destruição com sua odiosa cacofonia nas ruas para uma vila onde algumas pessoas estavam almoçando num terraço, e havia pássaros e flores. É assim que é. Lembro também algo dito por um personagem num romance que escrevi há dez anos. "Por quanto tempo podemos continuar a nos safar impunes?"

1985

Huddleston: um Signo

Acima desta escrivaninha em que escrevo há pinturas de crianças, um pôster mostrando Marcel Proust quando menino com uma grande gravata-borboleta e uma corrente de relógio, uma escultura em madeira da República Centro-Africana que parece um relógio de sol humano e uma fotografia. Estes são meus tesouros, sob cujos signos passo minha vida de trabalho.

A fotografia foi tirada pelo meu amigo David Goldblatt em 1952, no início de sua carreira, na favela de Newclare, Johannesburgo. É uma cena noturna, iluminada apenas por um fogareiro de lata. A luz dos losangos de carvão incandescente faz sobressair no escuro um par de mãos macilentas, bem apertadas, os longos dedos retesadamente entrelaçados, formando um grande punho duplo. São as mãos de um homem branco. Acima delas há de novo escuridão, até que o alcance mais distante da luz salta sobre a tira branca brilhante de um colarinho clerical e, mais suavemente, traz do esquecimento a face vista de frente e um pouco de lado. Há uma orelha pontuda em alerta afastada da cabeça e do maxilar magro, e o tendão atrás da orelha que desce até o pescoço está proeminente e tenso. A orelha está atenta e os olhos concentrados.

O homem é o jovem padre Trevor Huddleston. Ele está escutando e olhando para alguém que não se pode ver — um tênue roçar de luz pelos nós dos dedos e polegar estendidos para o fogo, uma gola de camisa emoldurando o nó de uma gravata e acima uma forma quase parte da noite, irreconhecível como face. Mas o homem, o negro, está ali; está ali sob a atenção extraordinária, parada, neutra do jovem padre. A imensa *percepção* que Trevor Huddleston possuía dos negros, numa cidade, país e tempos em que os brancos ignoravam sua vida, categorizavam-nos como umas tantas estatísticas, planejavam movê-los de um lado para o outro como tantos pinos de plástico num mapa demográfico, está na fotografia. Está ali como um emblema da Campanha do Desafio, em que Huddleston havia então empenhado aquela sua atenção, e que os brancos no poder esmagavam enquanto seus apoiadores fingiam não ver. Está ali como um augúrio do que aconteceria: Sharpeville, no início de uma nova década; o levante de 1976; a escola, os boicotes de aluguel e lojas, as tropas nos *townships*, a detenção de milhares sem respeitar infância ou velhice, as greves nas fábricas e nas minas — e as mortes, as mortes, o desenrolar do rolo das mortes de uma violência estatal constantemente intensificada que, nos anos 1980, despertou inevitavelmente igual violência em suas vítimas. Dentro do claro-escuro daquela fotografia, os negros da África do Sul estão integralmente presentes na atenção de um homem branco que, desde o início de sua experiência em nosso país, não os considerou como estatísticas e fichas móveis em algum plano hediondo e insano de manter as raças separadas e a dominação de classe no poder, mas como sangue, coração, cérebro e espírito, como seres humanos privados de seu direito de nascença e certos de recuperá-lo.

Isso é o que está naquele instante de uma noite em Newclare em 1952. Não tenho fé religiosa, mas, quando olho para essa fotografia de um homem profundamente religioso, vejo a religiosidade de um modo que posso compreender profundamente, vejo um homem em quem a oração funciona, na definição de Simone Weil,[41] como uma forma especial de concentração inteligente. Tudo o que está nessa fotografia é aquilo de que os brancos na África do Sul se afastaram, rumo a uma fragmentação deliberada, a uma negação insensível e estúpida, a uma louca perturbação política, a uma elevação irracional da indiferença; afastaram-se rumo à catástrofe.

---

[41] "... a oração consiste em atenção... Nem sempre o amor de Deus tem atenção pela sua substância... A capacidade de dar atenção a um sofredor é algo muito raro e difícil; é quase um milagre; é um milagre... calor do coração... piedade não são suficientes." Simone Weil, *Waiting on God*, Routledge, Londres, 1951, pp. 51, 58.

Entretanto, a concentração de Trevor Huddleston permanece. Afirma, sempre, que existiu outra maneira de pensar e viver, e que ainda existe. O que é afirmado ali foi transmitido por Huddleston a muitas pessoas e jamais esquecido ou abandonado por elas, mas transmitido para outra geração. Ele pertence à história viva do movimento de libertação, a uma linhagem que todos nós, negros e brancos, que estamos envolvidos no movimento, somos inspirados a reivindicar. Ele é o único homem branco a ter recebido o *Isitwalandwe* — a mais elevada distinção na sociedade africana; essa honraria lhe foi conferida num contexto particular no Congresso do Povo em 1955, mas não conheço ninguém em nenhuma das organizações de libertação que, seja qual for sua ideologia política, não o reverencie. Certamente, todos os brancos na luta estão sob o seu signo.

Todos no mundo contemporâneo estão familiarizado com a antiga condenação piedosa dos clérigos que "se intrometem na política". Na África do Sul, foi invocada contra o reverendo Michael Scott antes de Huddleston, e depois de Huddleston contra o bispo Ambrose Reeves e outros, assim como é agora contra o reverendo Allan Boesak e (e como!) o arcebispo Desmond Tutu. Há uma forma mais sutil e sofisticada de ataque — depreciação. Seu vocabulário é também aplainado pelo uso: "liberalismo sentimental", "utopismo ingênuo". "Padres e esquerdistas" não compreendem que a política é a "arte do possível". A inferência é sempre que os clérigos que aceitam a ação política como parte de sua responsabilidade pela humanidade têm boas intenções, mas são inaptos para a tarefa. Em suma, não possuem a necessária inteligência específica.

O lugar de Trevor Huddleston na história sul-africana demonstra exatamente o contrário. Nele, desde cedo, era claro que a "inteligência" em todos os seus sentidos se uniu para produzir com rigor o que teria sido *a* inteligência específica necessária para encontrar um fim político pacífico para o racismo em todos os seus avatares, econômico, social, religioso. A inteligência significa compreensão superior e rapidez de entendimento, qualidades mentais inerentes. Significa também o que pode ser adquirido: a inteligência de algo é obter informações e conhecimento de tal coisa. Depois há a dimensão da definição de Simone Weil: a faculdade de "concentração inteligente" que é a oração. Trevor Huddleston reuniu todas as três numa síntese. (Quão evidente isso é em seu livro, *Naught for your comfort*.) Sua ação mostrou uma compreensão superior do futuro político da África do Sul, muito à frente não só do Parlamento, mas também dos pensadores mais liberais entre as pessoas que tinham voto — a minoria branca. Essas ações estavam baseadas em conhecimento de primeira mão, "inteligência", obtido trabalhando entre a maioria — os negros sul-africanos cuja vida seria o fator decisivo na política da África do Sul. Pelo foco de sua faculdade weiliana, ele nos via a todos com clareza, como poucos de nós nos víamos.

Algumas das formas não violentas de resistência, que se têm mostrado capazes de bons resultados desde então, originam-se desse tipo de inteligência específica. Ele viu antes de qualquer outro que um boicote esportivo despertaria o votante branco "não político" comum do sono do racismo tácito complacente. Sua iniciativa resultou na campanha mais bem-sucedida e de mais longa duração já sustentada contra o *apartheid*. Sua ação política, apoiando o CNA, o Congresso Nacional Africano, encorajando o povo de sua paróquia em Sophiatown a resistir a uma das primeiras remoções de população, evidenciava uma compreensão presciente e um prognóstico político do que haveria de acontecer: o imenso e terrível deslocamento de populações inteiras pelo país, sem falar nos *townships*, o isolamento de pessoas em lugares estagnados étnicos chamados "Estados", a destruição da vida comunitária e, finalmente, o ato de despojar os sul-africanos negros de sua cidadania.

Esse clérigo foi um bom político. Se nossos políticos profissionais tivessem sua inteligência, não teriam hoje atrás deles o fracassado "grandioso *apartheid*" de Verwoerd; ao seu lado, os fadados Anexos do Parlamento apenas para as chamadas pessoas mestiças e os indianos; e à sua frente um futuro imediato que, por causa das "reformas" cujo cenário ainda é projetado em branco e preto, e cujo roteiro ainda mantém o poder dominante apenas em mãos brancas, só promete violência. Sua trágica falta de inteligência — não serem capazes de compreender o fato das forças sociais de sua própria era pós-colonial, não estarem abertos às informações que a maioria estava claramente lhes fornecendo, não terem nenhuma outra moralidade política que não a baseada nos atributos físicos da pele e cabelo — provocou esta tragédia.

TEMPOS DE REFLEXÃO 487

Eu não conhecia Trevor Huddleston muito bem, pessoalmente. Ele me foi apresentado no início da década de 1950 por nosso amigo em comum, Anthony Sampson, e, ao lado da minha grande admiração pela figura pública, há uma terna lembrança trivial. Alguns anos mais tarde, uma festa para Anthony Sampson foi realizada em minha casa. Enquanto meu marido, Reinhold Cassirer, e eu ainda estávamos preparando a comida e os drinques, o primeiro convidado chegou. Era Huddleston, e ele e Anthony se acomodaram na varanda. Nosso filho, assumindo os deveres de anfitrião pela primeira vez, passava oferecendo um prato de ovos recheados, e para sua consternação o convidado nunca recusava, mas continuava distraído estendendo a mão e comendo os ovos. O menino entrou correndo indignado na cozinha: "Mãe, o homem de saia está acabando com todos os ovos!".

Um vislumbre inusitado dessa figura que passou de forma tão ascética pela nossa vida em Johannesburgo na década de 1950, menos à vontade nos subúrbios brancos que na Sophiatown dos pátios apinhados, dos bares clandestinos, da vida vigorosa nas ruas, do barulho alto da música *pata-pata* e das vozes retumbantes da congregação cantando na encantadora casa do povo sobre o morro, sua Igreja do Cristo Rei. Mas, onde quer que eu o encontrasse, aqui e ali, "o homem de saia" era uma segurança de que a África do Sul não tinha de ser como era, de que as barreiras erguidas entre os negros e os brancos deviam cair em outras situações, mais abrangentes que as afinidades e amizades privadas — aquelas relações que muitos de nós na década de 1950 desfrutávamos, mas que careciam da necessária energia e dedicação política para produzir a liberdade.

Ele nos deixou, deixou a África do Sul fisicamente. Não foi por vontade própria. Mas não desapareceu, assim como Mandela, Sisulu, Mbeki, Kathrada e seus colegas prisioneiros estão também conosco. Ele agiu aqui, e tem continuado a agir no exílio, para construir uma África do Sul diferente, que ele sabia que era possível, sabe que é e será possível.

1988

A Lacuna Entre o Escritor
e o Leitor

Quando me fazem a pergunta-padrão de entrevistador — "Para quem você escreve?" —, respondo irritada: "Para qualquer um que me leia". A pergunta é crassa, traindo a pressuposição da imprensa de que o escritor presume um "público potencial". Parece típica de um dos princípios antiarte do comercialismo: dar ao público o que eles conhecem. Mas os escritores — os artistas de todos os tipos — existem para quebrar o pavimento do hábito e romper as cercas que confinam a sensibilidade: a resposta imaginativa livre a nascer como a grama. Estamos convencidos de que somos capazes de liberar os elementos comuns vitais da psique humana, nosso alcance limitado apenas pela medida de nosso talento. Afinal, não é isso o que nós mesmos recebemos do contato com outros escritores?

Se não estamos fabricando para Mills & Boon, se não estamos escrevendo tratados políticos disfarçados como obras da imaginação, não temos em mente uma companhia fantasma de cabeças lá fora, os fãs de programas de entrevistas ou os seguidores do partido. Mas por algum tempo tenho sentido certo desconforto quando respondo asperamente: "Qualquer um que me leia". O eco repercute: "Oh, realmente? Céus, céus!".

Começo a pensar que existe uma pergunta a ser feita, mas não é "para quem escrevemos?". É "para quem podemos escrever?". Será que não existe talvez o escritor potencial? O postulado invertido? E posso descartá-la arrogantemente?

Essas dúvidas — ou mais precisamente sugestões — têm aparecido, no meu caso particular, menos pelas leituras de teoria literária ao longo dos anos que como resultado da experiência lá fora no mundo, não entre pessoas comuns — para um escritor ninguém é comum —, mas entre não literatos. O que não implica que eles não leem, apenas que sua leitura não ocorre dentro da cultura que a maior parte da literatura pressupõe.

E aqui deve haver de novo uma autocorreção. As sugestões são também propostas pelas contradições entre a teoria literária — que, claro, diz respeito às percepções do leitor, bem como às intenções conscientes e subconscientes do escritor — e a experiência real do homem ou mulher na ponta receptora de todas essas deliberações: o leitor genérico.

Pois o leitor genérico é aquele que devo ter em mente quando respondo que escrevo para "qualquer um que me leia". Há mais de vinte anos sentimos todos um fascínio ou um ceticismo (ou ambos ao mesmo tempo) a respeito das descobertas do estruturalismo e sua análise de nossa arte e de nossas relações com o leitor. As explicações freudianas que interessavam a alguns de nós pareciam simplistas e especulativas em comparação. O subconsciente era um ectoplasma em contraste com a metodologia precisa de uma obra como, digamos S/Z, de Roland Barthes, que fora publicada em 1970 com base no trabalho realizado nos anos 1960 e na qual toda a ênfase da literatura passava do escritor para o leitor. A meta de Barthes era "fazer do leitor não mais um consumidor, porém um produtor do texto", daquilo "que pode ser lido, mas não escrito". O romance, o conto, o poema foram redefinidos como "uma galáxia de significantes".[42] Como Richard Howard resume, a convicção de Barthes quanto à leitura era que "o narrado é sempre o narrar".[43] E Harry Levin escreveu:

> Examinar suas [do escritor] escritas em sua totalidade e mapear os contornos de sua "paisagem interior" é a meta crítica dos estruturalistas e dos adeptos da fenomenologia. Todas essas abordagens reconhecem, como um princípio geral, que todo escritor tem sua própria configuração distintiva de ideias e sentimentos, capacidades e expedientes.[44]

[42] Roland Barthes, S/Z, traduzido por Richard Miller, prefácio de Richard Howard, Hill and Wang, 1974, p. 5.
[43] Richard Howard, "A note on S/Z", prefácio de S/Z, de Roland Barthes, p. xi.
[44] Harry Levin, "From obsession to imagination: the psychology of the writer", Michigan Quarterly Review, n.3, v. 12, verão de 1974, p. 190.

O brilho de Barthes, com sua graça divina, criou e cria uma leitura atraente — para aqueles de nós que partilhamos ao menos uma fração suficiente de seu *background* cultural para obter prazer e revelação estéticos dos "significantes" citados. É um jogo de detetive, em que a satisfação provém de interpretar corretamente a pista — elementar, para Sherlock Holmes, mas não para meu caro Watson. Em sua análise estrutural da novela de Balzac *Sarrasine*, Barthes é o Sherlock Holmes que, deduzindo de sua experiência cultural imensamente rica, reconhece de imediato as impressões digitais de uma referência cultural após outra. O leitor é Watson, para quem o "significante" talvez não signifique nada senão ele próprio, se não houver nada na esfera de sua experiência cultural a que possa ser referido. É uma amostra de tecido que não corresponde a nenhuma cor em seu espectro, uma nota que não pode ser orquestrada em seu ouvido. Por isso, ainda que seja informado de que o relógio balzaquiano de Elysée Bourbon esteja realmente repicando uma referência metonímica ao Faubourg Saint-Honoré, e do Faubourg Saint-Honoré à Paris da restauração Bourbon, e depois à restauração como um "lugar mítico de fortunas repentinas cujas origens são suspeitas",[45] continua a haver um vazio em que aquele leitor está supostamente lendo "o que não está escrito". O significante funciona dentro de um sistema fechado: pressupõe um contexto cultural partilhado pelo escritor e leitor além da mera capacidade de ler proporcionada pela alfabetização. Sem esse recurso, o leitor não pode "ler" o texto em toda a sua abundância barthesiana.

"As palavras são símbolos que pressupõem uma memória partilhada", diz Borges.[46] Sem essa memória, o Faubourg Saint-Honoré é apenas o nome de um bairro, não tem associações intelectuais ou sociais elegantes, quer como uma imagem evocada a partir de visitas a Paris, quer como um símbolo descrito em outros livros, visualizado em pinturas. A restauração Bourbon não suscita nenhuma associação como um "lugar mítico de fortunas repentinas cujas origens são suspeitas", porque o leitor não conhece o lugar da restauração Bourbon na história política e social francesa. O intercâmbio polimático

---

[45] Roland Barthes, *S/Z*, p. 21.
[46] Jorge Luis Borges, "The Congress", *The book of sand*, traduzido por Norman Thomas Dio Giovanni, Penguin, 1979, p. 33.

das artes, letras, política, história, filosofia, assumido como natural por Barthes, não é o trânsito da existência daquele leitor.

Quando alguém diz que escreve para "qualquer um que me lê", deve estar ciente de que "qualquer um" exclui um imenso número de leitores que não podem "ler", nem a você nem a mim, por causa de interesses que eles não partilham conosco em sociedades excessivamente desiguais. As correspondências baudelairianas da teoria literária anterior tampouco funcionam para eles, porque "correspondência" implica o reconhecimento de uma coisa em termos de outra, o que só pode ocorrer dento do mesmo sistema de recursos culturais. Esse é o caso para aqueles dentre nós, como eu, para quem os livros não são feitos a partir de outros livros, mas a partir da vida.

Gostemos ou não, só podemos ser "lidos" por leitores que partilham termos de referência formados em nós pela nossa educação — não meramente acadêmica, mas no sentido mais amplo de experiência de vida: nossos conceitos políticos, econômicos, sociais e emocionais, e nossos valores deles derivados: nosso *background* cultural. Isso permanece verdadeiro mesmo para aqueles que interpuseram grandes distâncias entre eles próprios e os valores induzidos da infância: aqueles que mudaram de país, convicção, modo de vida, língua. A cidadania do mundo é meramente outra aculturação, com seu conjunto de dados que podem derivar de muitas culturas, mas que, combinados, tornam-se algo que não é nenhuma delas.

"Em nosso tempo, o destino do homem apresenta seu significado em termos políticos" — assim falou Thomas Mann, e citei essa frase como epígrafe de um de meus primeiros romances. Eu via a proposição então como o destino de meus personagens: agora posso ver que ela poderia ser aplicada ao destino da literatura. Pois se a política interpreta o destino, deve-se aceitar que o destino da cultura não pode ser separado da política. Fazendo a si mesmo a grande pergunta "Para quem escrevemos?", Italo Calvino escreveu: "Dada a divisão de nosso mundo num campo capitalista, num campo imperialista e num campo revolucionário, para quem o escritor está escrevendo?".[47]

---

[47] Italo Calvino, "Whom do we write for?", *The literature machine*, traduzido por Patrick Creagh, Secker and Warburg, Londres, 1987, p. 86.

Embora — se tiver bom-senso — recusando-se a escrever para qualquer campo, apesar de suas lealdades políticas (e acho que elas são mais numerosas do que Calvino admite), o escritor escreve dentro de um deles. E o leitor lê dentro do seu. Se não é o mesmo do escritor, presume-se que ele ao menos "leia" nos significantes do escritor algo relevante para seu próprio *background* cultural diferente.

Mas frequentemente o leitor não encontra equivalentes, nessa cultura, para a esfera referencial do escritor, porque ele não "leu" aquela esfera. Ele não é capaz. A imagem, a palavra significante relampeja uma mensagem que não pode ser recebida por um conjunto diferente de preconceitos.

Isso acontece até em níveis culturais aparentemente homogêneos. Em resenhas de sua ficção e nas entrevistas a que o escritor está sujeito, esse processo pode chocar em seu texto um curioso ovo estranho. O que sai do ovo é irreconhecível, mas o leitor, o resenhista, o jornalista insiste que é do escritor.

Tive essa experiência quando vim aos Estados Unidos para a publicação de um romance meu intitulado *A filha de Burger*. A filha e outros personagens na história estavam centrados em torno da personalidade de Lionel Burger, exemplificando o fenômeno — e o problema — da ideologia como fé, na família de um africâner que, por se tornar comunista, dedica sua vida e a de seus filhos à luta para libertar a África do Sul do *apartheid*.

Nas resenhas, Burger era infalivelmente mencionado como um liberal: eu própria fui culpada de uma falta de consideração impensável com uma famosa personalidade de *talk-show*, quando contradisse sua descrição de Burger como um nobre liberal branco.

"Ele não é liberal, é comunista", interrompi.

Mas não adiantou. Nenhuma dessas pessoas me "leu", porque no ethos da sociedade americana dominante um comunista jamais poderia ser um homem bom, não importa em que país ou circunstâncias sociais. Mas teve de ser reconhecido que Burger era um homem bom, porque ele combatia o racismo: portanto, meu sinal devia ser que Burger era um liberal.

Essa não é uma questão de leitura ou compreensão equivocadas. É a substituição de um conjunto de valores por outro, porque o leitor não é capaz de concebê-los de outra maneira.

Entretanto, não é a política, mas a classe aquilo que mais questiona a existência do leitor genérico, o "quem quer que me leia". E por classe quero dizer a economia, a educação e, acima de tudo, as condições de vida. O cenário cultural das leis às latrinas, das coberturas aos casebres, atravessado a jato ou a pé.

Concordo que a diferença entre as condições materiais de vida significadas no texto e as do leitor deve ser extrema, e manifesta na experiência diária tenaz do leitor, se o escritor não pode ser "lido" por ele. E os poderes da imaginação nunca devem ser subestimados. Eles às vezes podem produzir milagres do que, na complexidade da obra sendo lida, é o mais limitado dos elos referenciais. Como a filha de dezessete anos de um lojista numa pequena cidade mineradora na África, fui capaz de "ler" *Em busca do tempo perdido*. Por quê? Porque embora a linhagem que Proust inventou, tão fiel à da nobreza francesa, genuína e de *parvenus*, não pudesse "significar" muito para mim, os costumes familiares dos quais o livro começa, por assim dizer, e ali estão por toda parte — o modo como as emoções são expressas no comportamento entre mãe e filho, o lugar da amizade nas relações sociais, a exaltação da sexualidade como amor romântico, a regulação da vida diária por refeições e visitas, a importância das doenças —, tudo isso estava dentro do contexto da experiência de classe média, ainda que distante.

E, por sinal, como consegui o livro? Ora, na biblioteca municipal, e eu podia usar a biblioteca porque era branca — e assim, para mim, isso também fazia parte da experiência de classe média. Nenhum negro podia usar aquela biblioteca: na concomitância de classe e cor, um jovem negro da minha idade era assim duplamente excluído da "leitura" de Marcel Proust: por falta de qualquer comunhão de *background* cultural e por condições materiais racistas...

As diferenças hermenêuticas entre escritor e leitor ainda são extremas em nosso mundo, apesar do avanço na tecnologia das comunicações. Há uma camada fina de cultura comum espalhada sobre os mundos, o Primeiro, o Segundo e o Terceiro, por satélite e cassete. O escritor pode estar seguro de que o "significante" Dallas ou Rambo será recebido correta e plenamente por qualquer leitor da Islândia a Zimbábue, e quase todos os outros pontos no mapa culturalmente distantes uns dos outros. Mas a amplitude desse público leitor potencial limita o escritor de forma paradoxal: produzindo, ao que parece, algo próximo do leitor genérico, ela confina o escritor a uma espécie de cartilha da cultura, se ele esperar ser "lido". Exclui os significantes que não podem ser soletrados naquele abc. As expectativas do escritor quanto a um público leitor mais amplo têm diminuído em proporção inversa à expansão da tecnologia das comunicações.

E o efeito da extrema diferença nas condições materiais entre o escritor e o leitor continua decisivo. Tais diferenças afetam profundamente as imagens, a relatividade dos valores, a interpretação referencial de eventos entre os dados culturais da maioria dos escritores e, por exemplo, a nova classe de camponeses e operários industriais alfabetizados, emancipados pela mais-valia de lazer obtida pela mecanização e pela computadorização.

Os escritores, desejando ser "lidos" por qualquer um que os leia, tentam de tempos em tempos superar esse descompasso de várias maneiras. John Berger experimentou viver entre os camponeses, tentando entrar na visão de vida formada pela experiência deles. Ele escreve sobre a vida deles de um modo que significa para nós, que não somos camponeses franceses: nós o "lemos" com toda a experiência de exotismo literário que partilhamos com ele, de vida como literatura fornecendo as necessárias camadas de referência. Ele não diz se os camponeses leem o que ele escreve, mas observa que estão cientes de que ele tem acesso a algo que eles não têm: "Outro corpo de conhecimento, um conhecimento do mundo ao redor, mas distante".[48] Uma resenha recente de um dos livros de Bobbie Ann Mason resume o problema geral: "[Ela] escreve o tipo de ficção que seus próprios personagens nunca leriam".[49]

Em meu próprio país, a África do Sul, tem-se demonstrado recentemente um público leitor potencial mais amplo para escritores em nossa população de 29 milhões, dos quais apenas 5 milhões são brancos. Politicamente motivados, reconhecendo que o encorajamento da literatura faz parte da libertação, os sindicatos e grupos comunitários entre a maioria negra têm montado bibliotecas e debates culturais.

[48] John Berger, "An explanation", *Pig earth*, Pantheon, Nova York, 1979, p.9.
[49] Lorrie Moore, *New York Times Book Review*, 3 de dezembro de 1989, resenha de *Love life*, de Bobbie Ann Mason, Harper and Row, Nova York, 1989.

Ora, não acredito que se deva escrever para alguém de forma condescendente. (Se tivesse sido limitada dessa maneira, eu nunca teria me tornado escritora.) Quando se acende, o amor pela literatura pode consumir muitos obstáculos à compreensão. O vocabulário cresce em proporção ao talento do escritor em providenciar saltos imaginativos. Mas esses devem pousar em algum lugar reconhecível: e a maioria dos escritores não partilha pressuposições com o tipo de público leitor potencial que acabei de descrever.

Na África e em muitos países de outros continentes, a ficção de gênero belamente escrita de Updike, preocupada com divórcios e adultérios, não podia desencadear muitas respostas referenciais em leitores para quem a vida sexual e familiar é determinada por circunstâncias legais e conflitantes que têm muito pouco em comum com as da classe profissional da América suburbana. Seus problemas domésticos são filhos na prisão, amantes deixando o país para fugir da polícia de segurança, abrigos de plástico demolidos pelas autoridades e remontados com remendos pelo marido e pela mulher. Os romances de Gabriel García Márquez, ele próprio um socialista, pressupõem um prazer correspondente no que é maior que a vida, o que encontra pouca reação naqueles cuja própria experiência real supera todos os extremos. As fantasias maravilhosas de Italo Calvino requerem pressuposições entre o escritor e o leitor que não são meramente questão de sofisticação.

A vida não é assim para esse público leitor potencial. Os livros não são feitos de outros livros, para eles. Além disso, a projeção imaginativa do que a vida poderia ser não é assim. Esses textos não podem ser "lidos" nem mesmo pelas aspirações que sugerem.

Isso é verdade para a maioria de nós que somos escritores sérios, vivendo em — ou vindo de — muitos países onde as condições materiais nem remotamente correspondem às do leitor potencial. É muito óbvio na África do Sul. Os escritores brancos, vivendo como parte de uma minoria super-privilegiada, estão mundos distantes de um mineiro migrante vivendo num albergue coletivo separado por sexo, de um mestre-escola negro atracando-se com alunos que arriscam a vida como revolucionários, de jornalistas negros, médicos, empregados de escritório importunados pela polícia e vigilantes ao redor de suas casas. A lacuna às vezes parece muito grande para ser atravessada até mesmo pelo mais talentoso e sensível poder de empatia e projeção imaginativa.

Não estou dizendo, nem acredito, que os brancos não podem escrever sobre os negros, ou os negros sobre os brancos. Até os escritores negros, que partilham com esses leitores a hostilidade e a humilhação sob leis racistas, adquirem geralmente estilos de vida e trabalho próprios de classe média ou privilegiados, ainda que não convencionais, coexistentes com significantes de classe média, à medida que abrem seu caminho como escritores. Muitas vezes é apenas com um esforço consciente da memória — usando os significantes da infância, antes de ingressar na elite das letras, ou recorrendo à memória coletiva de uma tradição oral — que os escritores negros podem ficar seguros de que serão "lidos" pelos seus leitores. A liberdade de movimento — viagens no fim de semana, estadas em hotéis, escolha de ofício — que pontua a vida de muitos personagens fictícios nada significa para o trabalhador migrante cujo contrato não permite que continue a morar na cidade se mudar de emprego e cujas "férias" ao fim de dezoito meses no interior de uma mina é o retorno ao lar para arar e semear.

O adolescente mimado que se rebela contra o materialismo dos pais filisteus nada significa para os revolucionários crianças — um fenômeno crescente na América Latina bem como na África do Sul —, muitas vezes precocemente inteligentes, que abandonaram os pais, nunca conheceram confortos domésticos e assumiram sozinhos decisões de vida e morte. Mesmo entre os leitores empregados de escritório desse meio, a "angústia existencialista" — a náusea de Sartre ou os descontentamentos de Freud — não encontra associação correspondente em que haja total preocupação com a questão da sobrevivência. *The spoils of Poynton* não pode ser lido como a apoteose do culto das posses por alguém que nunca viu tais objetos para cobiçá-los, alguém cujas necessidades não corresponderiam a nenhuma atração que pressupostamente têm — essa dada atração que é considerada como lida, pelo escritor.

É bem possível objetar: quem espera que um escriturário ou professor pouco culto leia Henry James? Mas, como tentei ilustrar, muitos significantes que são comuns, assumidos, no modo cultural do escritor não encontram referentes no do público leitor potencial mais amplo.

Com o que o escritor pode contar, se ela/ele insiste obstinadamente que escreve para qualquer um que pega seu livro? Até as emoções básicas, amor, ódio, medo, alegria, tristeza, encontram frequentemente sua expressão num modo que não tem correspondência entre um código de cultura e outro.

O escritor talvez possa contar com o mítico. Com uma personificação de temores, por exemplo, reconhecíveis e sobreviventes do passado comum do subconsciente, quando estávamos todos na caverna juntos, quando ainda não havia raças, nem classes, e nossos pelos escondiam as diferenças de cor. O príncipe que se torna um sapo e o besouro em que Gregor Samsa se vê transformado ao acordar são avatares do medo de ser transformado em algo monstruoso, quer pela magia malvada de um xamã, quer pela perda psicológica do eu, e seu significado ultrapassa todas as barreiras, inclusive a do tempo. Eles podem ser "lidos" por qualquer um, por todo mundo. Mas são poucos aqueles de nós, os escritores, que podem esperar criar algum dia a bola de cristal em que o significado possa ser lido, puro e absoluto: é o vaso do gênio que, sozinho, de vez em quando, atinge a universalidade na arte.

Para o restante de nós, não há metacultura. Devemos ser modestos em nossas pretensões. Não há nenhum leitor genérico lá fora. O beijo do milênio, quando a arte será compreensão universal, não mostra sinal de estar prestes a nos libertar de nossas limitações.

1989

Censura — A Solução Final

O caso de Salman Rushdie

Tumultos, queima de livros, a exigência de que uma obra seja proibida em todo o mundo, editoras boicotadas, a ameaça de derrubar um primeiro-ministro, cinco mortos — um livro já foi algum dia o pretexto para tal frenesi de barbárie justiceira?

Insultado, condenado à morte por uma autoridade religiosa, um preço oferecido pela sua cabeça, forçado a fugir de sua casa e viver sob a guarda da polícia — um escritor já foi algum dia perseguido como Salman Rushdie? Victor Hugo, Flaubert, D. H. Lawrence e outros podem ter passado pelo opróbrio público ou o exílio. Milan Kundera, proibido de escrever, teve de ganhar a vida limpando janelas. Na União Soviética de Stálin, os escritores eram banidos para o *gulag*. Na África do Sul, alguns escritores foram proibidos de publicar. Muitos livros foram banidos, alguns escritores privados de qualquer forma de publicar seu trabalho. Até no mais repressivo dos regimes, ninguém — embora tivesse ofendido a moral pública ou a ortodoxia política — foi condenado a uma dupla morte: o livro de Rushdie a ser eliminado da literatura mundial para sempre, sua vida a ser extinta.

E esse ladrido sedento de sangue parte de um bando de milhões, e não de uma fração de um em *mil* no universo daqueles que *leram o livro*. Isso fica claro pela redução simplista em que é denunciado como sendo literalmente "sobre" o profeta Maomé — e nada mais. Enquanto qualquer um que realmente leu a obra, com suficiente conhecimento da língua para compreender em sua totalidade esse romance brilhante altamente complexo, sabe que entre seus temas exuberantes o principal é o do deslocamento. Maomé e a fé muçulmana são as metáforas do escritor para, entre outros dilemas humanos, o deslocamento espiritual na reversão de um processo que levou os imperialistas a se ajustar entre as populações que conquistaram, e em nossa época leva os membros dessas populações a conciliar a dicotomia entre sua própria cultura e o mundo do Ocidente, que os afastou daquela cultura sem conceder em troca aceitação.

O método que está sendo usado pelos líderes e pelas comunidades muçulmanas contra Salman Rushdie é (literalmente) um refinamento assassino do princípio imutável da censura, que foi, é e sempre será atrelar a palavra à carroça do tirano. O tirano pode ser um ditador, um regime, o fanatismo moral ou religioso. Para mim, o caso Rushdie tem revelado como qualquer um desses agentes da censura pode fazer avançar, em conluio, seus ganhos contra a liberdade de expressão. Vivendo na África do Sul, a censura não me é estranha. Em diversos momentos, três de meus livros foram proibidos,[50] e por vários anos a imprensa e a mídia foram implacavelmente cerceadas sob sucessivos estados de emergência, impostos para sufocar a oposição ao *apartheid*. Mas foi uma triste revelação descobrir em meu país, onde o governo torna ilegal a liberdade de expressão, onde todos os que trabalham com a palavra escrita estão lutando contra o Conselho de Controle das Publicações e suas leis servis, onde indivíduos muçulmanos têm presença orgulhosa e valente nos movimentos de libertação, que extremistas muçulmanos locais se insurgiram numa reação fanática contra a proposta de uma visita de Salman Rushdie em novembro passado.

Ele tinha sido convidado a falar sobre censura numa semana do livro dedicada a esse tema. É uma história que se tornou familiar: encontros para agitar a plebe fora das mesquitas, ameaças de queimar as livrarias, ameaças

---

[50] Três dos romances de Nadine Gordimer foram proibidos sucessivamente na África do Sul: *A world of strangers, The late bourgeois world* e *Burger's daughter*.

de morte não só a Rushdie, mas àqueles, inclusive membros do Congresso dos Escritores Sul-Africanos, envolvidos com o convite. E tudo isso, claro, vindo de pessoas que não tinham lido o livro.[51] Sei, porque tinha o único exemplar no país, uma prova que a editora americana me enviou. Não importa; foi fácil para os extremistas muçulmanos conseguirem que o livro fosse proibido, imediatamente, *in absentia*. Uma palavra ao Conselho de Controle das Publicações (sem dúvida) de um membro da comunidade muçulmana com influência na Casa dos Delegados (a "casa" segregada dos colaboradores indianos em nosso Parlamento de três Câmaras do *apartheid*, que exclui os africanos), e pronto. Nós, escritores, tínhamos a alternativa de arriscar a vida de Salman Rushdie pelos nossos princípios de liberdade de expressão ou cancelar a visita. Agora, com cinco mortos no Paquistão, pode-se ver que fizemos a única escolha possível. Mas, por causa da brutalidade religiosa, o Estado ganhou um aliado na repressão da palavra em nosso país.

Admito que não tenho sensibilidades religiosas, de nenhuma fé, que possam ser ofendidas por uma obra de ficção. Mas aceito e respeito que outros as tenham. Surgiram numerosos livros, peças teatrais, filmes em que Jesus Cristo, a Virgem Maria e até o próprio Deus foram satirizados, despidos ficcionalmente da divindade e apresentados como mortais imperfeitos. A fé cristã continua imperturbável. Certamente o islã não pode ser ameaçado pela fantasia de um único romance, não? Satã participou, por certo, no caso dos *Versos satânicos*. Não acredito que alguma divindade pudesse sancionar o que está sendo feito com um escritor. O fanatismo religioso descobriu a Solução Final da censura para aquela inimiga das trevas, a palavra. Escrevo isso com um estremecimento.

1989

---

[51] Eu havia colhido essa informação ao perguntar sobre a reação, de todos aqueles violentamente opostos à visita de Rushdie, em pontos óbvios na narrativa que qualquer leitor reconheceria. Nenhuma resposta. Eu fazia parte de um grupo de escritores e jornalistas que se encontraram com o líder religioso muçulmano e seus seguidores, os quais nos declararam que, se pusesse o pé em solo sul-africano, Rushdie seria assassinado.

O POTE AFRICANO

A MINHA COLEÇÃO DE POTES AFRICANOS foi comprada nos acostamentos das estradas e nos mercados das vilas embaixo das árvores. Não foram vistos em nenhuma *vernissage*, mas entre pequenas pirâmides de tomates, cebolas, bananas e mangas. Não têm origem comprovada além de minha lembrança do lugar em que os encontrei. Não estão assinados, e não sei se os artistas estão vivos ou mortos.

Pergunto-me qual é a relação da posse com a apreciação. Como as grandes coleções particulares de obras de arte devem pertencer — porque essas pessoas têm dinheiro para pagá-las — aos ricos, nós invejosamente descartamos sua apreciação como desejo de aquisição. Uma vez que a classe média afluente e sagaz compra obras de arte como investimento, decidimos que o prazer não entra em cena; eles têm etiquetas de preços penduradas nas paredes. Como democratas, afirmamos que o modo honesto de desfrutar a arte é ao custo humilde de uma entrada de museu. A arte deve pertencer a todo mundo, e esse é o mais próximo que a sociedade consegue chegar de torná-la acessível a todos, como um direito, enquanto a preserva para o bem de todos. (E, claro, alguns museus são gratuitos.) Há uma convenção moral de que a posse deve ser punida com uma incapacidade de receber o que a obra de arte tem a oferecer.

Mas, olhando para meus potes, percebo que a relação especial que tenho com eles não provém do fato de que eu os *possuo* — a posse implica um valor de mercado ou prestígio, qualidades de que são inocentes. Provém do fato de que tenho o luxo de contemplá-los repetidas vezes, dias a fio, a partir de diferentes perspectivas da minha vida cotidiana, na objetividade das diferentes qualidades de luz que incidem sobre eles e na subjetividade de meus estados de espírito. *A virgem das rochas*, de Leonardo da Vinci, é uma pintura que eu poderia escolher como meu quadro preferido; mas que chances tenho de dar um pulo na National Gallery de Londres mais de uma vez por ano para renovar minha percepção do divino em sua face?

Vistos do topo da escada, meus potes me parecem uma espécie de teclado — ressoadores de um instrumento musical — ali onde estão enfileirados sobre a mesa baixa. Ou um coro. Suas aberturas redondas são bocas abertas, e as diferentes circunferências, segundo o tamanho do pote, sugerem que estão realmente falando, sem som, em densa harmonia: UAH uah UAHUAH uah-h-h... Se eu me tornasse bastante sensível a elas, por meio de uma longa associação, talvez pudesse começar até a escutar os sons com os olhos e transpor a notação para os ouvidos. Vistos de outra maneira, na altura dos olhos, quando se entra pela porta da frente, os potes são puro volume; redondos, circulares, as elipses de seus lados — mas eles não têm lados, suas esferas simplesmente se curvam para fora da vista! — parecendo rodopiar imóveis, uns afastando-se dos outros. Estão enfileirados perto um do outro, mas, por mais desajeitadamente que eu possa deslocá-los, não podem ser arranjados de forma defeituosa a ponto de se empurrarem: sua forma redonda assegura que se rocem apenas de leve na altura de seu maior diâmetro.

Como posso escrever sobre um dentre meus potes? No anonimato de sua criação — sem autoria, tradicionais, de origem funcional —, eles são, em certo sentido, todos um só pote.

Ao contrário de outras obras de arte, eles não tentam recriar algo em outro meio de expressão: o pigmento sobre a tela criando uma linguagem de linha e cor que representa forma, espaço e luz; o mármore representando a carne. Eles são a terra de que são feitos. São as cores da terra — as cores dos campos, pântanos e leitos de rio. Seu material comum é mediado apenas pelo fogo, e em muitos deles o fogo pintou a única decoração, sombras pretas esverdeadas obscuras, e inspirou as pinceladas pretas esparsas como as de mestres japoneses. O fogo não é o controlado de um forno, mas o mesmo fogo ao ar livre em que borbulham as panelas. Não são modelados sobre uma roda, mas por mãos; a textura de sua superfície tem as leves estrias da pele humana. Quando se coloca a mão contra meus potes, fica-se palma contra palma com o artista desconhecido.

Eles são todos tão perfeitos, distantes de sua função, como o são *para* sua função — que seria guardar água, milho, mingau ou cerveja. Eles simplesmente *são*. Sua forma pode assumir muitos conceitos, materiais e abstratos. Globo da terra-planeta Terra; giro os grandes lentamente. Fome-fartura; olho dentro do bucho interno ou sigo a promessa de abundância em sua calma rotundidade. O grande que comprei em Lesoto, eu o trouxe no colo voltando para casa de avião, as coxas separadas pelo seu peso e os braços ao redor para protegê-lo; um pote grandioso como um ventre pleno. Depois há o pequeno que veio da Suazilândia, escurecido com a aplicação de grafite dos afloramentos locais, com suas singulares formas de orelha moldadas em baixo-relevo. Há também aquele que encontrei em Venda, com suas faixas curvas incisas, delicadas como as veias numa folha; e há o muito antigo, com sua boca não colocada no ápice, mas inclinada obliquamente abaixo, e seus matizes de argila clara fosca.

Coloquei o pote de Lesoto sobre a escrivaninha à minha frente e agora sei o que não sabia até começar a pensar em meus potes na maneira como se repensa algo sobre o qual se vai escrever. Este pote é o meu favorito. Ou melhor, agrada-me por satisfazer alguma necessidade. Talvez torne visível e concreta alguma proporção e integridade que não posso atingir em minha vida. É um pote grande, sim, e o material de que é feito não só cria sua forma, mas também sua decoração. A base de argila rosa-ocaso encontra na parte mais larga do bojo uma argila bronze-escura sobre a qual é espalhada em pinceladas circulares ascendentes para formar uma calma guirlanda de curvas, como quatro sóis nascendo acima ou afundando abaixo de um horizonte indistinto. Sua boca larga é orlada com a mesma cor do ocaso. O contorno dos sóis não é nítido e, se giro meu pote, vejo as gradações da cor, como o coração de chamas, ao redor de sua base. Se o balanço, ele fica firme; entretanto, sei que é parte de sua beleza a fragilidade, uma coisa da terra destinada a voltar para a terra. Desfrute-o até que quebre.

Escrever sobre algo é refazê-lo. Estou agora mais próxima de meu pote, do criador de meu pote, morto ou vivo, do que jamais estive.

1989

RECONHECIMENTO DA ORIGEM DOS ENSAIOS

OS ENSAIOS DESTA COLETÂNEA apareceram pela primeira vez nas seguintes publicações: Uma Infância Sul-Africana (*The New Yorker*); Hassan na América (*The Forum*); Egito Revisitado (*National English Review*); Chefe Luthuli; Novas Notas dos Subterrâneos (*Atlantic Monthly*); Apartheid; O Congo; Partido de um Só Homem (*Holiday*); Uma Desertora e o Verão Invencível; Levando em Consideração; Pula! (*London Magazine*); Censurados, Proibidos, Amordaçados (*Encounter*); Grandes Problemas na Rua; Madagascar (*The Essential Gesture* de Nadine Gordimer, ed. Stephen Clingman); Notas de uma Expropriadora; A Prisão do Colonialismo (*Times Literary Supplement*); Um Homem Enfrentando a Vida (*Magazine of the World Press*); Por Que Bram Fischer Escolheu a Prisão?; Carta de Johannesburgo; O Conto na África do Sul (*Kenyon Review*); Merci Dieu, Está Mudando (*Atlantic Travel African Development*); Arrume as Malas, Homem Negro; Poetas Libertadores; Censura – A Solução Final (*New York Times*); Os Novos Poetas Negros (*Dalhousie Review*); A Liberdade de um Escritor; O Censor Sul-Africano: Nenhuma Mudança (*Index on Censorship*); A Literatura de Língua Inglesa e a Política na África do Sul (*Journal of Southern Africa Studies*); Carta de Soweto; Carta do 153º Estado; Incesto Misterioso; A Criança É o Homem; Vivendo no Interregno; A Ideia de Jardinagem; A Lacuna Entre o Escritor e o Leitor (*New York Review of Books*); O que Significa para mim Ser Sul-Africana

(*South African Outlook*); Transkei: Uma Visão de Dois Sóis Vermelhos de Sangue (GEO); História Inconfessada (*New Republic*); O Gesto Essencial (*The Age Monthly Review*); Huddleston: um Signo (*Trevor Huddleston: Essays on His Life and Work*, ed. Deborah Duncan Honor); O Pote Africano (*Die Zeit*). O ensaio Relevância e Compromisso foi primeiro apresentado como uma conferência.

Sobre a autora

Nadine Gordimer nasceu em 20 de novembro de 1923, na África do Sul. Sempre procurou retratar questões sociais e morais de seu país, em especial o *apartheid*. É uma das mais importantes vozes contra a segregação racial. Já publicou mais de trinta obras, entre contos e romances, e ganhou o Prêmio Nobel de Literatura em 1991.

ESTE LIVRO, COMPOSTO NA FONTE FAIRFIELD,
FOI IMPRESSO EM PAPEL PÓLEN SOFT 70 G, NA IMPRENSA DA FÉ.
SÃO PAULO, JUNHO DE 2012.